中国新经济发展报告 2021—2022

中国科学院大学动善时新经济研究中心 主编

电子工业出版社
Publishing House of Electronics Industry
北京·BEIJING

未经许可，不得以任何方式复制或抄袭本书之部分或全部内容。
版权所有，侵权必究。

图书在版编目（CIP）数据

中国新经济发展报告.2021—2022 / 中国科学院大学动善时新经济研究中心主编.—北京：电子工业出版社，2021.6
ISBN 978-7-121-41232-5

Ⅰ.①中… Ⅱ.①中… Ⅲ.①中国经济—经济发展—研究报告—2021-2022 Ⅳ.①F124

中国版本图书馆 CIP 数据核字（2021）第 097850 号

责任编辑：邓茗幻　　文字编辑：李筱雅
印　　刷：天津画中画印刷有限公司
装　　订：天津画中画印刷有限公司
出版发行：电子工业出版社
　　　　　北京市海淀区万寿路 173 信箱　邮编：100036
开　　本：787×1 092　1/16　印张：27　字数：500 千字
版　　次：2021 年 6 月第 1 版
印　　次：2021 年 7 月第 2 次印刷
定　　价：179.00 元

凡所购买电子工业出版社图书有缺损问题，请向购买书店调换。若书店售缺，请与本社发行部联系，联系及邮购电话：(010) 88254888，88258888。
质量投诉请发邮件至 zlts@phei.com.cn，盗版侵权举报请发邮件至 dbqq@phei.com.cn。
本书咨询联系方式：(010) 88254614。

《中国新经济发展报告 2021—2022》编委会

主　任　张冬科

副主任　汪寿阳

委　员（按姓氏笔画排序）

　　　　叶国标　朱师君　张建国　施长恩

　　　　柯卡生　洪永淼　郭剑彪　柴海涛

　　　　贾敬敦　景晓波　焦瑾璞

卷首语

　　孙子曰："声不过五，五声之变，不可胜听也；色不过五，五色之变，不可胜观也；味不过五，五味之变，不可胜尝也。"这是举世闻名的《孙子兵法》中最具基础性科学知识的内容。的确，五声、五色、五味等基础元素分别组合配置，可以形成千般变化，促成万般创新，生成无穷力量。当今，以新一代信息技术、集成电路、人工智能、生物医药、新能源、新材料等为代表的新经济产业，正在以前所未有的千般变化、万般创新和无穷力量推动着全球经济发展和人类社会进步。

　　党中央、国务院瞻长远、谋全局，着眼于未来我国经济社会发展和赢得全球竞争优势的战略考虑，规划和描绘了今后五年以至更长时间我国新经济发展的宏伟蓝图。《中华人民共和国国民经济和社会发展第十四个五年规划和2035年远景目标纲要》提出："构筑产业体系新支柱。聚焦新一代信息技术、生物技术、新能源、新材料、高端装备、新能源汽车、绿色环保以及航空航天、海洋装备等战略性新兴产业，加快关键核心技术创新应用，增强要素保障能力，培育壮大产业发展新动能。"为我国新经济产业的持续、健康、快速发展指明了前进方向。

　　当前，全球新冠肺炎疫情尚未彻底扑灭和有效控制，世界格局、国际关系正在经历剧烈而深刻的变化，我国的发展环境面临着严峻挑战。我国新经济产业发展遇到了许多关键技术屏蔽，继续保持迅猛发展的势头较过往难度加大。但是，也应该看到我国发展新经济产业仍然具有巨大的潜力和优势。突如其来的新冠肺炎疫情对各国经济造成了不可估量的负面影响，而我国的电子商务、新零售、远程医疗、远程教育、生物医药、医疗装备制造等新经济企业成为全球经济发展"逆行者"的生动实践，充分证明了我国发展新经济产业具有巨大的潜力。与此同时，我国发展新经济产业也具有其他国家所不具备的优势，主要表现为：一是拥有广阔的市场需求优势，二是拥有较为完整的产业链优势，三是拥有众多的实验和应用场景优势，四是拥有普遍的研发和制造成本优势，五是拥有不断推动的技术迭代优势，等等。这些潜力和优势是我们加大力度推进新经济产业发展的底蕴和信心所在。

我们曾在《中国新经济发展报告 2020》的卷首语中指出："过往四十多年我国经济社会巨变的历史经验告诉我们：唯有坚定不移地走改革开放和创新发展之路，才能实现国家富强、社会进步、人民幸福，这是历史的规律和必然。加快发展新经济，既是改革开放和创新发展的着力点，也是实现经济高质量发展的动力源，没有科学技术的强大就没有新经济的强大，没有新经济的强大就没有国家的强大，这已经成为全社会的共识。"对此我们坚信不疑。当前，既要看到新经济产业发展的广阔前景，也要看到遇到的困难险阻。在困难面前，我们当不屈不挠、百折不回，用比以往更加开放包容的胸怀、比以往更加开拓进取的精神，关爱支持新经济企业成长，矢志不渝发展新经济产业。

呈现在读者面前的《中国新经济发展报告 2021—2022》，是继 2020 年首创《中国新经济发展报告 2020》之后的第二部关于中国新经济发展的"蓝皮书"。全书分为宏观综合篇、产业发展篇、金融服务篇、区域发展篇、政策法规篇，汇集了国家部委有关部门负责同志、著名专家学者、优秀企业家和重要机构负责人等 60 多位撰稿人关于发展新经济的深入思考和真知灼见。我们衷心期望能够与广大读者，特别是与关心新经济发展的朋友分享这些理论和实践成果，衷心期望本书能够为我国新经济腾飞贡献绵薄之力。

《中国新经济发展报告 2021—2022》编委会

2021 年 4 月 9 日

目 录

一、宏观综合篇

以科技创新引领新经济高质量发展 ………………………………… 白春礼（002）

深入贯彻新发展理念 加快推动战略性新兴产业发展壮大 ………… 宋志明（010）

释放数据生产力 构建新发展格局 ………………………… 汪寿阳 刘 颖（017）

中国新经济发展的重点领域及趋势 ………………………… 叶国标 刘功润（025）

国家高新区高质量发展成效与展望 ………………………… 贾敬敦 周 力（032）

上交所全方位践行服务新经济使命 全面助力构建新发展格局 …… 蔡建春（038）

发挥深交所枢纽功能 服务构建新发展格局 ……………………… 杨志华（043）

持续深化新三板改革 助力新经济企业发展 ……………………… 徐 明（049）

区域性股权市场助力新经济发展 …………………………………… 周 斌（055）

中国经济转型的产业顶层设计和战略思维 ………………………… 刘煜辉（062）

加快科技成果转化 完善生态体系建设 …………………………… 吴乐斌（068）

加强知识产权保护 促进新经济发展 ……………………… 俞卫锋 王利民（075）

二、产业发展篇

新能源与碳中和

把握碳中和的关键　迎接未来发展挑战 ………………… 曾毓群（085）

"碳中和"机遇下我国新能源光伏产业发展 ……………… 南存辉（091）

大力推进新能源汽车产业发展　加快实现交通领域碳中和 …… 赵冬昶（098）

促进新经济动能下的新能源锂离子电池产业链发展 ……… 陈　卫（103）

产业链　供应链　新零售

实体零售行业数字化转型的实践与思考 …………………… 汪林朋（110）

零售业数字化转型的实践探索与发展趋势 ……… 张　威　林　梦　路红艳（116）

产业链供应链现代化的内涵和实践 ………………………… 蔡　进（123）

新一代信息技术

我国人工智能产业发展的现状、机遇与挑战 …………… 王耀南　敬石开（131）

数智经济与数字城市的"左脑"和"右脑" ………………… 周鸿祎（139）

区块链带动的技术驱动与产业发展 ………………………… 孔剑平（146）

加快智能物联网操作系统创新与发展 ……………………… 赵鸿飞（154）

大数据和城市基础设施赋能汽车智能化 …………………… 程　鹏（160）

数字智能

工业互联网助力数字经济高质量发展 ……………………… 徐晓兰（168）

流程工业智能制造的现状及发展方向 ………………………………… 褚 健（175）

数字阅读产业发展进入新阶段 …………………………………………… 成湘均（183）

云协作办公助力数字经济发展 …………………………………………… 邹 涛（189）

拥抱企业数智化浪潮　全面迈进商业创新时代 ………………………… 王文京（194）

集成电路

我国集成电路产业发展态势分析及政策建议 …………………………… 刘九如（202）

在新发展格局下发展我国半导体硅材料产业 …………………………… 俞跃辉（210）

先进电子制造业的现况与发展策略 ……………………………………… 沈庆芳（217）

我国图像传感器产业发展的机遇与挑战 ………………………………… 杨洪利（226）

高端装备制造

突破应用端瓶颈制约　完善工业机器人生态圈 ………………………… 孙志强（233）

我国新材料技术引领全球输配电成本下降的实践 ……………………… 马 斌（240）

我国新能源装备产业发展的历程及前景 ………………………………… 王燕清（246）

柔性加工技术革命重新定义粮食加工行业 ………………… 王 浩　王 宏（252）

生物医药

新一代医学影像信息系统发展趋势与展望 ……………………………… 崔彤哲（259）

医疗机器人赋能健康中国建设 ………………… 张送根　王彬彬　王 豫（266）

临床合同研究组织（CRO）助力我国生物医药创新发展 ……………… 叶小平（272）

我国体外诊断产业发展现状与未来趋势 ………………………………… 苗拥军（279）

三、金融服务篇

资本市场助力新经济加速成长……………………………………包　凡（286）

把握资本市场新格局　助力企业高质量发展…………………………江　禹（292）

资本市场全力服务新经济产业发展……………………………………瞿秋平（298）

融资端和投资端双向发力　全方位支持新经济发展…………………熊剑涛（304）

把握资本市场发展机遇　助推新经济加速崛起………范　力　姚　佩　陶　川（310）

有效利用资本市场支持新经济企业发展………………………………马　尧（319）

投资科技创新企业　助力产业优化升级………………………………应文禄（327）

深化资产管理行业改革　助力新经济产业发展………………………经　雷（334）

聚焦新经济产业发展　提升资本市场服务效能………………其　实　陈　凯（341）

四、区域发展篇

把握时代发展新趋势　促进城市数字化转型…………北京市人民政府研究室（350）

强化高端产业引领　构建新型产业体系…………上海市经济和信息化委员会（358）

"十大机制"助力新兴产业高质量发展………………苏州工业园区管理委员会（364）

建设生物医药产业集群的思路和举措……………………天津经济技术开发区（370）

发展新经济"多点"发力　培育新动力"四新"赋能…………江宁经济技术开发区（377）

大力发展新经济　加快培育新动能………………………成都新经济发展研究院（383）

工业互联网赋能数字经济产业发展的实践 ················ 福州高新区管理委员会（388）

多措并举推进工业互联网发展 ················ 宁波市经济和信息化局（395）

五、政策法规篇

一、2020年文件节选汇编 ··（402）
二、2021年文件节选汇编 ··（415）
后记 ··（420）

一、宏观综合篇

  2021年是《中华人民共和国国民经济和社会发展第十四个五年规划和2035年远景目标纲要》开局起步的关键之年。科技创新如何引领新经济高质量发展？战略性新兴产业如何布局？资本市场如何服务好新经济企业？科技成果转化和知识产权保护又如何进一步加强？本篇奉上专家学者和机构负责同志的思考和解读，期望能给读者以新的启示。

以科技创新引领新经济高质量发展

白春礼

科技创新是产业变革和经济增长的源泉。科学领域的新发现会促进技术上的新突破，并在强大的经济社会需求的牵引下，驱动产业变革和新经济涌现，从而使社会生产力实现跨越式发展。在新的历史起点上应高度重视基础研究，把握新一轮科技革命和产业革命的机遇，从人类发展的需求和重大问题的挑战出发，使科技创新更好地服务于经济社会可持续发展。

一、科技创新是改变全球竞争格局的关键变量

当前，世界正经历新一轮大变革，国际体系和国际秩序深度调整，不确定因素显著增多。同时，新一轮科技革命加速演进，颠覆性技术层出不穷，并不断创造出新产品、新需求、新业态。新经济正在重构人类的生产方式和生活方式，催生产业重大变革，引发全球经济社会发展格局的深刻调整。世界历史发展经验表明，科技创新是关乎国家命运和核心竞争力的决定性力量，如果能成功把握科技革命的历史机遇，就有可能实现科技创新能力和综合国力的快速跃升，掌握发展的主动权。

（一）科技创新是实现科技自立自强、把握新一轮产业变革机遇的必然选择

面对新冠肺炎疫情影响、贸易保护主义盛行、经济全球化遭遇逆流等风险因素的冲击，我国产业链、供应链安全面临威胁，特别是在一些高技术领域仍然存在受制于人的短板，比如，我国芯片进口额已经连续多年超过石油，操作系统、高端光刻机仍被国外公司垄断。只有实现科技上的自立自强，突破国外在关键核心技术上

的封锁和制约，才能真正把发展的主动权牢牢掌握在自己手中，更好地保障现代化国家建设发展所需，因此加强基础研究和科技创新是必然选择。

在新一轮的科技演进中，各学科、各领域呈现出多点突破、群发性突破的态势。在信息科技领域，以芯片和元器件、计算能力、通信技术为核心的新一代信息技术正处于重要突破关口，人工智能、大数据、云开发、区块链等新技术成为新经济的重要驱动力。新一代信息技术与生命科学、智能制造、现代物流、新能源、新材料等领域相互融合的步伐加快，推动传统产业加速转型，极大地提高了生产效率。中国科学院微电子研究所研制的智能分拣机器人，1小时分拣包裹7.2万件，极大地提高了物流行业效率，目前已经在全国多地投入运行。中国科学院也在量子信息领域取得了一批重大研究成果，广泛应用量子通信可在根本上解决通信的安全问题，量子计算机一旦突破，将推动人工智能、航空航天、药物设计等多个领域实现飞跃式发展。新技术将从根本上改变产品形态、产业模式，引领新一轮产业变革。

（二）科技创新是支撑新经济高质量发展、构建新发展格局的客观要求

科技创新是经济发展的第一动力，也是实现新经济高质量发展的客观要求。在新经济背景下，产业的发展从传统的劳动密集型转变为知识密集型，以数字化、智能化为代表的新技术正在重塑生产方式、优化产业结构、赋能千行百业。从无人驾驶到智慧交通、从直播带货到智慧物流、从5G通信到数字货币、从网络扶贫到数字乡村，数字经济加速发展，为经济发展打开了新的空间，为产业升级提供了新动力。据统计，数字经济在发达国家经济中的占比达60%以上，目前，中国的数字经济占全国经济的36.2%，对GDP的增长贡献力达67.7%。

目前我国的发展需要国家不断调整政策机制、加快科技创新步伐，适应经济社会发展的新形势。党中央作出加快构建以国内大循环为主体、国内国际双循环相互促进的新发展格局的重大战略性部署，科技创新成为构建新发展格局的关键。无论是培育新动能、发展新兴产业、改造提升传统产业，还是改善人民生活、保护生态环境、保障国家安全，都离不开科技创新的战略支撑。我国需要更好地发挥社会主义市场经济条件下的体制优势，整合各方面力量开展协同攻关，加快提升自主创新能力，为走出一条更高质量、更有效率、更加公平、更可持续、更为安全的高质量发展道路，实现创新驱动的内涵型增长提供更强有力的科技支撑。

（三）科技创新是提升科技实力和综合国力的重要抓手

国家实力归根到底是由科技创新能力决定的。经济竞争和国力竞争已前移到科

技进步和创新能力的竞争,加强基础研究和科技创新、建设创新型国家,其根本目标是提高我国的综合国力。考察近代以来主要科技强国的发展历程可以发现,培育和发展建制化的国家科研机构、高水平的研究型大学,建立完善支撑科技发展的重要平台,组织实施重大科技项目和工程等,在推动国家科技创新能力的快速提升和保持持续竞争优势中发挥了重要作用。强化国家战略科技力量,让重点机构、重点区域、重点领域率先实现高质量发展,有助于优化国家创新体系整体布局,引领带动国家创新体系中其他主体、其他单元能力的提升,最终实现国家综合科技实力和创新体系整体效能的提升。

进入新发展阶段后,我国新经济正值快速发展的浪潮,其核心就是知识经济、智慧经济,而知识和智慧的具体载体就是科技创新。因此,在这样的大时代和大趋势下,对于国家、产业、企业,必须把科技创新作为推动工作的逻辑起点,紧紧扣住科技赋能的发展思路,充分发挥科技创新的引领作用。

二、我国科技创新取得的瞩目成就与新时代的挑战

党的十八大以来,我国科技创新整体能力和水平发生了质的变化,在全球科技创新格局中占有了重要一席,开启了建设世界科技强国的新征程。

(一)科技创新实现从跟踪追赶向并跑领跑的战略性转变

自党的十八大明确提出创新驱动发展战略以来,中央作出了一系列重大部署,2020年,党的十九届五中全会再次强调坚持创新在我国现代化建设全局中的核心地位,把科技自立自强作为国家发展的战略支撑。中共中央政治局常委、国务院副总理韩正在人民日报发表署名文章《到二〇三五年基本实现社会主义现代化远景目标》,提出要在"关键核心技术实现重大突破,进入创新型国家前列"。在全社会科技创新力量的共同努力下,我国基础研究和关键核心技术攻关不断取得新突破,我国科技创新加快从跟踪追赶向并跑领跑甚至原创引领的战略性转变,科技实力正在从量的积累迈向质的飞跃,从点的突破迈向系统能力提升,为建设世界科技强国奠定了坚实的基础。

"十三五"期间,我国科技整体实力显著增强。全社会研发经费支出从1.42万亿元增长到2.44万亿元,研发投入强度从2.06%增长到2.4%。2020年,我国技术市场合同成交额超过2.8万亿元,创新能力综合排名从2015年的第29位跃升至2020年的第14位,是前30位中唯一的中等收入经济体。重大创新成果竞相涌现,

在量子信息、铁基超导、中微子、干细胞、脑科学等前沿领域取得了一批标志性、引领性重大原创成果，在量子信息、凝聚态物理等若干新兴前沿交叉领域实现了国际上的并行、领跑，在载人航天与探月、全球卫星导航、大型客机、深地、深海、核能等战略性领域攻克了一批关键核心技术，在深空、深海等一些战略必争领域抢占了制高点，有力地保障了国家相关重大工程的组织实施。5G 移动通信、超级计算、特高压输变电等产业技术创新取得重大突破，有力地促进了产业转型升级和新兴产业发展。2020 年，"嫦娥五号"发射成功，首次完成我国月表采样返回；我国首次火星探测任务"天问一号"探测器成功发射。此外，500 米口径球面射电望远镜（Five-hundred-meter Aperture Spherical Radio Telescope，FAST）正式开放运行、北斗三号全球卫星导航系统正式开通、量子计算原型系统"九章"成功研制、全海深载人潜水器"奋斗者"号完成万米深潜。当前，我国专利授权量、国际科技论文数量和高被引论文数量均位居世界前列，化学、材料、物理、工程等学科的整体水平进入国际先进行列，正在成为全球科技创新的重要贡献者。

（二）科技创新已经成为我国经济社会发展的新引擎

2020 年，习近平总书记在科学家座谈会上强调，希望广大科学家和科技工作者肩负起历史责任，坚持面向世界科技前沿、面向经济主战场、面向国家重大需求、面向人民生命健康，不断向科学技术广度和深度进军。当前，我国经济发展正处于转变发展方式、优化产业结构、转换增长动力的攻关期，经济发展已由高速增长阶段转向高质量发展阶段。从科技发展趋势看，各学科领域深度交叉融合、广泛扩散渗透，重大原创性基础研究和引领性原创成果不断涌现。科技与产业联系越来越密切，技术变革正加速转变为现实生产力。

"十三五"期间，中央大力推动科技与经济社会的深度融合，支撑引领高质量发展取得新成效。北京、上海、粤港澳等科创中心加快建设，21 个国家自创区和 169 个高新区成为地方创新发展"领头雁"，高新区生产总值从 8.1 万亿元增长到 12.2 万亿元，5 年增长超过 50%；高新技术企业从 7.9 万家增长到 22.5 万家。2020 年，全国 169 个高新技术产业开发区实现营业收入 41.8 万亿元，较 2019 年增长 8.4%。新冠肺炎疫情后复产复工，国家高新区和高新技术企业成为各地一道亮丽的风景线。要突破我国经济发展的瓶颈，实现制造强国、质量强国、网络强国、数字中国，需要科技创新的有力支撑，围绕产业链部署创新链、创新链部署产业链，形成科技与经济在各方面的相互衔接、精准对接、耦合互动。

以中国科学院为例，自2014年"率先行动"计划实施以来，中国科学院以习近平新时代中国特色社会主义思想为指导，认真贯彻落实习近平总书记提出的"三个面向""四个率先"要求，面向国民经济主战场，突破了国民经济和社会发展领域的一批重大关键核心技术，包括深部资源探测、干细胞与再生医学、新型冠状病毒及流感病毒跨种传播机制和新冠疫苗与抗体研发、寒武纪/龙芯智能多核处理器、高光效长寿命半导体照明、新型存储器件及集成、甲醇制取低碳烯烃（DMTO）、以合成气制乙醇为代表的化石资源转化利用、抗阿尔茨海默病新药、新冠肺炎基础及其转化研究、西北干旱区水循环与生态水文过程、作物杂种优势遗传机制及植物能量代谢和环境应答调控机制等。通过科技成果转移转化，实现企业销售收入共计24350亿元，新增利税共计2983亿元，先后孵化培育了中科曙光、国盾量子、"寒武纪"等18家上市公司。这些成果有力地支撑了我国产业转型升级、战略性新兴产业培育、经济社会可持续发展和生态文明建设等重大需求。

（三）新时代我国科技创新面临的挑战

当前，世界百年未有之大变局加速变化，科技创新成为影响和改变世界经济版图的核心元素。客观来讲，我国的科技创新水平与国家经济社会发展的要求相比还有一定差距，仍面临以下挑战。

一是产业创新能力不足，原始创新产出水平较低。与发达国家相比，我国大部分产业处在中低端，基础型、原创型、高价值和核心专利相对较少。2019年，我国国际知识产权交易收入与支出之比仅为0.19，远低于美国（2.75）、日本（1.78）、德国（2.24）等创新强国。2009—2019年，我国科技人员共发表国际论文260.64万篇，居世界第2位，但平均每篇论文被引用10.92次，仍低于世界平均水平（12.68次）。这些均反映出我国创新能力和创新水平不平衡，基础研究在重大理论突破、重大研究方法创新和引领相关学科发展方面的成果较少，与发达国家尤其是美国的差距比较明显。

二是战略高新技术短板明显。部分新兴产业发展的关键核心技术都掌握在发达国家手中。全球互联网标准由美国主导；芯片设计的电子设计自动化工具要依赖国外，高端光刻机仍被国外公司垄断；95%的高端专用芯片、70%以上的智能终端处理器，以及绝大多数存储芯片依赖进口；高档数控机床、高档装备仪器等关键件精加工生产线95%以上的制造及检测设备依赖进口；在130多种关键基础材料中，32%在中国仍为空白，52%依赖进口。特别是中美贸易摩擦加剧后，美国对我国的科技发展进行全面压制，从对高技术出口进行严格管制、限制中国投资美国科技公司，发展到对中国重点高科技企业进行精确打击，严格限制高科技领域交流、学生出国学习等。

三是人才队伍培养存在不足。我国的高水平领军人才总体数量不多，学科领域分布结构也存在问题。据数据统计，2020年全球"高被引科学家"共6167人次，美国2650人次入选，中国大陆770人次入选，排名世界第2位，我国"高被引科学家"在22个大类学科中，仅化学、材料、工程3门学科就达183人。我国高水平专业工程技术人才非常短缺，影响了制造业的技术创新和进步。在高等教育方面，我国的大学这几年进步很快，但在教育质量、学术影响力等方面还有很大的进步空间。

总体来看，我国科技创新取得了历史性成就，但也要正视短板和不足，树立底线思维，找出制约发展的关键问题，找准突破口，扬长避短，因势利导，采取更有针对性的措施，在发展的过程中逐步加以解决。

三、加快科技创新引领新经济发展的政策保障

科技创新是促进新经济发展的不竭动力，在打通经济高质量发展中的技术性堵点方面发挥着重要作用。我们要以习近平新时代中国特色社会主义思想为指导，加强前瞻性思考、全局性谋划、战略性布局、整体性推进，实现科技与经济的融通发展。

（一）强化顶层设计和系统布局

制定科技强国行动纲要，遵循科技、经济相互促进的原则，系统谋划科技强国发展思路和重点任务，形成科技强国建设的时间表和路线图，为后续推进科技创新、促进经济发展提供有力指导。基于国内新经济发展的急迫需求和突出问题，明确科技创新的主攻方向，确保科技创新始终围绕中心工作、适应人们物质文化生活需求的变化，服务新经济发展大局。进一步完善国家创新体系总体布局，强化国家战略科技力量与市场主体的统筹协同和融通创新，协同部署产业链和创新链，畅通创新价值链的关键环节，加强科技创新与产业发展的联结，加快推进科技成果转移转化，

以促进并支撑新产业、新业态的快速发展，提高创新链的整体效能。

（二）组织实施好重大科技任务

具有先导性、颠覆性、带动性的关键核心技术是产业变革的"地基"，是新经济发展的核心动力。要充分发挥社会主义市场经济条件下新型举国体制优势，组织实施体现国家战略意图的重大科技任务，实现科技资源的优化配置，最大程度支撑新经济发展。通过加大对重点科技领域的投入力度，采取"揭榜挂帅"等方式，引导和组织优势力量下大力气解决一批关键性技术难题，集中力量打好关键核心技术攻坚战，加快突破基础软硬件、先进材料、核心零部件等方面的瓶颈制约，努力实现关键核心技术自主可控，推动产业向价值链中高端跃升。着眼长远发展，重视前沿技术和颠覆性技术研发，在人工智能、量子信息、集成电路、深地深海、生命健康、脑科学等前沿重点领域，系统布局一批具有战略性、颠覆性的国家重大科技项目，为新产业、新业态发展提供战略性技术储备。

（三）强化基础研究、提升原始创新能力

基础研究是科技长远发展的根基。当前很多关键性技术难题，究其深层原因往往是基础研究根基不扎实。要着力优化学科布局，加强数学、物理、信息等重点基础学科建设，注重基础理论学科和应用学科协调发展，强化跨学科之间深度交叉融合。建立一支具有基础性、战略性使命的科技创新"国家队"，加强基础科学创新人才培养，注重培养创新意识和创新能力，引导树立创新自信，鼓励广大科研人员挑战重大前沿科学问题，提出新理论、开辟新领域、探索新路径，不断拓宽科学技术的深度和广度，产出更多高水平原创科研成果。逐步扭转科研活动中原创能力不强、大量资源和精力用在从事跟随型研究的现状，鼓励科研人员加强跨学科团队合作，从经济社会发展的重大需求中提炼重大科学问题，从科学原理、问题、方法上集中进行攻关，为创新提供源源不断的源头活水。

（四）建设引领发展的高水平创新主体

高水平的创新主体是开展高水平科技创新活动的重要载体，也是科技创新促进新经济发展的先锋队。要在符合国家科技发展目标、解决经济发展紧迫需求、引领未来发展的重大领域上，集聚全国科技创新资源，推进国家实验室建设、国家重点

实验室体系重组，统筹推进一流科研机构、一流大学、一流学科建设，强化国家科研机构的体系化能力、集群化特点、多学科交叉融合优势，建设围绕国家使命，依靠跨学科、大协作、高强度支持开展协同创新的研究基地，提升服务国家需求和支撑经济社会高质量发展的能力。推动科技与信息技术、生物技术、新材料等新兴产业的有机结合，培育壮大创新型产业集群，推进重大平台、项目、孵化载体建设，加强对创新型企业的扶持力度，加大对创新型科技龙头企业的资源倾斜，支持战略型新兴产业的高质量发展。

（五）深化科技体制改革

破除体制机制障碍，推动科技体制改革全面发力、多点突破，最大程度解放和激发科技作为第一生产力所蕴藏的巨大潜能，打通科技和新经济发展之间的障碍。按照党中央、国务院关于深化科技体制改革的总体部署，坚持科技创新和制度创新"双轮驱动"，以问题为导向、以需求为牵引，深入推进科技领域"放管服"改革，努力破除制约科技创新的思想障碍和制度藩篱。强化科技创新型企业的创新主体地位，调动企业对市场需求灵敏的"触觉"，发挥企业促进科研成果向市场价值转化的推动作用。建立以科技创新质量、贡献、绩效为导向的分类评价体系，推进科技评价改革，制定以人为本的科技创新奖惩制度，将人、财、物等资源向科技创新一线倾斜，建立健全科研领域失信联合惩戒机制，构建诚实守信的科技创新环境。

作者简介：

白春礼先生，中国共产党第十八届、十九届中央委员会委员，全国人民代表大会民族委员会主任，中国科学技术大学和中国科学院大学名誉校长，"一带一路"国际科学组织联盟（The Alliance of International Science Organizations，ANSO）主席，中国科学院、欧洲科学院、俄罗斯科学院、美国国家科学院等院士。曾任中国科学院院长、国务院学位委员会副主任委员、中央教育工作领导小组成员、国家科技领导小组成员等职务。

深入贯彻新发展理念
加快推动战略性新兴产业发展壮大

宋志明

战略性新兴产业是引领国家未来发展的重要决定性力量,对我国形成新的竞争优势和实现跨越式发展至关重要。习近平总书记多次就发展战略性新兴产业作出重要指示。《中华人民共和国国民经济和社会发展第十四个五年规划和 2035 年远景目标纲要》提出,着眼于抢占未来产业发展先机,培育先导性和支柱性产业,推动战略性新兴产业融合化、集群化、生态化发展。这是在新的历史起点上,加快建设现代产业体系,推动经济高质量发展,开启全面建设社会主义现代化国家新征程的重大战略部署。

一、战略性新兴产业成为经济高质量发展的重要引擎

2010 年,国务院印发《国务院关于加快培育和发展战略性新兴产业的决定》(国发〔2010〕32 号),提出加快培育和发展战略性新兴产业。此后,国务院先后印发了《"十二五"国家战略性新兴产业发展规划》《"十三五"国家战略性新兴产业发展规划》,对战略性新兴产业发展目标、重点任务、政策措施等作出全面部署。到"十三五"时期末,以节能环保、新一代信息技术、生物、高端装备制造、新能源、新材料、新能源汽车等为代表的战略性新兴产业发展迅速,技术创新加快,规模不断扩大,涌现出一大批发展潜力巨大的优质企业和产业集群。我国战略性新兴产业成为引领经济高质量发展的重要引擎。

一是产业规模快速扩大。2015—2019 年,全国战略性新兴产业规模以上工业增加值年均增速达到 10.4%,全国战略性新兴产业规模以上服务业企业营业收入年均增速达到 15.1%,分别高于同期全国规模以上工业增加值、全国规模以上服务业企

业营业收入增速约 4.3 个百分点和 3.5 个百分点。2019 年，我国战略性新兴产业对 GDP 的贡献率达到 11.5%，较 2015 年增长了约 3.5 个百分点，对外贸出口贡献率达到 29.2%。

二是创新能力持续增强。2016—2019 年，大中型战略性新兴产业企业研发经费投入年均增速达 9.72%，2019 年研发投入达到 3904 亿元，占全社会研发投入经费的 17.63%。高强度的创新投入带来一系列技术突破，创新成果竞相涌现。光伏、新一代信息技术、高铁、基因测序等行业具备了世界领先的研发水平和应用能力，产业基础进一步得以巩固。2016—2019 年，战略性新兴产业专利申请数量以 17.6%的年均增速高速增长，2019 年达 30.25 万件，其中发明专利申请数量达到 16.25 万件。

三是新业态新模式不断涌现。关键技术的突破和融合应用催生出一批新业态新模式。云计算、大数据、物联网、移动互联网、人工智能等新技术推动以数字经济、平台经济、共享经济为代表的新型经济形态迅速发展。以大数据产业为例，2016—2019 年，规模由 2800 多亿元增长到 5300 多亿元，增速连续 4 年保持在 20%以上。同时，新一代信息技术与传统产业深度融合，数字化、网络化、智能化转型加速，数字化车间和智能工厂不断涌现，重点行业骨干企业数字化研发设计工具普及率、关键工序数控化率分别达 73%、52.1%，工业 App 突破 35 万个，服务工业企业数近 100 万家。

四是集群发展态势愈加明显。我国实施了先进制造业集群发展专项行动和国家战略性新兴产业集群发展工程，培育了一批国家先进制造业集群和国家级战略性新兴产业集群，加快构建协同发展特征突出的现代产业体系，有序推动东中西部产业转移和错位发展，促进创新、企业、技术、人才和品牌等要素向集群加快集聚。京津冀、长三角、粤港澳大湾区等区域形成聚合高端产业、引领全国发展的优势，成为主导产业鲜明、区域特色突出的产业增长引擎。

五是企业竞争力显著提高。新能源发电装机量、新能源汽车产销量、智能手机产量、海洋工程装备接单量等均位居全球第一，成长出一批具有全球竞争力的企业。2019 年，我国战略性新兴产业企业在世界 500 强榜单中占有 29 个席位，有 14 家企业上榜《福布斯》全球数字经济百强企业榜单，中国移动、阿里巴巴跻身前十。我国还有一大批独角兽企业，比如安防领域的海康威视、消费无人机领域的大疆、智能语音领域的科大讯飞、人脸识别领域的旷世科技等。

二、"十四五"时期是发展战略性新兴产业的重要战略机遇期

随着新一轮科技革命的突飞猛进，信息技术、生物技术、新材料技术等领域的

颠覆性技术不断涌现，人工智能、物联网、大数据等新兴技术与传统技术深度融合，带动新一轮产业变革加速演进，我国在许多领域与其他国家"几乎处于同一起跑线上"。如果能够发挥好我国的制度优势和市场优势，以更快速度构筑新技术、新产业体系，就能实现弯道超车、跨越发展，抢占未来发展先机。

发展战略性新兴产业是顺应产业发展规律的必然选择。经过多年的快速发展，我国已形成规模庞大、配套齐全的完备产业体系，工业增加值超过30万亿元。随着我国制造业进入高质量发展阶段，劳动力、资本、土地等传统要素资源的投入边际效益逐渐递减，创新成为产业发展的主要驱动力，数据、信息、知识等新型生产要素成为重要资源，促进以战略性新兴产业为代表的新产业、新业态、新模式蓬勃发展，成为经济新增长点、增长极。数字经济是创新驱动、广泛应用新型生产要素实现快速发展的典型，2019年我国数字经济增加值规模为35.8万亿元，名义增长15.6%，软件和信息技术服务、电子商务服务等行业持续保持两位数增长，成为带动我国经济增长的"生力军"。

颠覆性新技术创造创新发展机遇。颠覆性技术可以打破固有的市场格局和技术壁垒，使参与者在同等条件下开展技术创新、培育应用场景、建设基础设施、参与标准制定，这使得我国在部分新领域实现反超成为可能。5G是一个典型的例子，10年间从3G到4G再到5G，通信领域共发生了3次技术变革，我国正是抓住了这个换道发展的机会，从3G启动标准自主研发实现跟跑，到4G时代依靠大规模应用和技术迭代实现并跑，再到5G时代取得1/3的国际标准专利实现领跑。"十四五"时期，云计算、大数据、物联网等越来越多的高新技术会进入大规模产业化、商业化应用阶段，引发硬件、软件、服务等产业格局加速重构，我国在战略性新兴领域也将获得更多的创新发展机会。

超大规模市场培育广阔发展空间。我国超大规模国内市场为新技术的产业化落地创造了庞大的消费需求、丰富的应用场景和充分的试错空间。比如新能源汽车的庞大市场需求为大规模量产和技术迭代创造了有利环境，蔚来、小鹏等国内造车新势力蓬勃兴起，特斯拉等国际巨头积极到中国投资建厂。超过13亿的移动互联网用户规模为智能手机的开发、试错、量产创造了有利条件，华为、小米等已经成长为在全球范围内具有创新性和引领力的企业。"十四五"时期，我国需求结构还将加快转型升级，产业以市场规模优势为依托，带动技术突破和应用迭代发展，可以形成需求牵引供给、供给创造需求的更高水平动态平衡，实现更高质量、更有效率、更可持续、更为安全的发展。

新型举国体制注入强劲发展动力。新型举国体制作为社会主义市场经济条件下集中力量办大事的创新体制，能够发挥中国特色社会主义制度的最大优势，是落实新发展理念、端正发展观念、转变发展方式、不断提升发展质量和效益的制度表征和实践方式。发展战略性新兴产业是基于科学判断的重大决策。新型举国体制通过科学统筹、集中力量、优化机制、协同攻关，做到政府引导、市场主导、社会协同相结合，有利于将资源要素有效整合到战略性重点领域，实现资源的合理配置，为战略性新兴产业健康发展注入强劲动力。

同时我们也要看到，与建设制造强国、网络强国、数字中国的要求相比，与发达国家的发展水平相比，我国战略性新兴产业发展还面临不少堵点、痛点和难点，任务还相当艰巨。突出表现在：一是产业基础不牢，工业母机、高端芯片、基础软件、基本算法、基础元器件、基础材料等瓶颈仍然突出，关键核心技术受制于人的局面没有得到根本性改变。国际经济政治格局复杂多变，经济全球化遭遇逆流，全球产业链供应链面临调整和重塑，我国技术创新面临被封锁的风险。二是产业集中度不高，部分新兴企业规模相对较小、同质化严重，具有国际竞争力的企业数量不够多。三是部分地方和企业片面追求速度和规模，企业盲目扩大投资，出现同质化无序竞争的低水平重复建设，导致产能过剩、发展效益差的现象时有发生。

三、"十四五"战略性新兴产业的重点领域及发展方向

《中华人民共和国国民经济和社会发展第十四个五年规划和2035年远景目标纲要》延续了"十三五"时期"发展战略性新兴产业+前瞻谋划未来产业"的做法，把新一代信息技术、生物技术、新能源、新材料、高端装备、新能源汽车、绿色环保，以及航空航天、海洋装备九大领域作为产业体系新支柱，与"十三五"时期相比，航空航天、海洋装备从前瞻产业成长为支柱产业。同时，把类脑智能、量子信息、基因技术、未来网络、深海空天开发、氢能与储能等前沿科技和产业变革领域，作为前瞻谋划未来产业的主要方向。

我国战略性新兴产业的重点发展领域，是综合考虑重大技术突破和重大发展需求、国际社会共识、全球产业竞争等因素的结果。其中，新一代信息技术产业的重点是加快工业互联网、大数据、人工智能、先进通信、集成电路、超高清现实等技

术创新和应用，全面提升信息技术核心竞争力；生物技术产业的重点是加快发展生物医药、生物农业、生物制造、基因技术应用服务等产业化发展，做大做强生物经济；新能源产业的重点是加大核能、太阳能、风能、氢能、生物质能等新能源技术研发和应用，提高能源产业中的新能源生产比重，为实现碳达峰、碳中和目标提供有力支撑；新材料产业的重点是发展先进无机非金属材料、高性能复合材料、新型功能稀土材料、信息功能材料、纳米材料等前沿新材料，实施材料基因工程，加快建设材料强国。高端装备制造业的重点是推进重大装备与系统技术的工程化应用和产业化发展，加快形成分布式、个性化、柔性化、智能化的高端装备发展模式。新能源汽车产业的重点是加快汽车电动化、智能化、网联化进程，推动氢燃料电池汽车产业化。绿色环保产业的重点是加大煤炭清洁高效利用，发展节能和环境治理新技术，扩大资源循环利用。航空航天产业的重点是加快航空发动机及机载设备等技术研发，完善卫星及应用基础设施建设，深化北斗系统推广应用，推动北斗产业高质量发展。海洋装备制造业的重点是提升大型船舶、海工装备研发制造能力，发展智能船舶、特种船舶等高技术船舶和各类海洋工程平台，以及油气资源勘探开采储运等高端设备，构建船舶和海洋工程装备先进制造业集群。

战略性新兴产业以融合化、集群化、生态化为重要发展方向。融合化是战略性新兴产业发展的重要途径。以大数据、云计算、人工智能为核心的新一代信息技术在生产、运营、管理和营销等诸多环节的融合应用，能够实现企业及产业层面的数字化、网络化、智能化发展，持续释放对经济发展的数字化叠加倍增效应，是其他产业实现动力变革、效率变革和质量变革的重要抓手。集群化是战略性新兴产业发展的必然趋势。战略性新兴产业集群除了地理临近性特征，还具有显著的创新驱动、知识溢出、产业放大和技术不确定性等特征，涵盖了战略性技术研发、新兴技术产业化、新兴产业网络化整个过程，能够发挥专业化分工效应、产业关联效应和协作效应，降低创新和交易成本，促进生产要素的合理流动和优化配置。生态化是战略性新兴产业发展的内在要求。产业生态是由各类产业要素资源构成的、遵循经济学规律的、相互依赖的动态产业空间。生态化的战略性新兴产业应用场景丰富、产品品质卓越、创新体系完备、企业专业化分工协作共同发展，可以实现从供给端到需求端的良性动态循环。在新科技革命和产业变革的大背景下，必须推动新一代信息技术与各产业深度融合，发展先进制造业集群，构建各具特色、优势互补、结构合理的产业生态，加快战略性新兴产业发展，为国民经济发展注入源源不断的动力。

四、"十四五"时期发展战略性新兴产业的几点思考

推动战略性新兴产业发展,培育经济发展新动能,既是一项长期任务,也是一项十分紧迫的工作。总结历史经验教训,根据"十四五"时期的新形势、新任务、新部署,发展战略性新兴产业,必须紧扣高质量发展要求,坚持新发展理念,进一步增强自主创新能力,加强基础创新和应用创新,实现创新发展;提升行业监管能力和公共服务水平,营造行业发展新生态,畅通国内大循环,实现协调发展;围绕碳达峰、碳中和目标,加快战略性新兴产业的低碳转型,实现绿色发展;推动更高水平开放与合作,加强产业链、供应链国际协作,促进国际大循环,在开放发展中实现互利共赢;让战略性新兴产业在促进社会公平、增进民生福祉方面发挥更大作用,实现共享发展。具体来说,要做到"四个结合"。

(一)坚持有效市场和有为政府相结合

有效市场和有为政府相结合是我们推动战略性新兴产业发展必须坚持的宝贵经验。要把营造公平竞争的市场环境作为工作重点,在坚持审慎包容监管的同时,加快完善数据监管制度,加强数据隐私保护和安全管理,完善网络市场监管制度,依法查处互联网领域滥用市场支配地位限制交易、不正当竞争等违法行为,加强产权和知识产权保护,大力促进知识产权运用,使市场真正发挥要素配置的决定性作用。政府要瞄准市场失灵的领域和环节,强化政策支持,尽快建立产业政策和竞争政策,协同促进战略性新兴产业发展的机制,增加普惠性、功能性政策供给,完善产业、税收、金融、土地、投资等政策协同配合。

(二)坚持需求引领和供给创造相结合

市场需求是拉动战略性新兴产业发展壮大的关键因素。要坚持以扩大内需为战略基点,强化需求侧管理,加快推进新产品、新服务的应用示范,将潜在需求转化为现实供给,以消费升级带动产业升级。要提升传统消费,扩大新能源汽车、智能家电、绿色建材等升级需求;培育新型消费,加快"云经济""云消费"发展,促进服务业线上线下融合;增加公共消费,加快医疗、养老、交通等领域基础设施补短板;开拓城乡消费市场,丰富适合农村消费者的商品供给。要大幅提高供给质量和水平,大力培育智能化产品、个性化定制、网络化协同、共享化生产、服务化延伸、数字化管理等新产品、新模式、新业态,努力增品种、提品质、创品牌,塑造中国

制造优质形象。

（三）坚持自立自强和扩大开放相结合

坚持把科技自立自强作为国家发展的战略支撑。要实施产业基础再造工程，加快补齐基础零部件及元器件、基础软件、基础材料、基础工艺和产业技术基础等瓶颈短板。着重打好关键核心技术攻坚战，实行"揭榜挂帅""赛马"等制度，加大重要产品和关键核心技术攻关力度。健全产业基础支撑体系，在重点领域布局一批国家制造业创新中心和产业技术基础公共服务平台。同时，发展战略性新兴产业，抢占全球产业竞争制高点，并不是意味着单打独斗、闭门造车，而是要按照建设更高水平开放型经济新体制的要求，进一步放宽市场准入限制，利用国内大循环吸聚全球资源要素，深化产业链、供应链互补性合作，维护多边贸易体制，在经济全球化逆流的形势下更加紧密地融入世界经济和产业体系。

（四）坚持新兴产业和传统产业相结合

大多数战略性新兴产业是依赖传统产业的技术积累、制造能力、产业组织发展壮大起来的，两者是相互依存、相互转化的关系。因此，一方面，要聚焦新一代信息技术、生物技术、新材料等重点领域加快谋划布局一批重大项目，加强资源要素保障和产业链上下游协同，推动重点产业领域加快形成规模效应，形成更具核心竞争力的产业体系；另一方面，要加快传统产业改造提升，坚持工业化与信息化深度融合发展战略，推进数字化转型行动和工业互联网创新发展工程，利用新一代信息技术对各产业进行全方位、全角度、全链条改造，实施绿色制造工程，加快建设绿色工厂、绿色园区，构建绿色制造体系，提升工业设计能力和柔性生产能力，发展服务型制造，促进传统产业迈向价值链中高端。

作者简介：

宋志明先生，工业和信息化部规划司副司长，一级巡视员，具有长期从事工业和信息化领域投资规划工作的经历和经验。

释放数据生产力 构建新发展格局

汪寿阳 刘 颖

构建新发展格局是我国立足当前、着眼长远的战略谋划，需要依靠科技创新，实现稳增长和防风险的长期均衡。数据生产力作为以数字技术为依托的改造自然的新能力，是打通双循环堵点、实现新发展格局的着力点。本文从技术基础、价值创造、组织结构、创新模式等方面，阐述了数据生产力的增长特征，分析了数据生产力引发生产关系变革的新治理体系，并提出了相应的政策建议。

一、新发展格局需要新的生产力形式

在国际环境日趋复杂、逆全球化趋势加强、贸易保护主义上升的背景下，我国加快构建以国内大循环为主体、国内国际双循环相互促进的新发展格局，是我国推进开放型经济高质量发展、适应全球新经济形势的战略选择，也为"十四五"国民经济发展指明了方向。新发展格局需要加快自主科技创新，以更加富有弹性和韧性、更安全可靠的经济体系，来解决深层次的发展不平衡不充分问题，需要重点发展以下四个领域：一是正确处理好传统消费升级与新兴消费培育的关系，激活国内超大规模市场需求潜力，形成内需主导型增长体系；二是以需求牵引供给，打通生产、分配、交换、消费各个环节，促进生产要素高效流动，推动供应链和产业链的稳定发展；三是以科技创新提高自主创新能力，促进基础研究、应用研究与产业化的有机衔接，加速科技成果向实际生产力的转化，为供需侧改革提供科技支撑；四是加强开放型经济循环，以扩大内需为基础形成国际竞争力，加强国内国际互联互通，实现双循环相互促进。

（一）数据生产力的定义与内涵

新发展格局需要新的生产力形式，马克思基于古典经济学理论将生产力与社发展规律相结合，指出生产力的三要素为劳动主体、劳动对象和劳动资料，生产力是具有劳动能力的人和生产资料的有机结合而形成的改造自然的能力[1]。生产力的发展随着时代变迁呈现出知识化、智能化的演进规律。新经济时代生产力的三要素发生了根本变化：体力劳动者转变为知识劳动者；传统的土地、设备等生产资料与现代智能工具深度融合，极大提升了劳动资料的质量和效率；数据物化到劳动对象上形成知识密集型劳动对象，扩大劳动对象的范围并提升其附加值。这种以数据为关键要素、以新一代信息技术为依托的认识、适应、改造自然的新能力被称为数据生产力[2]，其价值创造方式与工业生产力有本质不同，数据要素对技术、土地、劳动、资本生产要素产生指数化的赋能效应，通过将数据转变为信息、信息转变为知识、知识转变为决策，在数据的自动流动中化解复杂社会经济系统的不确定性。

（二）数据生产力成为新发展格局的着力点

数据生产力的崛起，成为世界大国博弈竞争的制高点。数字经济发展突飞猛进，推进数据要素市场的自由流动和良性发展，释放数据生产力，成为打通双循环堵点、实现新发展格局的着力点。在需求侧，以数字技术为基础的社交营销、直播电商、生鲜电商等新零售模式，可以更精准地提供符合消费者需求的产品，极大地激发新消费潜能和内需市场活力。据中国互联网信息中心统计，2020年中国直播电商用户规模已达5.6亿人次，市场规模近万亿元，连续两年翻倍增长。在供给侧，数据生产力促进传统产业数字化转型，提高了产品的科技含量和附加值，一定程度上消除了供需错配和经济循环中的结构性梗阻。同时，数据生产力可以有效引导国际循环产业链升级，以新型基础设施建设为支撑，我国在技术自主创新上持续保持活力，提高了企业应对产业链、供应链断裂风险的能力，使其在全球价值链分工中拥有更大话语权。

二、数据生产力的增长特征

（一）数据生产力的技术基础：数据、算力、算法

数据生产力的本质是把人类对物理世界的认知规律映射到比特世界，在"数实

---

[1] 马克思. 资本论：第一卷[M]. 北京：人民出版社，1975: 202.
[2] 阿里研究院. 数据生产力崛起：新动能 新治理[R]. 2020.9.

共生"[1]状态下重构并优化物理世界的运行体系,推动资源优化配置从局部走向全局,不断催生出新组织、新业态、新模式,为经济增长提供新动能。数据生产力的发展需要技术和资源的支撑,背后的主导因素是数据、算力和算法。

数据是各种智能工具发挥作用的基础。数据生产力需要打破信息壁垒实现互联互通,做到全生产流程、全产业链、全生命周期管理数据的可获取、可分析、可执行,保证数据的及时性、准确性和完整性,从而能够用于量化决策与预测。算力是将数据生产资料转化为价值效益的基础工具,也是衡量新经济活力的重要指标,据统计,以云计算和边缘计算为代表的算力中心高速发展,年均增速达48%。算法是物理世界运行规律的模型化表达,基于算法的软件是业务、流程和组织的赋能工具和载体,能够实现数据在物理世界的自动流动。"数据+算力+算法"引发了工具革命和决策革命,是推动实现经济社会数字化转型的基石,通过实时分析、科学决策和精准执行,解决复杂系统的不确定性问题,提高供需匹配效率。

(二)价值创造模式的变化:从规模经济到范围经济

工业经济时代,行业分工边界清晰,各种专业化活动被分解成单向价值链[2]。企业只作为线性价值链中的生产者和交付者,主要通过扩大单一产品规模来降低平均生产成本,成本降低会进一步带来产量的扩大,这种少品种大批量的规模经济成为工业时代的主导逻辑。随着社会经济的发展,多样化、个性化的消费趋势越发明显,工业时代以提高专业效率为核心的技术难以满足多品种小批量的要求。如何提高多样化效率,成为企业面临的新挑战。

在数字经济时代,信息技术的应用能够迅速分析海量数据,感知多样化消费潮流,提炼关键知识。随着数据生产力的发展,企业通过知识复用、技术赋能、分工协作,能够有效降低多样化生产的成本,提高供应链柔性水平,从而实现范围经济,以解决专业化与多样化的矛盾。因此,范围经济将取代规模经济,在资源共享条件下,满足长尾市场中的多品种小批量需求,成为数据生产力的主要增长模式[3]。

(三)组织结构的变化:从科层组织到网状组织

数据生产力同样推动着组织管理的变革。工业时代的企业遵从流水线的生产方

---

1 腾讯研究院. 数实共生—未来经济2021白皮书[R]. 2021.1.

2 吕本富. 从平台经济到平台经济学[J]. 财经问题研究, 2018, No.414(5):12-16.

3 谢伏瞻. 论新工业革命加速拓展与全球治理变革方向[J]. 经济研究, 2019, 54(7):4-13.

式，形成了以任务和职能划分部门的科层组织和职能组织。职能组织蕴含的理性精神，正是工业化规模经济发展所要求的[1]。而后又涌现出以客户需求为导向、以业务流程为核心的流程驱动型组织，从而打破职能部门之间的隔阂，提高对客户需求的反应速度与效率。发展到数字经济时代，外部环境日益复杂多变，企业的决策方式从线性长链路向交互短链路转变，组织形态从惯于处理确定性事件向应对动态不确定性事件转变，组织运作更多采用网状协同的决策机制。在技术赋能对价值链、供应链和产业链的重塑下，企业开始探索通过数据驱动组织结构的迭代升级。

企业为了提升对不确定的动态环境的适应能力，大体上出现了两类自组织。一类是企业内的自组织，利用以数据中台、业务中台为主要载体的"赋能平台"，根据客户需求和企业价值诉求，自动组建新的创客化小微组织。通过数据的自由流动，以及数据的全面实时动态采集、建模、自学习、自决策和自优化，建立基于数据的动态反馈机制和决策机制，实现企业资源的优化配置，例如，阿里巴巴在2020年新冠肺炎疫情初期，以灵活高效的组织模式在7小时上线了第一个县级防疫系统。另一类是跨企业的自组织，主要包括超级组织、战略联盟、虚拟企业等形式。企业、组织或者个人基于能力形成模块化的小微组织，伴随数据的流动、转化与共享进行交互和价值共创。在这种多中心分布式的自组织形式下，消费者与企业、企业与企业之间的关系被重构，企业经营边界被拓宽，逐步形成"平台+用户+商家+服务商"的生态网络形式。例如，波音"梦幻787"飞机的研发生产基于来自6个国家、100多家供应商、数万人的在线协同研发；中国网约车平台每天实现2000万级出行人口与司机的业务协同。相较而言，自组织具备更大的开放体系、更多的资源参与、更密的网络协同、更广的技术平台，能够最大限度整合相关资源，将会重新定义竞争格局和产业结构。

（四）创新模式的变化：从实物验证到模拟仿真

现代创新理论的提出者约瑟夫·熊彼特认为，"创新"是经济增长和发展的动力，并指出"创新"的5种类型依次为：产品创新、技术创新、市场创新、资源配置创新、组织创新。从创新实践来看，创新本质上是不断尝试、验证、优化的过程。传统的产业创新以实物试验为主，验证周期长、费用高、风险大，这种基于实体的"试错法"是一项投入巨大、回报率低的工程。

---

[1] 谢康，吴瑶，肖静华. 数据驱动的组织结构适应性创新——数字经济的创新逻辑（三）[J]. 北京交通大学学报（社会科学版），2020, 19(3):6-17.

数据生产力能够通过数字孪生、模拟仿真等技术，在虚拟世界建立实时高效、零边际成本的试错方式。依托基于模型的产品定义（Model Based Definition，MBD）、全数字化样机、数字孪生体等新技术，实现对创新对象及其运行环境和运行模型的数字化。在这种模式下，企业可基于相似性原理，构建虚拟世界对物理世界描述、诊断、预测、决策的新体系，快速对创新方案进行验证、选择与优化，从而提升创新效率。近年来，基于模拟仿真的创新模式在飞机、汽车、食品饮料、医药、建筑、工程等领域逐步兴起，展现了显著的效果，例如，埃隆·马斯克的公司SpaceX在火箭太空发射研发阶段，通过数字空间的模拟仿真，大幅降低了研制成本，缩短了周期，提高了研发效率，使太空发射成本由1.85万美元/千克下降为2720美元/千克。

三、数据生产力需要新治理体系

数据生产力的发展加速了生产关系的变革，重新定义了生产力体系下的主体和权利，改变了企业的竞争方式，同时也给治理体系带来了数据权属不清、数据资产定价困难、数据市场不正当竞争等一系列治理热点和难点。因此，亟须建立一套与数据生产力相适应的治理体系，明确数据产权的分配机制，创新数据治理模式。

（一）数据产权分配机制

党的十九届四中全会明确提出，数据可以作为生产要素参与报酬分配。但是，在数据要素分配过程中，数据要素的财产权益界定，目前还没有明确的规则。与实体物品不同，数据具有复杂性、不确定性、可复制性、隐私性、时效性等属性。因此，数据产权的认定比传统实体产权认定更加复杂，传统的以强调静态归属和排他性效力为核心的产权制度，如物权、所有权、知识产权，无法直接套用于数据产权问题。数据产权包含所有权、使用权、收益权等一组相对的权利束，数据产权的界定会对数据生产者、加工者、使用者等主体的福利乃至社会福利产生很大的影响。应该以创新发展为目标，根据数据自身特性，在综合考量相关主体利益诉求的基础上，探索建立一套高效、公平且激励相容的数据价值分配机制。

数据产权合理分配的关键在于三权分离，即分离产权中的所有权、使用权、收益权。首先，由个人行为产生的原始底层数据所有权归属数据生产者；经过匿名处理、脱敏建模的数据，已经确认无法识别特定个人或用于精准用户画像的数据，所有权属于数据加工者。其次，数据加工者对其收集、处理、脱敏后的数据享有使用权。最后,参与数据生产、收集、分析、价值实现过程的各方主体均享有数据的收益权,收益分配根据投入产出比,通过等价交换实现。值得关注的是平台与个体之间的交易,由于数据体量较大、数据类型繁杂、涉及个体用户较多,针对每个个体用户的数据定价是十分复杂低效的,可以借鉴庇古税,通过设计合理的税收制度,由政府向使用数据获得收益的企业根据获得收益的多少,征收一定比例的"数据税",再将收取的税收投入数字基础设施建设,进一步提高数据安全技术,通过间接转移支付让每个数据生产者都能享有收益,进而提高社会整体福利[1]。

(二)数据治理新模式

数字经济时代,流动的数据成为连接世界的载体,便利了人们的生产和生活,促进了经济社会的发展。伴随着数据的流动,尤其是为解决数据流动过程中产生的一系列问题,数据治理模式逐渐兴起[2]。数据治理是以"数据"为研究对象,主张在确保数据安全的前提下,建立健全规则体系,理顺数据流通各个环节参与者的权责关系,通过加强不同参与者之间的良性互动,铸就依赖关系,形成共建共治共享的数据流通模式,最大程度地发掘数据潜能的新型治理模式[3]。

数据治理主要表现为协同化、智能化、平台化、自主化。第一,数据治理是一种多主体参与的协同治理。数据生产力是一个去中心化、多主体参与的生态体系,传统的单向集中的封闭管理系统已然失效,鼓励政府、平台、第三方多元参与的协同治理模式才能满足新型生产力的要求。第二,数据治理是一种基于先进技术的智能治理。通过运用大数据、云计算、人工智能等现代信息技术,形成了"用数据决策、用数据管理、用数据服务"的智能化治理机制。第三,数据治理是一种解决平台问题的平台治理。平台是数字经济时代兴起的一种新型商业模式,平台治理应合理界定政府、平台、第三方的权利和责任,充分发挥平台的枢纽作用和技术优势。第四,数据治理是一种摸着石头过河的自主探索治理。数字技术快速演变,世界各国尚无成熟通用的治理经验,在数据治理方式和路径的选择上,应该从我国国情出发,坚持以自主探索、依靠市场为主要方式,有效发挥行业组织和企业的主观能动性。

---

1 吕本富,卢超男. 数据开放与隐私保护的平衡研究[J]. 文献与数据学报, 2020, 2(3):17-24.

2 张莉. 数据治理与数据安全[M]. 北京:人民邮电出版社, 2019.

3 杜小勇. 系统探讨"数据治理"[N]. 人民日报, 2020-09-08(20).

四、发展数据生产力的政策建议

（一）加强统筹协调，夯实数字基础设施底座

数字基础设施建设是发展数据生产力的底座，是激发新消费需求和助力产业升级的赋能平台。伴随全国各地新基建行动计划的推进，各地区在5G、物联网、大数据、人工智能等数字基础设施建设上成效显著。由于数字基建的跨区域辐射力强，各地区、各部门应加强资源融通、统筹协调，采用共建、共享、共用、共治理念与已有设施有机融合，促进传统基础设施的提质增效，最大限度避免重复建设，缩短建设周期。鼓励在行业层面推行统一运行网络、统一基础设施、统一数据资源、统一服务平台、统一安全策略、统一标准规范的原则，构建供给与需求相匹配、线上与线下相结合的产业新生态，抓住产业数字化契机补齐短板，促进产业链升级和高质量发展，持续满足人民群众对更高服务水平的需求。

（二）坚持需求导向，加快培育数字要素市场

数据要素市场化将推动技术、资本、劳动力、土地等传统生产要素发生深刻变革与优化重组，需要坚持需求导向，重点关注数据确权、数字资产评估、数据定价交易、数据流通等基础性问题。数据产权界定是数据要素有效配置的基础，需要加快建立并完善符合我国国情和经济发展需要、适应数字经济特征的新型所有权制度，健全数据要素市场法律法规和行业规范。加强对数据要素的分类管理，界定数据共享属性和权益，科学划定普遍共享、限制共享、不共享等类型和层级，在确保关系到国家安全的数据资源归政府统一管理的同时，推动建立公共数据资源的开放共享机制和商用数据资源的市场化机制。鼓励企业和民众等主体参与到数据采集、加工、应用等数据资产化的核心环节，平衡好隐私保护与数据流通中的各方利益冲突，促进数据定价标准化和数据市场规范化，科学引导数字要素有效配置，充分释放价值，并应对好数据生产力带来的生产关系变化的挑战。

（三）完善制度建设，激发多主体协同创新活力

数据生产力的发展离不开基础科学研究和应用转化。随着新一代信息技术、人工智能等数字技术的加速演进，数字领域的科技竞争加快向基础研究前移。虽然我国数字领域基础科学研究在国际上具有较好的影响力，但也存在重大原创性成果缺

乏等问题，导致数据生产力所依赖的基础软件、关键材料、关键零部件等自主可控性不强。为破解这些难题，应瞄准数字科技前沿，加强基础研究前瞻性部署，发挥国家科技项目支持原始创新的作用，健全国家实验室体系，建立跨学科、跨区域实验室共建、共研、共享机制，加快基础科学人才和团队的引进和培养。此外，还要建立健全"政—产—学—研—用"融合创新机制，完善创新文化和创新制度建设，打通基层创新通路，建立企业与科研院所的研发合作机制，鼓励联合创新平台建设，形成良好的创新实践闭环。

（四）深化"数治"融合，提升社会治理现代化水平

深化"人治""法治"与"数治"的有机融合，构建社会治理新格局。一是稳步推进"数治"工程，将数字技术和数据治理理念融入现代社会治理体系中，顶层规划基础数据库，联合法律、政治、经济、行政、教育等多部门，理顺权责关系，形成数据治理合力，营造主体共建、风险共治、成果共享的数据治理环境。二是以数字化治理推动政企服务模式优化、提升行政管理效能、促进评价机制改革，大幅减轻基层工作负担，有效提升社会治理效率。三是"数治"工程需要注意对"数字弱势群体"的保护，消除数字鸿沟，比如老年人群体等，需要配套人性化、有温度的措施来保证其权益，多措并举，全面提升基层服务与社会治理现代化水平。

作者简介：

汪寿阳先生，中国科学院大学经济与管理学院院长、中国科学院预测科学研究中心主任，第三世界科学院院士、国际系统与控制科学院院士、亚太工业工程与管理学会会士，教授、博士研究生导师，曾任国家自然科学基金委员会管理科学部常务副主任、中国系统工程学会理事长、国际知识与系统科学学会理事长。

刘颖博士，中国科学院大学经济与管理学院院长助理、副教授、硕士研究生导师。

中国新经济发展的重点领域及趋势

叶国标　刘功润

新经济已是拉动中国经济增长的重要力量。近年来,移动互联网日渐普及,在线支付、社交、出行,以及移动电商、共享经济、短视频、网络直播、远程教育等成为生活常态。大数据、人工智能、5G、云计算、区块链等新技术迭代升级,加速应用于各行各业,从消费互联网到产业互联网,新经济在我国迅速崛起,各行各业百花齐放。

为应对新冠肺炎疫情对经济社会造成的重大冲击,中国新经济顺时应势异军突起,大量线下活动转至线上,激活了教育、医疗、零售等行业庞大的在线市场需求,为疫情防控和复工复产提供了有效支撑与保障,成为对冲经济下行压力、推动高质量发展的新引擎。当前,新技术应用持续升级,新业态发展日益规范,新商业模式赋能企业生态,我国新经济驶入发展快车道。

一、新技术应用持续升级

(一)人工智能发展势能强劲

人工智能在我国医疗、金融、交易、零售等领域有着广泛应用。据国家工业信息安全发展研究中心数据显示,截至 2019 年,我国人工智能专利申请量累计超过 44 万件,人工智能专利申请数量居世界第一,其中计算机视觉技术专利数量占比最多,比重达 34.04%。随着我国人工智能技术的发展,我国人工智能企业在国际中也占据了重要地位:在 2019 年胡润全球独角兽企业排行榜中,共有 40 家人工智能独角兽企业上榜,其中美国企业 20 家,中国企业 15 家。

作为我国深化供给侧改革、推进数字经济发展的重要技术,人工智能已纳入国家发展规划，应用势能强劲。2017年，国务院印发《新一代人工智能发展规划》，确定了战略目标：到2020年人工智能总体技术和应用与世界先进水平同步；到2025年人工智能基础理论实现重大突破；到2030年人工智能理论、技术与应用总体达到世界先进水平。2019年，北京冬奥会、大兴机场、杭州城市大脑等具有代表性的综合应用场景成功落地，人工智能应用形式日趋多样化；2020年7月，世界人工智能大会（WAIC）在线上举行，探讨了5G时代人工智能的全新应用，展望了"5G+AI"赋能下的智能互联未来。人工智能与大数据、云计算等成为未来推动我国经济发展的重要技术，人工智能发展势能强劲。

（二）5G商业化进程加速

5G凭借"大宽带、大连接、高可靠低时延"的特点，为移动互联网、工业互联网、车联网、金融科技、智慧医疗等垂直行业应用场景提供了可靠的信息交互支持。2016年，5G建设上升到国家战略层面，工业和信息化部联合部分头部通信企业和研究机构全面启动中国5G技术试验；2018年6月13日，3GPP正式批准冻结第五代移动通信技术标准（5GNR）独立组网功能，标志着首个完整意义的5G全球标准正式出炉；2019年，工业和信息化部正式颁布4张5G商用牌照，三大运营商积极布局，在全国50多个城市进行网络部署和测试，对于5G商用化进程具有里程碑意义；2020年3月，中国首个5G微基站射频芯片YD9601研发成功，为进入5G时代奠定了良好的技术基础。

作为5G核心零部件，芯片市场目前已形成以高通、三星、联发科、华为为主的市场竞争格局。随着5G商用进程的加速和技术的提升，我国企业纷纷加大研发力度，主导或参与5G芯片的研发，华为麒麟990、vivo和三星联合研发的Exynos980、联发科的天玑1000等均为我国5G芯片研发企业参与研究的产品。随着新竞争者的加入，5G芯片市场将形成多方主导的新型市场格局。

（三）区块链成为重要基础设施

区块链作为多方共同维护的全程留痕、可以追溯的技术关注焦点，被称为分布式记账技术，具有不可伪造、公开透明、集体维护等特征。近年来，政策聚力推动，巨头加速布局区块链，新型数字经济基础设施不断完善。2018年8月，阿里云发布阿里云区块链服务平台（BaaS），为商品溯源、房产交易租赁、数字身份、数字内容版权、公益慈善、互助保险等应用场景提供技术支撑；百度开发的度小满金融区块链开放平台，拥有安全易用、性能优异、生态完备等优势，在资产证券化等场景有良好应用。

作为未来产业和经济发展的重要基础技术，区块链受到了国家及各省市、各领域的高度重视。2019年10月，在中央政治局第十八次集体学习时，习近平总书记强调，"把区块链作为核心技术自主创新的重要突破口""加快推动区块链技术和产业创新发展"，区块链由此进入大众视野，成为社会的关注焦点。2020年6月，北京市印发《北京市区块链创新发展行动计划（2020—2022年）》；2020年9月，广东省印发《广东省培育区块链与量子信息战略性新兴产业集群行动计划（2021—2025年）》；2020年10月，深圳市联合人民银行开展了数字人民币红包试点，发放了1000万元数字人民币红包，数字货币开始走进生活。

区块链正成为金融、司法、供应链等众多领域的重要基础设施，场景应用逐步成熟：中国人民银行应用区块链技术理念发行的数字货币已经试点，各大银行应用区块链技术开展跨境结算等金融业务；杭州互联网法院、南京仲裁委员会、北京互联网法院等都已将区块链应用于司法实务当中；顺丰已与联想在农副产品溯源、可信供应商管理、采销协同、链上物流等方面展开技术合作，推动区块链在物流场景的技术应用。

二、新业态发展日益规范

（一）金融科技创新与应用持续深化

金融科技经历了"金融电子化—互联网金融—金融科技"的发展阶段，行业监管政策不断完善并逐渐趋严，底层关键技术不断突破，金融科技逐渐成为推动中国金融发展的重要力量。2019年8月，中国人民银行印发《金融科技（FinTech）发展规划（2019—2021年）》，首次从国家层面对金融科技发展做出全局性规划。与此同时，5G、人工智能、云原生等关键技术不断演进，加速金融业数字化转型。

监管机制不断健全，监管科技（RegTech）应用持续深化。2020年6月，中国证监会新设科技监管局，承担监管科技研究实施等八大职能；中国证监会借助卫星定位数据，认定獐子岛公司的成本、营业外支出、利润等存在虚假。

金融科技主体类型不断丰富，呈现多元融合发展格局。截至2020年11月，中国人民银行陆续在深圳、苏州、北京、上海等地成立金融科技公司，涉及数字货币、区块链金融等方向；中国工商银行、中国建设银行、中国农业银行、中国银行、中国交通银行，以及大部分股份制银行均已拥有独立的金融科技子公司。

中国金融科技生态体系逐渐成熟，头部企业以综合金融科技类为主。上游底层技术利用云计算、大数据、人工智能和区块链等新兴技术，变革金融业务模式；中游产品和技术支持为金融行业提供支撑服务，包括客服、风控、营销、投顾和支付等；下游金融机构包括银行、证券、保险、第三方支付、消费金融、征信，以及综合金融科技等业务。

（二）网络视频进入规范发展轨道

近年来，政府主管部门不断加强视频内容规范引导，行业逐步进入规范发展阶段，优质内容成为竞争关键。2020年新冠肺炎疫情推动需求爆发，娱乐方式从线下向线上转移，网络视频流量持续高涨。

网络视频渗透率不断增强，多元化融合发展成为行业新趋势。据中国互联网络信息中心数据显示，截至2020年6月，我国网络视频（含短视频）用户规模达8.88亿人次，占网民整体的94.5%；其中，短视频用户规模为8.18亿人次，占网民整体的87%。

长视频差异化付费渐成常态，短视频与电商、新闻等行业加速融合。近年来，爱奇艺、腾讯视频等平台开发了会员付费、超前点播等新收费模式，促进了更多高质量内容产出；短视频能够生动地展现产品，提升用户购买转化率，"短视频+直播"已经成为主流电商平台的标准配置。

长短视频融合发展成为行业新风口。在市场竞争激烈的态势下，长视频平台开始布局短视频业务，以谋求新增量。爱奇艺先后推出姜饼、锦视等短视频App，优酷与今日头条达成短视频内容授权合作。与此同时，以抖音、快手为代表的短视频平台开始探索长视频市场。

（三）新能源汽车产业空间值得期待

政策引导产业回暖与转型。为了提振新冠肺炎疫情影响下的新能源汽车市场，财政部等四部委联合于2020年4月23日发布《关于完善新能源汽车推广应用财政补贴政策的通知》，将原计划于2020年年底到期的新能源汽车购置补贴政策延长2

年，并提出平缓补贴退坡力度和节奏；11月2日，国务院印发《新能源汽车产业发展规划（2021—2035年）》，强调新能源汽车产业应该融汇新能源、新材料和互联网、大数据、人工智能等多种变革性技术，推动汽车从单纯的交通工具向移动智能终端、储能单元和数字空间转变。

资本成为产业升级的重要推动力。除传统车企入局新能源以外，头部房产商、互联网企业等也纷纷卡位新能源汽车产业。碧桂园顺德新能源汽车小镇项目启动、恒大汽车集团发布6款新能源新车；腾讯注资蔚来汽车、阿里巴巴投资小鹏汽车。各行业头部企业的入场在为新能源汽车产业发展带来资本的同时也带来了可借鉴的理念及技术，为产业转型升级与产业融合带来诸多可能性。

新能源汽车市场渗透率较低，未来增长空间值得期待。据中国汽车协会数据显示，2019年1—10月，我国新能源汽车市场渗透率仅为4.59%，而根据《新能源汽车产业发展规划（2021—2035年）》，2025年新能源汽车渗透率将达20%左右，未来市场增长空间值得期待。

三、新商业模式赋能企业生态

（一）直播带货成为电商行业新的增长点

全国电商交易增速放缓，新冠肺炎疫情推动直播带货成为电商行业新的增长点。2014年移动支付技术的普及给中国电子商务行业带来爆发式的增长。然而，近年来电商行业增速逐渐放缓。据国家统计局电子商务交易平台调查数据显示，2019年全国电子商务交易额达3481万亿元，仅比上年增长6.7%。2020年新冠肺炎疫情来袭，"宅经济"迅猛发展，各行各业都开始通过直播方式为观众推荐商品，并在直播间实现交易。据艾媒咨询数据显示，2019年中国直播电商行业总规模达4338亿元，2020年行业总规模达9610亿元。据中国网络信息中心数据显示，截至2020年6月，电商直播用户规模达3.09亿人次，全民直播时代正加速到来。

电子商务行业生态日趋完善，B2B2C成为最普遍的商业模式。第一个B指广义上的供应商，即成品、半成品、材料提供商等；第二个B指交易平台，即提供撮合交易服务及其他优质附加服务的平台；C即买方。随着电商行业生态结构逐渐发展完善，B2B2C成为行业最普遍的商业模式。

（二）O2O 发展渐趋理性，持续赋能企业

新冠肺炎疫情催生"宅经济"，为本地 O2O 行业注入新动能。自 2015 年资本渐趋理性以来，O2O 领域的投资数量与金额均出现明显下滑。而在 2020 年年初突如其来的新冠肺炎疫情影响下，O2O 生机重现，特别是聚焦于本地生活的 O2O 企业。以生鲜 O2O 为例，企业为居家隔离消费者带来便利，行业迎来新一轮爆发。互联网巨头对生鲜 O2O 的布局，同样驱动了行业的高速发展。阿里巴巴、腾讯、京东等头部互联网企业，或通过投资手段，或自建生鲜平台，扩充生鲜业务版图，推动资源聚集与优质生鲜 O2O 平台的发展。

新冠肺炎疫情加速了人们生活习惯与消费行为的变革。加之 5G 渗透率的提升、各类技术加速融合趋势明显，对 O2O 领域提出一定挑战。线上线下两手抓，推进本地 O2O 的纵深发展，在抢夺周边流量的同时打造核心客户群体，拉新加裂变，构建企业核心竞争力。

移动支付同城物流的高速发展为 O2O 渗透率的提升夯实基础。通过用户线上支付、线下消费或送货上门，串联起线下商家、在线平台及消费者，形成 O2O 模式闭环。尽管市场环境瞬息万变，产品与服务质量永远是行业不变的内核，也是企业安身立命之本。

（三）共享经济增速放缓，聚合模式备受关注

共享经济借助信息化平台整合多种资源要素，通过改变资源配置机制（如供给机制和市场交换机制）来盘活存量资源、提升供给效率。目前中国共享经济生态圈参与主体主要包括出租使用权、置换所有权、提供服务 3 类企业。随着共享经济的不断发展，其新模式成为服务业转型发展的重要推动力。新冠肺炎疫情来袭，一方面给许多中小型共享经济企业带来资金压力；另一方面，激发了消费者线上消费、绿色消费的需求，是共享经济的一大机遇。

"共享+"和聚合等新商业模式备受关注。聚合模式是"平台的平台"，是指一个平台通过整合众多其他平台的资源，使得用户可以通过一个入口获得多个平台提供的服务。自 2017 年 7 月高德地图试水聚合模式起，百度地图、哈啰出行、滴滴出行、掌上高铁、美团打车，以及携程等平台陆续采用了聚合模式。聚合模式在网约车领域成为新的竞争焦点。

平台企业"共享+"模式快速渗透。许多共享经济平台企业在深耕既有主营业务的同时不断探索与上下游服务及相关服务的创新融合。这种模式不仅能为用户带来多元化的体验，还能为平台创造多样化的收入来源。

随着新经济内涵的不断丰富，未来将迎来较大增量空间。一方面，新业态、新技术、新产业、新模式不断涌现，在一定程度上拓宽了新经济范畴；另一方面，传统产业与新经济加速融合，借助前沿技术进行转型升级，带来了效率提升的增长红利，成为新经济发展的另一重要支撑。技术和数据成为新型生产要素，行业热点逐渐转向线下零售、企业服务、物流与供应链、B2B等产业端，产业互联网未来可期。此外，在新经济领域虽然已有部分行业率先实现了整体效率的提升，但是用户需求与体验仍有优化的空间。例如，当前泛资讯行业已经进入用户的存量市场，时长的增量市场、优质内容仍然是稀缺资源，用户的多元化和差异化需求还有未被满足的空间。本地化、细分化、生活化、专业化内容成为泛资讯平台的竞争高地；教育、出行、新零售等行业仍有整合优化的空间。与此同时，新经济市场经过结构性转变，进入了全新发展阶段，探索新的价值机会与增长动能成为新经济市场主体的共同追求。

作者简介：

叶国标先生，新华社中国金融信息中心董事长、上海石油天然气交易中心董事长，浦东新区政协常委，新华社高级编辑。曾任新华社浦东支社社长、新华社上海分社副社长。

刘功润博士，中欧陆家嘴国际金融研究院副院长、研究员，兼任上海市支付清算协会副秘书长、上海市徐汇区政协委员、上海现代服务业联合会金融科技专委会专家。

国家高新区高质量发展成效与展望

贾敬敦　周力

建设国家高新技术产业开发区（以下简称"国家高新区"），是党中央、国务院为推进改革开放和社会主义现代化进程、提升我国科技创新能力和发展高新技术产业做出的重大战略部署。国家高度重视国家高新区的建设和发展工作，截至2020年年底，国家高新区数量达到169个，队伍不断壮大，全国布局进一步优化，成为推动我国创新驱动高质量发展、参与国际竞争的重要力量。

一、国家高新区走出了一条具有中国特色的高新技术产业化道路

国家高新区秉持"发展高科技、培育新产业"的初心，坚持科技创新和体制创新双轮驱动，在提升自主创新能力、完善创新创业生态、打造创新型产业集群、培育科技型企业、开放协同发展、科产城人融合、全面深化改革等方面取得了显著成效，走出了一条具有中国特色的高新技术产业化道路。

一是发展质量和效益同步提升。国家高新区坚持转变经济发展方式，经济实力不断增强，成为我国国民经济发展的重要支撑和增长极。2019年，169家国家高新区园区生产总值为12.2万亿元，占国内生产总值的比重达到12.3%，营业收入、工业总产值、出口总额、净利润、实际缴税费分别实现38.3万亿元、24.8万亿元、3.8万亿元、2.4万亿元、1.9万亿元。其中，中关村、张江、深圳、西安、东湖等高新区的营业收入超过万亿元，深圳、西安等高新区GDP占所在城市GDP的比重达到20%以上，广州、苏州、成都等高新区GDP占所在城市GDP的比重达到10%以上，是地方经济高质量发展的核心载体。

二是自主创新能力不断增强。国家高新区坚持创新是引领发展的第一动力，持续集聚高水平创新资源和平台，重大科技成果不断涌现，成为国家创新高地。聚焦

国家战略需求，相继建成国家石墨烯创新中心、大亚湾中微子实验室、国家基因库等一批重量级创新平台。中关村科学城、上海张江科学城、西部（重庆）科学城等加快布局，新型研发机构、协同创新平台加快建设。各类创新型人才持续汇聚，2019年，国家高新区整体从业人员达到2213.5万人，本科以上学历人数占比达到38%，每万名从业人员中R&D（Research and Development）人员全时当量是全国的13.8倍。持续强化科技研发投入，在信息网络、人工智能、生物技术、清洁能源、新材料、先进制造等领域涌现出一批引领性原创成果，高铁、北斗导航、大飞机、5G等国家战略性领域取得重大突破。2019年，国家高新区内企业R&D经费支出8259.2亿元，约占全国企业R&D经费支出的50%；国家高新区国内发明专利授权量、PCT国际专利申请量分别占全国的37.5%、44.7%；每万名从业人员拥有有效发明专利达到388.1件，是全国平均水平的11.3倍。

三是创新创业生态持续优化。国家高新区加快提升双创平台载体质量和创业服务水平，着力优化创新创业环境，有效激发了创新创业活力。创业服务平台趋向专业化、多样化、市场化和国际化，推动高校、科研院所和龙头骨干企业开放科技资源，大力发展众创空间、创客中心、新型孵化器等多样化创业载体，探索形成创业训练营、互联网生态圈、跨境孵化器等孵化新形态。科技服务体系不断完善，加速集聚研发设计、技术转移、检验检测、知识产权、科技金融等科技服务机构，不断增强科技服务效能和水平。创新创业氛围日臻浓郁，不断扩大中国创新创业大赛的示范效应，承办或举办各类跨地区、跨领域的全国性和国际性创业活动，形成东湖"青桐汇"、成都"菁蓉汇"、杭州云栖大会等一批知名创业品牌，积极倡导敢为人先、宽容失败的文化氛围。2019年，国家高新区新注册企业有61.9万家，同比增长32%，硬科技创业引领新一轮创业热潮。

四是创新型产业集群加快形成。国家高新区着力提升产业发展能级，打造创新型企业生态群落，形成一批世界级创新型特色产业集群，成为国家产业高地。深入实施"创新型产业集群建设工程"，中关村的新一代信息技术、武汉东湖的光电子信息、上海张江的生物医药和集成电路等创新型产业集群的规模分别占全国的11%、50%、35%。人工智能、自动驾驶、区块链、虚拟现实等"硬科技"飞跃式发展，移动互联网、物联网、3D打印、可穿戴设备等跨界融合新业态不断涌现。各地高新区围绕产业发展新需求，不断转变方式逻辑，探索场景、产业共治、产业共同体等新型产业促进方式。精准培育以科技型中小企业、高新技术企业、瞪羚企业、独角兽企业等为重点的创新型企业生态群落。截至2019年年底，集聚高新技术企业8.1万家，占全国认定高新技术企业总数的35.9%；备案科技型中小企业5.1万家，占全国的 33.6%；拥有瞪羚企业 2968 家，近 3 年年均增长 16.3%；集聚独角兽企业 126 家，占全国（218 家）的 58%；拥有境内外上市企业 1476 家，其中中小板 308 家，创业板 428 家，科创板上市企业 53 家，占全国科创板上市企业数的 75.7%。

五是开放协同发展显著提高。国家高新区坚持对内、对外两个开放并重，主动融入和服务国家战略，全面开放新格局稳步形成。国家高新区通过产业、技术和创新联动辐射，主动服务支撑京津冀协同发展、长江经济带发展、粤港澳大湾区建设、长三角一体化发展等国家战略，促进区域分工协作一体化发展，推动创新要素有序流动共享，发挥了良好的辐射带动与引领示范作用，中关村累计已与全国 26 个省区市 77 个地区（单位）建立战略合作关系，在京外合作共建园区 27 个，2019 年企业技术合同成交额近 80%辐射到京外地区，中关村企业在京外设立分支机构超过 1.4 万家。坚持更高水平"引进来"与更大力度"走出去"，积极探索国际开放合作新机制，主动融入和服务"一带一路"倡议，在全方位融入全球产业链、创新链等方面迈出坚实步伐。中关村、张江高新区、东湖高新区同硅谷、以色列等世界创新高地建立紧密的创新生态链接。2019 年，国家高新区出口总额为 4.1 万亿元，占全国外贸和服务出口的 21.6%；吸引外资实际投资额为 3827.6 亿元，同比增长 13.8%，占全国实际使用外商直接投资金额的 40.7%。

六是"以人为本"的产城融合发展格局逐步形成。国家高新区紧紧围绕绿色生态发展理念，改善人居环境、突出民生服务、提升城市品位，加快宜居宜业园区建设。坚决贯彻"绿水青山就是金山银山"的发展理念，推进绿色园区建设，2019 年，国家高新区工业企业万元增加值能耗为 0.465 吨标准煤，低于全国平均水平。土地资源实现集约利用和高效产出，土地利用效率、亩均产出均处在全国先进水平。加快新基建投入，不断完善云、网、端、数据中心等信息化基础设施，促进虚拟空间与实体区域的有机融合，智慧园区加快建设。城市功能持续完善，公园城市、创客小镇、产业社区、口袋公园等新型宜居宜业园区形态加快布局，加速形成万物互联、生活便利、社交活跃、数据共享的城市新空间，进一步提升对高端人才的承载力和凝聚力。

七是重点领域改革和政策创新取得新进展。国家高新区坚持面向市场，在政策创新、园区治理、营商环境等方面纵深推进改革，充分激发了高新区新一轮发展活力和动力。充分发挥首创精神，在科技成果转移转化、科技金融、人才引进和培养、包容审慎监管等方面开展政策创新和先行先试，出台了一系列含金量高的先行先试政策措施，在全国引起了广泛关注和反响。不断深化"小政府、大服务"理念，加大职能转变、权限下放、组织架构，以及人事薪酬制度等方面改革，加快形成适应新时代要求的管理体制机制。敏锐把握新经济发展需求，联合社会力量积极探索业界共治等生态化治理模式，提高了资源配置效率。放管服改革深入推进，不断简化企业注册手续，加快推进"网上办""证照分离"等改革举措，营商环境持续优化。

二、将国家高新区建设成为创新驱动发展示范区和高质量发展先行区

当今世界正经历百年未有之大变局，中华民族伟大复兴正处于关键时期，我国进入新发展阶段，要贯彻新发展理念、构建新发展格局、全面塑造新发展优势。从全球看，世界正处于大发展、大变革、大调整时期，国际力量格局持续演变，国际经济、科技、文化、安全、政治等格局发生深刻调整。我国面临的贸易摩擦和科技围堵不断加剧，在芯片、集成电路等领域技术创新受困，因此提升自主创新能力、构建自主安全可控的产业链和供应链将成为我国未来重要的战略选择。同时，新冠肺炎疫情全球化蔓延，全球经济低迷，倒逼新一轮科技革命加速发展，生产方式、生活方式、消费贸易、治理方式等的数字化变革加快推进，新经济迎来加速发展期。从国内看，党的十九届五中全会强调坚持创新在现代化建设全局中的核心地位，把科技自立自强作为国家发展的战略支撑，加快构建以国内大循环为主体、国内国际双循环相互促进的新发展格局。面对新形势和新要求，国家高新区要在危机挑战中抢抓发展先机，在外部变局中开创发展新局。

国家高新区经过30多年的发展，进入"高质量发展"新阶段。未来应把握新发展阶段、贯彻新发展理念、构建新发展格局，以习近平新时代中国特色社会主义思想为指引，全面贯彻党的十九大精神和党的十九届历次全会精神，落实《国务院关于促进国家高新技术产业开发区高质量发展的若干意见》（国发〔2020〕7号）的要求，统筹推进"五位一体"总体布局，协调推进"四个全面"战略布局，高举"发展高科技、实现产业化"的旗帜，以创新驱动高质量发展为主线，以深化体制机制改革和营造良好创新创业生态为抓手，以科技创新为核心驱动力，持续提升自主创新能力，优化高水平创新创业生态，构建现代产业体系，培育发展新动能，全力建成创新驱动发展示范区和高质量发展先行区，成为引领和支撑我国高质量发展的核心载体和强大引擎，为把我国建设成为创新型国家和世界科技强国做出新的贡献。

（一）构建自立自强创新体系

国家高新区要加强原始创新和引领创新，强化自立自强战略支撑能力。根据自

身特色优势，进一步集聚高端创新资源，建设科学城、科技城等重大创新载体，系统布局高能级创新平台，加强前沿创新和关键核心技术攻关，构建科技创新核心战略力量，创造引领全球科技发展的原创成果。深化产学研协同，以园区产业创新需求为导向，积极对接国内外高校院所，构建一批高质量新型研发机构等产业技术创新组织。进一步强化企业创新主体地位，支持企业加大研发投入，全面提升企业创新能力，支持大企业开放式创新，带动中小企业协同共赢。

（二）打造自主可控现代产业体系

国家高新区要精准把握产业链核心环节，提升产业链供应链现代化水平。选择一批特色主导产业领域，加强资源高效配置，培育世界级创新型产业集群。持续聚合关键产业要素，打造产业共同体，持续优化产业生态，增强产业发展动力。超前布局面向未来的前沿新兴产业，推动产业跨界融合，加强场景构建和供给。加快以数字产业化和产业数字化为核心的数字经济发展，完善数字基础设施建设，打造优势数字产业集群。要加强科技型中小企业、高新技术企业、瞪羚企业、独角兽企业主体培育，针对不同梯度企业制定分层分类支持政策，建立融通发展的企业生态圈。

（三）优化高水平创新创业生态

国家高新区要进一步完善创业孵化链条，鼓励有实力的企业、高校院所等建设运营专业化硬科技孵化器、专业化众创空间，推动创业孵化载体向专业化、市场化、国际化、生态化方向发展。建立完善支撑产业发展的全方位科技服务体系，培养具有国际化视野的高素质技术经理人，推动高水平创业。强化科技金融服务，聚焦产业链关键环节，重点吸引和集聚一批"早期"资本、"耐心"资本。倡导崇尚创新的企业家精神和创新创业文化，鼓励更多社会主体投身创新创业，强化对科学家、企业家、职业经理人、海外高层次人才等高能级创业群体的引培和服务。

（四）构建区域协同和国际化发展新格局

国家高新区要充分发挥区域创新高地作用，主动融入双循环新发展格局和国家区域协调发展战略，积极打造区域创新共同体，增强服务全国创新发展的能力。探索异地孵化、飞地经济、伙伴园区等方式，加强与周边区域、中西部地区，以及欠发达地区在科技创新和产业发展方面的合作，实现共同发展。探索高水平开放新机制，持续扩大双向跨境开放，建设高水平开放合作载体，提升集聚和辐射全球创新资源的能力。深度融入"一带一路"倡议，在跨国科技合作、共建科技园区等多方面，加强园区国际合作。

（五）营造高质量发展环境

国家高新区要遵循以人为本的根本出发点，加快完善基础设施配套，着力推动云、网、端等新型基础设施建设，促进创新创业与城市生活深度互融，营造高质量发展环境。加快开展智慧园区新型基础设施建设，打造一批线上线下相互融通、产业创新功能高度耦合的产业社区。实施国家高新区绿色发展专项行动，积极创建绿色发展示范园区。积极探索新型产业用地（M0）、创新型产业用地（M创）供给方式，提升用地开发利用强度、投资强度。

（六）持续探索改革创新和先行先试

国家高新区要加大先行先试力度，进一步完善推进科技与经济紧密结合的体制机制。发挥基层首创和探索精神，加快探索与新产业、新业态、新场景发展相适应的包容审慎监管制度。深入推进放管服改革，加快政府职能转变，加快从产业服务的提供者向产业服务的组织者、创新环境的营造者转变。优化内部管理架构，探索实行扁平化管理，实行大部门制、岗位管理制度和聘用制，建立完善符合实际的分配激励和考核机制，激发干事创业积极性。积极探索多元主体参与的新型共治模式。

作者简介：

贾敬敦先生，科技部火炬高技术产业开发中心主任，研究员。长期从事科技创新管理，在科技、金融、企业，以及创新发展政策等方面有比较深入的研究，曾多次参加"中央一号文件"等重要文献起草。

周力先生，科技部火炬高技术产业开发中心高新区管理处副处长，长期从事国家高新区政策与战略研究等工作。

上交所全方位践行服务新经济使命全面助力构建新发展格局

蔡建春

党的十九届五中全会明确提出加快构建以国内大循环为主体、国内国际双循环相互促进的新发展格局，这是党中央根据我国新发展阶段、新历史任务、新环境条件做出的重大战略决策。立足新发展阶段、贯彻新发展理念、构建新发展格局，关键在于实现经济循环流转和产业关联畅通，根本要求是加快科技自立自强，解决各类关键技术问题和瓶颈问题，重要手段是发挥资本市场推动科技、资本和实体经济高水平循环的枢纽作用。"十四五"期间，资本市场将聚焦全面实行股票发行注册制，建立常态化退市机制，提高直接融资比重等核心任务，提升资本市场基础制度的包容性和适应性，支持科技创新，推动经济高质量发展，助力形成新发展格局。

一、构建新发展格局赋予资本市场新使命

当今世界正经历百年未有之大变局，外部环境的不稳定性、不确定性明显增加，新冠肺炎疫情带来了广泛而深远的影响，经济全球化遭遇逆流，世界进入动荡变革期。我国社会主要矛盾发生变化，发展不平衡不充分问题仍然突出。面对全球政治经济环境出现的重大变化，为适应我国发展阶段性新特征，党中央准确研判大势，立足当前，着眼长远，提出构建新发展格局战略。这是供给侧结构性改革的递进深化，具有重大现实意义和深远历史意义。

加快科技自立自强是畅通国内大循环、塑造我国在国际大循环中主动地位的关键。资本市场作为现代经济金融体系的枢纽，具有资源配置、资产定价、风险缓释等功能，是推动科技、资本和实体经济高水平循环的枢纽，在促进科技、资本和产业深度融合方面具有不可替代的作用，肩负着服务科技自立自强的重要使命。资本

市场特有的风险共担、利益共享机制，决定了资本市场在支持科技创新方面具有天然的优势，成为金融支持创新体系中的重要环节。资本市场是资源配置的"风向标"，动员和引导各类要素资源向更高效率、更具活力的科技创新领域协同聚集。资本市场也是赋能创新的"发动机"，通过激发创业投资、并购投资等风险资本活性，打通金融资源与科技成果转化的渠道，解决先进科技转化为现实生产力过程当中的资本投入问题，促进创新资本用于研发领域。从国际经验看，一个国家科技创新的突破和发展背后，通常离不开强大资本市场的支撑。比如，在第三次科技革命中，以纳斯达克为代表的美国资本市场为计算机、互联网等新经济企业提供了便捷的股票融资和并购平台，孕育和发展出一批以微软、苹果、英特尔、谷歌、特斯拉为代表的高科技公司。

二、资本市场助力新经济发展取得新成效

我国经济已由高速增长阶段转向高质量发展阶段，创新正成为引领高质量发展的第一动力。据国家统计局的数据显示，2016—2019 年，以"新产业、新业态、新商业模式"为代表的新经济增加值占 GDP 比重分别为 15.3%、15.7%、16.1%、16.3%，新经济含量不断提高，新动能持续发展壮大。目前，以人工智能、区块链、云计算、自动化与机器人为代表的新兴技术广泛应用，正成为我国经济迈向高质量发展的五大驱动力。新经济蓬勃发展、新技术广泛应用为资本市场发展带来新机遇。作为我国资本市场的重要基础设施，上海证券交易所紧抓机遇，拥抱新时代，服务新经济，把支持科技创新放在更加关键的位置。一是科创板助力科技创新取得初步成效。坚守科创板定位，支持与鼓励"硬科技"企业上市。截至 2021 年 3 月底，科创板上市公司数达 251 家，IPO 筹资额为 3385 亿元，股票总市值为 3.15 万亿元。科创成色较为鲜明，2020 年前三季度，科创板公司共计投入研发支出 233 亿元，研发投入占营业收入比例中位数为 9.4%，在 A 股各市场板块中居首位。中芯国际、寒武纪、绿的谐波等重量级"硬科技"企业，以及致力于攻克关键技术的优秀企业陆续登陆科创板，产业聚集和示范效应逐步显现。二是主板推动经济结构转型升级。推动主板蓝筹公司积极布局高科技领域，利用资本市场提质增效，发挥"头雁"作用。一批具有自主创新能力的龙头企业脱颖而出，信息技术、生物、新能源等领域一批企业的竞争力进入国际市场第一方阵，高铁、通信、航天装备、核电设备等关键领域实现突破。上海证券交易所主板公司营业收入规模逐年增长，约占全国 GDP 的 40%，已成为国民经济的"基本盘"、产业升级的"领跑者"。三是债券市场创新拓宽新经济企业融资渠道。上海证券交易所是全球最大的交易所债券市场，推出创新创业公

司债，支持创新创业企业融资，推动金融创新与科技创新深度融合。贯彻绿色发展理念，大力发展绿色债券，助力节能环保、清洁能源等绿色产业直接融资。2020年，上海证券交易所债券市场筹资6.6万亿元，其中，可续期债3670亿元，绿色债券766亿元，社会责任债188亿元。四是基金和衍生品创新为投资者提供丰富的财富管理工具和风险管理工具。上海证券交易所引领基金和衍生品市场的产品和业务创新，助力新经济发展。持续丰富ETF产品链，形成"一所连百业、一市跨全球"的财富管理产品体系，成功推出首批科创50指数ETF。目前，上海证券交易所基金市场总市值破万亿元，位列亚洲第二；ETF期权成交量位居全球同类产品前列。

我们还应清醒地认识到，虽然资本市场服务新经济取得一定成效，但目前仍处于新兴加转轨阶段，发展还不充分不平衡，与新经济的结合不够紧密，与经济高质量发展的现实要求存在差距，与党中央、国务院关于资本市场的发展目标存在距离。一是上市公司质量有待进一步提升。近年来，上市公司财务造假、违规担保、资金占用、操纵股价等违法犯罪行为屡禁不止，出现了一些影响恶劣的典型案例，引起了市场广泛关注，给投资者的合法权益造成了极大损害，也给上市公司的整体形象造成负面影响。二是产品与业务创新有待进一步推进。与经济高质量发展的现实需求相比，资本市场在产品与业务创新方面还存在诸多短板，重点体现在市场内生稳定机制、产品和市场结构、绿色金融配套产品和机制、交易安全便捷性等方面。三是数字化转型有待进一步落地。数字经济的快速发展对数字化转型提出了新要求。2019年我国数字经济增加值为35.8万亿元，约占GDP的36%，以数字经济为代表的新动能加速孕育而成。"十四五"规划中"加快建设数字经济、数字社会、数字政府，以数字化转型整体驱动生产方式、生活方式和治理方式变革"，为资本市场的数字化转型提出了要求、指明了方向。四是风险防控有待进一步强化。当前国际环境变化错综复杂，贸易保护主义抬头，经济全球化遭遇逆流，全球产业链、供应链面临重大冲击，资本市场面临的不稳定不确定因素增多，风险呈现跨市场、跨行业、跨领域交叉传染特征，风险防控工作的压力更大、挑战更多。

三、全力服务构建新发展格局需要新作为

2021年是中国共产党成立100周年，也是实施"十四五"规划、迈向全面建设社会主义现代化国家新征程的开局之年。上海证券交易所将以习近平新时代中国特色社会主义思想为指导，深入贯彻落实党的十九届历次全会精神和中央经济工作会议精神，认真落实中国证监会监管工作会议要求，坚持"建制度、不干预、零容忍"的工作方针，树立"四个敬畏、一个合力"的工作理念，紧扣"十四五"规划核心

任务，综合施策、深化改革，加快建设世界领先交易所，不断提升助力构建新发展格局的能级。

（一）强化政治意识，始终坚持和加强党对交易所的全面领导

交易所是党兴办的事业，是党领导金融事业的重要平台。应始终牢记交易所的政治属性、国家属性，始终心怀"国之大者"，坚决贯彻落实好党中央关于资本市场的决策部署。始终从政治高度清醒认识资本市场"为了谁、服务谁"这个根本问题、深入思考资本市场改革发展的具体问题。深刻认识当前交易所所处的历史方位，努力提高政治判断力、政治领悟力、政治执行力，自觉把"旗帜鲜明讲政治"融入支持科技创新和实体经济发展、深化资本市场改革、维护市场良好秩序、防控风险，特别是防止资本无序扩张的各项重点任务中，落实好"十四五"规划对资本市场提出的目标任务。

（二）实现主板、科创板"双轮驱动"，提升服务新经济企业的质效

坚持分类监管、精准监管、科学监管、持续监管，紧盯"关键少数"，提高上市公司监管效能。深入推进上市公司治理专项行动和提高上市公司质量三年行动计划。积极落实退市改革方案，严格执行退市监管，支持公司通过破产重整、重组上市等方式出清风险。助力主板市场蓝筹股新旧动能转换，支持蓝筹企业切入新技术、新产业、新模式、新业态的"赛道"，不断巩固主板公司作为实体经济"基本盘"、资本市场"动力源"的战略地位。恪守好注册制改革三原则，坚守好科创板定位，支持和鼓励更多"硬科技"企业上市，推动"应科尽科"，助力企业突破关键核心技术难题，进一步发挥科创板的科技创新策源功能和引领示范作用，使其成为推动科技自立自强的重要平台。

（三）充分发挥债券和基金衍生品市场的综合支撑作用，提升服务新经济的广度

打造支持新经济企业发展的全产品链和全业务链，与实体经济、股票市场形成联动发展的良性格局。充分发挥债券注册制改革优势，主动对接优质新经济企业发行债券，持续优化科创债制度安排，推动首批公募 REITs 平稳落地，提高债券市场对新经济企业的支持力度。稳步发展专项支持新经济企业的基金和衍生品，持续丰富科创类基金和衍生品种类，进一步发挥其价格发现、风险管理功能，不断提升市场活跃度。

（四）推动数字化转型，促进科技与监管、业务深度融合

围绕"数据让监管更加智慧"的目标，扎实推进交易所数字化转型的相关部署。重塑交易所的科技治理机制、组织架构、业务流程、技术系统，加强核心交易系统建设，进一步做好统一技术平台搭建、智能监管和业务分析等重点工作，真正做到以科技赋能监管。利用数字化技术强化交易所安全运行保障能力，提升交易系统的安全稳定性和业务连续性。推进科技与监管、业务的深度融合，用数据让监管更智慧、防范化解重大金融风险更有力。赋能行业科技建设，为证券行业和市场机构提供优质的数字化基础设施和数字化产品服务，推动行业数字化转型。

（五）坚守底线思维，打赢防范化解重大金融风险攻坚战持久战

认真贯彻党中央、国务院关于防范化解重大金融风险的决策部署，全面落实中国证监会关于金融稳定的工作安排，树立"敢监管"的导向，分类施策、精准拆弹，牢牢守住不发生系统性风险的底线。加强市场风险监测预研预判，完善跨市场和跨境联动分析体系，丰富逆周期调节工具箱，做好压力测试，及时发现潜在风险并研提防控对策。做好风险防范化解工作，遏制增量、化解存量。强化债券市场准入管理，坚决约束企业过度融资；紧盯弱资质的重点发行主体，动态掌握风险底数，压实受托管理人职责，坚持早发现、早报告、早处置，建立债券违约风险市场化、法治化处置机制。巩固股票质押风险处置成效，加大分类处置风险公司力度，继续压降高风险公司和高比例质押公司，同时防止存量风险反弹回潮。

作者简介：

蔡建春先生，上海证券交易所党委副书记、总经理，兼任上海交易所国际交流合作中心理事长，上海金融业联合会副理事长等职务。曾任河北证监局副局长、中国证监会上市公司监管部副主任、浙江证监局副局长、中国证监会公司债券监管部主任和上市公司监管部主任。具有长期从事资本市场发展和上市公司、债券等监管工作经历和经验。

发挥深交所枢纽功能 服务构建新发展格局

杨志华

2020年以来，习近平总书记多次强调要"逐步形成以国内大循环为主体、国内国际双循环相互促进的新发展格局"，这是党中央基于中华民族伟大复兴战略全局、适应世界百年未有之大变局、着眼我国新发展阶段做出的重大战略部署，对推动我国"十四五"时期高质量发展、全面建设社会主义现代化国家具有重要意义。资本市场在现代经济运行中具有牵一发而动全身的作用，是构建新发展格局的重要引擎。作为资本市场的核心枢纽，深交所要发挥资源配置、政策传导、风险防范化解和预期引导等功能，促进科技与资本融合，推动资本和实体经济高水平循环，为实体企业提质增效注入新动能。

一、构建新发展格局对我国资本市场提出更高要求

构建新发展格局是事关全局的系统性深层次变革，党中央着眼于马克思主义理论的运用，立足于历史发展实践，在领导驾驭中国社会经济发展中提出的新的政治经济学成果，深刻阐明了全球化条件下国内国际双循环相互促进的辩证关系。经济发展史表明，大国经济崛起最为关键的标志就是构建安全、可控、有韧性、以内为主、集聚全球要素的经济体系。我国从出口导向的发展模式转向内需拉动、创新驱动的发展模式，符合大国经济发展的历史规律。

构建新发展格局离不开资本市场和交易所的枢纽作用。无论是产业资本的循环，还是储蓄转化为投资，都离不开资本市场。历史上，大国强国的一个基本特征，就是拥有强大的资本市场和一流的交易所。《中华人民共和国国民经济和社会发展第十四个五年规划和2035年远景目标纲要》（以下简称"'十四五'规划"）强调，展望2035年，我国将基本实现社会主义现代化，经济实力、科技实力、综合国力将

大幅跃升，经济总量和城乡居民人均收入将再迈上新的大台阶，关键核心技术实现重大突破，进入创新型国家前列。经济是肌体，金融是血脉。资本市场必须充分把握构建新发展格局的宝贵机遇，更好地满足新发展格局的需求。

一是对提高直接融资比重、改善融资结构提出了更高要求。构建新发展格局，关键在于实现经济循环流转和产业关联畅通。增强国内循环，加快产业转型升级，释放实体经济潜能，重要一环是增加资本积累。长期以来，我国间接融资占比较高，金融资源更多流向传统产业领域，宏观杠杆率较高。构建新发展格局，就是要通过资本市场将不同风险偏好、不同期限的资金精准有效地转化为资本，提高直接融资比重，优化融资结构，促进要素向最具潜力的领域集聚，推动产业基础高级化、产业链现代化。"十四五"规划明确提出，完善资本市场基础制度，健全多层次资本市场体系，大力发展机构投资者，提高直接融资特别是股权融资比重，就是对资本市场重点任务的直接要求。

二是对资本市场提升配置效率、促进科技创新提出了更高要求。构建新发展格局，根本要求是提升供给体系的创新力和关联性，解决各类关键问题和瓶颈问题，畅通国民经济循环。由于科技创新活动研发投入大、技术迭代快、经营不确定性高，传统金融机构往往不敢投、不愿投。比较而言，资本市场特有的风险共担、收益共享机制，在支持科技创新方面具有天然优势。从全球经济发展实践看，激发市场主体创新创造活力，加速科技成果向现实生产力转化，需要充分发挥多层次资本市场的独特作用，加快创新资本形成，促进科技、资本和产业紧密融合。构建新发展格局，资本市场必须提高创新资本形成能力，引导生产要素向创新企业倾斜。

三是对资本市场更好地发挥财富管理功能、增强投资者获得感提出了更高要求。内需是我国经济发展的基本动力，也是构建新发展格局的战略基点。把握住扩大内需这个战略基点，关键在于适应我国消费结构升级进程加快的趋势，稳步提高居民收入水平，打通阻碍释放消费潜力的痛点和堵点。资本市场是拓宽居民投资、分享经济增长成果的重要渠道。目前，我国拥有全球规模最大、交易最活跃的投资者群体，资本市场牵系着亿万家庭的切身利益，同时，我国人均GDP已经突破1万美元大关，满足了人民群众日益增长的财富管理需求，更好地发挥了资本市场的财富效应，增强投资者获得感，有利于扩大内需、促进消费升级，进而以内循环推动双循环。

四是对资本市场扩大开放水平、集聚全球要素提出了更高要求。在新发展格局中，畅通国内循环绝不是关起门来搞封闭运行，而是要以国内市场效应为"桥梁"，促进国内循环和国际循环更加顺畅。推动双循环必须坚持实施更大范围、更宽领域、更深层次的对外开放。特别是当前,在新冠肺炎疫情的冲击下,国际贸易投资下降,全球产业链供应链遭遇梗阻,供需两端受挫。面对困境,资本市场必须加快打造更加开放融合的市场体系,进一步便利跨境投融资活动,集聚吸引全球资本、技术、人才、信息等重要生产要素,促进国内国际双循环的顺畅对接,推动供给与需求加速实现平衡,助力全球产业链供应链进一步连接、优化、巩固。

二、"十三五"时期深交所改革发展取得积极成效

"十三五"时期,深交所坚持以习近平新时代中国特色社会主义思想为指导,按照党中央国务院决策部署,在中国证监会的领导下,坚持稳中求进工作总基调,紧紧围绕服务实体经济、防控金融风险、深化金融改革3项任务,积极推进落实国家"十三五"规划有关金融工作的要求,完善基础制度,优化市场功能,提升治理能力,持续扩大开放水平,着力提高和改进监管能力,保护投资者合法权益,努力打造规范、透明、开放、有活力、有韧性的资本市场。

第一,市场活跃度全球领先,服务实体经济能力进一步增强。"十三五"时期,深交所积极推进多层次股票市场建设,推动创业板改革并试点注册制落地,推动并购重组、再融资、分拆上市等市场基础性制度创新,为各类发行主体提供直接融资支持,畅通产业循环、市场循环和经济社会循环。2016—2020年,深市新增上市公司633家,其中中小板226家、创业板407家,首发筹资额3827.72亿元。1362家上市公司完成再融资,筹资额2.93万亿元。截至2020年12月31日,深市上市公司已达2354家,总市值34.2万亿元,挂牌固定收益产品7954只,挂牌面值2.5万亿元,挂牌基金产品487只,资产规模2668.6亿元。

第二,服务科技创新能力日趋完善,创新驱动发展基础进一步夯实。深交所是推动经济发展和产业转型升级的重要力量。在深市2300多家上市公司中,高新技术企业超过70%,战略新兴产业企业占比约45%,新经济已成为深市上市公司的显著特征。尤其是在深市创业板,高技术特征更加明显,高新技术企业、战略新兴产业占比分别超过九成、七成,新一代信息技术、生物医药、新能源新材料等产业聚集特色突出,是全球最具活力的高成长新兴市场。近年,深市核心指数的产业分布和行业结构特点更加鲜明,战略新兴产业优势凸显,2020年年底,深证成指、深证100的战略新兴产业权重分别为58%、59%,创业板指的相应比例达到81%,充分展现了深市支持科技创新、服务创新创业企业的能力。

第三,上市公司质量持续提高,创新产品不断涌现,财富管理功能强化。一直

以来，深交所着力打造现货和衍生品一体化的金融超市，为投资者提供完整的金融产品链，提高财富管理水平。"十三五"时期，上市公司质量不断提高，2016—2019年深市公司营业收入的年复合增长率约为17%，创业板指连续两年位居全球主要指数涨幅之首。沪深300ETF期权成功上市，运行平稳，迈出了深市期现货均衡发展的重要一步。着力开发特色ETF产品，推出境内首批商品期货、国企改革等创新ETF产品。成功开通深港ETF互通，拓展创新互联互通渠道，为两地投资者跨境投资提供多元化选择。

第四，建设特色固定收益市场，增强服务新经济的能力。深交所不断拓展固收产品服务新经济的渠道，擦亮深市服务新经济的品牌。"十三五"时期，深市累计发行了59只、529.6亿元的绿色固定收益产品，其中公司债41只、335.5亿元，ABS 18只、194.1亿元；发行了45只、281.3亿元的扶贫固定收益产品，其中，公司债24只、161.5亿元，ABS 21只、119.8亿元；发行了26只、314.8亿元的住房租赁固定收益产品，其中公司债13只、165.0亿元，ABS 13只、149.8亿元；发行了11期、41.48亿元的知识产权证券化产品；发行了35只、127.6亿元的创新创业债；发行地方债约2.5万亿元，政策性金融债约1241亿元，供应链金融ABS累计融资超过5311亿元。同时，深交所也在不断加强固收产品创新，推出市场首单"熊猫可交换债"、首批粤港澳大湾区建设专项地方债和公司债，加快筹备公募REITs试点等。目前，深交所已经形成信用债、资产证券化产品及利率债等产品体系，有力引导资金进入新经济领域。

第五，对外开放扎实推进，国际影响力进一步提升。"十三五"期间，深交所不断谱写资本市场对外开放新篇章，助力我国形成全方位、多层次、宽领域的全面开放新格局。启动并持续优化深港通，开通四年来，"深港通"总成交额累计24万亿元，跨境资金合计净流入350亿元，为吸引国际长期资金入市、改善A股投资者结构发挥了积极作用。深交所积极服务"一带一路"，联合参股巴交所，牵头战略投资达卡交易所，与巴交所签署技术合作协议，为达卡交易所提供交易系统、监察系统、数据交换、业务管理系统等方面的技术建设方案和顾问服务，推动"一带一路"沿线金融基础设施互联互通和市场互惠融合。大力建设创新创业跨境投融资服务平台（V-Next），合作网络覆盖全球45个国家和地区，已吸引了15000多家创新创业企业及来自中国和全球市场超过8500家投资机构、22400多名投资人。持续强化新兴市场间的合作交流，与马来西亚交易所、菲律宾交易所实现上市公司交叉展示、指数合编和行情互挂，建立跨境资本信息服务平台，开展特色路演活动，拓展国际合作渠道。

三、着力提高深交所服务构建新发展格局的水平

"十四五"时期,我国将加快构建以国内大循环为主体、国内国际双循环相互促进的新发展格局。构建新发展格局是一项系统工程,需要付出长期艰苦的努力。深交所将坚持系统观念,心怀"国之大者",找准在国内大循环和国内国际双循环中的位置和比较优势,针对体制机制、科技创新、产品服务、双向开放等制约高质量发展的障碍,从事物发展全过程、产业发展全链条、企业发展全生命周期出发谋划顶层设计,固根基、扬优势、补短板、强弱项,推动供给需求更好匹配、资源配置更加高效、生产流通提质增效,催生新发展动能,激发新发展活力。

一是主动融入国家战略和经济社会发展全局,奋力建设优质创新资本中心和世界一流交易所。实现2035年远景目标,推动科技自立自强,加快创新资本形成,离不开高质量资本市场和一流证券交易所的有力支撑。作为国家重要金融基础设施和资本市场枢纽平台,深交所将坚持以习近平新时代中国特色社会主义思想为指导,适应经济高质量发展要求,主动融入国家战略全局,扎实践行"建制度、不干预、零容忍"方针和"四个敬畏、一个合力"要求,立足新发展阶段,贯彻新发展理念,推进构建新发展格局,全力建设"优质创新资本中心和世界一流交易所",培育和聚集一批世界一流企业、一流中介机构和一流投资机构,集聚全球优质生产要素,为国家实现2035年远景目标提供坚实支撑。

二是以制度建设为核心,加快建立制度更加成熟定型、层次更加简明清晰的市场架构,大力发展直接融资。推动形成新发展格局,关键是要提高供给对需求的适配性,形成需求牵引供给、供给创造需求的更高水平动态平衡。深交所将坚持整体设计、突出重点、问题导向,聚焦体制机制障碍,加强关键制度创新,建设融资功能完备的多层次市场体系,发展有利于企业创新的再融资及并购重组体系,推动形成进退有序、优胜劣汰的市场机制,打造数量、质量全面发展的债券市场,提高直接融资包容度和覆盖面,为经济高质量发展营造更好制度、机制和体系,增强资本市场枢纽功能,提高金融体系适配性,推动科技、资本和实体经济高水平循环。

三是把支持科技创新、以创新引领发展摆在更加突出位置,推动要素资源向科技创新领域集聚。构建新发展格局的核心在于加快关键核心技术攻关,抢占行业发展制高点,提高我国产业链供应链现代化水平、稳定性和竞争力。深交所将聚焦科

技创新，一方面，适应创新经济特点，为创新创业企业提供更加包容的融资环境，动员和引导各类要素资源向更高效率、更具活力的领域协同聚集，提高经济金融循环效率；另一方面，延伸创新创业服务链条，打造与优质创新资本中心相匹配的创新资本生态圈，塑造创新友好型的市场服务体系，为优质创新企业提供"从 IP、IPO 到上市后"的全链条、全过程服务，大力推动创新链和资本链有机结合。

四是坚持以人民为中心，引导更多中长期资金入市，丰富产品线，保护投资者合法权益。深交所将加快构建中长期资金"愿意来、留得住"的市场环境，建立与国际接轨、符合创新市场特点的交易结算制度，打造具有深市特色的全球化资产配置平台，践行市场发展和监管的人民性，探索新时代保护投资者合法权益的新途径，满足人民群众日益增长的财富管理需求，增强投资者获得感，让广大投资者能够分享到经济转型升级、企业成长发展中释放的红利。

五是塑造制度型、系统性的高水平双向开放，提升深交所国际竞争力，吸引集聚全球要素资源。新发展格局要求发挥国内超大规模市场和完备的产业体系优势，同时利用好境内境外两个市场、两种资源。深交所将坚持立足湾区、面向世界，积极融入粤港澳大湾区和先行示范区建设，完善跨境投融资制度安排，为实体企业提供更全链条、更高质量、更多元化的跨境金融服务，提升境内外规则衔接、基础设施互联水平，实现由管道式、单点式开放向制度型、系统性开放转变，提升定价能力，推动深市在聚集全球资源要素中发挥枢纽功能，通过"引进来"和"走出去"，提高上市公司质量，助力建设现代化经济体系，促进内需和外需、进口和出口、引进外资和对外投资协调发展，更好地发挥国内国际两个市场的叠加优势。

作者简介：

杨志华先生，深圳证券交易所监事长、党委副书记，高级经济师。曾任全国人大财经委证券法起草小组成员、中国证监会南宁特派办主任、广西证监局局长、机构监管部副主任、深圳证券监管专员办事处专员等职务。长期从事资本市场法律制度建设和市场监管工作，著有《证券法律制度研究》《上市公司收购制度研究》等专著。

持续深化新三板改革 助力新经济企业发展

徐 明

"十四五"时期我国进入新发展阶段，立足新发展理念，新经济助推构建新发展格局的特征将更加明显。中小企业量大面广、创新动力强劲、韧性活力突出，是新经济的主力军。在助力中小企业创新发展的过程中，资本市场在提供直接融资、引导资源配置、促进创新资本形成、激发企业家精神和人才创新活力等方面发挥着重要的作用。新三板作为资本市场"育英"小特精专的重要平台，自设立以来坚持市场定位，坚持改革创新，构建了契合新经济中小企业需求和特点的制度体系，取得了积极成效。随着改革深化，新三板将引导更多要素资源流向新经济和中小企业，促进了实体经济高质量发展。

一、发挥平台作用，持续为新经济发展注入新动能

改革开放 40 多年来，中国经济规模体量不断壮大、产业结构不断优化、发展驱动力不断升级，对全球经济产生了深远影响。我国经济在高速增长转向高质量发展的过程中，始终贯穿着由劳动密集型转向智力密集型的主线，在各条产业链上不断从依赖进口向自立自强迈进，从简单加工向高端研发延伸，从配件组装向整体制造扩展。伴随着各行各业创新创业的兴起，新经济应运而生。作为经济发展的进阶形态，新经济以互联网、高新技术、知识经济为代表，以新产业、新技术、新产品、新模式满足市场需求为核心，衍生出数字经济、智能经济、平台经济、共享经济等新业态，成为推动经济发展质量变革、效率变革和动力变革的关键因素。

无论是从数量上还是从韧性上看，中小企业都是新经济中最具代表性的群体。我国 4000 多万家企业中，95%以上是中小企业。这些中小企业贡献了我国 70%以上的专利，在很多关键领域核心技术上拥有"独门高招"。相比大型公司，中小企业虽创新能力强、机制灵活，但往往存在业绩波动大、资产规模小、财务信息规

范和透明度低、治理机制不健全等问题，长期资金缺乏和资产抵押物不足导致其获取传统金融服务的能力较弱，形成了群体重要和个体弱势的矛盾。据统计，我国中小企业融资缺口超过 12 万亿元，未覆盖的融资需求超过 40%[1]；融资来源以银行贷款为主，直接融资比例偏低。资本市场具有投融资双方风险共担、利益共享机制，估值定价体系完备，在拓宽中小企业融资渠道、激发创新创业活力等方面优势独特。

在过去 30 年，我国资本市场从小到大，上市公司从少到多，已发展成为国民经济的"晴雨表"、经济发展动能的"转化器"和服务国家战略的"先锋队"。为更好地发挥资本市场对经济结构调整和转型升级的支持作用，促进更多中小企业在资本市场融资发展，经国务院批准，2013 年新三板正式成立。经过 8 年多的探索实践、改革创新，新三板已经成为资本市场服务中小企业创新发展的重要平台，与主板、科创板、创业板错位发展、各具特色，通过引导资本资源流向创新型中小企业，促进科技、资本和产业紧密结合，推动新经济发展。

截至 2021 年 2 月底，新三板存量挂牌公司 7976 家，服务了包括沪深交易所在内证券市场中超过九成的中小企业，累计融资 11489 次，融资金额 5352.49 亿元，实施并购重组 1652 次，交易金额 2201.56 亿元。其中，以高技术制造、高技术服务为代表的新经济挂牌公司共 3000 家，占比 37.61%；2787 家企业发行 4998 次，融资金额 1966.98 亿元；571 家企业实施并购重组 688 次，交易金额 914.09 亿元。市场涌现了一批小特精专企业，336 家公司被评为专精特新"小巨人"，26 家成长为"单项冠军"企业；近 3 年累计有 48 家公司获得国家科学技术奖。

二、积极探索创新，形成支持新经济发展的可行路径

自成立以来，新三板坚持服务创新型、创业型、成长型中小企业的市场定位，持续进行改革创新。特别是 2019 年启动全面深化改革后，新三板陆续推出了落实转板上市、设立精选层并实施公开发行和优化定向发行、实施连续竞价并提高集合竞价交易频次、降低投资者准入门槛和公募基金入市条件等举措。在市场面貌焕然一新的同时，制度体系也更加契合新经济中小企业的需求，更好地支持其在资本市场一步步迈向更高台阶。

---

1 数据来源：http://digitalpaper.stdaily.com/http_www.kjrb.com/kjrb/images/2019-04/09/06/DefPub2019040906.pdf.

（一）灵活的融资制度支持企业扩大资本规模

新三板在我国资本市场率先实践重规范性的举措，而不是以盈利为主要准入指标，创设主办券商持续督导机制，为初创期的新经济企业进入资本市场铺平和铺宽了道路，打下了融资发展的基础。创新型企业的发展关键是提高创新资本的形成效率，企业在新三板既可通过定向发行实现小步快走，也可以通过公开发行实现大额爆发。定向发行不设发行人数上限，可挂牌同时发行，也可挂牌后发行。授权发行，允许企业一次审议分次发行，便利其掌握发行"窗口"。自办发行面向董事、监事、高级管理人员等内部人员，无须证券公司提供推荐文件，也无须律师事务所出具法律意见书，从而降低发行成本。截至2021年2月底，累计有6794家企业定向发行融资5225.55亿元。公开发行面向全市场合格投资者，企业完成公开发行后在精选层挂牌。公开发行审查贯彻以信息披露为中心，标准公开透明、程序高效顺畅、全程挂网公示；提供直接定价、询价及竞价3种方式，发行人和主承销商可自主选择，通过新三板发行系统完成集中募资。自2020年7月精选层正式设立至2021年2月底，51家公司公开发行累计融资126.94亿元，平均募集资金2.49亿元。

（二）多元的交易机制支持企业实现价值发现

由于业态模式新、估值体系差异大、定价难度高，新经济企业股权转让的谈判成本往往较高。新三板为新经济企业提供了股份公开交易渠道，可有效降低交易成本、提高交易效率，并为投资者提供风险管理工具。股权相对集中的创新层和基础层公司，可自主选择集合竞价或做市交易；经过公开发行、股权较为分散的精选层公司实施连续竞价。竞争性的价格形成机制可以提升企业股票流动性，促进交易价格更加公允。同时，实施差异化投资者门槛，精选层、创新层、基础层分别为100万元、150万元和200万元证券资产；引入公募基金、QFII、RQFII等长期资金。新修订的中国战略新兴产业综合指数将精选层股票纳入指数样本股，投资者敢投资、挂牌公司能融资的良性循环正在形成。

（三）便捷的股权激励制度支持企业稳定聚集人才

股权激励是新经济企业吸引人才、维持创始团队和核心技术人员稳定的重要工具。新三板通过定向发行方式支持挂牌公司进行股权激励。据初步统计，挂牌公司以定向发行的方式累计实施股权激励539次，开展员工持股计划86次。在总结已有实践经验的基础上，2020年8月新三板推出专门的股权激励制度和员工持股计划制度。新制度突出市场化和便利化特征，授予价格以信息披露为核心，不做强制性规定；授予比例上限为30%，对核心员工不强制设立绩效考核指标，尊重中小企业自主管理意愿；允许公司法人或合伙制企业等作为员工持股计划载体。新机制更加契合新经济企业人才激励需求，为企业在资本与人才之间建立坚实纽带创造了更好条件。自制度发布至2021年2月底，已有53家公司披露相关计划，涉及激励对象累计944人、员工持股2367人。

（四）多层次市场框架和外部联通机制支持企业升级进步

随着挂牌企业数增加、差异化特征增强，2016年市场启动分层管理机制，分为基础层和创新层；2020年增设精选层，形成了逐层递进的市场结构。按照各层企业的需求和风险特性、配套效率逐渐提高的融资制度、频次逐渐上升的交易制度、设置逐渐提高的披露标准和治理标准，帮助企业不断提高公众化水平和资本运用能力，促进成本收益更加匹配。2020年6月，中国证监会明确了符合条件的精选层公司可直接申请转板至科创板或创业板上市，无须经中国证监会核准或注册。2021年2月，沪深交易所和新三板发布了相关业务规则，转板上市进入实操阶段。无论从短期看还是从中长期看，转板上市都有利于加快企业在资本市场向前迈进的步伐，使企业在资本市场发展更加平稳。转板上市与新三板内部分层机制相结合，形成了上下贯通、内外联通的市场"通路"，有利于通过传导机制激发市场活力。

通过全面深化改革，新三板发生了一系列积极向好的趋势性变化，改革效应逐步释放，市场服务新经济中小企业高质量发展的能力得到提升，总结起来包括4个"进一步"。一是市场定位进一步明晰，错位包容特色得到强化。市场94%为中小企业，其中精选层集中在软件信息、医药制造、装备制造领域，与新经济企业行业集中特征匹配度高。二是市场结构进一步优化，各方发展信心得到增强。精选层引领示范作用显著，2020年融资额占全市场的31.20%，日均交易额占全市场的40.06%。在精选层的带动下，超过70%的创新层公司计划1~3年申请进入精选层。三是市场功能进一步改善，活跃度得到提升。2020年市场融资额同比上升27.91%，日均成交额同比上升57.44%，10只指数全部上涨，整体市盈率水平由改革前的19.12倍提升至2021年2月底的20.80倍。四是市场生态进一步优化，财富效应得到显现。2020年年底投资者数量为2019年年底的7.12倍，精选层首批32家公司自2020年年初至7月晋层首月股价平均上涨约80%，存量股东获利超200亿元。

三、持续深化改革,不断提高服务新经济发展的能力

当前,我国经济正在构建以国内大循环为主体、国内国际双循环相互促进的新发展格局,创新驱动和扩大内需是优化经济结构和促进供需更高水平动态平衡的重要引擎,新经济企业将大有作为。面向新发展阶段,资本市场资源配置的枢纽作用将更加突出。作为多层次资本市场的重要一环,新三板责无旁贷。在这个"成长"加"蜕变"的关口,新三板将坚守服务中小企业的初心,秉承求真务实、开拓进取的精神,持续深化改革,不断提升市场功能和服务水平,凝聚各方合力,更好地助力新经济企业融资发展,助力实体经济转型升级。

(一)持续完善市场功能制度

一是提升准入标准精准度。创新能力是新经济企业的核心竞争力,但创新具有长期性和高风险特点。新三板将研究设置更加精准、多元的准入标准,促进更多创新型、创业型、成长型中小企业获得公开资本市场服务。二是丰富融资工具。处于发展早期阶段的新经济企业在资金需求较大的同时,对股权稳定要求也较高。新三板将推出可转债等股债结合类融资品种,拓宽企业融资渠道,满足企业双重需求;并将研究完善股权激励制度,推出精选层公司再融资制度,不断降低融资成本、提高融资效率。三是活跃市场交易。落地精选层混合交易制度和融资融券制度。研究丰富投资者适当性评价维度;推动公募基金、QFII、RQFII等机构发行投向精选层的产品,解决社保基金、保险资金、企业年金等长期资金入市障碍。四是巩固转板机制。加强对转板上市企业的指导培训,促进挂牌公司便捷畅通地完成转板上市,实现多层次资本市场有机联系。建立与区域股权市场对接机制,实施四板向三板"转板"制度,进一步发挥承上启下作用。

(二)持续增强市场服务质效

一是加强投融资对接。优化指数体系,研发推出精选层指数,推动基金公司开发和丰富新三板指数产品,发挥投资引领作用。常态化组织路演、业绩说明会等活动,推动券商和投资机构加大新三板投研力量,助力投融资高效对接。二是完善在地化服务网络。扩增区域服务基地数量,构建网格化布局,创新在地化服务模式,增强区域服务基地与地方经济的融合度,打造服务品牌。三是加强企业培育辅导。拓展企业储备资源库,依托服务基地持续提供咨询培训,研究开发挂牌公司与投资

者互动交流平台，促进挂牌公司提升品牌形象。四是丰富培训体系。开办企业家训练营，增强企业获得感，搭建资源整合平台；组织中介机构培训班和交流会，推广执业经验，实施执业激励，培育精于新三板业务的特色券商。五是加强预期管理和舆论引导。优化媒体沟通合作，丰富宣传形式，讲好新三板故事，及时回应市场关切，为新经济企业在新三板持续发展营造良好的舆论环境。

（三）持续提升挂牌公司质量

一是通过专项行动提升企业规范运作水平。信息披露和公司治理有效性是新经济企业在资本市场稳步发展的微观基础。新三板将通过开展专项行动，对各层挂牌公司组织针对性培训，增强企业规范意识，辅导企业在信息披露上应披尽披，在公司治理上高效规范，使内控机制真正发挥到实处。二是提高监管要求适配度。新经济企业群体中有大量创新创业中小企业，进入公开资本市场需要逐步适应监管要求。新三板将根据新经济企业的承受能力，持续开展监管要求适应性评估，不断调整优化，给企业留出成长空间，降低企业挂牌成本。三是加大以服务促规范力度。建立与挂牌公司直连通道，提供"管家式"服务、"一对一"贴身辅导，实时跟进企业遇到的问题和困惑，量身定制规范建议，帮助企业在资本市场走得快、走得稳。此外，新三板还将发挥主办券商持续督导优势，指导会计师规范做好审计工作，联合系统部门和单位、行业专家等对挂牌公司进行"体检"，共助新经济企业在新三板健康发展。

在增强市场功能、提升服务质效、规范企业行为的同时，我们还将积极凝聚各方合力，与相关政府机关和行业主管部门加强沟通，引导和便利新技术、新产业、新业态、新模式企业在新三板挂牌，加大对新经济企业在新三板融资发展上的政策扶持力度，支持企业走好专业化、精细化、特色化、新颖化发展道路。

作者简介：

徐明博士，全国中小企业股转系统有限责任公司党委书记、董事长，中国证券法学研究会副会长，华东政法大学教授、博士生导师。曾任上海证券交易所副总经理、中证中小投资者服务中心有限公司总经理。长期从事资本市场法制建设和交易场所一线监管，著有《新三板理论与实践》《证券及期货市场诸问题研究》等专著。

区域性股权市场助力新经济发展

周 斌

2020年7月30日，中共中央政治局会议提出要"加快形成以国内大循环为主体、国内国际双循环相互促进的新发展格局"，以5G、人工智能、物联网、大数据、电子商务、移动支付、非接触经济、创意产业等新业态和新商业模式为代表的新经济已成为中国"双循环"新发展格局的有力支撑。为适应新经济发展的需要，建立完善、规范、透明、开放、有活力、有韧性的多层次资本市场是不可或缺的环节。作为多层次资本市场的重要组成部分，区域性股权市场为本地区内的企业发挥着融资服务、融智服务、上市辅导等作用。我国幅员辽阔，不同地区的经济发展水平存在较大的差异，区域性股权市场的培育和建设也应遵循差异化原则，以更好地发挥其积极作用，为实现新经济的高质量发展提供保障。

一、区域性股权市场对新经济发展的重要作用

区域性股权市场，俗称"四板市场"，与新三板、创业板、科创板和主板市场一起构成我国多层次资本市场体系。新《中华人民共和国证券法》和中国证监会发布的《关于规范发展区域性股权市场的指导意见》均明确表示：区域性股权市场是我国多层次资本市场的"塔基"，是私募股权市场，是地方政府扶持中小微企业政策措施的综合运用平台。近年来，国内大力发展以数字经济为核心的新产业、新业态、新模式，正加快构建现代化新经济体系。新经济行业属于国家产业政策所支持的行业，普遍具有高人力资本投入、高科技投入、轻资产、可持续快速增长等特征，主要包括节能与环保业、新一代信息技术与信息服务产业、生物医药产业、高端装备制造产业、新能源产业、新材料产业等。这些行业因前期各类成本投入较高，在发展初期就有较大的融资需求。但传统的银行融资模式，往往更青睐于成熟期企业，且

大多采用抵押、担保等方式，无法帮助新经济企业实现有效资金需求。区域性股权市场身兼投融资、资源配置、风险定价等功能，它是企业与金融机构、投资机构的枢纽，能够为新经济企业拓展融资渠道，有利于产业、科技、金融形成有机整体，进而提高直接融资在社会融资中的比重，推动经济结构优化升级。同时，区域性股权市场还能够为新经济行业提供改制辅导、融资转让、财务顾问、信息咨询、管理培训、路演宣传、培育孵化等服务。新经济行业企业可以到区域性股权市场挂牌进行规范培育，符合条件的区域性股权市场挂牌公司也可以到新三板挂牌或证券交易所上市。这些职能是传统金融机构所无法实现的。

二、区域性股权市场服务新经济的创新实践

（一）区域性股权市场的现状

经过十多年的发展，区域性股权市场在各省份陆续建立，市场规模和影响力也在不断扩大，通过创新整合各类地方金融资源，在纾解地方政府融资困境、服务中小企业、支持地方经济发展中发挥着积极作用，保持着良好的发展势头。

从区域分布看，除西藏外，全国各省、自治区、直辖市、计划单列市共设立区域性股权市场运营机构35家，基本形成"一省一市场"的格局。在组建模式上，区域性股权市场运营机构的属性主要有4种，分别是金融控股平台、要素交易平台、证券机构和非金融控股类国有企业。其股东构成极为丰富，既有国有独资控股型的，也有多达近20名股东单位参股的；既有法人机构股东，也有自然人股东。各地运营机构均有不同数量和规模的下属子平台，集团化发展是总体趋势。

就机构实力而言，截至2020年年底，35家区域性股权市场运营机构的注册资本总额超64亿元，平均注册资本约2亿元；共有挂牌企业3.47万家，股份有限公司共计1.36万家，展示企业12.93万家，托管公司5.24万家（含纯托管公司1.03万家）；累计为各类企业实现各类融资14196.37亿元，其中股权融资2936.41万元，债券融资4058.54亿元，股权质押融资4977.15亿元，其他融资2224.27亿元；累计实现转让金额2140.12亿元。各市场共有投资者总数44.71万户，其中合格投资者11.35万户，豁免投资者33.36万户；中介机构7872家。

各区域性股权市场按照国家统一规则并结合自身特色，在市场准入、挂牌展示、融资交易、信息披露、投资者保护等方面初步建立了管理制度，配备了相关专业人员，集聚了一批中介机构，专门为当地企业，尤其是小微企业提供区域性股权市场

挂牌推荐服务和财务顾问等中介服务。同时，利用平台优势、区位优势，积极探索不同的业务发展模式，积累了一定经验并形成一些特色品牌。

（二）区域性股权市场培育新经济企业的实践

1. 制度创新方面

各区域性股权市场根据自身区域发展实际，因地制宜地开展分层培育，设立各具特色的挂牌板块，以实现对不同诉求挂牌企业的差异化服务。齐鲁股权交易中心是全国最早提出企业分层的，将挂牌交易平台细分为"精选板"和"成长板"，后来各市场为满足客户在区域性股权市场多样化的融资需求，创新出更多分层。例如，重庆股份转让中心根据企业收入规模和盈利能力，分别设立了优先市场、标准市场和新兴市场3个板块；武汉股权托管交易中心配合国家战略推出"科技板""海创板""种子企业板"等。京津冀、上海、广东（珠三角）、安徽（合芜蚌）、四川（成德绵）、湖北武汉、陕西西安、辽宁沈阳8个改革试验区域试点推广"科技创新专板"，主要面向有潜力的科技创新类企业，利用私募证券市场的功能，为科创类企业提供服务。

2. 金融资源整合方面

区域性股权市场通过整合区域金融要素，对证券公司、银行、小贷公司、担保公司、创投机构等进行集聚，将各类金融资源导入市场，为挂牌企业和托管企业提供综合融资服务。例如，宁波股权交易中心与商业银行合作推出"挂牌贷"、与保险公司合作推出"金保贷"、与融资租赁公司合作推出"融租易"等七大融资产品。各区域性股权市场还进一步整合自身资源，打通上下游融资链条，为新兴企业的融资提供增信措施，增强市场上各方对优质新经济企业股权、债权的认可度。在综合运用私募股权、可转债、股权质押等多种融资工具和方式的基础上，各区域性股权市场探索并建立了多元化投融资服务体系，帮助中小企业缓解融资难题。据统计，截至2020年年底，各区域性股权市场累计为企业实现各类融资1.4亿元，其中广州股权交易中心、武汉股权交易中心融资金额较大，分别超2000亿元和1000亿元。从融资方式看，股权质押融资、股权融资和私募可转债融资已经成为区域性股权市场融资的"三驾马车"。

3. 培育企业上市方面

近些年，一批具有成长性的科创型新经济企业，经区域性股权市场培育，迈入新三板、A股等更高层次资本市场。例如，宁波股权交易中心成功培育挂牌企业"雪龙集团""神通科技"，在上海证券交易所主板上市；实现"容百科技""长阳科技"成功登陆上海证券交易所科创板；"卡倍亿""大叶股份""松原股份"在深圳证券交易所创业板上市。在优质企业挖掘方面，宁波股交在全国范围内首创了资本市场联络员制度，建立了以工办主任为主体、覆盖全市154个乡镇街道的资本市场联络员队伍，加强了与特色板块市区两级主管部门和各区县（市）金融监管局的沟通联络，使之成为各区资本市场建设工作的主要抓手。另外，宁波股权交易中心连续举办了五届"寻找宁波最具投资价值企业"活动，吸引了超千家企业报名，成功挖掘了优质成长型新经济企业50余家。

在对接更高层次资本市场方面，重庆、福建、山西等多家区域性股权市场与深圳证券交易所共建服务基地，围绕企业规范运行、股份制改造、投融资对接、上市辅导等开展工作，搭建通往更高层次资本市场的便捷通道。宁波股权交易中心是全国首家同时拥有沪深证券交易所服务基地的股权交易中心，联合交易所专家，积极组织资本市场论坛、拟上市企业座谈、"一对一"专家问诊、企业走访等工作。浙江股权交易中心主动与上海证券交易所对接，合作共建科创板企业培育中心，旨在发现具有潜力的优质科创种子企业，为其提供全程式、进阶式、跟踪式资本市场服务，着力构建支持科创企业发展的资本生态平台。安徽股权交易中心率先与深圳证券交易所旗下的深圳证券信息有限公司共同打造了"线上+线下"融资路演平台，进行常态化路演活动，导流专业投资人通过网络参与路演，该模式被多家区域性股权市场学习和借鉴，大大提升了"四板"投融资项目对接的成功率。

（三）区域性股权市场面临的问题与挑战

虽然我国区域性股权市场发展总体利好因素居多，但也应清醒地看到存在的问题与不足，主要来自行业和自身两个层面。

从行业分析，一是顶层设计缺失。国家将区域性股权市场作为地方政府服务中小企业政策的综合运用平台，定位虽高但配套制度缺失，部分政策落地存在难度。二是监管制度尚不完善。区域性股权市场主要接受当地政府的管理和监督，根据地方政府制定的相关制度来运行，缺乏全国性的行业标准和行为规范；当前监管普遍趋严，地方市场充分发挥个性化创新发展的监管空间仍稍有不足。三是市场环境不成熟。投资者对区域性股权市场关注甚少，金融机构参与度不高，动力不足。四是缺少转板机制。新三板市场上的挂牌企业如果达到主板、中小板、创业板股票的上市条件，可以直接向沪深证券交易所申请上市交易，其与沪深股市之间的转板机制已实现。而区域性股权市场的挂牌企业如果要到创业板、中小板和主板上市，必须先行退市后，才能申请上市，缺少直接转板IPO的绿色通道。

从自身剖析，核心问题是商业模式尚不成熟。经调研，各股权交易中心目前有效的收入来源主要分为4类，分别为财政补贴、发售私募可转债、资本金收益和围绕股权生态链设立协同公司获取市场化业务收入，缺乏可持续且能带来利润的核心业务及"拳头"产品。此外，还存在企业培育手段有限、专业人才不足、金融风险较高等问题。区域性股权市场自身无基金公司，无法对优质中小企业开展直接投资，需要依靠中介机构，投资能力较弱。由于缺乏市场化激励机制，金融、证券、投资类专业人才不足或出现流失。部分股交中心利用互联网信息技术建设金融服务平台，但因挂牌企业良莠不齐、信息不对称、监管制度不完善，使得线上交易存在一些安全隐患，出现了个别风险事件，在一定程度上影响了投资者和市场对区域性股权市场的信心。

三、完善区域性股权市场的制度设计和政策倾斜

（一）完善区域性股权市场开展综合金融服务的制度设计

1. 统一全国各地的监管制度

金融服务离不开有效的政策监管。区域性股权市场的建设与发展应由中国证监会统一规划，制定一套统一的市场规则；同时，由专门的行业自律组织统一业务规则和行业标准，推动实现监管与自律的有机结合。2019年，中国证监会发布《区域性股权市场监督管理试行办法》，对完善资本市场体系具有重要意义，但缺乏配套举措，较难落地。根据发展需要，未来要将区域性股权市场的交易系统、报价展示系统全面对接中国证监会信息系统，建立全国信息共享平台，统一挂牌，统一共享信息，避免个别区域性股权交易市场为吸引客户资源恶性降低入市门槛，规避市场监管引致的投资风险。

2. 建立切实可行的转板机制

区域性股权市场应加强与沪深证券交易所、新三板交易所的合作，争取证券监管机构的支持，尽快出台四板市场向新三板、创业板、中小板和主板的转板政策和实施办法，将区域性股权市场打造成高层次资本市场潜在的优质新经济企业资源池。此外，高层次资本市场上市企业因各种原因需要退市，可考虑降板到区域性股权交易市场挂牌托管。未来应推动设立与高层次资本市场对接的双向联动机制，特别是与新三板应形成批量转板对接机制，在受理、审核及挂牌方面形成批量协议，做到单独受理、优先审核、提前沟通、集中挂牌，提高效率和服务质量，更好地发掘企业市场价值，实现资本市场的资源配置功能。

3. 规范企业信息披露制度

区域性股权市场挂牌企业进行信息披露是为了维护市场交易者的知情权。完善企业的信息披露制度，可以更好地保障投资人利益。根据区域性股权交易市场挂牌企业的发展阶段、规模大小、行业技术的不同，未来可以尝试建立不同层次的信息披露机制，并建立中介机构挂牌辅导，履行尽职调查机制，确保拟挂牌企业信息的真实性和完整性。同时，进一步加大区域性股权市场的信息平台建设力度，充分利用大数据、云计算、区块链、人工智能等新技术构建透明的企业信息展示系统。

（二）推动地方政策更多地向区域性股权市场倾斜

1. 加强地方政府财政政策的支持

建议地方政府在中国证监会统一规划的基础上，出台一系列减税降费、鼓励融资、鼓励上市等政策，支持区域性股权市场发展；进一步放开区域性股权市场的融资产品和渠道，由区域性股权市场自主决定融资产品和渠道；鼓励企业构建以股份制度为基础的现代企业制度，通过股权分置改革规范公司治理与财务运作，引导区域内非上市股份公司进行股份的规范托管。

2. 提升区域性股权市场的主体活力

区域性股权市场要主动与地方政府合作，汇集整理各类惠企政策，搭建地方政府政策运用信息化平台，向挂牌企业精准推送各类扶持政策；在政策许可的前提下，受理各类企业委托，为企业提供评审、年检、融资补贴等"一站式"服务。同时，增强舆论引导，宣传区域性股权市场在推进新经济发展中的重要作用，引导本地企业特别是新经济企业充分运用区域性股权市场的资源优势，降低运营成本，实现快速发展。

（三）鼓励符合条件的区域性股权市场率先试点推动新经济发展

2019年9月，中国证监会召开专题会议，明确提出将"选择若干区域性股权市场开展制度和业务创新试点"纳入全面深化我国资本市场改革的12项重点任务之一。综合考量各区域性股权市场资本实力、市场规模、运营能力、风控能力、市场服务水平等因素，选择综合实力较强的区域性股权市场开展业务和制度创新试点，并推动区域新经济的发展。

建议进一步发挥区域性股权市场对新经济企业"早规范、预披露、预估计"的服务功能，推动资本市场服务端口前移；聚焦产业链关键环节、新经济赛道，在区域性股权市场设立若干支细分领域创业投资基金，引导创投机构聚焦科技型企业开展早期投资和价值投资；设立新经济企业信贷风险资金池，加强金融财政政策联动，完善新经济企业贷款、保险、担保的贴息贴费和风险补偿机制；与市场监督、税务、社保等相关政府部门有效联动，设立拟上市企业无违法违规证明办理窗口，及时解决企业上市过程中面临的历史沿革、财务规范、信息披露、关联交易、资产权属等问题，提升上市培育工作的质量和效率。区域性股权市场应秉持"企业成长性、融资私募性、市场区域性"，严格防控试点风险、分步稳妥推进实施，进一步构建"产业生态互联，金融科技驱动"的地区生态网络。

作者简介：

周斌先生，宁波股权交易中心有限公司总经理，兼任浙江省并购联合会创始副会长、宁波中小企业专家评审委员会委员等社会职务。浙江大学管理学院EMBA，高级会计师。曾任商业银行高管，具有近20年的金融企业从业经历、丰富的资本市场服务和企业培育经验。

中国经济转型的产业顶层设计和战略思维

刘煜辉

一、缘起：百年未有之变局

这是一个百年未有之大变局。今天的世界不是群雄并立的世界，而是处于超级强国长期战略竞争的格局。我们这一代人有幸正在经历这个伟大的高光时点。近50年来，改变世界的决定性力量无疑是中国的改革开放，改革开放为中国实现了伟大的经济崛起和巨大的财富繁荣，以及突飞猛进的技术追赶和进步，从根本上改变了世界的格局。

当下超级强国博弈的格局已不可颠覆，所以站在当前时点，我们应该如何做一个抉择？在超级强国长期战略竞争的局面下找到一种新的均衡，形成一种新的全球秩序，这是全球关键的问题。

2020年是新中国历史上极不平凡的一年，面对突如其来的新冠肺炎疫情，以及极其严峻的外部环境，在以习近平总书记为核心的党中央坚强领导下，我国取得了极不平凡的成就，世界格局发生了决定性变化。2020年中国的经济总量已经接近美国的75%。

党的十九届五中全会制定了《中华人民共和国国民经济和社会发展第十四个五年规划和2035年远景目标纲要》，明确提出，2035年中国要实现人均GDP达到中等发达国家水平，到那时，中国可能成为世界上第一大经济体。如果我们在此基础上再奋斗15年，到2049年也就是中华人民共和国成立100周年时，中国的经济体量与其他国家的经济体量之间的差距会进一步增大。

2020年中央召开的党的十九届五中全会、中共中央政治局会议，以及中央经济工作会议，清晰地勾勒出中国经济转型的产业顶层设计和战略思维（见图1）。通过打造"数字化"和"清洁能源"两大引擎，构建创新型资本形成的金融资源配置体系，改变以间接融资为主的融资结构，建立强大的资本市场；通过直接融资提高要素的配置效率，从根本上驱动中国经济转型全局。建立一个由大数据、应用场景和碳排放等一系列新型生产要素支撑的数字经济生态和清洁能源时代，为谋求人民币国际化奠定坚实的基础。

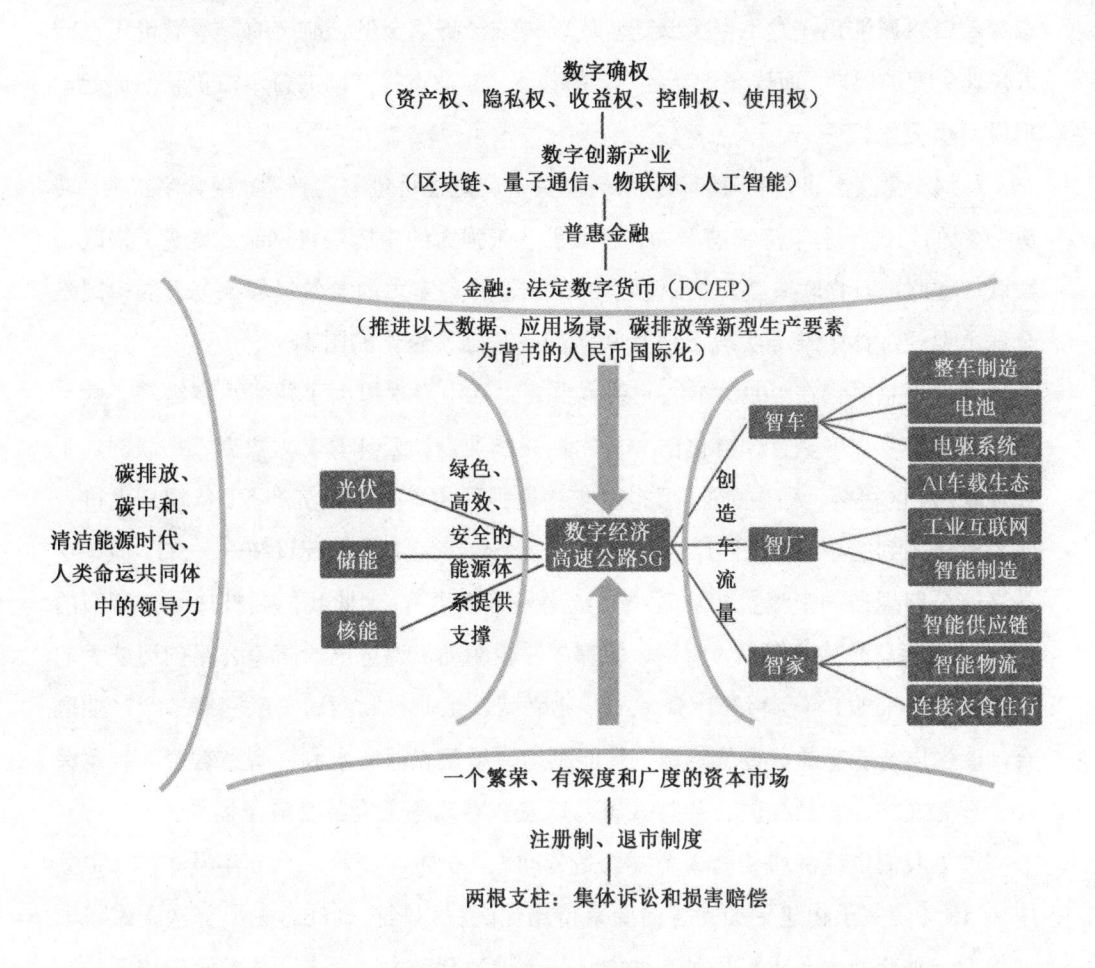

图 1　中国经济转型的产业顶层设计和战略思维

二、数字替换"砖头"

经过 40 多年的改革开放，中国实现了伟大的经济崛起，创造了巨大的物质繁荣，特别是在中国加入 WTO 后，快速推动工业化、城镇化进程，从阶段性来讲，目前中国经济进入了中高收入的水平，也就是说工业化、城镇化进入尾声。在过去的工业化、城镇化过程中,产业链和资源被房地产和土地财政绑定,同时传统经济模式高负债、高杠杆、高风险,使得资本形成效率越来越低,目前从边际上讲,需要 4~5 个单位的信用才能获得 1 个单位的 GDP 新增。

面对技术进步的浪潮,人类经济即将或已经迈入了数字经济、信息经济的时代,意味着资本属性正在发生巨大跃迁。代表传统经济的金融、地产的资本溢价正在跨入快速衰变的周期,而代表着新经济、新技术、新业态等方向的资本溢价勃然而起,形成两极分化。

从这个意义上讲,中国推动经济转型其实就是经济生态的转型,用数字替换"砖头"。我们经过十余年持续的努力,建立了一张强大的中国经济网络,实现了物联、数联、智联,万物联通就是一个巨大的数据海洋、宏大的场景世界。今天的中国是全球主要经济体中唯一实现了把互联网彻底基础设施化的国家。

习近平总书记在 2020 年的一系列重要讲话中多次提到了发展数字经济。数字技术和经济将深度融合,孵化出大量的新兴产业,如云计算、大数据、物联网、工业互联网、区块链、人工智能、虚拟现实和增强现实等数字经济产业。从规划上讲,作为整体规划的核心,我们斥巨资打造了一个数字经济的基础设施——5G,但是这条高速公路现在的车流量相对较小(应用场景较少),为此我们要打造一个超级的 AI 生态体系,形成"智车、智厂、智家"三轮驱动,为自己的高速公路创造宏大的车流量。未来 5G 将会和云计算、AI、物联网、工业物联网、车联网等多个产业融合,催生出智能交通、智慧能源、智能制造、智慧农业和水利、智慧教育、智慧医疗、智慧文旅、智慧社区、智慧家居,以及智慧政务十大数字应用场景。

过去我们讲经济增长的 3 个要素是劳动力、资本、技术,2020 年发布的《中共中央 国务院关于构建更加完善的要素市场化配置体制机制的意见》首次正式将数据作为一种新型生产要素写入文件中,与土地、劳动力、资本、技术等传统要素并列为要素之一。决策层已经充分认识到数据作为新经济"石油"的基础作用,使之从技术中独立出来,成为单独的生产要素,数据不但是创新的生产资料,而且是数字经济的财富源泉。战略来自数字替换"砖头",这是顶层设计的关键环节。

对于中国来讲,通过改革开放推动经济转型升级,并借助第四次技术革命的浪潮,把中国经济从传统的经济形态,转变为"数字中国""网络强国",中国未来将进一步提升国际地位,或者在某种程度上要展现在人类命运共同体中的领导力,必然要把经济为主体转向内需为主体,甚至要成为全球净需求的提供者。中国不光是一个世界工厂的角色,而且要成为全球净需求的创造者和引领者,这样才能和中国实现伟大国家的进程相匹配。

三、清洁能源时代

数字经济生态需要构建一个绿色、高效、安全的能源体系提供支撑。《中华人民共和国国民经济和社会发展第十四个五年规划和2035年远景目标纲要》(以下简称《纲要》)中把光伏、储能的突破放在优先发展地位,作为一个用数字产业生态的整体来规划的重要因素,未来能源安全一定是和数字化并行的发展目标。《纲要》提出推进能源革命,建设清洁低碳、安全高效的能源体系,提高能源供给保障能力,将能源安全提升到国家战略的高度,聚焦加快构建现代能源体系和推动"碳达峰""碳中和"。"十四五"时期是加快推进能源转型、提升能源安全保障能力、实现碳排放达峰的关键期。在过去的秩序中,化石能源体系是构成美国治权的核心支柱之一,面对未来的新时代和新秩序,中国必须筑牢能源安全的防线。

当今世界正经历百年未有之大变局,中国宣布"碳达峰""碳中和"有助于推动构建公平合理、合作共赢的全球气候治理体系,提升中国作为全球生态文明建设的重要参与者、贡献者、引领者的地位。同时,中国经过长期的发展和积累,在新能源方面已经取得了巨大的技术进步,能源转化效率和储能技术都进入了临界突破的阶段,中国有实力在清洁能源的方向上加速发展。

碳排放对应的其实是人类的基本生存权和发展权。中国可以对其他发展中国家在实现工业化、城镇化的过程中在碳排放方面给予巨大的帮助,以彰显积极推动构建人类命运共同体的大国担当,有助于中国弘扬中华文明的强大核心价值观,凝聚全球共识。

四、伟大的资本市场基础制度改革

推动经济转型是目前政策的要点,而经济转型的实质是资本的转型。落实到具象工作上,就是为中国经济这条巨龙转换一个发动机,即构建资本形成的新引擎。资本形成的引擎转换发生在过去20年快速工业化、城镇化的过程中,资本形成的引擎是以商业银行为主体的间接融资,能够快速地把储蓄通过银行中介转化为资本形成,生产出大量类似房地产的资产,迅速提升经济的资本密度。经济转型需要创造出技术资本、人力资本、智力资本、信息资本、知识资本,但银行融资无法适应经济转型要求,不能形成共担风险、共享收益的市场化融资机制。因此,要改变中国经济发展过程中的高债务、高杠杆问题,改变金融体系脆弱性,实现货币不增或少增,创造足够的信用增长支持经济,需要解决金融体系的期限错配和资本结构错配问题,最重要的是需要改变以间接融资为主的融资结构,建立强大的资本市场,通过直接融资提高要素的配置效率。

在 2018 年的中央经济工作会议中,习近平总书记提出"资本市场在金融运行中具有牵一发而动全身的作用",确定资本市场是五大要素市场的"枢纽"的定位,资本市场的地位上升到前所未有的高度,这就是宏观到具象的逻辑。

打造一个繁荣、有深度和广度的资本市场,全社会的资本结构会得到根本性改造,中国的高杠杆、高债务问题将得到实质性的解决。更大的意义在于,在此过程中,我们能构建创新型资本形成的金融资源配置体系,随着市场体系和制度环境的改善,支持足够多的能够承担风险的 PE 资本和 VC 资本投入到创新中去,才能形成国家创新优势和创新发展路径。

经过 2019—2020 年伟大的资本市场基础制度改革,打造了集体诉讼和损害赔偿两根支柱,并在此基础上迅速推出注册制、退市制度,为整个市场建立了一个非常坚实的制度基础,中国的资本市场发生了脱胎换骨的变化,悄然改变着中国经济转型的生态,奠定了昂扬向上的资本市场牛市的基石。资本市场从存量市场变成了一个增量市场,2018 年,股票型基金和混合型基金总规模不到 3 万亿元,2020 年年底已经达到 7 万亿元,从基金规模可以看出,中国的金融结构在变迁;证券化率从 2018 年的 40%左右,到 2020 年年底 A 股市场 79.6 万元市值,加上港股通市值,证券化率已经超过 100%;以过去的间接融资为主体,提高直接融资的比重,这是中国经济转型的重要战略目标和政策抓手。增强金融服务实体经济能力,显著提高直接融资比重,这是中国经济转型这盘大棋的"天王山"。

一个价值型、投资型、具有财富储值功能的股票市场开始形成,以前那种狭隘的交易型、套利型的市场逐渐被摒弃,为股票市场的长期投资者进入奠定了坚实的基础。

五、法定数字货币：人民币国际化

众所周知，国际地位的核心呈现方式就是铸币权。国际储备货币的地位令美元具有巨大的全球储蓄账户再分配的优势。所以，未来国际地位的嬗变，其终极就是当下的美元信用本位体系要发生根本性变化。

今天数字金融领域的全球竞争越来越激烈。需要引起注意的是，包括 Libra 在内的超主权数字货币已经有超过 20 亿全球用户，有可能会迅速发展成为全球性的数字货币。一个国家的数字货币或将成为重构现行国际货币体系的重要工具之一，中国作为未来全球几大经济体之一，而且是将互联网实现了基础设施化的经济体，在目前这种情况下，我们要积极考虑未来全球化数字货币的超常规发展路径，这可能是一次重大的战略性机遇。

中国的数字经济和清洁能源生态要实现的远景目标就是人民币国际化。我们一定要打造一个与之相适配的金融体系，通过数字的确权，重构数字经济生态的运行规则，为未来数字产业创新奠定坚实的制度基础，在此基础上推进普惠金融，最后支撑起整个法定数字货币（DC/EP）体系。今天的中国是有长远的抱负和眼光的，未来深远的谋划就是推进以大数据、应用场景和碳排放等新型生产要素为背书的人民币国际化，形成新的经济生态。世界长期历史性战略竞争，最终一定会对决于全球的国际金融秩序，国际货币体系的重构是不可避免的一个结点。这是我们谋划的中国经济转型的大棋局中的重要战略制高点。

作者简介：

刘煜辉先生，中国社会科学院经济研究所教授，博士生导师，天风证券特邀经济学家，中国首席经济学家论坛理事，上海证券交易所专家指导委员会委员，中国财富管理 50 人论坛（CWM50）成员，人民币交易与研究论坛学术委员会主任，中国石油年金理事会理事，招商银行资产管理特聘专家顾问。

加快科技成果转化　完善生态体系建设

吴乐斌

科技创新催生了新经济，而新经济又反哺于科技创新。科技创新是新经济的灵魂。在人类科技发展的历程中，科技创新正在不断加速。加速的动因在于科学、技术、产业与金融关系的嬗变，而其间的重要过程、重要环节是科技成果转化。可以说，科技成果转化是科技创新价值链的"最后一千米"，是科技创新与新经济的结合点，是新经济的生长点。同时，科技成果转化是一项高度复杂的系统工程，界面多、跨度大，跨行、跨界、跨时、跨域，是社会经济发展中的世界性难点、热点、痛点问题，在中国国情条件下探索如何提升科技成果转化的效率与效益，具有重要的理论意义和实践价值。

一、科技成果转化的要素、方式、过程

简单来说，科技成果转化的要素主要包括人、财、物三方面。首先，人是决定因素，如果人不合适，成果转化将无从谈起。人，包括"三种人"：科学家、企业家、投资家。对于科学家，如果具体负责科技成果的科学家（往往是成果的所有者）没有合作意识、市场意识、社会常识，就是不合适的人选。对于企业家，科技成果转化如果没有企业家参与肯定不行，参与的企业家如果没有创业精神也不行，如果没有科技背景大概率不行。对于投资家，投资家如果只对热钱快钱有兴趣，基本不行，如果把投资科技成果转化看成把钱存入银行，肯定不行。财，可以概括为"四种钱"：政府的科研资金、企业的投资资金、银行的贷款、保险公司的保险，"四种钱"如果缺三种，要谨慎为之。物，即科技成果。何为可转化的科技成果？第一，其原理必须符合已经公认的科学原则和理论；第二，其结果必须可重复并具有稳定的质量指标；第三，产品或技术必须有明确的市场价值，即是否具备"新、精、廉、特"的

特质；第四，是否具备或至少可能具备市场准入的资质。四项必须俱全，否则就不是可转化的科技成果。

关于科技成果转化的方式，《中华人民共和国促进科技成果转化法》第十六条规定，科技成果持有者可以采用下列方式进行科技成果转化：

第一，自行投资实施转化；

第二，向他人转让该科技成果；

第三，许可他人使用该科技成果；

第四，以该科技成果作为合作条件，与他人共同实施转化；

第五，以该科技成果作价投资，折算股份或者出资比例；

第六，其他协商确定的方式。

关于科技成果转化的过程，狭义的是指把一项可转化的科技成果做成可销售的产品或服务，广义的是指科技企业成长的全周期，可分为5个阶段。第一阶段为培育期，从实验室的成果或创意转化成样机，可谓之从0到1；第二阶段为初创期，从样机到有销售，可谓之从1到10；第三阶段为成长期，从有销售到有利润，可谓之从10到100；第四阶段为成熟期，从有利润到进入资本市场，或IPO，或通过增发进入资本市场；第五阶段为稳定期，从进入资本市场到成为行业领袖企业。

二、建设科技成果转化的生态体系

科技成果转化是科技创新的延续，同时又和制度创新或管理创新发生了叠加，既是社会进步的过程，也是社会进步的体现。科技成果转化的发生和发展是内因与外因相互作用的结果，其内因即科技成果转化的要素，其外因即其发生和发展的外部条件，将其称为生态体系。建设和完善生态体系，至少包括以下4个方面。

（一）科技金融平台建设

科技与资本是生产力要素中最活跃的要素，这两个最活跃要素的碰撞，一定会发生能量巨大的聚变，正如物理学界的核聚变，需要强大的能量，并将产生更强大的能量。

1. 投资平台

科技成果转化需要投资，我们把投资主体的组合称为投资平台。战略投资或直接投资与基金投资或财务投资的组合，其相辅相成、相得益彰。成功案例有美国的

GE公司及国内的联想控股股份有限公司（以下简称"联想控股"），柳传志先生将其称为"双轮驱动"。联想控股战略投资并控股联想集团，联想集团拥有个人计算机的世界最大市场份额，服务器也在世界市场名列前茅。联想控股同时拥有弘毅投资、君联投资、联想之星3家基金投资公司，弘毅投资侧重于并购，君联投资侧重于VC投资，联想之星侧重于天使投资，必要时3个基金公司与联想控股的战略投资业务实现联动。

政府投资或公共财政投资与企业投资或私人投资的组合，最成功的案例当属美国的小企业创新研究计划（Small Business Innovation Research and Development Program，SBIR）和小企业投资公司计划（Small Business Investment Company，SBIC），前者在科研经费中安排了少量但很有效的资金为科研项目进入市场做好了必要的准备，后者通过政府支持或"背书"，诱导私人资本勇敢地投向初创期的科技企业。SBIR计划是美国联邦政府通过财政资金支持美国小企业参加联邦政府的科研计划和技术创新的一项举措。该计划要求美国各联邦机构从其科研经费中拿出一定比率的资金资助小企业的技术创新或科技成果转化，这一比率在1982年最初设立时为0.2%，经过发展，受到各方的好评，到2000年时增长到2.5%。这项经费的资助一般分3个阶段进行。第一阶段，资助期限为6个月，主要帮助企业进行项目的可行性研究，确立技术构想和预期目标，确定技术的市场定位；第二阶段，资助期限可达2年，帮助企业完成技术验证，或建立技术指标；第三阶段，主要帮助企业进入市场，或者推动政府采购。这一经费通常帮企业分担研发经费总额的30%左右，这对初创企业而言是巨大的帮助，大大增加了企业进行科技创新的信心和能力。SBIC计划是美国政府帮助小企业获得无法从银行和其他私人资本来源的权益资本和长期贷款的援助计划，其特色为政府以信用出面帮助创新型、创业型企业募资，相当于政府引导基金，即私人出资1美元，联邦政府的小企业局（Small Business Administration，SBA）以政府信用担保从公开债券市场募资2美元，最终将获得的3美元投给创业初期的创新型企业。正因为有SBIR和SBIC两者的无缝衔接，促成和催生了苹果、微软、特斯拉等美国科技巨头企业。

在以色列等国家，私募基金中出现了很好的"公私组合"，如YOZMA基金（"YOZMA"在希伯来语中为"首创、开启"之意）。以色列贫瘠的自然资源使其制定了依靠科技创新发展经济的战略。1992年，以色列风险投资之父Yigal Emch向政府提出申请拨款1亿美元，组建了国内第一只政府创业引导基金，YOZMA基金由此而生。YOZMA基金的运作包括两部分：其一是直接投资，即以20%的资金直接投资于起步阶段的创新型企业，从而引导民间资本投资于早期的创新企业；其二是成立子基金，即以80%的资金与国际知名的金融机构合作发起成立10只子基金。在每只子基金中，母基金出资不超过40%，社会资本或国际资本出资超过60%。政府出资部分承诺可以在投资后的5年内以本金加每年5%~7%的单利出让给社会投资者。事实证明这样做行之有效，1993—1997年，在短短的几年时间内，以色列涌现出3000多个高技术项目，其中有多个项目通过IPO形式进入美国与欧洲资本市场。

我国各级政府设立的政府引导基金，其初衷与此相似或相同，也促进了科技成果转化和科技企业的创立与发展。

2. 融资平台

科技成果转化离不开融资，融资包括直接融资与间接融资。直接融资主要指通过证券市场实现股权融资，即通过IPO，或借壳上市，或通过增发，或通过并购进入资本市场。从全球范围看，美国的资本市场对科技创新的支持最及时、最有力。美国从1933年开始实行上市公司注册制，1971年开始设立纳斯达克资本市场。美国的纳斯达克资本市场对科技企业的融资发挥了巨大作用，投资者不只是看企业的利润或销售额，更注重企业的科技"故事"，看公司的创新性、成长性，让科学家、企业家、投资者风险和收益同享，资本助推科技创新穿越时空，把"未来"变成"已来"。这样的证券市场成就了大批科技企业。2018年11月5日，习近平总书记在上海亲自宣布在上海证券交易所设立科创板并试点注册制，经过一年多的实践，科创板顺利启动，注册制平稳落地，科创板被誉为"中国的纳斯达克"。我们相信，科创板将必定成就许许多多中国的科技企业，并助推这些企业成为中国乃至世界的领袖企业。

间接融资主要指银行，在银行中最受称道的是美国的硅谷银行，在硅谷诞生和成长起来的许多科技企业都受惠于硅谷银行的支持。硅谷银行通过"股权投资+债权融资+科创服务"的业务模式，积极与风险投资机构全方位合作，为科技企业量身定制各种金融产品，并为其提供多样化、综合化的增值服务，有效地弥补了科技企业和金融服务之间的信息不对称问题，缩小了科技型企业"高成长、高收益、高风险"特点与传统银行稳健经营规则之间的差距，较好地解决了科技企业在成长过程中的融资难问题。科技银行的成功设立与运作，有效地弥补了科技金融体系的结构性缺陷，完善了科技创新生态系统，建立起科技和经济结合的协调机制，有助于实现科技资源配置的优化，推动科技成果的转移转化及产业化，成为化解科技与经济"两张皮"的有效手段。

3. 科技保险

科技创新是一项充满不确定性的工作，是高风险与高收益的博弈。科技创新存在"大数定律"，其属性与保险业高度匹配。没有科技保险，企业投资者或私人投资者对科技创新的投资如临深渊，从而裹足不前，或惶惶不安，因此科技保险应运而生。

科技保险主要是指运用保险作为分散风险的手段，对科技企业或研发机构在研发、生产、销售、售后，以及其他经营管理活动中，因各类现实面临的风险而导致科技企业或研发机构的财产损失、利润损失或科研经费损失等，以及其对股东、雇员或第三者的财产或人身造成现实伤害而应承担的各种民事赔偿责任，由保险公司给予保险赔偿或给付保险金的保险保障方式。

随着社会发展及人们对保险认识的加深，科技保险的内涵和外延也在不断扩大，科技保险的产品库也在不断丰富。例如，对科技企业开办的贷款保证保险、出口信用保险、科技保险保单贷款增信业务等，甚至保险资金对科技企业的财务投资，以及对科技企业研、产、供、销全产业链的风险保障都可以划为科技保险的扩大范畴。

2006年，为落实《国家中长期科学和技术发展规划纲要（2006—2020）》，科技部与中国保险监督管理委员会联合下发了《关于加强和改善对高新技术企业保险服务有关问题的通知》，为科技保险发展准备了政策环境。同时，科技部、中国保险监督管理委员会与财政部、国家税务总局组织部分保险公司开展了多层次、多角度的试点探索。国家又出台了《财政部关于进一步支持出口信用保险为高新技术企业提供服务的通知》《关于进一步发挥信用保险作用支持高新技术企业发展有关问题的通知》《关于确定第一批科技保险创新试点城市的通知》等一系列文件。这些文件针对科技保险的试点和推广，提出了税收政策、财政资助等方面的优惠。相关保险公司也就投保、赔付、保费交付方式等环节进行研究设计。

2007年，北京、天津、重庆、深圳、武汉和苏州高新区6个市（区）被确定为首批科技保险创新试点城市（区）。2008年，上海、成都、沈阳、无锡及西安高新区、合肥高新区被批准为第二批科技保险创新试点城市（区），科技保险发展取得了突破性进展。为进一步推动科技保险发展，2010年中国保险监督管理委员会、科技部又联合出台了《关于进一步做好科技保险有关工作的通知》。2014年，中国人民银行、科技部、中国保险监督管理委员会等6部委联合出台了《关于大力推进体制机制创新 扎实做好科技金融服务的意见》。2015年，财政部、工业和信息化部、中国保险监督管理委员会联合出台了《关于开展首台（套）重大技术装备保险补偿机制试点工作的通知》。总体上看，科技保险的产品逐步丰富、承保范围逐步扩大、投保企业逐步增加，为科技领域开展自主创新提供了一定的风险保障。

可见，中国的科技创新、科技成果转化需要中国的科技保险，但在中国迄今尚未见到一家真正的科技保险公司。

（二）组建政产学研用科技创新联盟

由政府倡导，企业为主体，市场为导向，产、学、研、用相结合，组建联盟，是新型举国体制促进科技创新、推动科技成果转化行之有效的举措。中国科学院控股有限公司进行了有益的探索，组建了一批科技创新联盟，这些联盟明确由一家企业牵头，有关研究机构及与牵头企业不构成同业竞争关系的企业参与，联盟成员单位数量不等，最好在产业链上构成互补和上下游关系。牵头企业选择综合实力强、处于行业领先地位、对共性技术研发有强烈需求、自身具有较强研发基础和内生发展动力强劲的科技企业，联盟内成员单位与牵头企业具有合作基础，主要围绕企业提出的需求，协同开展技术创新活动和科技成果转化。

（三）双创服务平台建设

为创新创业提供服务平台，包括以下内容。

1. 行业智库

根据企业或投资需要，提供行业研究报告；及时收集世界创新活跃国家和地区的新技术、新产品、新商机；对投资对象包括项目、团队做商业情报分析，帮助投资者做出预估；组织行业会议，及时组织业内人士进行交流和讨论。

2. 共性技术平台和实验室

组建公共技术分析、技术检测平台，提供仪器校准、质量检验、样品分析服务；通过大院大所的实验室对外开放，提供大型科研仪器设备经营性公共服务。

3. 人才服务

为科技创新和科技成果转化的领军人才提供全面服务，包括：组织人才培训，针对不同人群组织有针对性的专业培训，必要时进行现场考察、学习、交流；提供3H服务，即HEALTH、HOME、HOUSE，为人才提供健康保障，为人才安家落户提供服务，包括家属就业、孩子就学等，提供租、售住房或住店服务，让人才聚精会神做创新、一心一意谋发展；组建专门的科技公关公司，提供文件打印、公司形象设计等服务。

（四）知识产权运营平台建设

国家在"十三五"期间做出了"加快建设全国知识产权运营交易和服务平台，建设知识产权强国"的重要工作部署，由国家知识产权局牵头，会同财政部共同发起国家知识产权运营公共服务平台试点项目，作为国家"1+N"知识产权运营体系的核心载体，将为专利转移转化、收购托管、交易流转、质押融资、专利导航等提供平台支撑，提高专利运用效益。

为此，在不同区域或部门，应当建立相应的知识产权运营公共服务平台。服务平台以充分实现知识产权的市场价值为指引，积极创新知识产权运营模式和服务产品；以释放知识产权大数据为基础，依托互联网整合知识产权信息资源、创新资源和服务资源，建立以知识产权为重要内容的创新驱动评价体系，逐渐健全知识产权服务诚信信息管理制度及信用评价制度；充分发挥重点产业知识产权运营基金作用，支持骨干企业、高校、科研院所协同创新、联合研发，强化创新成果转化运用，加强高技术含量知识产权转移转化。

我国知识产权潜力巨大，前景看好。同时，我们要克服当前仍然存在的一些问题，如重视专利的数量而忽略专利的质量、重视专利的申请而忽略专利的运营、重视专利对个人和机构的评价作用而忽略专利的实际开发利用、重视专利的单位利益而忽略与其他单位联合建立专利池的协同效用。

正如上文所述，科技成果转化的过程，就是科技企业发展的不同阶段。如果我们把5个不同阶段的科技企业比作5条鱼，比作从幼小的鱼苗成长为遨游大洋的巨鲸，那么，科技成果转化的生态体系就犹如鱼生长的水系。为了提升我国科技成果转化的效率、效益，我们必须修筑从知识海洋到资本海洋的运河，建设和完善科技成果转化的生态体系。

作者简介：

吴乐斌先生，中科院创业投资公司董事长、惠新基金管理公司董事长，中科院生物物理研究所研究员。曾任中科院科技促进经济委员会主任。长期从事科技管理、科技成果转化、科技企业经营和投资工作。著有《人类社会发展二动力论》《"R&D"与企业原动力：中外著名企业科技研发及案例剖析》等专著和论文。

加强知识产权保护 促进新经济发展

俞卫锋　王利民

"新经济"是当下及未来我国发展的重要引擎。"新经济"是发展的概念,不同时期新经济的内涵和外延都带有深刻的时代烙印。当前以创新型企业、知识占主导企业、高新技术企业为龙头的产业引领着我国新经济发展,科技创新是新经济发展的主要驱动力。相应地,科技创新则离不开知识产权保护,加强知识产权保护将促进新经济的发展。

一、发展新经济要求加强知识产权保护

2016年的《政府工作报告》提出"必须培育壮大新动能,加快发展新经济",首次明确提出了"新经济",对国家和企业的发展提出了新要求。2021年3月11日第十三届全国人民代表大会第四次会议通过了《中华人民共和国国民经济和社会发展第十四个五年规划和2035年远景目标纲要》(以下简称"'十四五'规划"),阐述了"坚持创新驱动发展 全面塑造发展新优势"的规划及目标。随着新经济逐渐成为我国规划发展的核心,为了打好科技创新这一"主战场"战役,需要更全面引导、更有效鼓励创新,其中做好知识产权保护是重中之重。

知识产权保护在引导和鼓励创新过程中扮演着至关重要的角色。自主创新往往需要大量的前期精力和资金投入,保护知识产权既能够调动创造者的积极性,又可以提升创新企业的发展信心,减少自主创新的前期焦虑和后顾之忧,鼓励更多个人和企业投入到创新产业中,从而推动创新驱动型经济的快速发展。习近平总书记强调关键核心技术是国之重器,必须切实提高我国关键核心技术创新能力,要求建立高效的知识产权综合管理体制,要实行严格的知识产权保护制度,明确"创新是引领发展的第一动力,保护知识产权就是保护创新","十四五"规划以专门章节描述

了健全知识产权保护运用体系，旨在以"知识产权保护"为创新驱动和新经济健康发展保驾护航。

伴随着新经济发展的深化，我国综合运用政策、法律、行政、司法、社会治理等多种手段集中强化知识产权保护。2019年11月，中共中央办公厅、国务院办公厅印发《关于强化知识产权保护的意见》。2020年党的十九届五中全会通过的《中共中央关于制定国民经济和社会发展第十四个五年规划和二〇三五年远景目标的建议》对加强知识产权保护工作提出明确要求。2020年4月，《最高人民法院关于全面加强知识产权司法保护的意见》公布。2019年国家知识产权局印发《关于知识产权行政执法案例指导工作的规定（试行）》，并于2020年12月发布第一批知识产权行政执法指导案例。2020年11月，中央政治局集体学习习近平总书记的重要文章《全面加强知识产权保护工作 激发创新活力推动构建新发展格局》。2021年3月3日，最高人民法院发布《最高人民法院关于审理侵害知识产权民事案件适用惩罚性赔偿的解释》。2021年3月5日，国家知识产权局公布了《推动知识产权高质量发展年度工作指引》。2021年3月11日，《第十三届全国人民代表大会第四次会议关于国民经济和社会发展第十四个五年规划和2035年远景目标纲要的决议》通过。

二、加强知识产权保护，推动资本市场发展

资本市场的改革在引导资金流向科技创新企业、带动资本投入新经济领域发挥了重大作用。加强知识产权保护，充分发挥资本市场在新经济领域的资源配置作用，能更好地刺激新技术、新行业、新经济的发展，为科技创新企业的成长注入催化剂。

（一）资本市场的发展逐步提升对新经济的支持

在推出创业板、科创板之前，我国资本市场长期侧重于传统产业和成熟企业，对于成长中的科技创新企业缺乏包容性。随着创业板的发展、科创板的设立，以及注册制的试行与推广，资本市场对创新企业的支持力度逐步加大，鼓励创新企业通过市场化融资加速成长。创业板、科创板的设立，为成长型企业、科技创新企业提供了融资渠道，推动了知识与资本的结合，体现了国家创新驱动发展的战略部署，让优质科技创新企业能够在境内资本市场做强、做大。

2009年10月，深圳证券交易所创业板开板，着力于成长型创新创业企业，支持传统产业与新技术、新产业、新业态、新模式深度融合，主要服务成长性高、科技含量高，以及新经济、新服务、新农业、新材料、新能源和新商业模式的"两高六新"企业。

2016年，中国证监会将设立战略新兴板作为重点工作任务之一，计划在上海证券交易所设立战略新兴板，定位于服务规模稍大、已经越过成长期，相对成熟的战略新兴企业，与主板、创业板错位发展。根据《国务院关于加快培育和发展战略性新兴产业的决定》，战略性新兴产业是以重大技术突破和重大发展需求为基础，对经济社会全局和长远发展具有重大引领带动作用，知识技术密集、物质资源消耗少、成长潜力大、综合效益好的产业，共包括新一代信息技术产业、高端装备制造产业、新材料产业、生物产业、新能源汽车产业、新能源产业、节能环保产业、数字创意产业、相关服务业九大领域。

2019年6月，上海证券交易所科创板开板，旨在面向世界科技前沿、面向经济主战场、面向国家重大需求，主要服务于符合国家战略、突破关键核心技术、市场认可度高的科技创新企业，优先支持符合国家战略、具备"科技创新能力突出、市场认可度高、拥有关键核心技术"等特点的企业。

（二）资本市场对知识产权保护提出了更高的要求

2020年3月，中国证监会发布了《科创属性评价指引（试行）》，引入了科创属性的量化评价标准，采用"常规指标+例外条款"的结构，包括研发投入、专利数量和营收情况3项常规指标，以及国家战略价值、国家级奖励、国家级重大专项等5项例外条款。只有符合科创属性的企业才能在科创板申报上市。相比之下，创业板覆盖的企业主体类型更多，更具有普适性，而科创板对于信息技术、高端装备等六大行业的硬科技企业上市标准更灵活。

基于科创板对企业科创属性提出的高要求，要求申报企业所拥有的知识产权应当体现其技术先进性和行业竞争力，能够有效维持企业的持续经营能力，相关问题中最受关注的是技术来源、技术归属、研发人员，以及技术的先进性问题，而技术归属的确认是保证企业稳步发展的关键基石。例如在《公开发行证券的公司信息披露内容与格式准则第41号——科创板公司招股说明书》中，明确要求发行人在招股说明书中对无形资产与产品或服务的联系、主要产品或服务的核心技术及技术来源、技术先进性及具体表征、核心技术是否取得专利或其他技术保护措施、无形资产是否存在瑕疵、纠纷和潜在纠纷及其是否对发行人持续经营存在重大不利影响，以及核心技术人员及研发团队情况进行披露。

结合科创板相关规定要求及上市审核实践，对于科创板申报企业的核心技术及相关知识产权进行核查，除了重点关注技术来源的合法性、技术的先进性、研发人员的稳定性，也十分关注知识产权保护措施的完备性，即企业是否制定完善的知识产权保护策略和方案、是否具备并有效执行防范泄密的内部制度等。

此外，由于企业的无形资产（特别是核心专利）对科技创新企业的生产经营及持续发展至关重要，根据审核要求，如果企业的主要产品、核心商标、专利、技术等涉及诉讼或仲裁，则需要在提出明确依据的基础上充分论证该诉讼、仲裁事项是否构成发行的法律障碍，并审慎发表意见。尽管注册制以信息披露为主，但拟申报或在审企业的技术或专利一旦涉诉，实际的"成本"和"损失"可能远超诉讼本身。在审企业除了需要详尽论证技术和专利是否涉及主要产品、核心技术是否构成侵权、败诉可能性，以及败诉对企业生产经营和财务的影响，鉴于诉讼结果及对企业潜在影响的不确定性，往往会被反复问询、被要求披露最新进展情况，审核进程直接受诉讼进展影响，例如，苏州敏芯微电子技术股份有限公司虽已成功注册，但因其曾被歌尔股份接连提起关于专利侵权、专利权属的诉讼，在首次上会公告发布后被取消审核。因此，不乏申报企业选择以和解的方式提前终结"不确定性"，主动降低上市时间成本，以退为进；更有甚者，因为知识产权诉讼导致彻底无缘 IPO，例如，安翰科技因专利诉讼周期较长，预计无法在审核时限内彻底解决，便主动撤回了上市申请。

（三）知识产权保护促进新经济企业在资本市场的发展

知识产权保护不仅是科技创新企业在资本市场融资审核过程中的要点，同时也是促进新经济企业利用资本市场跨越式发展的利剑。

因新经济企业往往具有发展周期短，在发展初期需要投入大量资金用以研发，在投入、产出、发展各阶段具有诸多不确定性，"核心资产"为无形资产和科技研发人员等特点，除了少数已处于成熟期的企业，绝大多数新经济企业的价值评估无法直接套用成本法、收益法等传统企业估值方式。但"难评估""尚无收益""亏损"等问题并未让投资人望而却步，而正是因为新经济企业具有难以预测的"可能性"，专业的机构投资者才愿意对新经济企业给出更高市盈率的估值，高市盈率代表市场对新经济企业报以更为乐观的态度，认可新经济企业未来将具备更可观的盈利能力及更快的增长速度。新经济企业的"可能性"来自其科技创新属性，以核心技术为价值中心。另外，核心技术和核心技术人员是企业发展并保持竞争力的关键，因此核心技术泄密、被侵权和核心技术人员流失是新经济企业面临的重要风险。对于技术，企业可将利用研发成果申请的专利以向社会公开的方式换取法律保护，还可通过采取保密措施将非专利技术以技术秘密形式进行保护；对于核心技术人员，企业可以采用激励机制等方式减少技术人员的流动性，并通过签署竞业限制协议的方式阻止技术人员离职后前往具有竞争性关系的企业就职，即便如此，仍不能排除核心技术人员流失对企业可能造成的不利影响。因此，加强知识产权保护，综合落实各项知识产权保护制度和措施，有利于新经济企业持续发展。

三、加强知识产权保护推动企业创新发展

在新经济环境下，加强知识产权保护，鼓励自主创新，增强知识产权意识，加强知识产权风险防范能力，对于企业的生存、发展乃至行业领域的发展至关重要。

（一）创新企业技术全生态的知识产权保护

在新经济社会，新产品的发明发现不再是小作坊式的活动，而是有组织的创造性活动。相应地，随着技术产业发展的不断深化与细化，知识产权保护和风险防范也不再局限于专利申请和打假，而发展成从前端的知识产权布局，中端的技术交易，到后端的技术处分，覆盖企业经营、产品生产、业务重组和人员管理等各个方面的全生态知识产权体系。

第一，在前端的技术研发中，企业需要进行知识产权布局。企业需要提前了解可被授予的知识产权种类与保护时间；根据研发项目的初始构想，及时挖掘与归纳该研发项目可能涉及的技术要点、创新点，判断自身技术的未来发展方向。同时，在一些新型技术领域，企业需要针对研发项目进行专利检索与市场调研，包括现有技术状况和主要竞争对手的知识产权布局。一方面，了解现有技术及其缺陷，从而确定研发的方向；另一方面，认识现有知识产权的布局，评估在现有知识产权布局中占有一席之地的可能性。

第二，在对研发团队进行人员管理时须评估和避免知识产权风险。在企业发展过程中，不可避免地需要在行业内引进专业的研发人员或研发团队，而这些研发人员往往曾经在行业内的其他单位提供服务，因而天然具有将属于曾经用人单位的知识产权用于本单位的风险。于是，为防范这样的风险，企业需要对引进的研发人员和研发团队展开背景调查，评估其开展研发活动导致侵犯前用人单位知识产权的风险，并采取适当的措施保证技术研发的安全性。

第三，在企业的贸易活动中须防范知识产权风险。在涉及知识产权的交易时，企业需要采取尽职调查、风险预警等措施，防止因在贸易活动中侵犯他人的知识产权，或因引进中的知识产权瑕疵而遭遇维权；同时也要防范在交易中，自身的技术秘密被泄露、知识产权被侵权的风险。同时，在新经济环境下，随着技术升级换代的加快，企业往往需要通过技术交易不断丰富管线或者实现优势互补，形成完整、可持续的产业链，扩大市场布局和维护企业的持续市场地位。在技术交易中，企业

需要考虑到自身知识产权和他人知识产权的使用范围、使用限制，评估第三方技术在法律保护、管理和兼容性上的风险，通过尽职调查、合同安排等手段防范技术交易中的知识产权侵权风险和稳定性风险，实现第三方技术和自身技术的有机结合。

第四，在技术生产中，企业还需要防止其研发技术遭泄露，影响其商业价值。对此，企业需要在管理上加强知识产权布局、防控保密信息的泄露和滥用，在法律措施上实施相应的保密安全措施，对生产线进行跟踪监督，与相关直接接触该研发技术的人员签订保密协议。

（二）创新企业生存和发展的保障

在新经济环境下，技术和信息与传统的土地、资源和资金一样，成为重要的生产要素。于是，对技术和信息的知识产权保护，成为创新企业生存和发展的根本保障。

一方面，知识产权激励研发投资。知识产权保护给予企业制度保障，授予技术成果一个强有力的排他性权利，保证了企业在研发投资中的动力，减少不确定性，为企业的研发与投资活动保驾护航。一个良性的保护制度能极大地激发企业的积极性和发展活力，营造公平有序的法制化营商环境，提高企业自身对研发投资活动的重视程度，增加企业对其研发和投资活动的信心。另一方面，知识产权帮助新兴技术企业脱颖而出。针对新兴技术企业，知识产权可以保护投资，规避风险。特别是新兴的小型企业，其市场知名度与市场推广能力无法与大企业抗衡，市场认可程度较低，然而，自主知识产权能给其带来突破大企业的市场占有率的可能性，也是其迅速发展的一条捷径。新兴技术企业可以通过获取强保护的技术，吸引投资，在市场竞争中迅速提高竞争力，从而争取到一席之地。

（三）忽视知识产权面临的企业危机

在新经济环境下，如果企业缺乏知识产权意识，忽视知识产权风险防范，可能给企业的生存发展带来困境乃至让企业陷入危机。

一方面，企业如果缺乏知识产权风险防范意识，不仅可能由于"无心"地利用了他人的现有技术，构成侵权，也可能导致巨大的研发投入打水漂。比如，企业如果不重视知识产权的风险排查，在研发活动中混入第三方技术，则可能导致产品整体侵权，线管项目极大可能将面临研发停止、产业链停摆的情况。此时对企业而言，巨大的研发投资难以得到回报，产品无法使用、出售，直接影响到企业的竞争力，是一个极大的危机，甚至可能最终被排除出市场。另一方面，企业如不注意保护自身的知识产权，不但会影响自身的经营，还可能会被其他企业"搭便车"，树立起无数低质、廉价的竞争对手，最终把自己击垮。如果企业对自己的研发成果缺乏有效保护，就会导致被他人"搭便车"。"搭便车"的企业因没有实际投入过研究成本，其可以利用低成本这一优势在市场上与原技术企业进行"价格战"，反而把创新企业逐出市场，这是与新经济时代鼓励创新的导向背道而驰的。

企业如此，一个行业也是如此。如当产业整体的知识产权意识薄弱时，则会对产业的发展造成影响。产业升级需要依靠产业内各企业的良性竞争，重视创新研发，尊重智力成果。当产业内整体知识产权意识都较为薄弱时，整个产业就会出现无序竞争的状态。当知识产权得不到保护时，产业对研发与创新的投入减少，积极性也降低，企业只能依靠缩减成本、降低产品价格的方式盈利，形成一种恶性循环。此时，产业内产品逐渐同质化，研发投入持续减少，产业的发展几乎停滞。

（四）创新企业的技术发展也会面临知识产权保护的挑战

目前，大数据技术、AI技术、生物技术等新兴行业的发展也要求知识产权制度突破现有的框架不断进化。第一，基因技术的发展给专利保护要求和保护范围提出新的问题，在专利法下对基因技术、生物技术的新颖性、创造性和实用性的评判，也随着技术发展和应用的革新而渐渐明确；第二，数据具有无形财产的特性，是海量数据的集合通过采集、整合、存储、关联分析后得出的极具价值的智力成果，而现行的知识产权制度框架并没有对数据保护做出规定，《中华人民共和国反不正当竞争法》和一系列司法案例渐渐形成了对数据保护的原则；第三，人工智能技术也给知识产权法律发展提出了一系列诸如保护主体、保护范围和保护要求方面的问题，亟待司法实践解决。可以预见，随着科技的不断发展、技术的不断革新，知识产权保护制度将会受到更多的挑战，也需要更多的变革。

作者简介：

俞卫锋先生，通力律师事务所创始合伙人，兼任中华全国律师协会常务理事、外事委员会主任，上海仲裁协会会长，曾任上海市律师协会会长。曾获"全国优秀律师""东方大律师""上海优秀律师"等称号，入选"上海市领军人才""全国千名涉外律师人才"。

王利民先生，通力律师事务所合伙人，主要从事证券发行、并购重组、投融资法律服务，多年来被国际法律机构评为中国领先律师。

二、产业发展篇

大力发展战略性新兴产业，加快关键核心技术创新应用，培育壮大产业发展新动能是加快发展现代产业体系、推动经济体系优化升级的关键。本期报告，我们邀请了众多新经济头部企业的企业家和行业研究机构的专家，聚焦新一代信息技术、新零售和供应链、数字智能、生物医药、新能源与碳中和、高端装备制造、集成电路等产业，分享他们的实践探索和深入思考，字里行间映现了他们的思想智慧和真知灼见。

新能源与碳中和

把握碳中和的关键　迎接未来发展挑战

曾毓群

当前，气候变化已经成为人类最为严重的威胁和挑战之一，碳中和成为全球共识。习近平总书记在 2020 年年底召开的气候雄心峰会上宣布了中国最新的 2030 年气候目标：二氧化碳排放力争于 2030 年前达到峰值，努力争取在 2060 年前实现碳中和。彰显了中国积极应对气候变化、走绿色低碳发展道路的坚定决心。碳达峰、碳中和目标为当前和今后一个时期乃至 21 世纪中叶的中国经济社会高质量发展提供了方向指引，将倒逼中国经济社会发展全面低碳转型，重塑未来我国生产方式和生活方式，标志着我国正在从人口红利迈向可持续发展的"零碳红利"。我国新能源产业迎来重大历史机遇，锂电池作为新能源产业的关键技术和未来能源互联网的枢纽单元，将为我国能源变革转型和绿色低碳发展贡献巨大力量。

一、实现碳中和的关键路径

与发达国家不同，我国碳中和目标的提出极具挑战性，时间紧、任务重，一边是节能减排的刚性任务，一边是经济发展的迫切要求。因此只有抓住降碳"牛鼻子"，才能实现历史任务和经济发展有机融合，快速走出一条适合中国国情的绿色发展之路。

（一）电力清洁化和交通电动化对碳中和意义重大

碳排放受到经济发展、产业结构、技术水平等多重因素共同影响，但归根结底需要抓住能源生产和能源消费两个主要矛盾，只有碳链条两端绿色转型协同推进，能源生产清洁化与能源消费电气化共同作用，才能最终打造清洁低碳、安全高效的现代能源体系。在我国，能源生产和能源消费的主阵地是发电和交通，在碳排放细分领域中，上述两个领域占比高达60%以上。在转型难度方面，电力和交通均是重要的民生保障工程，与人民群众的切身利益息息相关，是牵一发而动全身的重要改革。

电力是整个能源系统的支柱，在发电端减少化石能源，大幅提升可再生能源使用占比成为中国达成碳中和目标的先决条件，当前，我国陆上风能开发率不足5%，太阳能开发率不足1%，2020年风光发电占全部发电量的比重仅为9.5%。在碳中和目标下，2050年风光发电量占比需要提升至50%左右。能源生产方式的改变还将带来经济效益的提升，可再生能源低成本的优势可降低上网电价，推动全社会用电成本下降。交通领域每年消耗原油超过中国原油总消耗量的60%，占全国终端碳排放的15%，过去9年年均增速达到5%以上。以碳中和目标为牵引，将激发交通领域各个要素升级迭代，有望在2050年左右实现全面电动化。我国新能源汽车保有量世界第一，汽车产业规模大、产业链长、行业覆盖面广，加快新能源汽车等产业发展，有助于我国形成全球技术、制造和市场的新中心。

（二）锂电池对于实现"两化"具有重要支撑作用

电力领域和交通领域是强耦合关系，二者相互联系，也相互制约，由可再生能源发出的清洁之电帮助新能源汽车实现全生命周期零排放，而新能源汽车可为可再生能源发电打开消纳通道，成为分布式的清洁能源储充装置。电力储能贯穿电力领域和交通领域之间，可以起到促进、平衡、连接的作用。而在能源存储、转换的介质中，锂电池因性能优异、绿色环保、安全性强、性价比高等优势脱颖而出，已广泛用于能源、交通、工农业和居民消费领域。锂电池储能能够解决可再生能源发电波动性大的问题，减少弃风弃光，随着可再生能源的增加和火电的退役，储能等灵活性资源将成为保障电力系统安全稳定运行的刚需，2050年配套储能将达到400GW/1500GW·h。

我国是新能源产业发展的前沿国家，在锂电产业发展上起步较早，拥有较为完备的产业链。通过政府引导与企业不断创新，我国在锂电产业已经掌握了多项核心技术，过去十年间我国动力电池性能提高了2倍，成本下降了80%，整车续航里程提高了10倍，宁德时代动力电池使用量连续4年位居全球第一。从全球视角来看，随着锂电产业地位的日益凸显，欧美等发达国家正在全力追赶以求改变竞争格局。欧洲计划设立22个大型电池工厂，欧盟和各成员国将继续提供数十亿欧元的扶持资金。美国重返《巴黎协定》，电动汽车和可再生能源发展得到拜登政府的大力支持。锂电正成为世界范围内能源转型竞速的焦点。

二、锂电池行业贡献力量的三个着力点

2019年诺贝尔化学奖颁发给了锂电池，颁奖词称：锂离子电池的发明和应用，让人类实现无化石能源的社会成为可能。在碳达峰、碳中和的宏伟目标下，锂电产业将从3个方向推动能源结构低碳转型。

（一）以"新能源+储能"替代固定式化石能源

我国煤炭资源丰富，长期以来，以煤炭为主的固定式化石能源发电是我国的主要能源消费方式。电力领域如想实现碳目标，必须首先实现电源结构优化，"新能源+储能"是改变一"煤"独大格局的有效路径。

我国清洁能源资源丰富，但与主要用能地区逆向分布，因此清洁能源开发需要因地制宜，西部、北部可加快集中式太阳能发电基地、大型风电基地、大型水电基地建设，东部和中部有条件地开展屋顶光伏系统及分散式风电系统。

储能系统作为能源存储转换的关键支撑，是连接电力发、输、配、用的重要环节，可帮助解决可再生能源发电随机性、波动性大的问题，并为可再生能源大规模发展和并网提供有力支撑。大力发展储能，可以提高多元能源系统的安全性、灵活性和可调性，是构建能源互联网的核心。

（二）以动力电池替代移动式化石能源

交通运输行业是碳排放的重要源头之一，以动力电池为核心，替代了传统以石油为主的移动式化石能源，每年可减少城市的二氧化碳排放量达10亿吨以上。

目前我国乘用车和公共交通领域的新能源汽车发展已取得良好成绩，乘用车私人购买窗口已经打开，新增公交车中新能源车辆占比连续多年超过90%，保有量占比已超过一半。卡车及工程机械等领域的电动化处于快速起步阶段。未来5年，锂电池市场将迎来井喷期，快速进入TWh时代。

交通领域全面电动化还可为新能源发电打开重要的消纳通道。当电动汽车保有量达到1000万辆左右时，保守计算每日电动汽车和电网交互电量就可达到1亿度以上。动力电池在电网低谷期储存大量低成本电，成为分布式电源的重要载体。

（三）以"电动化+智能化"替代特殊场景的化石能源

纵观我国工业的发展史，可以清晰地看到3种创新模式，模仿创新、自主创新和集成创新。当前，以互联网、大数据、人工智能等为代表的现代信息技术日新月异，新一轮科技革命和产业变革高速推进，集成创新将发挥更大作用。

就新能源产业而言，垂直一体化的产业链日渐式微，取而代之的是电动化、信息化、网联化等多种势能的融合，并诞生了多样化的服务形态，也催生了全面电动化的新生态。

智能互联、智能交互、智能驾驶让汽车不再是简单的出行工具，而是成为了智能终端。换电模式重构新能源汽车的商业模式，为消费者提供了更多选择。电动船舶、电动智慧无人矿山等颠覆了传统高排放行业，赋予了行业新动能。

三、当前新能源产业发展面临的主要问题

碳达峰、碳中和目标的实现需要全社会各行各业共同参与，尽管我国新能源产业存在先发优势，但就目前实践来看，要正面迎接外部挑战，仍然存在3个方面的问题。

（一）顶层设计与市场监管问题

尽管"新能源+储能"已经成为行业发展趋势，但是储能的地位仍然不明确，电化学储能与国家及地方的能源发展规划、电力发展规划、可再生能源规划统筹协调不足，电网侧储能不得纳入输配电价，投资成本较难回收。储能难以作为市场主体提供多元服务，收益通道狭窄。强制新能源发电企业配置储能，但相匹配的政策和市场机制不明确，在一定程度上造成了低价竞争和劣币驱逐良币的现象。

新能源汽车发展十余年，与传统燃油车相比仍然是新鲜事物，任何新事物走向成熟都需要过程，正如智能手机应用初期，系统死机、软件闪退、屏幕失灵等问题频发，但通过应用试错和快速迭代，很快颠覆了功能手机。新能源汽车发展初期，同样需要包容审慎的监管环境，以免问题被过度放大，打击行业整体信心。

（二）产业生态支撑问题

新能源汽车大规模推广应用，需要完善和强化产业生态支撑。从电力供应方面

看，目前全国发电量足以支撑电动汽车大规模发展，但无序充电会对电网短期负荷造成冲击。加快智能电网升级改造，实现车网双向互动（V2G），推动新能源汽车成为分布式储能单元，这样不仅可以避免对电网的冲击，还可以为电网提供调峰调频等辅助服务。从充电设施方面看，公共桩分布不尽合理、缺乏有效商业模式、私人充电设施进小区难等问题仍有待进一步解决。

（三）市场竞争问题

从国际上看，英国、法国、荷兰等国家已经探讨在2035—2040年全面禁售燃油车。目前，全球排名前十的汽车企业相继发布电动化转型战略，"大象转身"的速度前所未有。我国新能源汽车、动力电池企业如何借助已有的技术、供应链和产业规模上的先发优势，尽快走出去抢占全球市场，是我国借助新能源赛道实现换道超车战略的关键。目前，我国新能源汽车和动力电池产业走出去，还有两方面的问题需要尽快解决，一是在国际市场竞争中缺乏经验，产业链未形成有效合力；二是国内外都将新能源汽车和锂电池作为危险品，运输管控严苛，效率低、成本高。

四、保障新能源产业快速健康发展的几点建议

未来5年是我国新能源产业发展和世界竞争格局形成的重要时期，也是碳中和目标实现的关键期。在这个节点，有必要全盘统筹、科学规划，充分协调政府、市场与企业间的关系，力出一孔，进一步赢得我国在新能源产业发展的全球竞争优势。

一是发挥举国新体制优势，加强顶层设计。明确远景方向和目标，释放中长期政策信号。在新能源汽车方面，根据实际情况制定禁燃时间表，有序做好能源、充电设施、产业链转型、员工转岗和标准法规等各个方面的准备，政府和企业协调配合、有序推动。在储能方面，将电化学储能作为国家新型基础设施，纳入"十四五"能源发展规划、电力发展规划、可再生能源规划，明确电化学储能的发展规模、设施布局、接入范围和建设时序。

二是落实国家规划目标，加大执行力度。集中优势资源，在产业转型升级、技术研发应用、资金保障方面给予支持。尤其是抓住政府主导性强、拉动效果大、减排力度明显的公共服务领域，包括公交、出租、环卫、重卡、物流等，尽早实现全

面电动化。将扶持措施从购置端转向使用端，如出台"交通电价"，降低新能源汽车保险费率，减免过路过桥费，提高使用环节经济性。在新能源汽车成为我国全部汽车产销主体之前，延续新能源汽车免征车辆购置税政策。建立储能参与电力市场调度、交易的市场机制和价格机制，让储能既要"有效"，也要"有利"，让投资主体有稳定的回报预期。

　　三是坚持审慎包容，营造良好发展环境。为技术创新营造良好氛围，适当引导媒体舆论，打造鼓励创新、允许试错、迭代升级的良好环境，鼓励企业在无人区勇敢探索，确保技术持续领先。技术创新也会催生很多商业模式的创新，应鼓励不同商业模式在市场中进行探索实践，给予创新者无差别的市场地位，激发市场主体热情。对新能源汽车研究制定全生命周期政策，构建后市场服务体系，完善新能源汽车产品准入、维修保养、安全年检、三包召回、报废回收等全生命周期管理。

　　四是瞄准长远竞争力，强化基础创新。基础科学是一个国家科技水平的体现，是解开技术问题的关键钥匙。材料创新是电池性能进步和突破的关键，不同的化学体系从根本上决定了电池在能量密度、循环寿命、耐温性等方面的基础性能，材料化学的研究水平是国际竞争的决定性因素。鼓励企业克服短期利益，深入进行基础科学研究，与高校科研机构等加强产学研联动，把基础研究的成果尽快产品化、商品化。

　　我国推动实现碳中和的目标是实现全面绿色转型和发展方式变革，它的影响是全方位、全过程的。转型过程可能是痛苦和艰难的，但从长远看，我们将创造未来的竞争优势。可以预见，碳中和目标实现之际，正是中华民族复兴之时，而以锂电池为代表的新能源行业也将在这个伟大的征程中贡献更大力量，实现更多价值。

作者简介：

曾毓群博士，宁德时代新能源科技股份有限公司董事长，亚洲固态离子协会理事，中科院物理所清洁能源中心学术委员会委员，世界知名锂离子电池专家。曾荣获国家科技进步二等奖，2020年因其对于全球锂电技术商业化应用的杰出成就荣获美国国家先进技术电池联盟终身成就奖。在其带领下宁德时代是全球出货量第一的动力电池企业。

"碳中和"机遇下我国新能源光伏产业发展

南存辉

面对资源紧张、环境污染、气候变化三大全球性难题,能源格局优化势在必行。国家首次提出的"碳中和"目标,是《巴黎协定》签订以来中国提出的最远期的减碳承诺,将带来中国能源领域的巨大变革,重构能源结构,是一次重大的历史性机遇。业界专家普遍认为,在"碳中和"目标引领之下,以光伏发电为代表的新能源产业将成为实现我国能源结构优化与"3060"碳目标的主力军,为中国经济社会更高质量发展注入新动能。

一、"碳中和"机遇下的世界格局和中国态度

当前,全球气候问题日益严峻,减排行动刻不容缓。在《巴黎协定》框架下,碳减排成为全球共识。据联合国环境规划署《2020 排放差距报告》估计,为实现《巴黎协定》的 2℃温控目标,到 2030 年前全球需要削减约 120 亿～150 亿吨二氧化碳排放,1.5℃温控目标则需要削减约 290 亿～320 亿吨二氧化碳排放,大致相当于目前 6 个最大排放体的总排放量,只有各国共同行动才有希望实现《巴黎协定》的减排目标。

自 2015 年《巴黎协定》签署以来,各国相继提出国家自主贡献承诺,但减排之路依然任重道远。据统计,全球至少有 30 个国家或地区设立了碳中和或净零排放目标,全球碳中和时代正在开启。在这些国家或地区中,不丹是目前全球唯一的零碳排放国家。英国、欧盟各国包括法国和德国、美国、日本、韩国、加拿大、南非等 22 个国家把实现碳中和的目标年份定在 2050 年。乌拉圭(2030 年)、芬兰(2035 年)、冰岛(2040 年)、奥地利(2040 年)、瑞典(2045 年)五国的碳中和目标年份定在 2030—2045 年,新加坡则承诺将在 21 世纪下半叶尽快实现净零排放。

美国也于 2021 年 2 月 19 日，正式重返《巴黎协定》，并做出相关承诺。

作为负责任、有担当的大国，中国加快碳中和进程同样迫在眉睫。2019 年，我国碳排放量达 98.26 亿吨，位列全球第一，自 2005 年以来一直是全球碳排放总量最高的国家。近年来，中国碳排放增速有所放缓，但较为庞大的人口基数使得我国碳排放的全球占比仍在持续提升，2019 年达 28.76%。

绿色，是中国经济高质量发展的底色。在 2020 年 9 月举行的联合国大会上，中国宣布"二氧化碳排放力争于 2030 年前达到峰值，努力争取 2060 年前实现碳中和"。在此背景下，中央和国家机关各部委加速推进碳减排相关规划、政策法规和制度体系建设。2020 年年底召开的中央经济工作会议，首次将做好碳达峰、碳中和作为 2021 年重点任务。2021 年政府工作报告明确指出，扎实做好碳达峰、碳中和各项工作，制定 2030 年前碳排放达峰行动方案，优化产业结构和能源结构，大力发展新能源，培育壮大节能环保产业。"十四五"规划纲要进一步明确，"锚定努力争取 2060 年前实现碳中和，采取更加有力的政策和措施。" 3 月 15 日召开的中央财经委员会第九次会议强调，我国力争 2030 年前实现碳达峰，2060 年前实现碳中和，是党中央经过深思熟虑做出的重大战略决策，事关中华民族的永续发展和人类命运共同体的构建。

在全球共识与中国顶层设计的驱动下，以光伏新能源为代表的可再生能源迎来巨大的历史机遇与市场空间。"3060" 碳目标将深刻改变以能源为核心的社会运行现状，产业结构面临大重构，将为光伏新能源产业加速发展打开新窗口。

二、我国新能源光伏产业的发展现状

（一）清洁能源的发展现状及趋势

发展清洁能源，是改善能源结构、保障能源安全、推进生态文明建设的重要任务。通过多年发展，清洁能源（新能源）已成为中国实体经济的重要支撑及产业亮点。一方面，加快发展以光伏等为代表的清洁能源，是保障国家能源战略安全的必然选择；另一方面，中国制造的清洁能源产品及系统解决方案"走出去"，可为"一带一路"沿线的国家和地区输出先进产能，提供持续健康发展新路径。

"十三五"时期以来，中国清洁能源消费占比稳步提升，消费结构清洁低碳转型逐步推进，可再生能源装机年均增长率约 12%，新增装机年度占比均超过 50%，总装机占比稳步提升，成为能源转型的重要组成部分和未来电力增量的主体。纵向观测中国能源结构发展的变迁,以太阳能发电等为主的光伏行业蓬勃发展,占比稳步提升,抢占了全球的制高点,成为产业市场及资本市场追捧的"风口"。

数据变化,擘画出光伏业的发展曲线。"十三五"期间,我国太阳能发电装机规模保持稳定增长。2017年,我国光伏发电新增装机容量为53.06GW,创历史新高,累计装机1.3亿kW,提前实现了"十三五"光伏装机指导性目标;2018年开始,我国光伏产业开始由高速发展向高质量发展转变。2020年,尽管遭遇新冠肺炎疫情等外部因素冲击,我国光伏行业逆流而上,保持并延续了多项世界第一,应用市场实现恢复性增长,光伏新增装机达48.2GW,连续8年位居全球首位,累计装机量连续6年位居全球首位。

随着光伏规模的不断扩大及度电成本的快速下降,光伏现已成为我国新增电源装机的主力军。截至2020年年底,我国光伏发电已在总体规模上超过风电,成为第三大电源。

(二)"碳中和"机遇下新能源光伏产业的优势

总体来看,"十三五"时期以来,我国积极推进能源结构优化,能源供给能力和质量大幅提升。然而,对照"3060"碳目标,我国能源转型依旧任重道远。当前,我国单位GDP二氧化碳排放强度比世界平均水平高约30%,单位GDP能耗为世界平均水平的1.5倍,是发达国家的2~3倍,建立绿色低碳的经济体系的任务还很艰巨。在碳减排成为共同目标的时代背景之下,作为更安全、更环保、更便宜和更方便的光伏新能源,凭借技术、成本、产业、市场等多方面优势,有望在未来能源格局和"碳中和"目标实现中发挥更大的价值。

从技术与成本等维度来看,过去十余年中国光伏新能源行业的高速发展堪称中国式奇迹。随着产业规模不断扩大、技术迭代升级不断加快、智能制造迅速推广,十多年来,光伏发电成本下降了90%以上,2020年平均上网电价已降至0.35元/kW·h,2021年有望全部实现平价上网,不再需要补贴,预计"十四五"期间平均上网电价将降至0.26元/kW·h以下,届时光伏发电成本将低于绝大部分煤电。如进一步考虑生态环境成本,光伏发电的优势将更加明显。

从产业端来看,成为全球领跑者的中国光伏新能源产业,也在积极推动中国经济转型升级。得益于国家相关主管部门的大力支持、鼓励引导,我国光伏发电产业链体系日渐完善,设备制造、系统应用领域发展成绩斐然,现已建立了从上游高纯晶硅生产、中游高效太阳能电池片生产,到终端光伏电站建设与运营的垂直一体化体系,形成了完整地拥有自主知识产权的光伏新能源产业链。据统计,2019年,我国多晶硅、硅片、电池片和组件的产能在全球占比分别达到69.0%、93.7%、77.7%和69.2%，分别增长了7.4个百分点、2.9个百分点、4.0个百分点和0.9个百分点，产能和产量高居世界第一。

从全球市场来看，中国的光伏新能源产业已经具备国际竞争优势，拥有"走出去"的巨大市场空间。从产品输出、产能布局、EPC开发、电站投建到并购整合、标准合作、数字化运维等，中国光伏龙头企业已深度融入全球新能源产业链，展现出全球性的竞争力。以正泰为例，作为我国光伏新能源领域的领军企业之一，已在全球累计投资建设光伏电站超6GW，拥有目前中国户用光伏市场的最大份额。在碳中和目标的驱动下，将进一步催化能源供给更加清洁、能源消费更趋绿色、资源配置更靠市场、对外合作更加开放4个方面的积极变化，光伏新能源国际合作空间广阔。

对中国而言，基于"3060"碳目标加速光伏新能源产业变革，具有趋势性及重要意义：其一，通过能源结构的优化调整，有助于中国提升能源独立性；其二，发展光伏新能源有助于向经济转型注入新动能，创造就业机会，引领社会生产生活方式的低碳改变；其三，发展光伏新能源有助于加强国际合作，进一步推动全球化发展。

三、"十四五"期间我国光伏新能源产业发展的趋势、展望和建议

中国向世界展示实现"3060"碳目标的决心，是中国实体经济高质量发展的内生性需要，也是向全世界的庄重承诺。目前，全国各省市自治区、能源央企均积极响应并发布了一揽子碳达峰、碳中和相关规划，为这场全球性的"碳中和"竞赛注入动力。无论是从市场维度还是政策等维度看，光伏行业都是"碳达峰、碳中和"目标的最大受益者之一。据相关机构预测，"十四五"期间我国光伏市场将迎来市场化建设高峰，预计国内年均光伏装机新增规模在70～90GW，进一步加速我国能源转型。在"3060"碳目标的驱动下，新能源产业迎来重大机遇期，若政策、市场等同频发力、聚集合力，将大大加速新能源产业的发展步伐，成为拉动我国经济高质量发展的强力引擎，在世界新能源版图中取得领先位置。

（一）新能源光伏产业的发展趋势

1. 强者恒强，行业集中度继续提升

"十四五"期间，光伏产业的集中度将进一步提升，主要体现在两个方面：一

方面，加速淘汰落后产能，加速行业洗牌，老旧产能将被加速淘汰。大企业更易获得银行的信贷支持，实现更低的融资成本，且品牌企业在后期定价方面具有更高的溢价空间，产品竞争力更强，同时，头部企业的贸易渠道拓展和资源调配的能力都远胜于中小企业；另一方面，头部企业的加速扩张进一步推动产业集中度的提升。

2. 优势凸显，建设成本将进一步下降

光伏电站度电成本下降，在考虑目前燃煤脱硫标杆电价水平不变、未来部分省份（区域）弃光好转、光伏发电利用小时数有所提高等边界条件下，绝大部分省份（区域）可实现发电侧平价上网，光伏发电的竞争优势进一步强化。

3. 科技迭代，技术进步超预期发展

异质结（HJT）电池、TOPCon 电池等高效电池技术的扩产化步伐稳步推进。PERC 电池技术仍将是电池市场的主导，但 TOPCon 电池产量将出现较大幅度增长。TOPCon 的优势在于与现有 PERC 产线兼容度高、改造及运营成本较低，HJT 的优势则在于工艺简单、电池量产效率较高，但 HJT 需要更换所有设备，投资成本较高，不过随着国产设备逐步成熟，HJT 设备成本正在逐步下降。半片和 9BB 技术由于提效明显，良率也已成熟，市场占比将会快速提升。叠瓦受限于技术成熟度，长期可靠性也待验证，因此增长趋缓，目前光伏发电即将脱离对补贴的依赖，由于光伏平价目标压力巨大，迫使光伏制造企业加速降低光伏度电成本，新技术的应用步伐不断加快，甚至将呈现超预期的发展态势。

4. 出口提速，海外市场打开新空间

从海外市场装机看，新增装机超过 GW 的市场逐年增加，2019 年 GW 级市场已达 17 个，2021 年预计全球有 19 个 GW 级市场。新晋市场包括复苏的欧洲国家如西班牙，以及新兴市场如越南、乌克兰、阿联酋、中国台湾等。相应地，组件出口占比趋于均匀，不依赖个别组件出口市场，全球市场空间被打开。

（二）新能源光伏产业存在的问题及建议

在"3060"碳目标的引领下，光伏新能源产业将在我国未来能源格局中发挥更大价值。以清洁低碳、安全高效为宗旨的能源战略，必须要有更高的顶层设计、更

远的战略考量、更细的分解方案来保障落地。

1. 加强顶层设计，开展试点示范建设

建议推行"碳预算"工作，试点"碳排放总量"控制指标。在国家层面开展"碳预算"顶层设计与相关立法工作，结合各地经济发展、人口趋势等实际情况，推行区域及重点能耗单位"碳预算"体系。鼓励有条件的地区或重点行业开展碳达峰、碳中和试点示范建设，实施能源零碳化、交通电气化、居民生活电气化。通过试点示范，检验现行产业政策完善性，测试民生支出和财政补贴压力，建立碳中和指标体系，验证技术及装备的经济可行性等。

2. 优化扶持政策，稳定行业发展预期

从 2021 年起光伏即将实现无补贴平价上网，为保障相关政策的持续性，建议适当延长这一政策，帮助光伏产业降低税费负担，实现平稳过渡。建议将可再生能源保障性收购政策执行情况和可再生能源电力消纳责任纳入对地方政府、电网公司的考核范围。落实可再生能源发电补贴政策，给企业以稳定的信心和资金保障。鼓励新能源龙头企业参与标准制定，扶持优秀项目和产品。完善财政和税收优惠政策，对分布式光伏等可再生能源发电、燃气分布式热电冷联供、各类热泵与余热利用、蓄冷蓄热系统等较传统能源增加投资的部分给予资金补贴。进一步扩大实施峰谷电价政策的地域范围，加大峰谷分时电价差异，制定针对蓄冷、蓄热技术的工程项目运行的优惠电价政策，以提升业主及投资方采用储电、蓄冷、蓄热等技术的积极性，推动相关技术持续进步。对投资者的能源收入进行税费减免，更好地激发市场活力。进一步鼓励龙头企业"走出去"，参与全球竞争。

3. 重视储能发展，深化体制机制创新

随着"3060"碳目标的提出，我国新能源将迎来新一轮爆发式增长，如何满足大规模新能源接入、消纳是一道必答题。业界及新能源产业链企业，均已关注到了储能产业发展的重要性。储能不仅包括储电，还包括蓄冷、蓄热，下一步，希望将储能纳入国家能源发展"十四五"规划，加强储能发展规划与电源、电网和清洁能源发展规划衔接，鼓励应用蓄热技术，解耦热电联供，提高热电厂运行效率和灵活性；将储能设施纳入新型基础设施建设，利用电价优惠政策，在区域能源与大型公共建筑项目中，推广蓄冷、蓄热技术，以减少发电、输电、变电、配电设备的装机

容量，节省投资，提高效率。推动储能应用与装备制造业协同发展，培育一批具有国际竞争力的市场主体。建立储能价格形成机制，鼓励储能参与电力现货和辅助服务市场。

4. 清障堵点，厘清光伏电站产权

社会资本投资的分布式光伏电站，是光伏行业的重要组成部分。但现实中，因依附于租用的厂房/建筑物存续，面临着征迁补偿标准不明晰而遭受经济损失的困境，导致投资者和市场存在担忧。另外，我国分布式光伏电站目前还没有统一的产权证明文件，导致光伏企业在分布式光伏电站的开发过程中面临诸多问题。建议制定全国统一的分布式光伏电站产权制度，完善征迁补偿条例等法律法规的相关解释，认可光伏电站项目是拥有独立产权的经营性资产，在征迁补偿安置方案中补全关于光伏电站征迁的补偿标准、支付路径等具体规定，以便征迁单位依规落地执行。

整体来看，"3060"碳目标对我国经济社会低碳化、绿色发展提出了更高要求，但当前的光伏新能源产业发展仍面临不小的挑战，政策支撑也需要充分依据我国能源资源的禀赋特点，将着力点放在增加清洁能源供应、优化能源布局与促进清洁能源消费等方面。头部企业是行业发展的生力军和砥柱，更应抓住机遇顺势而为，牵引带动产业链上下游一起为构建以新能源为主体的新型电力系统而努力，将"碳中和"这一宏大愿景转化为倒逼经济高质量发展的动力，大力推进新技术、新业态创新，构建绿色低碳循环发展的经济体系的新机遇，努力在企业自身减碳及推动"碳中和"进程中发挥积极作用。

作者简介：

南存辉先生，全国政协常委、全国工商联副主席、正泰集团股份有限公司董事长。曾被授予"优秀中国特色社会主义事业建设者""2002CCTV 中国经济年度人物""第十一届中国十大杰出青年""首届中国优秀民营企业家""2015 中国能源年度人物"等荣誉。2018 年 12 月，获中共中央、国务院授予的"改革先锋"称号。

大力推进新能源汽车产业发展
加快实现交通领域碳中和

赵冬昶

2020年9月中国在联合国大会上郑重宣布,二氧化碳排放力争于2030年前达到峰值,努力争取2060年前实现碳中和,此后,又连续6次在重大国际场合就碳达峰、碳中和的"双碳目标"阐述观点。实现碳中和已成为中国的战略性目标,既是参与全球气候变化治理的需要,也是应对"碳中和"对全球贸易规则重塑的需要。2060年前实现碳中和的愿景,不仅展现了中国在全球气候治理领域发挥领导作用的决心,也将为中国在瞬息万变的全球背景下实现经济增长和普惠繁荣奠定基础。

作为全球第一大温室气体排放国,我国碳减排、碳中和目标的实现需要各个行业的共同努力。交通领域二氧化碳排放量占全国二氧化碳总排放量的近9%。汽车作为我国国民经济支柱性产业,汽车产销量已连续12年位居全球首位。随着我国汽车产量、销量和保有量的快速增长,近年来汽车行业碳排放总量增幅较大,其排放总量占我国碳排放总量的7.5%左右,且有进一步增长的趋势。有效控制汽车行业碳排放总量,对我国尽早达到碳排放峰值,最终实现碳中和目标尤为重要。

一、新能源汽车产业发展对实现碳中和的重大意义

新能源汽车是重要战略新兴产业,发展新能源汽车是我国从汽车大国迈向汽车强国的必由之路,是应对气候变化、推动绿色发展的战略举措。近年来,我国通过强化战略引领、支持技术创新、扩大政府投资、加大推广应用、建设基础设施及加强统筹协调等一揽子政策措施,促进新能源汽车产业加快成长,不断释放低碳减排潜力。目前,新能源汽车产业发展已取得巨大成就,成为引领交通领域绿色低碳转型的重要力量之一。

二、产业发展篇

一是新能源汽车具有明确的碳减排优势。新能源汽车通过电能部分或全部替代化石燃料燃烧产生动力，在使用阶段产生的碳排放量低于传统燃油车，即使考虑到上游能源开采与运输、电力生产等环节，新能源汽车的碳排放量仍低于传统燃油车。据中汽中心测算，虽然纯电动汽车制造阶段的碳排放量比传统汽油车高，但其使用阶段的碳排放量却比传统汽油车低，综合来看全生命周期（燃料周期+车辆周期）纯电动车型单车碳排放量约比同类汽油车降低 26%，碳减排效果具有明显优势。

清华大学环境研究团队开展了相关研究，考虑了资源开采、运输和电力输配等阶段能耗和二氧化碳排放情况，研究结果显示，电动汽车的全生命周期能耗为 1123～1592 kJ/km，温室气体排放当量二氧化碳为 131～162 g/km。意味着，相对汽油车路线，电动汽车路线的节能减排优势明显，节能 35%以上，减排 20%左右；而采用整体煤气化联合循环发电和碳捕捉及封存技术组合的先进供电技术供电驱动电动汽车，与汽油车路线相比，温室气体减排可达 80%，能耗降低达 40%。

二是新能源汽车产业步入持续快速增长期。据中国汽车工业协会统计，2020 年我国新能源汽车产销分别完成 136.6 万辆和 136.7 万辆，同比分别增长 7.5%和 10.9%，全球市场占比达 42%，产业规模连续 6 年居世界首位。从销量来看，新能源汽车占汽车总销量的比例由 2016 年的 1.8%提升至 2020 年的 5.4%；从保有量来看，据公安部数据统计，截至 2020 年年底，全国汽车保有量达 2.81 亿辆，其中新能源汽车保有量为 492 万辆，占整体汽车保有量的比例由 2016 年的 0.56%提升至 2020 年的 1.75%。新能源汽车增量连续 3 年超过 100 万辆，呈持续高速增长趋势。

按照相关规划目标提升新能源汽车市场比例可推动汽车碳排放量峰值降低约 1400 万～2100 万吨，确保汽车行业在 2030 年前实现碳达峰，未来 10 年共可实现减少碳排放量达 1.5 亿～2.2 亿吨。推广新能源汽车对推动交通行业 2030 年前提前达峰、尽早实现碳中和具有重要意义。

三是持续完善整车绿色电能应用场景是实现碳中和的关键。当今世界的能源生产和消费结构已形成煤炭、石油、天然气和新能源"四分天下"的格局。其中，新能源是指太阳能、风能、氢能、核能、生物质能等在新技术的基础上开发利用的可再生清洁能源。据 BP 世界能源统计，2019 年，全球火力发电量（包括燃煤、燃油和燃气等发电）占总发电量的 63%，并呈现被新能源逐步替代的趋势。近 10 年来，全球能源技术变革显著加快，光伏发电、风力发电等成本大幅下降，加速推动了能源系统绿色转型。

我国的电力能源结构中，火力发电一直占绝对主导地位，但近年来，我国可再生能源发电已取得了长足进步。以 2020 年为例，当年水电装机容量为 37016 万 kW，增长 3.4%；核电装机容量 4989 万 kW，增长 2.4%；并网风电装机容量 28153 万 kW，增长 34.6%；并网太阳能发电装机容量 25343 万 kW，增长 24.1%。随着新能源技术的快速发展和互联网+、人工智能、新材料等技术的不断进步，新能源产业逐渐进入黄金发展期。持续推进太阳能、风能、水能、核能、氢能等是促进新能源发展、加快电网绿色转型、为新能源汽车提供绿色电能，以及交通领域实现碳中和的关键。

二、碳中和对新能源汽车产业发展的新要求

一是加快新能源汽车推广普及，构建完善的生态体系。实现交通领域碳中和，特别是在碳排放达峰后进入快速下降通道并最终接近零排放，将面临巨大困难。交通领域碳中和不仅需要在乘用车领域尽早实现全面电动化，还要在重型货车、城际客车等电动化"深水区"持续发力。

我国新能源汽车产业目前处于迈向高质量发展阶段，各类产品技术水平均明显提升，新能源汽车产业链也在逐步完善，但在充电基础设施配套、电网承载力匹配、动力电池储能、报废电池处理等新能源汽车关联产业支撑方面还存在一些薄弱环节。汽车全面电动化需要完善的新能源汽车产业生态支撑，这一问题是系统性问题，需要各方面融合发展，提早规划布局。

二是促进汽车供应链低碳化转型，降低制造阶段碳排放量。目前，电动化已成为全球汽车市场的发展趋势，汽车生命周期碳排放来源也从传统燃油汽车的使用阶段为主，逐步变成纯电动汽车的生产阶段和使用阶段各占 50%。以 M1 类车型为例比较不同燃料类型车辆的碳排放量，在原材料及整车生产阶段，汽油车车辆周期单车碳排放为 40.5 克二氧化碳当量/km，纯电动车型为 69.5 克二氧化碳当量/km。加快新能源汽车供应链低碳转型至关重要，尤其是加快对动力蓄电池的研究。欧盟已于 2020 年 12 月 10 日提出了新的电池立法提案《欧洲电池与废电池法规》，对进入欧洲市场的电池碳足迹提出了一系列强制性要求，并将于 2024 年起分阶段实施。加快汽车供应链低碳化转型是降低汽车产品碳强度的关键，节能增效、加大生物材料/回收材料比例、加快推进煤—天然气—电—可再生能源等能源替代是主要实施路径。

三是推动电力清洁化，扩大纯电动汽车使用阶段减排效果。我国已于 2020 年 11 月发布了《新能源汽车产业发展规划（2021—2035 年）》，提出"到 2025 年，纯电动乘用车新车平均电耗降至 12.0 千瓦时/百千米，新能源汽车新车销售量达到汽

车新车销售总量的20%左右"的发展目标。中国汽车工程学会发布的《节能与新能源汽车技术路线图2.0》，指出到2035年，节能汽车与新能源汽车年销售量占比有望达到50%，汽车产业实现电动化转型。随着我国电动汽车销量和保有量的快速增长，以及未来汽车全面电动化的现实要求，新能源汽车对电力清洁化的要求凸显。据中汽中心测算，如果中国电力低碳化进程按照既定规划持续改善，在新能源汽车于2050年实现全面电动化的情况下，届时中国汽车行业仍将有超过3.8亿吨左右的年碳排放量，这些碳排放量主要是新能源汽车所消耗的电力在上游生产环节所排放的。

经过10多年的努力，我国电力行业的低碳发展已经取得了很大的进步，2020年我国火力发电占比降至68.5%，单位供电碳排放从2005年的900克二氧化碳当量/kW·h下降到目前的600克二氧化碳当量/kW·h（下降约30%）。电力作为工业能源的基础，只有加快推进我国能源结构从以煤炭发电为主向以清洁低碳能源为主的跨越式发展，才能确保纯电动实现碳中和路径的可行性。当然，汽车行业也应看到，电力清洁化需要克服成本、低碳、安全三座大山才能实现清洁化，这必然是一个艰难的过程，交通领域及汽车行业的碳中和路径也必须考虑到这个现实情况。

三、下一步新能源汽车产业发展的思考与建议

为全面推动交通领域尤其是汽车行业提前实现碳达峰，须坚持重点领域率先突破，把发展新能源汽车产业摆在突出位置，同步推进汽车智能制造、绿色制造水平提升，支持节能低碳技术创新，促进与交通、能源系统融合，助推低碳发展，从而全面推动汽车行业提前实现碳达峰。

一是加强新能源汽车产业监管和制度建设。围绕构建新发展格局，更好地统筹产业升级和绿色发展，深化供给侧结构性改革，充分发挥标准法规基础引领作用，加大财税支持力度，健全行业管理机制，进一步完善产业发展环境。加强事中事后监管，夯实地方主体责任。完善道路机动车辆生产管理相关法规，建立健全僵尸企业退出机制，加强企业准入条件，保持情况监督检查，促进优胜劣汰。完善企业平均燃料消耗量与新能源汽车积分并行管理办法，研究汽车领域碳排放权交易机制。

二是全方位促进新能源汽车消费。优化市场供给，引导汽车企业生产销售符合市场需求的新能源汽车产品。释放消费潜力，破除消费壁垒，鼓励限购地区放宽节能与新能源汽车号牌配额总量限制，加快由购买管理向使用管理转变。促进老旧、高能耗汽车淘汰更新为节能汽车与新能源汽车，开展新能源汽车下乡活动，加快新

能源汽车在公务用车、城市公交、出租汽车（含网约车）、城市物流配送、环卫、邮政快递、场地用车等公共服务领域的应用，优化城市与农村、私人与公共服务领域的新能源汽车使用环境。加快充电基础设施建设，依托"互联网+"智慧能源，提升智能化水平，积极推广智能有序慢充为主、应急快充为辅的居民区充电服务模式，加快形成适度超前、快充为主、慢充为辅的高速公路和城乡公共充电网络，鼓励开展换电模式应用。

三是提升新能源汽车技术与创新能力。强化整车集成技术创新，研发新一代模块化高性能整车平台，攻关纯电动汽车底盘一体化设计、多能源动力系统集成技术，突破整车智能能量管理控制、轻量化、低摩阻等汽车共性节能技术，攻关混合动力、高效内燃机、先进变速器、先进电子电器、空气动力学优化、尾气处理装置等传统燃油汽车节能关键技术，提升电池管理、充电连接、结构设计等新能源汽车安全技术水平，提高整车综合性能。推进高排放、高能耗生产工艺装备进行绿色化改造，开展汽车整车工艺、关键总成和零部件等先进制造装备的集成创新和工程应用。

四是推动新能源汽车相关领域融合低碳发展。构建智能绿色物流运输体系，推动新能源汽车在城市配送、港口作业等领域的应用，为新能源货车通行提供便利。构建"人—车—路—云"多层数据融合与计算处理平台，助力交通治理能力提升，提高交通通行效率。推进车用能源清洁多元发展，促进低碳车用能源替代高碳车用能源、可再生能源替代化石能源，鼓励天然气、生物质等资源丰富的地区发展替代燃料汽车。鼓励地方开展新能源汽车与电网（V2G）示范应用，实现新能源汽车与电网能量高效互动，助力降低电力供给侧碳排放。统筹新能源汽车能源利用与风力发电、光伏发电协同调度，提升可再生能源应用比例。鼓励"光储充放"（分布式光伏发电—储能系统—充放电）多功能综合一体站建设，提高汽车生产制造企业可再生能源的使用比例。

作者简介：

赵冬昶博士，中国汽车技术研究中心有限公司首席专家，中汽数据有限公司副总工程师，中国汽车工程学会青年工作委员会主任委员。主要工作领域为节能与新能源汽车产业发展与政策研究，所主持的研究成果获中国汽车工业科技进步奖二等奖。

促进新经济动能下的新能源锂离子电池产业链发展

陈 卫

新经济即符合人类社会发展最新阶段所需的经济,在当前全球气候变暖的大背景下,从化石燃料、石油工业等传统经济动能向新能源等绿色经济动能的转换势必会引起新的能源变革,而能源变革历来是全球竞争格局重塑的契机。因此,引领全球新能源产业的发展方向,在促进我国经济转型的同时,亦将为我国在当前多元化发展的全球地缘战略格局中争得更多的主动权和话语权。

一、我国新能源电池产业发展进入新阶段

(一)数字经济的本质

我国能源结构不断沿着可持续、可循环的方向优化,2020年国内清洁能源消费比重同比增加了 1.1%,其中清洁电力是新能源的主力军。清洁电力是一种二次能源,其相关产业主要由锂离子电池与风电、光伏等结合组成。其中,锂离子电池作为可充放电电池,具备能量密度高、循环寿命长、充放电性能好、使用电压高、无记忆效应、污染小、安全性高及成本可控等优点,能够将风力、水力、光伏等电力生产端与手机、汽车、5G 基站等电能消费端有效连接起来,实现能源的重复可循环利用,从而构成完整的新能源生态,成为新经济动能下新能源产业的重要篇章。

(二)锂离子电池产业链健康发展对新能源产业发展至关重要

支撑我国成为全球最大锂离子电池及相关材料生产地的重要原因之一是我国已经初步形成了完整的锂离子电池产业链,包括矿产资源、电池材料、锂电设备、电芯制造、终端应用等多个产业环节。但我国锂离子电池产业链在保持向上发展态势的同时,在规模效益、研发创新及工艺技术上还存在诸多需要改进的地方。因此,

我国应从新能源产业体系构建的角度出发，着力解决或完善决定锂离子电池产业发展的各个产业链要素，推进新能源锂离子电池产业持续、快速、健康发展。

二、新能源锂离子电池产业链发展现状

（一）新能源锂离子电池产业链的主要组成部分

锂离子电池产业链主要由上游矿产和原料、中游自动化设备和电池材料、下游电芯和电池制造以及终端应用组成。

在上游矿产和原料环节，锂离子电池正极材料的原材料包括锂、钴、镍、锰等金属化合物材料，负极材料的原材料包括天然石墨矿、石油焦、油系针状焦、煤系针状焦、沥青等，隔膜的主要原材料为PE、PP粉和浆料，电解液的主要原材料为六氟磷酸锂等。上述"四大材料"——正极材料、负极材料、隔膜及电解液占锂电池总成本的比例分别为18%、7%、4%和10%，合计占锂电池总成本的39%。

在中游自动化设备和电池材料环节，主要包括前段极片制作、中段电芯制作和后段检测组装设备。各阶段的核心设备有涂布设备、卷绕或叠片设备、注液和化成分容检测设备，占锂离子电池总体设备价值量的比例分别为30%、20%、20%。

在下游电芯和电池制造环节，其主要工艺流程包括正极铝箔涂覆、负极铜箔涂覆、极片模切、冷压和分条、正负极及隔膜卷绕或叠片、热压和电阻检测、包聚酯薄膜、装壳、注液、化成分容和包装。

锂离子电池在终端应用环节包括消费电子、新能源汽车、储能电池等主要应用领域，以及无人机、5G基站、电动船舶、电动工具、小动力电池等新兴应用领域。

（二）新能源锂离子电池产业链发展现状

（1）我国锂离子电池终端应用领域市场前景广阔。近年来，我国消费电子、新能源汽车、储能电池、无人机、5G基站等锂电池终端应用市场呈现爆发式增长，国内庞大的市场需求为产业链上下游企业提供了良好的竞争机遇。截至2020年，我国在新能源汽车和消费电子领域均是全球最大的单一市场。据中国汽车工业协会统计，在新能源汽车领域，我国动力电池2020年装机容量达到63.6GW·h，占全球装机容量（137GW·h）的46%；在无人机及5G基站领域，我国凭借大疆、华为等领头企业的商业化应用，实现了在全球范围内的领先优势。

（2）我国在锂离子电池"四大材料"领域已经具备较强的全球供应力和竞争力。

首先在量上，我国占据极大优势，根据高工锂电统计，2019年，对于"四大材料"，我国的出货量占全球出货量的比例均已超过55%，特别是在负极材料和电解液领域，我国负极材料及电解液产量分别占全球总产量的85%和90%。其次，国产化率不断提高，国内正极材料的国产化率超过92%，国内负极材料、隔膜、电解液的国产化率超过98%。另外，规模效益和国产化推动了锂电材料的降本增效，例如，在隔膜领域，我国企业生产成本较国外隔膜企业成本低50%～80%，全球竞争优势明显，市场份额显著提升。除了应用于软包电池的铝塑包装膜产品仍由日本企业垄断，我国企业已基本实现了锂电材料各主要环节的自给自足，技术上被境外企业垄断的情形大幅减少。凭借上述优势，我国在锂电材料领域形成了完整的生产链条，具备大规模生产能力，为国内电池企业提供了强有力的上游保障。

（3）在电池材料制作、电芯制造环节的自动化设备领域中，我国在绝大多数设备环节已经形成国产化替代。据高工锂电调研数据显示，我国前端核心设备涂布机的国产化率达到了80%，中端核心设备卷绕机国产化率超过90%，后端核心设备化成分容检测设备已经基本完成国产化替代。由于国产设备在自动化、一体化、精细化、性价比等方面均有极大提高，因此部分设备如涂布设备、叠片设备在实现国产化后，又迅速实现了对日韩企业同类产品的赶超。目前我国仅在少数领域，如隔膜基膜生产设备上与进口设备仍存在较大差距。凭借设备国产化率、性价比、技术水平和生产效率的快速提升，我国电池企业的投资成本和生产成本大幅下降，进一步强化了我国电池下游产品在全球市场的综合竞争力。

（4）我国在电芯及电池制造领域后来者居上。最早推出锂电池的国家是日本，其技术实力雄厚，产业自动化程度高；韩国企业技术水平略低于日本，但凭借其特有的大财团优势、供应链的全球化布局，以及稳定的渠道，已经实现了对日本企业的赶超；在政府的大力支持下，我国锂离子电池企业主动把握近几年动力电池市场的东风，在关键环节已经形成具备全球竞争力的技术积累，我国一跃成为全球最大动力电池生产国。根据韩国SNEResearch发布的数据，2020年全球动力电池前五大厂商宁德时代、LG、松下、三星SDI、比亚迪的全球市场占有率已超过78%，中国、日本、韩国企业市场占有率分别为32%、18%和28%。欧美电池企业暂未出现在全球第一梯队，但欧洲本土新兴电池厂商如Northvolt等获得了欧洲国家政策及传统车企的大力扶持，发展势头良好；特斯拉及大众等车企也在加紧动力电池的技术积累和产能建设。欧美企业可能凭借其在汽车工业和化工工业上的雄厚技术积累和较强的创新研发能力缩小与中日韩企业的差距。但总体而言，全球锂离子电池领域目前呈现中日韩"三足鼎立"的竞争格局，而我国新能源锂离子电池产业链在关键环节的技术积累、规模效益、正向协同，将进一步助力我国锂离子电池的发展。

（三）新能源锂离子电池产业链存在的不足

（1）我国在部分重要终端应用领域的开发能力不足。在新能源汽车方面，我国自主品牌尚缺乏真正意义上能够引领新能源动力市场的"现象级"车型，特斯拉 Model3 是 2020 年全球销量第一的车型，其销量是第二名五菱宏光 MINIEV 的 3 倍。在储能电池领域，当前锂离子电池的成本下行，已经大幅提高了储能电池的部署空间，潮汐、风力、光伏等配套的储能项目数量渐长，但目前各个储能项目的技术按照其应用场景自行发展，暂无统一的基本安全标准和技术准入门槛，因此难以形成技术积累。另外，储能电池参与电网调峰的定价机制尚不明晰，造成其在电力生产端的辅助功能无法得到完全发挥。

（2）我国在上游原材料的资源控制、制造能力方面存在短板。据美国地质调查局统计，锂离子电池正极材料中镍、钴、锂等矿产资源主要集中在澳洲、加拿大、刚果（金）、印尼等地区，中国钴资源储量仅占全球总储量的 1.14%，且大多不具备开采价值，镍资源和锂资源在我国境内也同样较为匮乏，因此，国内原材料企业不具有对重要资源的定价话语权，难以应对矿产等行业的周期震荡，其供应能力在市场需求日益增长的情形下略显单薄。此外，我国的工艺技术和国际顶尖水平相比仍有一定的差距，高端负极材料的原材料针状焦、炭黑导电剂、隔膜基膜原材料 PE、铝塑包装膜、PVDF 和 SBR 部分胶水及黏结剂，以及部分高精密生产设备如基膜设备、高端喷涂设备主要依赖国外进口，国产化替代尚未完全实现。

（3）我国锂离子电池回收利用水平较低，在环境方面可能会存在隐患。我国新能源汽车的快速发展直接激发了锂离子电池的存量猛增，随着电池容量逐渐衰减，根据中国汽车研究中心预计，到 2025 年锂离子电池累计退役数量将会超过 78 万吨。回收是减少废旧锂离子电池环境污染最有效的途径，然而，我国电池型号、技术路线的繁杂加大了锂离子电池回收的难度，另外，由此导致的回收网点分散、回收体验较差等现象也打击了新能源汽车车主将汽车送往回收网点的积极性，因此，进入电池回收体系的数量远低于预期。

三、促进我国新能源锂离子电池产业链健康发展

（一）持续完善产业政策

在锂离子电池竞争日趋激烈且备受各国政府关注的态势下，产业政策对锂离子电池产业链的引导与推动作用越发显现。欧洲各国相关产业政策不断加码，包括限

制性政策如确定的燃油车禁售时间、严苛的碳排放规定，以及鼓励性政策如新能源汽车享受税收优惠、道路优先权等。曾一度放弃新能源电池产业的美国在近期也释放了支持恢复发展可再生能源尤其是电动汽车的信号。

《"十三五"国家战略性新兴产业发展规划》提出的"建设具有全球竞争力的动力电池产业链"指引并见证了过去 5 年我国锂离子电池产业链的成长，但随着锂离子电池产业快速发展至下一阶段，我国推行的产业政策应沿着四个方向持续完善：一是立足国家长期利益，把握宏观调控力度，保持对锂离子电池市场及技术新方向、新思路的前瞻性；二是全面考虑产业政策对产业发展的正负影响，既要积极鼓励锂离子电池发展的探索者，也要严厉限制绿色新经济新动能的套利者；三是加强产业政策的可操作性，执行有效的碳交易与碳奖励措施，对锂离子电池产业新技术予以专项经费支持；四是提升锂离子电池与新能源领域内其他产业之间的交互性，引领建立相关产业如储能电池的技术标准体系，开展充电桩"新基建"以解决锂离子电池充放电忧虑。

（二）加速市场化进程

在产业政策强有力的支持下，我国锂离子电池产业链应加速市场化进程。首先，通过市场经济对资源的配置，洗练出真正具备技术实力、商业精神的企业，进一步推动技术、生产、经营新一轮的升级，从而形成产业链的正向循环，使得消费者成为最终受益群体。其次，方便、安全、成本低廉、易获取的市场需求应在锂离子电池产业链上下游得到有效的上传下导，如提高能量密度以减轻携带负荷可从硅碳负极、氧化亚硅复合石墨负极入手，高破膜温度隔膜涂覆能降低热失控风险，高镍正极的应用将使锂离子电池成本更低。最后，国内企业不应囿于我国市场，应克服短期趋利性，提高在全球范围内的竞争能力。

（三）掌握核心技术和资源

我国锂离子电池产业链企业应注重布局具备自主知识产权的新技术。在负极材料环节，研发表面改性技术实现快充性能，布局氧化亚硅复合石墨、硅碳负极等以提高能量密度，整合原材料、造粒、石墨化加工、碳化加工形成负极材料工艺制造一体化产业体系降本增效，推动产业持续快速发展；在隔膜环节，抓住基膜生产、涂覆加工自动化工艺设备、涂覆材料与涂覆加工一体化的技术主流走向，逐步提高 PVDF 等黏结剂的国产化率，降低生产成本，提高隔膜品质和电池的安全性；在锂电设备环节，利用信息化技术构建锂电设备的物联信息系统，实现锂电设备自动化、智能化，在高效卷绕叠片装配等关键锂电设备上取得关键性突破，满足在液态或半固态电池技术应用趋势下的长续航和高首效技术性需求。

鉴于锂、钴等自然资源在新能源产业中的重要性，从以下两个方面掌控自然资源对我国整个锂电产业具有重大战略意义：一是在资源开采前端，抢先取得全球自然资源的矿藏控制权、定价话语权，保障锂离子电池产业链的源头供应。二是在资源使用终端，鼓励锂离子电池的梯次利用，增强消费者的回收意识，促进电池制造商与回收利用企业之间的合作，落实回收责任，做好锂离子电池产业链的最后一环，既避免了资源浪费，又真正实现了新动能激发新经济。

（四）发挥龙头企业产业带动作用

龙头企业是产业集群中最具经营活力的商业主体，如何更好地发挥龙头企业的产业带动作用是产业转型升级、新旧动能转换的关键点。

锂离子电池产业链中游自动化设备和电池材料龙头企业应进一步协调生产资源、市场资源，将多个彼此相关的独立经济个体整合在一起，实现产业链各环节的技术、信息与知识的共享，减少资源匹配错位的可能性，持续推动锂离子电池技术提升和成本下行，使下游产品在全球范围内更具竞争优势。

锂离子电池产业链下游电芯和电池制造龙头企业应加强与上游供应商在锂离子电池技术研发、场景应用上的合作，及时向上游传递消费终端需求变化的信号，实现全产业链企业降本增效，打造我国锂离子电池产业链完美闭环，成为产业升级过程中的先行者，为"绿色新经济"努力奉献。

作者简介：

陈卫先生，上海璞泰来新能源科技股份有限公司创始人、董事、总经理，国家电动汽车标准协会理事，新能源科技有限公司（ATL）创始人之一，曾任北大先行副董事长。在锂离子电池领域拥有丰富的技术经验，发明了多项锂离子电池及材料相关专利。

产业链　供应链　新零售

实体零售行业数字化转型的实践与思考

汪林朋

一、当前实体零售行业数字化转型的实践

随着数字经济时代的到来，新的零售主体、零售方式正在逐渐改变我们的生活方式、催生新的竞争赛道，蔓延全球的疫情更加速了这些变化的发生。面对这样一个范式大变革，这样一场商业升维的新竞争格局，所有的实体零售企业都必须思考，如何基于信息化基础设施、互联网基础设施、物流基础设施，重构人、货、场，并抓住新一轮高速发展契机，无论是从价值链重构、消费升级，还是供应链提效来看，零售的数字化转型都势在必行。

（一）启动转型的必要性

第一，零售价值链的变化，传统零售企业"渠道为王、终端制胜"的核心价值遭遇挑战。随着主力消费人群的互联网原生属性逐步加强，零售价值链呈现3个变化趋势：电商平台依靠海量丰富的商品库和精准的个性化推荐，品牌直营零售占比在提升；社交网络和基于信任关系的自零售模式使"个人渠道"成为可能；生活方式的娱乐化、碎片化催生出基于优质内容的"粉丝经济"。分布式仓储、干支线物流和最后一千米服务能力的提升极大拓展了交付半径，工厂—渠道（终端）—用户的线性价值链，正在被新型网状价值链替代。

第二，全渠道零售成为行业主流，上游品牌商、制造企业纷纷开始"实体+线上+自营移动端"全渠道建设。"以消费者为中心"的经营理念，倒逼生产型企业走向零售前台，通过精准的用户洞察力优化经营定位、商品规划、渠道和终端布局、服务流程和物流效率，单一实体渠道的数据丰富性已经不能满足需求。

第三，数据生产力成为企业发展新动能，数据驱动型组织的业务策略、组织形

态、管理模式正在加速重构，从而带来商业模式、业务范围和竞争逻辑的颠覆式变革。零售的数字化转型，归根结底就是打造"数据+算力+算法"的新商业核心竞争力。

（二）已有转型的实践

几年前，曾有媒体这样形容实体零售业发展现状与趋势："舞榭歌台，风流总被雨打风吹去。"然而现实情况下，传统零售业者并不会坐以待"衰"，许多以技术创新、数据驱动见长的零售企业，主动拥抱变化、自我变革，给出了诸多数字化转型的成功实践。

（1）重构房产交易行业——贝壳。传统二手房交易中的买卖偶然性、资源封闭性矛盾被有效转化成一张互通的关系网，房源、客户、服务者（经纪人）之间被赋予了新型的协同服务关系。VR带看全程记录、业主可见、客户根据口碑选择高水平经纪人、全网推荐快速成交、交易资金全链路监管等创新服务都源于数字化支撑的产业互联网深度改造，源于一支1500人的产品技术团队对用户需求、房屋尺寸、配套数据、分发渠道等关键数据的深度洞察。2020年第四季度贝壳移动端月活用户数达到4818万人次，收集了2.4亿套房屋数据和超过900万套VR模型，在"一切转化为数据"的基础上开发了丰富的应用场景，推动了整个产业链资源配置方式、收益分配方式的优化。

（2）生鲜快消数字零售平台——多点Dmall。自2015年4月成立以来，多点已经从生鲜快消行业的数字化转型探路者转变为成功的实践者。因为脱胎于实体零售，如何发挥线下门店的区位和连接优势，兼顾到店和到家场景，构建助力B、服务C的"自营+平台"模式，是多点持续创新的价值主线。在消费者端，"自助购"、30分钟配送到家、智能购物车，冷链产品"一码溯源"等数字技术带来了更安心、更便捷的购物新体验；在行业端，通过自主研发的数字零售操作系统，Dmall OS打造了"共享底层系统"和自运营前台系统，为商超零售企业提供了低成本数字化接入方案。

（3）零售新物种——盒马鲜生。不止实体零售在加速自下而上的数字化转型，传统中心化电商平台同样也在思考"空地一体化"的新型零售。得益于阿里巴巴的互联网基因，盒马鲜生运用大数据、物联网、智能补货技术，将传统门店零售拓展至3千米半径的全场景零售，打造了"App+超市+餐饮+物流"的零售新物种，同时深度挖掘用户行为及体验数据，针对性优化数字营销策略和物流体系，有效增加了用户黏性、复购率。在App端35%的超高转化率和月均4.5次复购率的共同作用下，盒马一线城市门店坪效约 5.6 万，远高于同行业平均水平（1.5 万）。

（三）当前转型存在的不足

第一，核心决策层认知偏差，高层管理人员没有感受到转型的必要性和迫切性，对数字化转型的理解不深入，更多地停留在转型只是对 IT 系统和零售技术的升级阶段，缺乏整体规划，实施路径也不够清晰。

第二，行业关注点绝大部分集中在前台数字化，即数字化渠道、数字化终端和数字化营销，但中后台的数字化，包括供应链的数字化、用户资产的数字化、组织能力的数字化，长期滞后于前台业务。很多企业将数字化转型等同于经营线上店铺，以及开通微信、微博账号等网络渠道的建设，本质上还是传统零售思维。

第三，数字化技术及解决方案供给不足。零售数字化转型方案复杂、成本较高，市场缺乏有能力承担集战略咨询、架构设计、实施运营等关键任务于一体的集成服务商。多数通用型解决方案，无法满足企业、行业的个性化、一体化需求，加之战略咨询、软件、大数据等各类服务商良莠不齐，缺乏行业标准，选择难度较大。

第四，零售业的数字化转型基础是数据的获取、分析及应用，目前产业链上下游涉及消费者、产品、流通、服务等各个环节的数据，能否在合规合法、安全的前提下进行有效的应用，尚待各方努力，包括政府的政策优化。

二、推进实体零售行业数字化转型的思考

（一）顶层设计：清晰的目标和整体规划

数字化转型的两个目标必须非常明确，这是衡量一切策略与方法是否有效的两个基本原则：第一是帮助企业提高经营效率、提高投资回报；第二是提升用户体验的满意度。数字化转型是一项长期的、系统化的工程，是企业整体架构、商业模式、运营体系的全面转型，在清晰的目标指引下做好总体设计、整体规划是数字化转型的基础，将有效地避免在转型过程中走弯路。

（二）基础设施：IT 信息技术到 DT 数字技术的升级

相较于 IT 时代，数字化对于信息和数据处理有 3 个显著的特点：①传统链式节点变网状结构，多方数据共享交互；②利用新技术，将信息化忽略掉的断点数据

连接补齐；③利用 AI、BI、大数据、区块链等技术，将所有数据进行综合分析与利用，实现从可视化到可洞察、策略化，再到智能化的应用升级。以平台卖场型零售渠道的招商系统为例，传统零售系统偏重解决商户的资质管理、资金结算和落位优化问题，但如果脱离了转化效率、服务水平、交付质量等用户端系统，很难综合反映商家经营的健康水平与竞争水平，也无法构建符合消费者需求的供给侧招养退机制。所以，传统利用一套集成系统解决所有问题的时代已经过去，在"一切业务数据化"的基础上，基于微服务架构的解耦设计成为主流，每个业务系统要可以随时"应需而变"，进行敏捷迭代，且带有丰富接口，确保实时高效的内外部交互，最终实现所有数据在线，实时地反映企业运营情况，预见危机和风险，洞察问题和机会。

（三）横纵布局：纵向线性能力深耕，横向中台化连接

脱离上游数字化柔性供应链的快速反应机制、下游高弹性仓储物流配送系统，单独思考零售这一中间环节，很有可能会事倍功半。如何统一顾客视角，把高度横向分化的业务链整合成"以用户为中心"的纵向价值链条，打造端到端的用户服务体系，是数字化零售时代重要的业务和能力重构。

以家装家居产业为例，作为家庭消费中链条最长、环节最多、最复杂的消费场景，从设计到施工，从材料采购到家具零售，从物流配送到居家服务，涉及多种经营业态和服务节点，一方面要纵向构建 6 个垂直赛道，即所见即所得的设计平台、过程可控的施工管理平台、集成调度的材料采购平台、软硬一体的智慧生活平台、送装配全链路智慧物流平台和后家装到家服务平台；另一方面围绕消费者全链路需求，基于 one ID、one DATA 构建业务中台和数据中台，横向打破业务单元的壁垒，把分散的孤岛数据转变成全链路数据资产，确保各垂直赛道是一个有机的整体。2018 年以来，居然之家和天猫、阿里云共建中台系统，对商品中心、用户中心、营销中心、结算中心等核心模块进行了全局优化，前台统一了面向消费者价值链的业务架构，后台提升了模块化能力的复用性和易用性。

（四）回归本质：线上线下一体化，"人货场"重构

抛开数字化理论，今天的零售、消费场景正在发生巨大的变化，例如，过去，在装修房子时，搜索引擎、传统媒体等是人们主要的信息来源和决策依据，而今天的年轻人可能更加习惯这样的场景：首先在内容种草平台发现了有共鸣的家居空间

和生活方式，链接到背后有 IP 属性的设计师或达人，利用手机的工具软件自行测量房屋结构；其次由设计师交付所见即所得的设计方案，不用担心增项费用或效果图与交付实物的差距，施工管理全程透明可视化；最后在社交渠道分享自己的家装作品，这些内容进而链接到下一个潜在同类用户。在这样的变化下需要重新定义用户的识别、商品的组织、人货见面场景等这些零售基本要素。

对于人，如果传统零售以货为核心，数字化零售最大的变化是必须以消费者为核心，以用户需求为驱动。这不是简单的如何获取流量、转化流量的问题，不论是争夺公域流量获取新客户，还是搭建私域流量挖掘用户长期价值，洞察消费者都是重中之重。通过数字化工具、渠道和符合人群特征的见面方式，与消费者建立连接，并沉淀为用户资产，通过不断的行为分析、标签化管理完善用户画像，从而深入洞察消费需求与消费趋势，为企业业绩增长、可持续发展提供精准的策略支撑。

对于货，传统零售的核心竞争力是后端控货、控场及完整供应链的整体效率，在数字零售时代必须坚持和拓展。在商品主数据、陈列布局、进销存、仓储物流数字化的基础上，向前延伸至趋势预测、新品研发、品销策略，向后延伸至交付体验、口碑复购，实现全生命周期的商品数字化管理，全链路打通从工厂/供应商到消费者的完整闭环。在通信技术和互联网基础设施完善之前，沃尔玛为了实现商品的实时在线管理发射了自己的商业卫星，全球 1 万多家门店可在 1 小时之内完成对每种商品的库存、上架、销售量的盘点，与供应商实时交换销售、运输和补货信息，可以说沃尔玛能成为全球连锁零售龙头企业，强大的商品组织管理能力功不可没。在数字化时代，随着无处不在的销售场景、实体和在线渠道的多样性、智能制造技术的不断升级，货的运营又呈现以下趋势：一是新需求，打破原有的商品功能和体验性限制，"商品+服务+内容"多维度影响消费决策，个性化服务、灵活交付、文化和价值认同、社交体验和分享参与感都成为重要的决策因子；二是新生产模式，C2B 反向定制催生出灵活高效的供给链体系，消费方式逆向牵引研发模式和生产模式；三是新体验，传感器、物联网和虚拟现实技术带来了全新的、虚实结合的消费新体验，人货交互方式的升级引发了更加广泛的零售模式升级。

对于场，今天零售场的外延被极大地扩展，所有和消费者有触点的空间、终端、页面、产品都可以被定义为场，场景时代已经到来，"场景触发式购物"也已经成为常态，在交易主导权回归用户的数字零售时代，把所有生活场景升级为零售场景成为可能。第一，无缝衔接的场景。走出门店经营的桎梏，通过 App、小程序、移动设备、服务终端、线下门店、智能货柜、到家服务等多种渠道构建跨场景、跨平台的无缝体验模式。家居行业虽然由于线下重体验的属性，门店仍然是今天最重要的场景，但技术进步、消费需求的变化倒逼着全场景服务在不断加速。第二，丰富的场景形态。新冠肺炎疫情期间社群营销、社区团购、视频导购、直播带货这些新场景越来越成为零售行业的标配，门店导购能否迅速切换卖货场景，发现实体零售与线上用户的"超级触点"，完成拉新、转化、留存和裂变，成为衡量数字零售能力的新标准。第三，差异化场景策略。以服务半径为例，传统电商平台做的是全国生意，同城零售则聚焦以城市为单位的线上线下一体化，而本地生活侧重于以人为中心3千米范围内的即时需求，不同的零售行业必须构建与自身行业属性、消费者需求、物流交付基础能力适配的销售场景。在这个问题上，居然之家坚定地选择同城站场景战略，一方面，家装家居用户对于体验、交付的需求强烈依赖本地门店和服务；另一方面，以区域代理和经销为主的分销体系决定了销售主体，只有同城零售模式才能实现消费者和本地货品的精准匹配，聚焦本地消费和提升购物体验，进而全面推进家居实体零售的数字化转型。

（五）组织保障：数字化转型始于技术创新，成于组织变革

数字化平台和系统工具可以帮助零售企业在技术上实现数字化转型，但真正能让企业数字化转型成功的是组织变革。企业要做数字化转型不是"随大流"，而是市场格局、竞争形势和消费需求触发的内生式变革，并愿意为之承受可能需要面对的转型阵痛。唯有核心决策层、管理者真正认可并且相信数字化，才有可能将人、财、物等资源配置到数字化转型的关键所需之中。以平台、系统、技术为手段，思维转变、组织保障才会带来流程效率的优化和部门的创新协同，真正打造以用户为中心、以效率为导向的新型数字化零售企业。

作者简介：

汪林朋先生，居然之家集团董事长、党委书记，APEC中国工商理事会副理事长、中国国际商会副会长、北京湖北企业商会会长。多次获得中国家居行业"最具影响力人物"称号和中国家居产业"十大风云人物"称号，2019年被《中国企业家》杂志评为"中国最具影响力企业领袖"，并荣获"中国品牌70年70人"等称号。

零售业数字化转型的实践探索与发展趋势

张 威　林 梦　路红艳

自19世纪中期以来，以信息技术为代表的现代科学技术在零售领域的运用，对零售业的创新与变革产生了革命性的影响。从百货商店的崛起，到统一管理和规范化运作的连锁百货商店的蓬勃发展，再到以信息化管理支撑的连锁超市的发展，无不伴随着新技术的应用。当前，新一轮科技革命和产业变革加速演进，推动数字经济蓬勃发展。零售业作为数字经济中最活跃的领域，正在经历以融合创新和数字化转型为特征的变革，不仅引发了新的零售模式、零售业态、零售基础设施的不断出现和发展，而且促进了居民消费的全面升级，成为经济高质量发展的新动能。

一、零售业数字化转型的内容及特征

（一）零售业数字化转型的内容

零售业数字化转型是指实体零售企业和网络零售企业深度运用互联网、云计算、物联网、大数据、人工智能、区块链等数字化技术，通过构建数字化商业设施、线上线下融合创新网络和智慧供应链体系，对传统管理模式、业务模式、商业模式、组织模式进行创新和重塑，提供满足消费者需求的消费场景和服务，实现行业转型、创新和发展的过程。零售业数字化转型的内容主要包括5个方面：一是商品数字化，主要通过对商品制定编码规则并录入系统、采用电子价签等，实现商品线上线下价格、促销等统一管理；二是营销数字化，利用App、小程序、微信群、直播、短视频等新媒体增加消费者触点，并通过对会员信息和消费交易数据进行收集和分析，优化商品组合，为消费者提供个性化产品和服务，实现精准营销；三是场景智慧化，运用 AR、VR、AI 等技术，通过配置智能摄像头、智能导购系统、虚拟试衣镜、智能试衣间、智能支付、智能停车等智能硬件和互动系统，增强消费者体验；四是供应链数字化，运用大数据、人工智能、区块链等技术，实现销售预测、库存补货、仓储管理、物流配送、最后一千米快递员送货拣货、反向定制等整个供应链全链条的智能化运营；五是管理智能化，通过整合统一门户、统一接口和统一认证等方式，建设统一的综合管理平台，集成客流分析系统、智能云 POS 系统、商户管理系统、会员管理系统、供应链管理系统、安全和应急系统等智慧化应用系统，实现数据共享、功能协同和有效集成，提升商业管理智能化水平。

（二）零售业数字化转型的特征

在数字经济时代，数字技术正在改变零售领域消费者与企业、企业与上下游供应商和合作伙伴、企业内部管理者与员工的互动方式，使零售业数字化转型呈现出四大特征。

（1）融合创新。在消费升级的趋势下，消费方式的多元化正在推动零售业与互联网、信息技术的加速融合，融合创新成为零售业数字化转型的主要特征，包括全渠道融合、技术融合、服务融合等。其中，全渠道融合主要是利用新技术和新模式，通过对不同消费群体的深入洞察，构建适应消费需求的新商业模式和消费场景，强化无缝化精准服务的消费体验；技术融合主要是通过应用大数据、云计算、物联网、区块链、人工智能、虚拟现实等新技术，推动商业模式创新，打造线上线下场景融合，构建高效的供应链体系等，实现数字化转型；服务融合主要是以消费者为中心，运用数字化技术，将商业环境极大地融入娱乐的主题、艺术的主题、人文的主题等，将商业嫁接更多跨界的元素，给予消费者人性化的关怀，丰富多元化的体验，形成新的商业空间和氛围。

（2）数据赋能。在数字经济时代，数据资源具有增长无界、绿色环保、复制共享便捷等诸多优势，是企业重要的资产。在零售业数字化转型的过程中，通过运用数字化技术、各种触点工具和智能匹配工具，可以帮助企业建立与用户的深度链接，实现全流程和全链路的数据采集和建模挖掘，并利用商品大数据、消费大数据等为消费者画像，进行精准的预测、分析，实现精准引流，提供精准服务。

（3）平台支撑。数字化平台是零售业数字化转型的重要载体，包括全方位洞察消费者需求的顾客触点平台、连通上下游供应商及消费者的供应链协同平台、企业决策所需的数据自服务平台等。这些平台通过整合链接内外部资源，能够推动零售企业原有的"业务单一、系统独立、数据难共享"模式向"集约化的数字化设施、互联互通的数据资源体系、高效协同的供应链支撑体系"模式转变。数字化平台有利于促进零售业数字化转型过程中的数据流动，打破企业内外部系统的"数据孤岛"，形成数据价值增值。

（4）智能协同。智能化、协同化是零售业数字化的显著特征，包括零售过程中人与人、人与物、物与物等之间的企业内外部资源的互联和智能协同。其中，企业内部资源的智能协同，强调零售数字化的相关软硬件信息系统、平台、技术等的高度融合和交互使用，以及零售业务全过程、全流程、全环节的协同。企业外部资源的智能协同，强调零售企业与上游生产企业、供应商等相关资源的协同，以及借助互联网企业的数字技术、数字平台，建立协作化的数字化商业生态，通过合作伙伴提供的专业技术和服务实现数字化转型。

二、我国零售企业数字化转型的实践探索

（一）以消费者为中心推动营销数字化转型

目前，在以消费者为中心的经营理念推动下，我国大多数零售企业已积极开展了商品、会员和营销的数字化转型实践探索，主要表现为通过建立会员体系，利用线上电商平台、App、微信小程序、直播等实现商品精准推送和销售，并为实体门店引流，打破消费的时空界限，促进消费者全场景消费。例如，百联集团针对其旗下的百联股份、世纪联华、第一医药、第一食品等独立上市的子公司中各自分散的会员体系，建立了 i 百联的会员账户体系——百联通，统一了旗下各大企业的线下会员，并完成了 i 百联线上与线下的全面连接，打通了积分的通存通兑。i 百联通过会员的消费记录和积分情况，可以对消费者的消费行为进行分析，精准描绘消费者的画像，根据不同会员的消费习惯和偏好，每周精选上百款优质产品进行精准推送，贴合了消费者的需求，优化了服务质量。

（二）以智慧场景打造为重点增强消费体验

在以消费者为中心的时代，零售业的消费体验不仅体现在卡券的线上发放和线下核销推广、服务的便利化和人性化上，还体现在消费场景的打造上。目前，一些

零售企业积极利用互联网技术，对传统场景进行智能化改造，打造智慧门店，增强消费体验。主要表现在三个方面：一是采用智能导购设备提供便捷的购物体验。目前我国大中城市百货商场普遍配置了智能导购机器人或智能导购屏，集成了商品信息发布、营销活动信息发布、商场楼层导引、商户导引、3D地图导航、主题活动信息展示等功能。二是采用AR、VR等技术增强互动体验。目前许多百货商场和购物中心已运用AR、VR等技术，打造了虚拟试衣镜、智能试衣间、智能货架、智能LED触摸互动屏等互动体验场景，大幅提高了购物体验。三是采用多种方式实现智能支付。目前一些超市、百货商场、购物中心已设置了智能云销售终端（POS）、自助收银系统、扫码购（移动智能支付）、智能购物车等多种智能支付渠道，为消费者购物和支付提供了便利。

（三）以数字化供应链建设推动智能化运营

在数字化转型的过程中，许多零售企业都十分重视数字化供应链建设对企业转型的支撑，运用数字化技术建立了需求驱动的预测、采购、库存、运输、配送全链路的数字化供应链体系，打通线上线下供应链数据，实现各业务板块数据互联互通，提高供应链透明度和效率，快速响应用户需求，降低供应链成本。例如，京东围绕数据挖掘、人工智能、流程再造和技术驱动4个原动力，将技术创新和供应链创新相结合，打造了"预测—库存—仓储—运输—配送"全链路数字化的智能供应链系统。在预测方面，京东开发了智能需求预测系统，结合大数据技术实现海量数据的预测和补货计算，预测商品未来28天在每个仓的销量，使商品现货率保持在90%以上。在物流配送方面，京东通过技术创新和流程优化，建立了智能仓储、智能运输、智能配送"仓配一体化"体系，并运用云计算、大数据对消费者进行用户画像，预测每个小区、办公楼的日配送量，优化配送网络，提高配送效率。

（四）以构建数字化商业生态实现协同发展

在数字经济时代，越来越多的企业已意识到数字化转型需要与科技企业合作，把自己作为数字化商业生态网络系统的一个节点，才可能成功转型。因此，一些零售企业在数字化转型的过程中，均与腾讯、阿里巴巴等互联网企业开展合作，借助互联网企业的数字技术、数字平台，构建自己的数字分析能力，实现企业快速转型和发展。例如，为提升数字化能力，天虹与腾讯合作成立了智能零售实验室，并与微信支付联合打造了首家天虹&微信支付智慧零售门店，逐步上线了天虹到家、手机快速买单、智慧停车、人脸识别自助收银等小程序。同时，天虹借助腾讯线上渠道、用户资源、技术应用等方面的优势，快速搭建了新的知识框架，形成了数据分析能力，为企业数字化转型提供了强有力的支撑。

三、零售业数字化转型面临的问题及挑战

尽管当前大多数零售企业都在加大技术和智能化设备投入、打造全渠道场景、创新商业模式、增加消费体验等方面进行了数字化转型探索，但企业数字化转型还面临许多问题和挑战。

（一）数字化应用层次浅

当前，大多数零售企业的数字化转型主要集中在营销、管理、服务场景的数字化方面，甚至部分零售企业将数字化简单地等同于电商化或信息化，单纯地进行会员、营销的数字化或信息化升级，而没有结合企业自身业务需求和消费者需求，没有从战略层面对数字化转型进行系统设计和规划。这一方面会导致企业数据资产分散，数据质量低、流动性差，各板块存在"数据孤岛"，业务场景的挖掘深度不够；另一方面也导致企业开发的App、小程序等功能简单，缺乏与商业基础设施、商品和品牌的关联集成，很多智能化设施和设备脱离场景，在实际应用中处于摆设状态，无法为客户带来实际使用价值。

（二）数字化转型成本高

在数字化转型的过程中，零售企业数字化进程不一，大型零售企业数字化转型步伐较快，并已取得明显成效。但由于智能化设备与系统建设投入大，投资回报周期长，而且充满不确定性，大多数中小零售企业难以在短期效益和长期效益之间做好平衡，不敢轻易尝试线下门店数字化改造，进而导致零售业整体数字化进程缓慢。

（三）数字化专业人才不足

在数字化转型过程中，很多传统零售企业"金字塔"式的组织架构和企业文化已经无法适应企业数字化转型的需求，甚至一些企业的组织变革滞后已严重制约了数字化能力建设的进程。对于传统零售企业而言，组织变革面临挑战，其中一个重

要原因是数字化专业人才供给不足，多数零售企业普遍缺乏数字化团队，在推动数字化转型项目的过程中存在难以找到合适人员的困境。

四、零售业数字化转型的发展趋势

在国家大力发展新基建的浪潮下，随着 5G、人工智能等新技术的快速发展和应用，零售业数字化和智能化转型将进一步加快，零售服务的人性化、多样化、体验化将更加凸显，消费新业态、新模式、新场景将进入普及应用阶段，并呈现出"四大转变"。

（一）从营销数字化为主向全面数字化转变

当前，大型零售企业主要围绕需求端应用数字技术，对数字化进行了初步探索。新冠肺炎疫情加快了零售业进入全面数字化时代的步伐，随着企业数字化转型的推进和消费升级，未来更多的零售企业将围绕供给端进行数字化重塑，开展数字技术的深层应用，更加重视数字化运营、数字供应链体系构建、数字化人才培养等，通过全面数字化转型，形成数字化管理闭环，助推业务流程在线化、人工智能技术的场景化应用。

（二）从零售在线化向线上线下一体化转变

随着网络零售线上流量瓶颈凸显，零售业已从渠道线上化阶段向全渠道融合阶段和零售在线化（员工、商品、顾客和管理）阶段转变。全渠道融合和零售在线化最根本的是实现线上线下一体化，不仅限于渠道方式的互补，以及线上线下会员、营销、管理一体化，更体现在供应链的深度融合上，线上线下从利润分割的竞争关系将转变为合作共赢关系。一是线上线下商品将更大程度地实现"同品、同质、同价"，即零售企业线下门店的大多数商品与线上商品相同，价格一致，并将能够实现线上线下一体化配送服务。二是线上线下供应链管理一体化，未来更多的零售企业将通过构建数字化供应链，对线下商品和线上商品进行统一的销售预测、智能补货、仓储管理、运输配送管理，并依托大数据分析，推动 C2B 反向定制，实现整个供应链的智能化、柔性化管理，提升供应链效率。

（三）从业务数据化向全流程的数据业务化转变

随着数字技术应用的深化和海量数据的积累，未来零售企业在注重利用技术对现有业务进行数字化改造、增加企业经营过程中各环节的数字化触点、将业务数据化的同时，将更加注重从数据中挖掘新的业务，协同上游供应商、生产商、物流商等相关主体，打造供应链上各环节的数据，打破"数据孤岛"，实现数据业务化，并最终固化成企业价值增长的数字化能力。

（四）从数字技术浅层应用向更加注重实效应用转变

新冠肺炎疫情新常态加速了线下实体零售智能化、自动化的进程，无接触支付、生态识别、集成扫码订单等将成为零售业的基本配置。同时，过去一直处于探索应用阶段的人工智能、增强现实和虚拟现实等新技术将会进入深度应用阶段，未来越来越多的零售企业将更加注重新技术和智能化设备应用的实效性，通过将人工智能、增强现实等技术与特定的机器学习算法相结合，赋能智能化运营，优化补货、订单履行、供应商管理等流程，打造更多的消费新业态、新模式和新场景，更好地满足消费需求。

作者简介：

张威女士，研究员，商务部国际贸易经济合作研究院副院长，担任商务部经贸政策咨询委员会专家工作组对外贸易专家，曾获得全国外经贸成果奖论著类二等奖、商务发展研究成果一等奖等奖项。

林梦女士，副研究员，商务部国际贸易经济合作研究院现代供应链研究所所长，主要从事供应链、现代流通等领域研究，多次获商务发展研究成果奖。

路红艳女士，研究员，商务部国际贸易经济合作研究院现代供应链研究所副所长，主要从事供应链、现代流通等领域研究，多次获商务发展研究成果奖。

产业链供应链现代化的内涵和实践

蔡 进

2020年10月，党的十九届五中全会通过的《中共中央关于制定国民经济和社会发展第十四个五年规划和二〇三五年远景目标的建议》（以下简称《建议》）明确提出，要提升产业链供应链现代化水平。这是党中央面对中华民族伟大复兴战略全局和日趋复杂的发展环境，对产业链供应链做出的重要战略决策。

本文结合《建议》出台的时代和政策背景，提出产业链供应链现代化的核心内涵，以此为基础，分析产业链现代化的重要意义、主要挑战，以及发展方向和举措。

一、产业链供应链现代化的内涵和意义

产业链供应链现代化作为未来5年行业发展的主要方向，其内涵和意义可以从5个方面来研究。

（一）创新力：提升产业链供应链现代化水平是实现经济高质量发展的关键

产业链供应链高级化和现代化的第一个内涵是创新力。我国已经步入高质量发展阶段，经济发展模式要从规模驱动转变为效率驱动和创新驱动。

随着我国深入推进供给侧结构性改革，产业链供应链核心竞争力不断增强，持续向全球产业链供应链中高端攀升。但整体看，我国经济发展的质量有限，制造供应链的高端化、可视化和智能化水平有待提升，自主创新能力不强，没有充分挖掘数据的价值[1]。因此，创新力是提升产业链供应链现代化水平的重要内涵之一。

---

1 苗圩. 提升产业链供应链现代化水平[N]. 经济日报，2020-12-09(11).

（二）安全：提升产业链供应链现代化水平是应对全球供应链波动的重要举措

产业链供应链高级化和现代化的第二个内涵是安全。过去供应链组织形式重视推动效率提升，面对新的形势，产业链供应链的重点将转为效率和安全并重。

随着新冠肺炎疫情的全球大蔓延，世界经济面临衰退或萧条，经济全球化进程受到单边主义、保护主义、霸权主义的严重阻挠。全球供应链面临重构，我国产业链供应链承受低端产业链转移、高端供应链回流的双重压力，也肩负推动区域经贸合作与供应链协同的责任。此外，我国对某些战略性自然资源，如铁矿石、原油的进口依赖度过高，在不稳定性、不确定性日益升高的国际环境下暴露出安全隐患。这就迫切地要求我国产业链供应链提升现代化水平，有序引导全球产业链供应链重构，积极管理安全风险，通过国际合作切实保障全球产业链供应链的安全和稳定。

（三）可持续：提升产业链供应链现代化水平是践行可持续发展理念的重要前提

产业链供应链高级化和现代化的第三个内涵是可持续。可持续发展的内涵分为经济模式的可持续，以及环保的可持续。达成经济的可持续，要推进产业本身由大到强。当前，我国的产业结构大而不强，因此首先要通过供应链创新和重塑，来推动产业占领主导地位，实现市场上的可持续。

其次要实现环保绿色的可持续。供应链的组织协同功能，不仅要突破企业的边界、产业的边界、区域的边界进行协同，也要实现人与人、人与自然之间的协同。习近平总书记在气候雄心峰会上提出了中国经济的可持续发展目标。到2030年，中国单位GDP二氧化碳排放将比2005年下降65%以上，努力争取2060年前实现碳中和。这就要求我国产业链供应链不断提高绿色化、数字化、智慧化、标准化水平，促进各个环节的高效协同，实现经济、社会和环境的可持续发展。

（四）敏捷、柔性、可定制：提升产业链供应链现代化水平要顺应市场方向

产业链供应链高级化和现代化的第四个内涵是敏捷、柔性、可定制。现在供应链大多是标准的流程、标准的产品、大规模批量化的生产，为实现经济目标、减少边际成本，不得不整合碎片化的消费。

随着未来个性化的消费需求越来越多，生产制造流程也将适应消费升级和精细化定制的需求，形成敏捷、柔性、可定制的供应链的组织方式。

同时，全球供应链的重构导致国际市场分割成为多个相对独立的局部市场。碎片化的市场大幅限制了企业拥有的潜在供给和需求，通过大规模加工制造来生产全球性商品的传统模式面临效率下滑的风险。因此必须提升产业链供应链的现代化水平，通过数字化技术和智能制造，大规模地提供定制化的产品和服务，应对全球市场碎片化的挑战。

（五）数字化：提升产业链供应链现代化水平的基础是数字化

产业链供应链高级化和现代化的第五个内涵是数字化。供应链创新要实现价值创造、安全、稳定，要输出敏捷、柔性、可定制，都需要先进的科学技术和现代的生产组织方式相融合。这种融合的工具就是数字化，推动产业链供应链现代化一定要构建数字化基础。数字化也是供应链现代化的结果，是更高整合需求和灵活响应的表现。数据资源已经变成了类似土地资源的自然资源，需要利用数字化手段有意识地去管理。

二、产业链供应链现代化面临的主要挑战

（一）缺乏独立自主的关键核心技术

改革开放以来，我国建立起了门类比较齐备的产业体系，但关键核心技术受制于人的问题依然没有得到根本解决。新一轮科技革命和产业变革，是产业链和创新链相互叠加的产物，不掌握关键核心技术，就无法提升产业链供应链现代化水平。特别是在当前贸易保护主义上升、逆全球化思潮抬头的形势下，发达国家开始对我国进行技术封锁，重要产业关键技术的缺失往往使产业链供应链的安全稳定面临严峻的挑战。

缺乏关键核心技术也导致了我国产业链供应链向高级化发展困难。我国作为世界工厂，处于全球价值链低端，所获取的经济利益微薄；而发达国家长期占据价值链高端，获取了大部分利润。过去几十年，我国主要依靠引进外国技术实现发展，短期看这不失为加快经济发展的捷径，但从长期看，单纯依靠引进将造成我国与国外的技术差距越拉越大，使我国产业链长期锁定在产业分工格局的低端。近年来我

国的产业链供应链不断尝试着向价值链中高端迈进，但至今先进制造业和新兴产业在国民经济中的比重还比较小，而且有些产业核心技术与发达国家相比还有相当大的差距。原因就在于部分高端产品价值链核心环节都掌握在发达国家企业手中，严重阻碍了我国产业链供应链的现代化进程。

（二）区域发展不平衡

我国东部沿海地区经济发展水平显著高于西部。改革开放以来，东部沿海地区利用其有利的地理因素和社会因素，积极参与国际分工，区域经济得到飞速发展。相对而言，我国中西部地区工业基础相对薄弱，主要以采掘业、原材料工业为主，产品附加值低、增值能力弱，长期以来扮演着东部能源、原材料供应基地的角色。

区域发展不平衡不利于我国产业链供应链的长期健康发展。我国经济重心过度偏向东南沿海地区，导致各类要素成本逐年上升、产业链供应链竞争力逐年下滑、我国低端产业向东南亚地区转移，同时中西部地区大量的人口红利和资源红利却被闲置[1]。这对我国产业链供应链的安全稳定构成潜在风险。

（三）金融服务实体经济能力有待提升

我国的金融市场缺乏的不是充足的金融资金，而是维持实体经济发展的长期发展资本和创新发展资本。我国实体经济发展的核心困境是维持发展所需资本的长期化和实际获得资金的短期化之间的错配。我国缺乏将社会储蓄资金有效地转化为维持实体经济可持续发展的长期发展资本和创新发展资本的金融模式[2]。

从产业链供应链的角度来看，供应链金融服务实体经济的着力点和业务模式亟须创新，金融机构开展供应链金融业务的服务能力需要提升，操作规范需要标准化，供应链金融监管需要加强。金融业需要以服务实体经济高质量发展为导向，深化金融供给侧结构性改革，防止资本无序扩张，全面提升金融服务实体经济能力。

（四）政治性风险不可忽视

我国产业链供应链还面临着非市场性风险。近年来，随着中国在全球供应链上

---

[1] 周均旭，常亚军. 劳动密集型产业转移：越南的优势及对中国"大国雁阵模式"的挑战[J]. 学术探索，2020(1):24-31.

[2] 张杰，杨连星. 资本错配、关联效应与实体经济发展取向[J]. 改革，2015(10): 32-40.

的崛起，美国等发达国家越来越重视全球产业链供应链的战略意义，避免在产业链供应链上过度依赖中国。例如，美国政府和日本政府已经制定政策，以承担部分搬迁成本的方式鼓励企业将供应链迁出中国。新冠肺炎疫情发生以后，公共卫生安全成为国防安全、信息安全以外的又一重要因素，促使发达国家在产业链供应链布局上进行战略调整。这种非市场性行为在体量和结构上均对我国产业链供应链形成了较大损害，对涉及高新技术的产业影响尤为严重。

三、进一步提升产业链供应链现代化水平的方向和举措

（一）以创新驱动产业链供应链发展

一是要提升自主创新能力，打好关键核心技术攻坚战，以突破关键核心技术为主攻方向，加大对基础科学的投入研发力度，提升基础研究水平，全面实施基础产业再造工程，打造一批先进制造业集群。二是推动制造业的高端化，全面实施知识产权战略，以核心技术专利打造硬实力，以技术实力在全球布局关键产业，改造提升传统制造业价值链层级。三是大力推动数字化创新技术的应用，加快推动5G、大数据、云计算、人工智能、区块链和物联网等新兴技术与产业链供应链的深度融合，提升基础设施、装备和作业系统的信息化、自动化和智能化水平。通过引导企业建设数字供应链体系，推动新技术与供应链的融合，大幅度提升产业链供应链的运行效率和全球竞争力。

（二）推动建立产业链供应链宏观管理体系

一是要建立产业链供应链稳定性评估评价体系，建立统计机制和指数体系来监测产业链供应链运行情况，提高供应链全过程弹性。及时把握不同突发事件下重点影响的风险环节，提前开展不稳定性预警与管理措施[1]。二是要建立产业链供应链协同机制。在地域层面，对国内产业转移进行主动管理和有序疏导，增强区域间协同。在产业层面，推动供应链上下游企业将自身的供应链软硬件资源，垂直共享给上下游企业、横向共享给其他产业链。共同建设供应链协同平台，实现数据实时共享。三是要构建产业链供应链应急体系，增强对全球范围内供应链风险的预警能力和应

---

[1] 祝合良. 统筹推进现代流通体系建设[N]. 经济日报，2020-12-21(11).

对能力，建立储备充足、反应迅速、抗冲击能力强的应急体系。

（三）加快建设好现代流通体系

一是要打破地域壁垒，加快完善国内统一大市场，构建供需匹配的良性循环，塑造国际化、法治化、市场化营商环境，强化竞争政策作用。二是要提升现代商贸流通体系，培育一批世界领先的现代流通企业，增强数字化、智能化、标准化、绿色化水平。三是要完善社会信用体系，建立健全以信用为基础的新型监管机制，加快建设供应链全流程可追溯体系。四是要建设现代物流体系，建设全国开放性物流市场，加强高铁货运和国际航空货运能力建设，优化完善物流综合枢纽布局，加快形成互联互通、高效安全的物流网络。五是要强化金融基础设施建设，深化金融供给侧结构性改革，为供应链上下游中小微企业提供高效便捷的融资渠道。

（四）要在全面扩大开放中进一步融入全球市场

一是要以RCEP自贸区成立为契机，抓住中国从世界工厂成长为世界市场过程中的机遇，在金融、法律、物流和数字服务等领域寻找新增长点[1]。二是要营造市场化、法治化、国际化营商环境，充分发挥好我国超大规模市场优势，构建良好的产业生态，促进公平竞争，保护知识产权，增强吸纳全球优质供应链资源的能力。三是要深化多双边与区域合作，持续高质量共建"一带一路"，积极提供国际公共产品，通过国际合作切实维护全球产业链供应链安全。

（五）加强供应链行业组织建设，进一步推动行业发展

一是要鼓励行业组织推动供应链领域产学研合作，发挥行业组织的桥梁和纽带作用，促进企业、院校和科研机构的相互协同，激发创新能力、培育专业人才，逐步形成有全球竞争力的先进产业集群。二是要加强供应链相关专业研究，行业组织要发挥引领作用，始终关注产业链供应链的前沿领域和最新趋势，通过举办定期的论坛、会议、沙龙和学术期刊，深化供应链相关领域的学术交流和研究，形成独立自主、本土化的供应链理论和实践成果。三是要持续培育多层次的专业人才，行业组织履行好公共职责，为供应链相关领域的学生和从业人员提供优质的公共服务，通过培训、认证和学术交流加强供应链人才的专业水平，为行业的长远健康发展奠

---

[1] 张飞. 以RCEP签署为契机 推进双边多边自由贸易[N]. 海南日报，2020-12-23(A12).

定坚实基础。

（六）继续做好全国供应链创新与应用试点工作

供应链创新与应用试点是推动我国产业链供应链稳定发展的重要抓手。为贯彻落实国办发〔2017〕84号《国务院办公厅关于积极推进供应链创新与应用的指导意见》，2018年商务部、中国物流与采购联合会（以下简称"中物联"）等8部门启动了全国供应链创新与应用试点工作，共有55个城市、258家企业被评为试点城市和试点企业。2019年11月，在商务部的指导下，中物联在厦门成功举办了供应链创新与应用试点中期成果展示，试点城市和试点企业积极参与，受到全国各方的关注和好评。

两年来，供应链创新与应用试点工作成效显著。试点企业普遍在试点中探索供应链整合协同的新模式，积累了丰富的、可复制推广的经验。一些试点城市开始运用现代供应链的新思维，依托资源优势，结合产业实际，推动传统产业向产业供应链转型。新冠肺炎疫情以来，试点企业和城市依托供应链能力，在抗疫过程中发挥了非常重要的作用。新冠肺炎疫情是灾难也是试金石，充分展现了供应链创新与应用试点在推进产业链供应链安全稳定和现代化相关工作方面的价值。

为认真贯彻落实中央关于"提高产业链供应链现代化水平"和"增强产业链供应链自主可控能力"的重大战略部署，必须继续利用好供应链创新与应用试点这一重要抓手，全面提升产业链供应链安全稳定和现代化水平。重点做好推进农村一、二、三产业融合发展，促进制造协同化、服务化、智能化，加快推进供应链数字化和智能化发展，加强供应链信用和监管服务体系建设等工作。

作者简介：

蔡进先生，中国物流与采购联合会副会长、国际采购与供应管理联盟（IFPSM）亚太区主席、中国物流学会副会长、中国物流信息中心主任，研究员。曾在国家经委经济信息中心、国家物资部、内贸部（局）中国物流（物资）信息中心工作，具有商贸流通领域的工作经验和政策素养。

新一代信息技术

我国人工智能产业发展的现状、机遇与挑战

王耀南　　敬石开

人工智能作为新一轮科技革命和产业变革的核心动力,已经成为国际科技竞争的热点和经济发展的新引擎,在支撑供给侧结构性改革、促进经济高质量发展和社会进步方面具有重要作用。全球已有 50 多个国家将人工智能作为国家战略,积极布局以人工智能为核心的科技创新和产业发展。

一、我国人工智能产业发展现状

我国在 2013 年加大了对人工智能技术与产业发展的政策支持力度,在 2016 年全面部署实施了人工智能国家战略,各地方政府出台了人工智能产业发展政策,产业规模逐步扩大,优势企业逐渐崛起,技术创新日益活跃,应用领域不断扩展,产业生态逐步完善。

(一)人工智能产业规模逐步扩大

全球人工智能产业规模稳定增长。尽管全球遭遇新冠肺炎疫情,但是人工智能技术发展和学术研究依旧稳步向前,技术与产业融合也进一步扩大和深入。最新数据显示,2020 年全球人工智能产业规模达 1565 亿美元,增长率达到 12%,中国人工智能产业规模约为 3100 亿元人民币,同比增长 15%。

我国人工智能产业生态从芯片、平台、高性能服务器等基础设施到技术、产品、应用逐步完善,人工智能数据、算法、算力生态条件日益成熟。高科技企业在人工智能技术发展与行业应用中承担着重要角色,各行业的传统领军企业也在寻求与人工智能等技术的结合,推动产业转型,涌现出不少人工智能领域的独角兽企业。

我国人工智能企业数量在世界人工智能企业总数中的占比约为 21.67%,仅次于

美国，其中有75.2%为应用层企业。从CB Insights发布的最具潜力的人工智能初创企业AI 100榜单来看，我国在2017年有4家企业上榜（碳云智能、出门问问、Rokid、优必选），在2018年增加到7家（今日头条、商汤科技、旷视、英语流利说、出门问问、寒武纪、优必选），在2019年有6家中国公司上榜（商汤科技、依图、旷视、第四范式、Momenta、地平线），在2020年上榜企业仍为6家（创新奇智、禾多科技、追一科技、第四范式、松鼠AI、蓝胖子机器人）。全球估值超过10亿美元的独角兽企业主要在美国和中国，其中中国人工智能企业融资额近年来持续上升，2019年融资总额位居全球第二。

（二）人工智能领域科研创新显著提升

近年来，全球人工智能领域的学术论文、专利数量呈高增长态势。在全球范围内，所有学科领域的科研产出以每年0.8%的增长率进行增长，人工智能研究则以每年13%的速度快速增长。我国人工智能学术论文成果数量位居全球前列。1998—2018年，人工智能领域论文数量在全球论文总数中的占比增长了3倍，其中，3%为期刊论文，9%为会议论文。我国发表论文的数量在全球论文总数中的占比从1998年的10%增长到2018年的28%。2019年全球顶级人工智能期刊共发表论文9671篇，其中我国研究机构发表的论文数量为5040篇（占比高达52%）。

我国人工智能专利申请数量保持稳定增长，企业和高校技术创新活跃。根据世界知识产权组织的报告，2011—2017年，全球人工智能专利申请量增长了6.5倍。2018年公开的专利数量较2017年增长超过了40%，2019年较2018年增长超过了55%，人工智能创新提速。截至2019年10月，我国人工智能专利申请量达44万余件，成为人工智能领域专利申请量最高的国家之一。

（三）人工智能在垂直行业的应用加速落地

随着自然语言处理、智能语音、计算机视觉、智能推荐等技术的成熟，人工智能技术在安防、金融、零售、交通、教育、医疗、制造、农业等领域的应用逐渐深入。目前，安防、金融行业的人工智能应用率最高，交通、医疗、教育、零售、家居等垂直领域的应用也在逐渐落地，制造场景智能应用正稳步推进。

我国大力推进人工智能开放平台建设，完善生态布局，促进行业快速发展。2017年11月，分别依托百度、阿里云、腾讯、科大讯飞，建设自动驾驶、城市大脑、医疗影像、智能语音4个国家新一代人工智能开放创新平台；2018年9月，第5个国家人工智能开放创新平台——依托商汤科技建设的智能视觉国家新一代人工智能开放创新平台亮相。2019年8月29日，我国新增10个国家新一代人工智能开放创新平台（依托平台）：视觉计算（上海依图）、营销智能（明略科技）、基础软硬件（华为）、普惠金融（中国平安）、视频感知（海康威视）、智能供应链（京东）、图像感知（旷视）、安全大脑（奇虎360）、智慧教育（好未来）、智能家居（小米）。

我国人工智能在各领域的应用不断深入。在2019年的全球智能安防50强榜单中，我国海康威视和大华稳居榜单前两名。科技企业在智慧医疗产业发展中起到巨大的推动作用，如京东成立"京东健康"子集团、阿里巴巴启动AI医疗第三方人工智能开放平台、腾讯医典推出智能问答助手。我国大力支持智慧医疗发展，2020年智慧医疗市场销售规模超1000亿元。在自动驾驶领域，百度Apollo在国内多个城市拿到了自动驾驶载人测试牌照。好未来、新东方、猿辅导、高思教育等被评为2019年度中国"AI+教育"20强企业。

（四）人工智能产业区域集聚发展态势明显

全球各国推动人工智能产业发展，以高水平研究机构、高端人才和顶尖高技术企业等科技力量为核心，以区域经济实力和开放型经济体制为创新支撑环境，形成了以重点城市为枢纽的人工智能中心。

我国已有19个省份发布了人工智能规划，其中有16个省份制定了具体的产业规模发展目标，围绕科研、人才、应用等推动人工智能产业发展。在区域集聚发展方面，围绕京津冀协同发展、长江经济带发展、粤港澳大湾区建设、长三角区域一体化发展等重大区域发展战略布局，在国家自主创新示范区、国家新一代人工智能创新发展试验区的建设和引领下，人工智能产业蓝图已经初步显现。北京、上海、深圳、杭州、广州人工智能产业发展呈现领先优势。截至2019年年底，科技部已经批准建设北京、上海、天津、深圳、杭州和合肥6个人工智能创新发展试验区，以期充分发挥地方主体作用，在体制机制、政策法规等方面先行先试，打造一批具有重大引领带动作用的人工智能创新高地。

二、我国人工智能产业发展的机遇

随着深度学习模型的成熟，结合云计算、大数据等技术的飞速发展，全球范围内掀起了人工智能的第三次浪潮。加快发展人工智能，抓住新一轮科技革命和产业变革机遇，是我国赢得全球科技竞争主动权的重要抓手。

（一）政策与环境优势明显

我国自 2013 年开始围绕人工智能发布了《国务院关于推进物联网有序健康发展的指导意见》《国务院关于积极推进"互联网+"行动的指导意见》《促进大数据发展行动纲要》《中华人民共和国国民经济和社会发展第十三个五年规划纲要》等系列文件，推动了新一代信息技术的发展与应用，为人工智能发展奠定了基础。2017年 7 月发布的《新一代人工智能发展规划》是中国在人工智能领域发布的第一个系统部署文件，确立了中国人工智能"三步走"发展目标：到 2020 年，人工智能总体技术与应用与世界先进水平同步；到 2025 年，人工智能基础理论实现重大突破，部分技术与应用达到世界先进水平，人工智能核心产业规模达 4000 亿元，带动相关产业规模超 5 万亿元；到 2030 年，占据全球人工智能制高点，人工智能核心产业规模达 1 万亿元，带动相关产业规模超 10 万亿元。

中央全面深化改革委员会通过了《关于促进人工智能和实体经济深度融合的指导意见》，着重强调市场导向与产业应用，打造智能经济形态。国家新一代人工智能治理专业委员会发布《新一代人工智能治理原则——发展负责任的人工智能》，提出人工智能治理的框架和行动指南。科技部发布《国家新一代人工智能开放创新平台建设工作指引》《国家新一代人工智能创新发展试验区建设工作指引》，以期聚焦人工智能重点细分领域，充分发挥行业领军企业、研究机构的引领示范作用，充分发挥地方主体作用，在体制机制、政策法规等方面先行先试，打造一批具有重大引领带动作用的人工智能创新高地。《粤港澳大湾区发展规划纲要》《长江三角洲区域一体化发展规划纲要》等重大区域发展战略布局，都为人工智能提供了良好的支撑。在国家政策的不断推动下，各省市也相继出台了适合本地发展环境的人工智能发展规划，推动人工智能与实体经济的深度融合。

（二）强大的算力与丰富的数据资源

随着 AI 算法突飞猛进的发展，越来越多的模型训练需要巨量的算力支撑才能快速有效地实施，算力和丰富的数据资源是未来人工智能应用取得突破的关键因素。根据 IDC 报告，我国人工智能基础设施市场规模在 2020 年达到 39.3 亿美元，同比增长 26.8%。其中，人工智能服务器市场规模占整体人工智能基础设施市场的 87% 以上。我国人工智能服务器保持高速增长，为人工智能产业发展提供强大的算力支撑。

随着 5G、物联网、汽车电子等多种新兴技术产业的快速发展，数据总量呈现海量聚集爆发式增长。我国人口基数大，移动互联网发展迅速，有庞大的数据资源优势。全球移动通信协会（GSMA）发布的《中国移动经济发展报告 2019》统计数据显示，2018年我国移动互联网用户数占全国总人口的82%，智能手机普及率为69%，预计到2025年，5G网络将覆盖我国40%的人口，占全球总人口的1/3，达到4.3亿人。据IDC预测，我国数据量将从2018年的7.6 ZB增加到2025年的48.6 ZB，位居世界第一。

（三）各行业人工智能深度应用需求巨大

随着人工智能技术的逐步成熟、计算能力的不断提升和大数据的持续积累，未来5年将是人工智能产业的快速发展期。

我国人工智能应用市场潜力巨大。医疗、自动驾驶是目前人工智能应用的热门领域，能够极大地改善社会资源配置、改变人类的生活方式。在金融、安防、零售等行业，人工智能技术渗入相对较早，教育、农业、制造等行业通过人工智能可产生显著经济价值和社会价值。据预测，全球医疗领域人工智能市场规模到2026年将增长到452亿美元，年复合增长率为44.9%；智慧零售市场规模到2025年将增长到625亿美元，年复合增长率为23.6%；全球自动驾驶汽车销量到2025年将接近60万辆，到2035年将达到2100万辆，将保持48%的年复合增长率；人工智能教育的市场规模到2023年将达到368亿美元。

三、我国人工智能产业发展面临的挑战

我国人工智能产业发展迅速并展现出强大的实力，但在产业技术链、人才、应用、管理等方面面临系列挑战。

（一）核心技术差距较大

在人工智能芯片领域，国际科技巨头已基本构建芯片产业生态，而我国尚未掌握核心技术，芯片布局难以与巨头抗衡。GPU占领人工智能芯片的主要市场份额，美国芯片厂商Nvidia、AMD具有垄断地位；FPGA芯片领域Xilinx和Intel合计占市场份额近90%。百度、阿里巴巴等也在布局FPGA，但尚处于起步阶段。ASIC芯片市场竞争格局较为分散，百度、华为、阿里巴巴持续发力，寒武纪成为人工智能芯片行业的独角兽企业，在细分领域有所建树，但整体与欧美相比还存在差距。人工智能的开源框架是国际科技巨头的布局重点，各科技厂商通过建立人工智能开源生态，占据了产业核心地位。在我国，TensorFlow、Scikit-learn、Keras等机器学习框架的使用率居世界前列且较为稳定，但人工智能开发平台尚无法与国际主流产品

竞争。我国人工智能领域专利申请量在快速增长的同时，依然存在基础层创新产出较少、国外专利布局程度较低等问题。

（二）高端人才短缺

随着人工智能在各行业的广泛应用，该领域人才需求呈爆发式增长，人才供给总量却严重不足，这也是全球面临的共同问题。我国应持续加大对人工智能人才的培养力度。2017年国务院发布的《新一代人工智能发展规划》明确提出了"设立人工智能专业""在原有基础上拓宽人工智能专业教育内容"等要求。2018年教育部印发了《高等学校人工智能创新行动计划》，将完善人工智能领域人才培养体系作为三大任务之一。从2019年开始，我国已有215所高校设立了人工智能专业，开设的数据科学与大数据、智能科学与技术等人工智能相关专业的数量已达1500余个。但我国人工智能顶尖人才仍然短缺，与欧美国家存在较大差距。根据2019年清华大学AI 2000的评选结果，在获得提名的2000名候选人和最终获奖的200名学者，其中超过50%的人员来自美国；中国获得提名的学者为194名，最终获奖的为17名。在拥有顶尖人才数量最多的研究机构中，前9名均为美国研究机构。此外，我国人工智能人才在高校和科研机构分布较密集，产业界人才不足，人才结构分布不均衡。

（三）技术应用深度不足

虽然人工智能在智能安防、智慧医疗、智慧零售、自动驾驶、智能教育等领域已有应用，但目前人工智能应用还处于初级阶段，应用深度和范围还有很大的发展空间。以智慧医疗为例，目前主要关注包括医学影像分析、辅助诊疗、健康管理、制药研发、疾病预测、医疗机器人等方面，由于各类疾病诊断有特殊性，需要结合大量数据研究人工智能算法，提高准确性。智慧医疗产品面临的门槛高、研发与审批周期长等问题也是影响产业化应用的因素。另外，我国人工智能技术的市场渗透率仍明显低于欧美国家。《2018中国智能家居产业发展白皮书》指出，人工智能在中国家居市场的渗透率为4.9%，同期美国智能家居的市场渗透率为32%。这些需要更先进的人工智能技术与产业化政策支撑。

（四）数据安全和伦理道德亟待加强

人工智能的发展为社会经济发展带来了促进作用，也可能会引发数据滥用、个人隐私、伦理道德、法律法规等方面的问题。大数据平台对用户个人数据的收集、跟踪，刷脸支付的安全问题，自动驾驶面临的安全、法律法规和用户接受度等问题，制约了人工智能商业落地及健康可持续发展。我国为进一步加强人工智能相关法律、伦理、标准和社会问题研究，新一代人工智能发展规划推进办公室成立了新一代人工智能治理专业委员会，全国人民代表大会常务委员会已将一些与人工智能密切相关的立法项目列入本届五年立法规划中，如数字安全法、个人信息保护法和修改科学技术进步法等。2019年5月，中国人工智能产业发展联盟发布了《人工智能行业自律公约（征求意见稿）》，从行业组织的角度推动人工智能伦理自律。

四、促进我国人工智能产业高质量发展的建议

（一）健全政产学研用生态体系，协同推进产业发展

要强化政策引导，特别是在产业规划与应用布局、创新创业培育、人才培养与引进、产业集群建设等方面不断完善，构建良好的政策环境。在科研方面，打破"唯论文"论，关注关键技术研究、源头创新和应用创新，注重学术论文质量和影响力，加强科研成果转化。在产业方面，针对产业发展的关键薄弱环节，集中优势力量和创新资源，支持重点领域人工智能产品研发与示范应用，培育人工智能各技术层次、各应用领域的领军企业，积极布局关键技术方向专利及国际专利，增强企业国际竞争力，带动产业整体提升。进一步完善人工智能人才培养体系，深化人才体制机制改革，鼓励校企合作，加强人工智能交叉学科人才培养、产业急需人才培养，以多种方式培养、引进高水平人工智能人才队伍。广泛开展国内、国际合作，推动人工智能产业发展。

（二）强化基础能力建设，突破产业核心技术

针对我国人工智能产业基础技术和核心技术的薄弱环节，要加强基础设施建设、理论研究、平台研发，提升国际竞争力。加强5G基础设施、公共数据资源库、云服务平台等基础设施建设；加强人工智能高端芯片、关键部件、高精度传感器等核心技术突破与产品研发；布局人工智能前沿领域，关注量子信息与量子计算、类脑智能计算、深度机器学习等基础理论研究和核心算法研究；加强新一代人工智能开源社区及开放平台建设，提供底层关键技术和共性技术支持，紧密衔接产业链上下游，促进人工智能科研和产业化应用。重视专利和标准化工作，争夺国际话语权。

（三）构建人工智能治理体系，保障产业健康发展

制定道德准则和伦理规范，完善人工智能技术研发规范，在人工智能产品设计与开发中，融入公平、安全等伦理价值，并建立监管体系，强化对人工智能技术、产品开发、数据采集和产品应用的全流程监管；加强对人工智能安全保护技术，以

及可解释性更高的智能计算模型的研究,在隐私保护与数据利用之间实现更好的平衡,降低系统行为的不可预知性和不确定性;加强对人工智能伦理问题和社会问题的国际交流,以及标准规范、法律法规制定,凝聚共识,深化合作,促进健康、规范的智能产业生态环境建设。

参考文献

[1] ELSEVIER. Artificial Intelligence: How knowledge is created transferred and used in China Europe and the United States[R]. 2019.
[2] Stanford HAI. Artificial intelligence index[R]. 2019.
[3] 清华大学中国科技政策研究中心. 中国人工智能发展报告[R]. 2018.
[4] 敬石开, 杨建坤, 刘姝. 全球人工智能2020[M]. 北京:外文出版社, 2020.
[5] WPIO. Technology Trends Artificial Intelligence[R]. 2019.
[6] 国家知识产权运营公共服务平台. 人工智能领域中国专利质量研究报告[R]. 2020.
[7] IDC. 2020—2021中国人工智能计算力发展评估报告[R]. 2020.
[8] 中国信息通信研究院. 全球人工智能战略与政策观察[R]. 2019.
[9] 中国通信学会. 全球人工智能基础设施战略与政策观察[R]. 2020.
[10] 清华大学人工智能研究院,清华—中国工程院知识智能联合研究中心. 人工智能发展报告2020[R]. 2021.

作者简介:

王耀南先生,中国工程院院士、机器人技术与智能控制专家,湖南大学教授,现任湖南大学机器人视觉感知与控制技术国家工程实验室主任、中国图象图形学学会理事长、湖南省自动化学会理事长等。以第一完成人获国家技术奖励4项、省部级一等奖11项。获得"全国五一劳动奖章"等称号。

敬石开博士,研究员、博士生导师,现任北京神舟航天软件技术有限公司专家委委员,先后担任"十四五"国家重点研发计划专项"工业软件"专家组成员、国家第六次技术预测(2021—2035)制造领域牵头人、国家2030重大工程"智能制造与机器人"专家组专家等。

数智经济与数字城市的"左脑"和"右脑"

周鸿祎

一、数智经济促进数字城市的发展

区域经济是国家整体经济动力的主要引擎。在数字时代，区域数智经济的主要载体就是数字城市。

（一）城市经济在我国当前经济发展中的地位显著

当前我国经济发展中一个重要的趋势就是持续的城镇化过程。

判断1： 经济在关键生产要素（土地、人力资源、技术、资本、数据等）规模化并高密度聚集的情况下，会获得更高的经济效益。

除了第一产业的农业经济和其他自然资源型经济（如石油、矿山等），国民经济中的主体，如产品型的第二产业和服务型的第三产业基本都集中在城市和城市周边。在城市经济中，一方面是生产经济，另一方面是消费经济。从生产经济的角度看，聚集在城市及其周边的经济可以高效地共享城市的人力资源和资本，可以大大地节约交通成本和物流成本等；人们也能够在城市中获得更多的就业机会和职业发展机会。从消费经济的角度看，教育、医疗等重要服务，只有在城市高度集中的条件下，才能促进其品质的提升。所以人们还是会忍受高昂的房价和其他生活成本，选择聚集在城市，也使得城市经济在我国整体经济中占有了极大的比重。

判断2： 在关键生产要素高密度聚集的城市经济中，基础设施化和基于基础设施的公共服务化是城市实现经济发展和社会治理的高效益模式。

各种经济资源和社会资源在城市高度聚集的过程中，会从简单的规模增加，发展成为结构性扩张。这种结构是为满足城市中自然人、经济法人所需要的共性需求而建立起来的，如交易市场、交通设施、能源设施、生活保障基础设施（如供水、供电、垃圾清运）等。随着城市功能结构的进一步复杂化，更多的硬性基础设施和软性基础设施逐步成为城市的标配，如公共安全、法院、城市政府机构、银行金融机构等。力图在经济高速发展的城市，建立起像经济开发区这样的基础设施群落；力图在可持续发展的城市，建立起更多城市环境基础设施、城市文化基础设施等。

在各种各样的基础设施之上，都形成了基于该基础设施的公共服务，如市场交易管理服务、交通和物流服务、水电服务、公共安全服务、卫生健康服务、环保服务、文化产业服务等。

判断 3：未来城市中主要的经济活动和社会活动，都会分化为两大部分：一部分活动会沉淀为基础设施并向外输出公共服务；另一部分会越来越依赖基础设施及其输出的公共服务。

城市会越来越基础设施化和公共服务化，而数据化会极致地加速这个过程。

（二）数字时代的数智化带来数字城市的结构性强化

数字时代不是早期办公自动化 OA、管理信息系统 MIS 等所带来的"信息化"；也不仅是社交网络、移动互联网等这些在互联网上半场所带来的"网络化"。在当下和未来的数字时代，数字化技术带来的 3 个突出而深刻的现象级变化就是一切皆可编程、万物皆要互联、大数据驱动业务。

而在上面这 3 个变化的背后，是数字化技术的 3 层力量：最基础的层次是算力，也就是在信息系统层次的能力，包括计算 Computing（CPU/GPU 等能力）、网络 Networking（连接的能力）、存储 Storage（数据存储和时间窗留存）；中坚的层次是数据，从数据角度来看是采集、留存、处理、应用等能力；顶端的层次是智力，包括人工智能分析、意识、判断等能力。

前数字时代，数字化技术中发挥主要作用的是算力；而在数字时代，在 IMABCDE[1]的作用下，算力、数据、智力 3 个层次的能力得到全面发挥，可以称之为"数智化""数智时代"。数字经济（也可称为数智经济）数智化、全面深化地作用于经济的各个要素、各个领域、各个产业、各个环节、各个实体，从而形成对经济的结构性变革。

---

1 IMABCDE 是 IoT 物联网、Mobile 移动、AI 人工智能、Block Chain 区块链、Cloud 云计算、Data 大数据、Edge 边缘计算的缩写。

判断 1：在未来，将没有数字经济和非数字经济之分。所有的经济实体、经济模式、经济活动都将深受数字化（数智化）的影响。

传统意义上关键的资源型生产力要素，如土地、劳动力、资金、技术、信息等，在数字经济中都被深度重构。算力和数据提供了新的时空关系；信息要素被更广泛的数据要素所涵盖；人工智能则改变了劳动力结构和技术的作用形式。

判断 2：未来将没有数字城市和非数字城市之分，所有的城市都是数字孪生的。

数字化改变了人、物、事之间的时空关系，最突出的就是"距离变短""速度变快"，这就更加放大了城市规模化效益的作用；而将这样超多数量的城市元素凝聚在一起，必须依靠算力、数据、智力。"软件定义一切"的数字化特征，让数字城市的结构复杂度快速地增长，而要能够治理好这种复杂度，就必须依靠数据和智能。

判断 3：未来的城市都将是数字城市，不管是希望向规模化发展的超大型城市，还是希望向精益方向发展的特色城市，其发展动力和发展瓶颈都将是城市的数字化程度和智能化程度。从这点上说，所有的数字城市都是同构的。

二、数字城市发展与治理中的数与智

构成城市骨架的就是城市的各种硬性基础设施和软性基础设施。数字城市的骨架就是城市的数字化基础设施。数字城市的建设过程就是一个一个的城市算力工程、城市数据化工程和城市智能化工程。

（一）数字城市发展的开发程度可以用"城市数据化指数"来衡量

在改革开放以来的 40 多年里，城市发展水平的一个重要指标就是 GDP；而随着我国新发展模式的变革，信息化程度、数字化程度成为重要的衡量指标。对一个城市而言，可以用"城市数据化指数"（City Digital Index）来衡量其数字化程度。"城市数据化指数"应当包含以下内容：城市的数据存储年规模、累计规模（包括总量和人均量）；城市基础数据的数据化程度，如城市地理数据化比例、城市管线数据化比例、城市人口数据量、城市法人经济体数据量等；城市基础设施和公共服务的数据化程度，如交通、电力供应、垃圾清运等基础设施和公共服务的数据化比例；城市信息基础设施的水平和能力，这里主要体现为总算力水平和人均算力水平；城市日常经济活动和社会活动的数据化比例；等等。

（二）数字城市需要一系列数据化基础设施

数字城市要将现实城市中的所有活动数据化，城市活动变成数据，城市基础设施映射为数据化基础设施，城市公共服务变成数据化服务。数字城市的数据化体现在数字城市的一些大工程、大基础设施建设当中，如水电供应工程、轨道交通工程、电动车充电桩工程，以及城市公共数据湖工程、城市数字测绘工程、城市数据仿真工程等。

类似于传统城市格局中规划河流湖泊和城市布局，城市公共数据湖工程需要规划城市中哪些数据要留在城市公共数据湖工程中。相对集中的数据资源会促进城市的数据化水平，也便于数据的开发、利用和保护。城市数字测绘工程对传统城市和数字城市都进行了测绘数据化，可以形成整个城市从宏观到细节的多维度全息留影和变化跟踪。城市数据仿真工程则将根据城市测绘的数据构建一个平行运行的数字孪生城市，将城市数据变为城市智能。

（三）数字城市发展和保护水平取决于城市智能

城市的数据化是一个双向的过程，一个方向是物理世界、现实世界、社会关系的数据化、数据资源化（甚至包括数字空间自身的再数据化）；另一个方向是数据经过计算、传输、存储等之后，反向影响和服务于物理世界、现实世界、社会关系，以及数字空间自身。前者主要通过城市数据化工程来达到，后者则主要通过城市智能化工程来实现。而城市数据化工程是城市智能化工程的基础条件。

三、数字城市发展中数字智能的核心

（一）数字城市的数智分级

数字城市必须以强大算力（计算、网络、存储等能力）和高度数据化为基础，实现先进数字智能应用。这种能力可以被简单地分为3个级别：普通级、基础设施级、城市级。

普通级就是个人和普通机构所拥有的算力、数据和数字智能水平。而随着数据化应用的逐渐深入，在某些情况下个人和普通机构的算力会超出需求，其数据也难以自行采集和存储，数字智能也需要其他系统的支撑。这就导致个人和普通机构必须寻求大型数字化基础设施的支持（云计算服务、云存储服务、云分析服务等）。普通级的数智定位，可以比喻为人体基础组织和器官的神经末梢。

普通级需要基础设施级的支撑和服务。在一个城市中，各个基础设施都会有自己更强大的算力、数据和数字智能，并以此服务于个人和普通机构。例如，城市交通数字化基础设施，可以为个人的智能车（或有智能手机的驾驶者）提供导航、道路疏解、辅助驾驶（或自动驾驶）等服务；而这些算力和数据是个人难以独立拥有和使用的。基础设施级的数智定位，可以比喻为人体各大系统、各个肢体位置的自有功能体系和神经中枢。例如，人体的消化系统就有自身功能体系的控制规律，与大脑有神经联络，并与人体其他大系统共生协作。

城市级的算力、数据和数字智能，是城市所拥有的一种综合能力。城市级的数智定位，可以比喻为人体的大脑中枢。

不同层次的城市智能分别发挥自身在数字城市中的作用，也由不同的责任主体负责建设、运行、应用和服务。一般来说，城市级主要是向基础设施级赋能，而基础设施级则向普通级提供公共服务。

（二）数字城市的"左脑"和"右脑"

"发展与安全是一体之两翼，驱动之双轮。"将发展比喻为"左脑"，将安全比喻为"右脑"。城市的数字智能也有两种类型。

一是发展，发展类数字智能主要体现为基于信任的增益性正反馈，并促使城市的经济、社会等指标得到增益。例如，通过数据存储而形成的城市记忆，总体来说越多越好；通过大数据分析找到城市经济发展的杠杆点，寻求高质量发展的途径；通过数据链和数据接口的对接达成多主体、多基础设施的协同，通过协同得到增效；等等。二是安全，安全类数字智能主要体现为基于怀疑的保护性负反馈，并力图避免可能造成城市经济、社会等指标的损失和伤害。例如，为避免自然或人为灾难带来的损失，以数据存储和系统备份为主要手段的灾备措施；为避免人为攻击和滥用带来的损失，对数字城市系统的对抗性保护措施；等等。

"左脑"和"右脑"的智能发展都要以高度的数据化水平为基础。"左脑"和"右脑"不仅是将现有业务系统信息化的"面向流程的智能体系"，还是"以数据为基础和核心的智能体系"。要强调记忆（数据留存）、情报（数据分析）、经验（归纳推演）、学习（模型积累、机器学习）等智能模式。

（1）数字城市的城市级"左脑"就是"数字城市操作系统"。

数字城市必须建立自己的城市级"左脑"，我们称之为"数字城市操作系统"。城市操作系统可以提炼整个城市的共性数字基础设施。城市级"数字城市操作系统"和其他多样的基础设施级系统之间的区别和联系，就如同Windows或Linux操作系统与在其上运行的应用系统之间的区别和联系。

判断 1：一个城市的数字城市操作系统，其关键组成包括一个城市级数据湖、一个城市级数据链连通协同平台、数个城市级数据业务协同专项基础设施。

城市级数据湖是数字城市的城市级综合存储空间和数据分析提炼工厂。每时每刻都有来自百行千业的多维数据汇入数据湖；每时每刻也都有不同的分析引擎对数据湖中的数据进行分析，提炼高价值的信息和情报，将数据价值聚合为业务路径，从而形成应用系统。

城市级数据链连通协同平台要长期或临时地将百行千业的业务系统或基础设施的数据链（如内容链、情报链、控制链、任务链等）打通，也要将百行千业的系统与城市级数据湖打通。

城市级数据业务协同专项基础设施包括 ID 和身份管理共性平台（ID 云）、业务弹性算力保障基础设施、城市业务发展态势呈现和趋势推演基础设施等。

数字化促进基础设施化和公共服务化，覆盖城市中的第三产业和第二产业。数字化对于第三产业的影响促进了城市大脑的基础设施和公共服务体系建设；数字化对于第二产业的影响则促进城市开发区模式的进一步优化。例如，产业链数字化协同共性平台可以服务于城市多个开发区和多种复杂产业链体系。

都江堰连通了整个成都平原的灌溉系统，在依靠水的农业时代，造就了一个造福两千年的"水利工程"。在依靠数据的数字时代，城市级数据湖、城市级数据链连通协同平台、数据业务协同专项基础设施就是整个城市的"数利工程"，将长期造福整个数字城市。

（2）数字城市的城市级"右脑"就是"数字城市安全大脑"。

数字城市必须建立自己的城市级"右脑"，即"数字城市安全大脑"。城市安全大脑可以协调整个城市的数字安全保护，为城市中其他基础设施提供安全能力支撑。

个人和普通机构在面对多样性的安全威胁时，简单地按照等级保护等合规性要求加强自身防护并不能解决大量的安全问题，如社会化服务系统的身份鉴别问题、提供互联网服务时要面临的 DDoS 分布式拒绝服务攻击等。这些安全问题必须寻求上层安全基础设施的支撑。而城市中一般基础设施所面临的一些安全问题也不是依靠自身安全保护体系就能够解决的，如在所在行业面临较大规模攻击和灾难的威胁时就需要城市级灾备，在涉及跨基础设施的综合性 APT 威胁时就需要更高级别的对抗能力支持。简单来说，一般性的安全问题可以用"看家护院的保安力量"解决，而严重的灾难和国家级的特种攻击就需要高能力和高特权的国家机器来应对。在一个城市的能力范畴内，最强的保护力量就是"数字城市安全大脑"，如果还有难于解决的特殊安全问题，就需要求助"国家安全大脑"的协同支持和保障。

判断 2：一个城市的"数字城市安全大脑"，其关键组成包括一个安全神经元矩阵、一个安全大数据平台、数个城市级网络安全专项基础设施。

安全神经元矩阵是覆盖全领域、全层次、全流量的安全感知网络，负责将全部安全数据实时汇集到安全大数据平台。

安全大数据平台存储和积累那些感知而来、协同而来的安全大数据，并持续不断地进行分析和提炼。平台既有海量的原始数据，也有大量的高价值特征数据、样本数据、模型数据等，为后续的利用提供数据密集型保障。

城市级网络安全专项基础设施，如数字资产测绘基础设施（测绘云）、漏洞缺陷管理基础设施（漏洞云）、全视图联合态势感知基础设施（态势云）、威胁情报共享和研判基础设施（情报云）、应急响应协同和资源机动基础设施（应急云）、灾备和业务弹性恢复基础设施（灾备云）、安全开发与共性测试基础设施（测试云）、城市实战和虚拟对抗演练基础设施（靶场云）、城市蓝军和众测队伍（检验云）、网络安全和数据运营人才培养基地（人才云）等。这些城市级网络安全专项基础设施为城市中百行千业提供其难以独立构建（或难有效益）的网络安全保障能力。

四、结语和展望

城市经济是国民经济的关键支柱，城市生活将是大多数国民的幸福依托。高度集中的基础设施化和公共服务化是城市发展的必然。城市数字化将进一步加速和增益这个过程。未来的数字城市必须加大算力工程、数据化工程、智能化工程的建设，提高城市数据化指数。必须在前瞻性地建设好城市级数利工程（城市的"左脑"）的同时，同步地建设好城市级的"数字城市安全大脑"（城市的"右脑"）。

数字城市的"左脑"和"右脑"，缺一不可，从而让数字城市的双轮走上健康持久的发展轨道。

作者简介：

周鸿祎先生，奇虎 360 集团创始人、董事长，第十三届全国政协委员、九三学社第十四届中央委员会委员、全国工商联十二届执委会执行委员，兼任大数据协同安全技术国家工程实验室理事长、中国网络空间安全协会副理事长等职务。曾被授予"全国劳动模范"、国家百千万人才工程"有突出贡献中青年专家"等称号。

区块链带动的技术驱动与产业发展

孔剑平

一、产业区块链的技术突围

（一）隐私计算信用

1. 数据商业化和隐私保护之间的博弈和平衡

数据已经发展成为继土地、能源、人口之后的重要生产要素之一，在互联网领域，各大巨头公司对数据的重视程度不言而喻，围绕数据这个赛道，也诞生了众多优秀的产业链相关企业。在资本进入后会掌握数据的源头，其势必会为相关利益体谋取利润，从而对监管形成新的挑战。所以数据的商业化与隐私会是一个长期共生的发展过程，如何平衡他们之间的关系成为解决问题的关键。

一方面，可以通过新技术来保证个人的隐私不被商业化所侵犯，在最大允许范围内提高数据的商业使用效率；另一方面，可以通过立法来界定商业和隐私的边界，厘清法律的底，同时还需要建立完善的行业准则与适度的监管政策，让从业者在内心有一个共识。

从行业的演化进程来看，数据必须要在具备隐私保护的条件下，进行流转、交易，从而赋能产业。区块链领域的细分技术恰恰能完美地解决数据与商业的融合问题。

在方式方法层面，坚持最小可用原则，力求在成本最小、披露最小、风险最小的基础上，完成指定的目标。

2. 隐私计算在整个商业化落地过程中所遇到的挑战

新技术的诞生能够提升产业效率，然而这些新思想、新技术在刚被商业化时，本身具有很大的争议性，隐私计算在整个商业化的应用中面临的挑战也是如此。

首先要攻克来自技术与场景应用方面的难题，很多企业会产生转型困难的情况，同时客户对于新技术也存在信心不足的问题，原因在于新技术带来了整个商业模型的改变且其安全性未被可靠证明。其中最大的挑战是如何把隐私技术拆分到每个商业节点的流转当中，将整个复杂的体系掰开揉碎，呈现在客户面前，从而让客户相信这个体系是可控的。

3. 隐私计算的发展趋势

2020年是隐私计算的元年，隐私计算若想在2021年商业化的战场上大放光彩，注定要交付标杆性、多样化的商业化案例。整个行业会积极探索创建隐私计算独有的落地应用场景，从而完成传统数据流通商业模式的迭代升级。

未来隐私计算势必会成为底层基础设施构建所需要的关键技术之一，在数据流通、隐私计算、数据沙盒模式、API数据接口等领域都会长期共存。

（二）分布式价值网络

在以单向阅读为主的Web1.0时代，用户只能作为消费者，通过浏览器来获取信息。而在Web2.0时代，用户既是网站内容的消费者，又是网站内容的制造者。目前互联网正式步入Web 3.0时代，现在的互联网以更加人性化、透明和安全的方式提供更多的人工智能服务，其中，最大的特点就是分布式。分布式网络具有匿名、高效、安全、富有弹性等特点，同时它是无须信任、无摩擦、无单点控制、无单点故障。过去要求用户使用网络操作系统获取网络资源时，必须了解网络资源及网络中各个计算机的功能与配置、软件资源、网络文件结构等情况，即如果用户要读一个共享文件，必须要知道这个文件放在哪一台计算机的哪一个目录下。而以全局方式管理系统资源的分布式操作系统，可为用户按需调配网络资源，同时调配过程透明高效。

1. 分布式计算代理的计算革命

在大数据时代，海量计算的需求场景越来越多。海量计算最开始的方案是提高单机计算性能，后来由于单机性能跟不上数据的爆发式增长的速度，才发展了分布式计算的方案。分布式计算主要是指两个及两个以上的软件共享信息，与并行计算的不同点在于，并行计算使用多种计算资源来解决计算问题，侧重于时间上的同步性，而分布式计算对通信量、计算量、时间的要求不一样，主要指空间上的分布性，二者可以同时进行。

简单而言，分布式计算把一个计算任务进行拆分后分布到若干机器上去计算，再将结果进行汇总。分布式计算堆栈包括网状网络、自治代理，以及区块链技术，其中最常被提及的是区块链技术，区块链技术本质上是一个巨大的加密记账系统，开发了多种可能的功能，如交易、身份验证、信任和交付等。目前，区块链技术的应用已延伸到分布式投票、分布式域名注册、分布式存储、智能确认合同（如安全性资产交换）、文件认证（如存在证明）等领域。

2. 分布式存储如何平衡数据和安全的价值

分布式存储将数据分散存储于多台设备上，设备之间相互独立。在分布式存储系统出现以前，通常将所有数据存放于集中的存储服务器上，但集中式存储的弊端逐渐浮现，集中式存储容易出现单点失效的问题，同时无法满足大规模存储应用的需要。而分布式存储的设计理念中，安全是相对的，每个硬件设备都是不可靠的，故采用可扩展的系统结构，使用多台服务器共同存储数据，靠多副本的方式保障数据安全，同时利用位置服务器定位存储信息，不但提高了系统的可靠性、可用性和存取效率，还易于扩展。然而在扩展存储系统的同时，也需要平衡数据和安全的价值关系，主要包括以下3点。

（1）一致性。分布式存储一般是把一份数据及其多个副本存储在不同的服务器中，一致性指多个副本的数据完全一致，但随着服务器数量的增加，出现数据不一致的概率也不断增加。

（2）可用性。可用性指当系统中的一部分节点出现故障之后，整体不影响客户端的读/写请求。当分布式存储系统服务器数量增多时，服务器出现故障的情况在所难免，可用性随之降低。

（3）分区容错性。分布式系统需要一定的容错性来避免网络故障带来的损失，而随着存储系统的扩展，当网络由于出现故障而被分解时，系统正常工作的概率也随之降低。

（三）云链结合

云计算是分布式计算的一种，首先通过网络"云"将巨大的计算任务分解为无数个，其次让多部服务器对其处理和分析，最后系统将结果汇总并返回给用户。

1. 云计算天然适配区块链

从定义来分析，云计算按需分配，具有资源弹性伸缩、低成本、高效率、高可靠性的特质，能够帮助中小企业快速低成本地进行区块链开发部署。区块链本身作为一种资源,有按需供给的特点,其次它构建了一个信任体系,以去中心化、匿名性,以及数据不可篡改为主要特征,与云计算的长期发展目标不谋而合。

宏观而言,云链结合云计算提供的基础服务,满足了未来区块链生态系统中初创企业、学术机构、开源机构等对区块链应用的需求。同时,区块链技术依靠其自身的公开透明性和不可篡改性帮助传统云计算翻越了"可信、可靠、可控制"的这座大山,带来了更高的安全性和可用性,促进了基于区块链的分布式计算领域的一些突破。

2. BaaS 在推进过程当中的盾与矛——联盟链

区块链即服务(Blockchain as a Service,BaaS)是基于主流区块链技术的企业级平台,旨在帮助企业快速部署区块链的应用,解决联盟链组网问题,帮助企业快速构建和部署基于 Hyperledger Fabric 的区块链网络,为企业向数字化和智能化转型提供了可靠的基础设施保障。

宏观概念上的区块链云服务包括:SaaS,即广义的区块链即服务平台(区块链应用服务,其他配置服务);PaaS,即狭义的区块链即服务平台;区块链底层平台(Fabric、Corda、Sawtooth);IaaS,即公有云、私有云、混合云。

BaaS 平台基本的模块设计从功能上可划分为资源管理层、区块链管理层和平台管理层 3 个层次。BaaS 平台底层的关键技术包括可插拔分布式共识、智能合约引擎、分布式身份管理、分布式账本存储、跨链/链上/链下交易模型,以及安全隐私保护。BaaS 平台的模块设计与关键技术如图 1 所示。

目前 BaaS 已被应用到供应链金融、数字存证、数字版权、积分兑换平台、食品溯源等领域中。但监管机制的不完整性、用户间缺乏信任,以及网络整合能力不足成为在推进 BaaS 过程中的三大阻碍,另外,各区块链间无法互通、单链扩展、知识产权纠纷,以及审计合规问题也成为企业和组织推进 BaaS 的绊脚石。

(四)区块链催生新型信用体系

随着智慧社会的来临,新型生产力和生产关系不断呈现,对传统社会信用体系提出了挑战,同时也为新型社会信用体系的产生带来了重要机遇。英国《经济学人》2015 年 10 月 30 日撰文指出,区块链是一种"创造信任"的机器。我国 2017 年 7 月

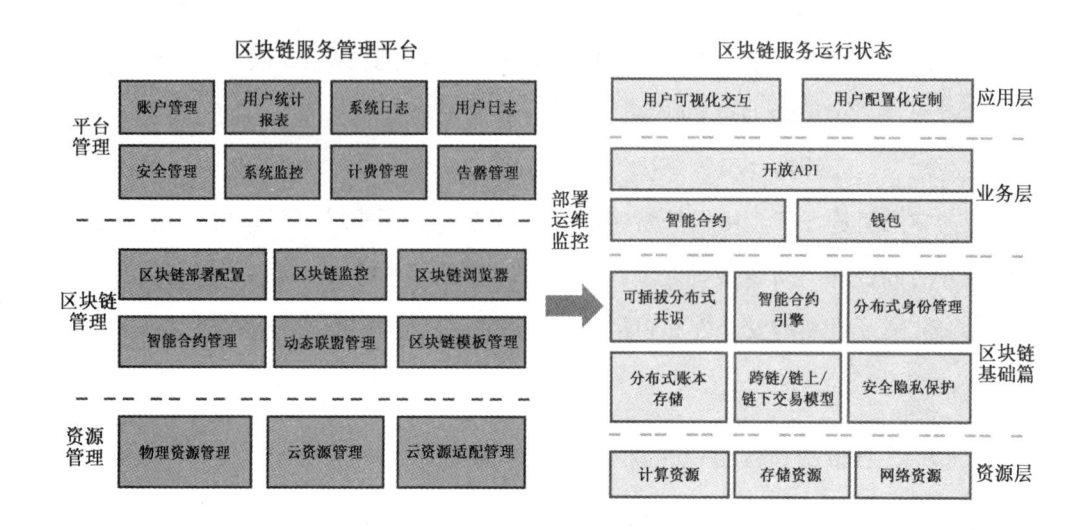

图 1　BaaS 平台的模块设计与关键技术

颁布的《新一代人工智能发展规划》提出,"促进区块链技术与人工智能的融合,建立新型社会信用体系,最大限度降低人际交往成本和风险"。在 2021 年 1 月初,北京市人民政府办公厅印发《关于加快推进北京市社会信用体系建设构建以信用为基础的新型监管机制三年行动计划（2020—2022 年）》,该文件中强调,要"探索和推动区块链技术在信用领域的规模化应用,构建社会信用区块链体系,形成以数据定义信用的管理与技术体系,充分发挥信用信息记录数据在分级分类监管规则中的应用"。探讨利用智能合约机制,实现敏感数据的"可用不可见"、失去信用数据的有序流动和运转。

在该背景下,区块链技术的发展催生了一种新型社会信用机制,即系统信用。系统信用指网络在机器之间建立"信任",通过数学算法为社会成员创造信用,并使他们达成共识,目的是构建一种全新、可信的技术系统,具有公开透明、全程追溯和不可篡改的特性。区块链技术则可被用于建立基于系统信用的新型社会信用体系,同时人工智能技术对信用主体开展"信用画像",并应用于政府监管、数字经济发展,以及惠民便企服务等领域。当然,在与传统社会信用体系进行有效衔接的前提下,新型社会信用体系的构建需要与相关推进机制的建立同步进行,与此同时,政府须加强对新型社会信用机制的监管。

1. 以区块链模式建立社会信用上链体系

我国征信行业一直由国资背景企业主导,体系市场化的建设进展相当缓慢。目前，国内具备个人征信牌照的机构仅有两家，分别是中国人民银行征信中心（央行征信）和百行征信有限公司。

区块链利用分布式记账、加密算法等技术，创造了一个不可篡改且可以脱离第三方背书的信用证明体系，其中智能合约提供了一种协调社会关系的新方式。在过去，交易双方因某一方违约而产生纠纷时，传统的解决办法是诉诸法律，然而在智慧社会中，智能合约会根据预先设定的条件触发计算机程序，机器自动完成数字资产交易，不需要人工干预和法律裁决。这一过程用数学算法消解了法律中的仲裁角色，为新型社会信用机制的产生提供了技术保障。

2. 区块链技术在社会信用体系建设中的问题

从长期发展来看，上链前数据的真实性是社会信用体系建设中的一个重要问题。另外，相比于中心化数据平台，区块链技术的性能问题也是一大问题，另外，由区块链技术的匿名性带来的难以监管的问题亟待解决。

3. 信用资源拥有者之间的信任机制如何建立

一般来说，信用资源拥有者对掌握的信息不存在信任问题，而对其他人掌握的信息可能存在不信任的现象。引入区块链的共识机制，使得区块链上的数据得到链上各节点的认同，各信用资源拥有者间的信任机制得以建立。另外，还需要国家建立相应的法律制度，通过法律约束保证信用资源者所提供信息的真实性。

二、产业区块链的时代机遇与挑战

（一）产业区块链的相关政策

1. 顶层设计进一步加强

截至 2020 年 12 月末，我国共有 50 项区块链政策信息公布，主要围绕区块链监管、相应扶持政策、产业应用等内容。

2020 年 4 月 20 日，国家发改委明确将区块链列入新型基础设施中的信息基础设施，标志着国内区块链产业将迎来新一轮的变革。随着中央对区块链的高度重视，区块链将真正奠定其作为基础设施的地位。

2. 各级政府对于区块链产业的扶持力度进一步加大

在响应中央政策的同时，上海、杭州、广州、深圳、青岛、长沙等地相继推出40余个各类区块链产业园区，大多由政府或有政府背景的社会组织主导。中央的政策为区块链的大规模应用落地提供了极大的扶持，为区块链行业创业者提供了绝佳的创业机会。

（二）产业区块链赋能实体产业

1. 金融、能源、制造业等传统行业领域

区块链应用到各个行业中，将会带动这些行业的发展。从整个经济发展周期来看，目前正处于实体经济和数字经济相互融合的关键时期。当下实体经济发展虽有复苏，但相较于数字经济，仍处疲软态势。但实体经济在经济发展中的地位相当重要，因此，要想真正振兴实体经济，就必须在传统行业中加入融合新科技。区块链有充当融合连接的潜力和动力，能够助力传统行业焕发生机。

由于区块链具有公开性和不可篡改等特性，企业的信用信息都是公开可查的，企业数据造假的成本快速提高，因此很多金融机构能够获得较为准确的企业信息，交易成本能够得到有效控制。目前，不少金融机构已经将区块链技术运用于供应链融资、贸易融资、跨境贸易等方面。对于制造企业来说，企业的数据公开透明，金融机构对于中小企业违约的担心大幅度降低，将从根本上解决中小企业难以获得信用贷款的问题。另外，企业能够以较低的成本了解到相关合作伙伴的准确数据，这会大大提升企业做出合作决定的效率，同时有效解决了市场合作和交易过程中的信任问题。

2. 人工智能、大数据等战略新兴产业领域

区块链不仅能让传统行业焕发生机，其与人工智能、大数据等新兴行业的融合，也能够有效推动新兴产业经济的发展。在人工智能领域，区块链将有效提高人工智能的数据分享效率，并确保人工智能中的个人信息安全。同时，人工智能也能够提高数据共享的智能化。目前，区块链和人工智能的融合已在算力、算法、数据等方面得到了大量应用。

在区块链与云计算融合方面，包括阿里巴巴、亚马逊、谷歌、腾讯等在内的众多互联网公司利用区块链链上数据不可篡改的特性，提高了云计算的准确性。在云计算数据的安全方面，区块链也通过其数据公开透明的特性为其提供了保障。

在新基建的浪潮下，区块链与人工智能、大数据的融合已是大势所趋，基于区

块链不可篡改、数据公开透明等特性，赋能新兴产业应用，最终推动数字经济的发展。

（三）产业区块链在应用落地时所遇到的困境

1. 区块链技术存在瓶颈

从区块链自身的演进过程来看，区块链在技术上并不是完美无缺的。区块链技术目前仍处于发展的早期阶段，在计算性能、算法灵活度、硬分叉升级等方面存在一定的改进和提升空间。区块链能够保证链上数据的可靠性和真实性，但这些都牺牲了一定的性能。较低的性能限制了区块链的大规模应用，区块链技术的瓶颈也导致其对快速的交易事务和复杂的智能合约无能为力。

2. 区块链技术存在安全隐患

区块链技术也存在一定意义上的安全隐患。举例来说，私钥是目前资产所有权的唯一凭证，私钥的丢失意味着资产所有权的丧失。因此，对于企业和个人来说，如何安全妥善地保管私钥将成为一大问题。私钥一旦丢失，资产将难以找回。

3. 区块链技术的业务模式有待探究

区块链技术要真正落地产业领域，还有一段很长的路要走。以银行为例，要将区块链技术应用到业务模式中，需要投入大量的人力、物力等来改造基础设施，但产生的经济效益充满不确定性。从本质上来说，区块链并不解决生产力的问题，更多的只是解决生产分配的问题。因此，区块链要想真正落地大规模应用，其业务模式还值得探究。

作者简介：

孔剑平先生，豪微科技董事长，浙江省半导体行业协会副理事长，清华大学工商管理硕士，曾带领公司成为全球区块链和人工智能芯片第一股，联合发起了中国区块链应用研究中心、长三角人工智能实验室等机构。

加快智能物联网操作系统创新与发展

赵鸿飞

在新一代信息技术革命的推动下，物联网已成为全球新一轮科技革命与产业变革的重要驱动力。随着人工智能、5G、云计算、边缘计算等技术的逐渐成熟，物联网产业预计将长期保持高速增长态势。物联网的出现和兴起为我国科技和经济发展带来了难得的机遇，我国物联网经过多年的高速发展，已成为带动国民经济发展的重要先导性产业。智能物联网操作系统作为智能物联网产业发展的基础，是物联网时代把握产业发展战略制高点的关键。加快智能物联网操作系统创新与发展，是物联网企业的义务与责任。

一、引领新一代信息技术革命的智能物联网

1780年以来，人类社会共经历了5次大的产业周期，在每个产业周期中，都有着革命性的技术发明，在科学技术的推动下实现社会生产力的根本变革，由此组成了一个全新的产业，以驱动人类社会向前发展。进入21世纪以来，随着云计算、物联网、大数据、移动互联网等新一代信息技术的产生，人类社会进入了以这些新一代信息技术为核心的信息革命新阶段。

2018年，全球蜂窝物联网连接数为50亿个，智能手机为30亿台，带来了5万亿元的数字经济，随着新一代信息技术革命的不断演进，与物联网相关的云计算、5G、半导体产业将迅猛发展，从"人—人"连接到"物—物"连接，大大地扩展了市场空间。预计到2025年，全球蜂窝物联网连接数将达到1000亿个，智能终端数将突破400亿台，预计带来23万亿元的数字经济。从新一代信息技术产业的关联性来看，芯片是物联网的"大脑"，低功耗、高可靠性的半导体芯片是物联网几乎所

有环节都必不可少的关键部件之一。5G 技术提高了数据传输带宽和速度、扩大了设备接入的规模，这就意味着需要更大的系统容量，也意味着数据流量将迅猛增长，因此需要更大规模的核心网络与之相适应。在 4G 时代，核心网通常都使用专用硬件，进入 5G 时代后，数据通信的核心网步入虚拟化时代，直接利用云计算来构建核心网，以提供物联网设备组网、设备管理、设备控制、安全保护、数据采集、数据分析、机器学习推理等功能。在物联网领域，全球巨头纷纷提升技术实力，抢占市场份额。

物联网是智能感知、识别技术与普适计算、泛在网络的融合应用，被称为继计算机、互联网之后世界信息产业发展的第三次浪潮，正在引发新一轮的生活方式变革，将是下一个推动社会高速发展的"重要生产力"。《国务院关于推进物联网有序健康发展的指导意见》指出，要加快物联网关键核心产业发展，提升感知识别制造产业发展水平，构建完善的物联网通信网络制造及服务产业链，发展物联网应用及软件等相关产业。在此次新冠肺炎疫情背景下，我们需要把压力变为动力，抓住机遇、创造未来，建设好智能化数字中国。

物联网操作系统是一种在嵌入式实时操作系统基础上发展而来的、面向物联网技术架构和应用场景的软件平台。我国 IT 产业长期以来面临"缺芯少魂"的严峻局面，操作系统作为软件的灵魂，是产业链上最重要的基础软件，向上支撑服务应用软件，向下支撑、兼容所有硬件。如何突破操作系统关键技术，建立基于自主操作系统的生态环境，是我国科技产业亟待突破的关键课题之一，其中，物联网操作系统是行业竞争的焦点，也是引领下一代物联网产业发展的战略制高点。

在移动互联网时代，产业和生态的基点是智能终端，大部分价值集聚在众多应用程序中，操作系统为应用程序提供统一接口，作为应用框架的生态核心。而物联网以连接和数据为主，汇聚和处理数据成为产业发展重心，操作系统作为数据汇聚的接入接口，生态定位发生改变。随着新兴物联网应用服务的兴起，服务对象逐步变为大众消费者，新兴物联网在运维模式、网络架构、数据处理上都与传统的专用模式有很大区别，物联网系统从独立封闭走向开放互联。同时，随着通信、人工智能、自动驾驶等技术不断地成熟发展，物联网终端智能化不断加深，亟待提升能力的终端设备给物联网操作系统提出了新需求。第一，智能物联网设备正处于快速增长的阶段，物联网芯片平台的演进也十分迅速，智能硬件市场呈现了多样化、多芯片平台的特征，因此，物联网操作系统要求支持多设备、多硬件平台；第二，不同的智能终端具备不同的通信协议和频谱，智能物联网的不同层级也存在着不同的通信机制，面向不同厂家的设备，具备广泛的设备连接能力才能实现信息的上传下达，为实现互联互通和互操作，操作系统必须实现互通性要求；第三，智能物联网设备对功耗性能要求较高，但由于设备资源受限，低功耗成为物联网操作系统的必备特性；第四，物联网设备广泛应用于智慧医疗、智慧家居、智能城市等领域，在数据完整性、身份认证、权限管理等方面具有较高的要求，联网设备不断增加，网络安全性亟待提升，从操作系统层面保障软硬件安全成为必须；第五，面向行业物联网及特定消费物联网设备，智能设备的信息沟通、任务执行需要有较高的实时性，且针对大量异构终端，物联网操作系统需要实现模块化要求，实现可裁剪和迅速定制的要求；第六，目前的物联网设备大多数具备 AI 能力，能够支持基于语音、视觉的人工智能技术，随着人工智能技术的演进，AI 芯片及 AI 算法将大面积部署于物联网设备，因此物联网操作系统必须具备广泛的 AI 支持能力。

二、智能物联网操作系统的全球发展状况

与移动端的 iOS 系统、安卓系统和 PC 端的 Windows 系统一样，智能物联网操作系统也必然成为物联网时代的战略制高点，成为"兵家必争之地"。操作系统行业既定的规律是，当 1~2 个系统形成垄断之后，其他系统将难以对其构成威胁。回望物联网操作系统的历史，2014 年是物联网操作系统发展的关键节点，谷歌、微软、ARM 等物联网操作系统公司均于 2014 年开始进入市场。

面向物联网新型终端大量组网的需求，传统嵌入式操作系统由于其封闭式的特点无法直接套用于物联网设备中，移动端的 iOS 系统和安卓系统由于体量较大、功耗较高等原因也无法很好地适配物联网终端，因此操作系统须进行新一轮发展创新。在架构上，为实现通用化，架构逐渐趋于一致，并具备物联网独有特点；在技术上，面向新型终端安全性、低功耗、互联性的需求，操作系统须不断提升自身性能。近年来，ARM 的 Mbed、微软的 Win10 IoT、谷歌的 Fuchsia 等新兴操作系统皆在物联网领域有所发展与应用，我国华为的 LiteOS、阿里巴巴的 yunOS 等也进入市场。由于现有操作系统难以完全匹配物联网应用需求，目前物联网操作系统领域涌现出 3 条技术路线。第 1 条技术路线是基于安卓系统、iOS 系统等进行裁剪和定制，来适应物联网接入设备的需求；第 2 条技术路线是以传统嵌入式操作系统和实时操作系统为基础，通过增加设备联网等功能，满足物联网接入设备互联需求，形成新的

嵌入式操作系统；第3条技术路线是面向物联网产生的新型操作系统。物联网操作系统更趋向于一种集成技术，将已经成熟的操作系统技术、通信技术和云计算技术集成到从传感器到云的物联网场景中。物联网操作系统不只是提供CPU资源管理和应用程序接口（API）的传统意义的操作系统，它无法只布置设备端，还需要端云联动。物联网操作系统一直由产业界推动发展，产业界一直在寻找可以解决由于物联网开发过于烦琐、开发团队顾此失彼而延误开发周期的方案，为物联网生态系统打造一个类似智能移动终端的安卓系统及iOS系统的生态环境。

单一的物联网操作系统难以支持物联网系统中的所有设备，但在短时间内难以形成像智能移动终端中安卓系统、iOS系统两家独占市场的局面，这对中国企业来说或将是一个机会。从技术层面看，传统嵌入式Linux系统和RTOS系统将在物联网设备中持续应用，但它们都将面临来自技术层面和商业层面的挑战，安卓系统带给智能手机的免费模式将对物联网产业有所影响。目前，谷歌、亚马逊等国外巨头都在积极部署物联网操作系统研发，然而尚未形成一家独大的局面，我国的物联网市场巨大，为了抢占产业发展优势，应积极把握智能物联网发展机遇，我们有必要且有实力参与到智能物联网操作系统的关键竞争当中。

三、我国发展智能物联网操作系统的机遇与挑战

人工智能、5G、云计算、边缘计算等技术逐渐成熟，物联网产业预计将长期保持高速增长态势。我国物联网经过多年高速发展，已成为带动国民经济发展的重要先导性产业。物联网设备数量巨大，具备广阔的市场前景，据爱立信的物联网研究报告显示，在2018年，物联网设备的数量首次超过智能手机，到2021年，物联网设备将超过290亿台。智能物联网创新高度活跃，下游应用场景包含众多智能硬件，如智能机器人、VR/AR、智能可穿戴设备、智能音箱、无人机等。根据Strategy Analytics最新发布的《2019年全球智能家居市场》研究报告预测，到2019年，消费者在智能家居相关硬件、服务和安装费用上的支出将达到1030亿美元（约合人民币7340亿元），并将以11%的年复合增长率增长到2023年的1570亿美元。

随着各种各样的智能硬件层出不穷，智能物联网行业得以快速发展，但目前还未出现能够满足各种智能物联网设备需求的操作系统。在PC时代，微软利用

个人计算机的普及这个增量市场的机会，进入桌面操作系统市场，并最终成为市场统治者。在移动互联网时代，谷歌利用智能手机大量普及的增量市场机会，推出了以应用为核心的安卓系统，而目前安卓系统占据了整个智能手机市场 86.6%的市场份额。物联网操作系统市场是一个增量市场，目前并没有一款成熟的产品能够完全适应物联网应用，同时，我国智能物联网市场是世界最大的物联网市场之一。目前，谁能够在国内市场尽可能快地形成自己的用户群，谁就有可能成为新的市场赢家。

　　研发智能物联网操作系统是实现国家关键领域核心技术自主可控战略的必要举措。目前，智能手机、PC 终端的操作系统主要由国外企业主导，智能物联网行业还处于快速发展的阶段，国内与国外基本处于同一水平，国内企业有机会凭借深厚的技术积累、广泛的物联网应用场景实现自主可控，引领行业发展。同时，随着智能科技的快速发展，智能物联网行业正处于快速发展的阶段。各种类型的智能终端呈现爆发的状态，如机器人（服务机器人、扫地机器人等）、智能摄像头、AR/VR 设备、智能手表、智能音箱、智能手环、无人机等。整个物联网行业呈现出多样化、碎片化的特征。这对智能物联网操作系统提出了较大的挑战，整个行业需要一个中立、统一的智能物联网操作系统来支撑不同的硬件架构、设备等。此外，谷歌、亚马逊的核心研发力量都在美国，有可能在海外市场率先取得领先优势，但在中国市场，他们对中国物联网特有场景缺乏理解，在智慧城市、工业物联网等数据敏感的市场难以赢得中国客户的信任，另外，还会受到相关法律法规的限制。而中国是世界最大、场景最丰富的物联网市场，物联网操作系统的发展离不开与实际场景及数据的结合，目前我们拥有主场优势，完全有机会赢得中国市场。

　　据中国信息通信研究院统计，从 2013 年起，物联网操作系统专利申请量呈爆炸式增长，由 2012 年的 86 个激增到 2013 年的 189 个，并且还在呈现逐步增长的趋势。然而相比于传感器、有线通信技术和短距离通信技术等专利申请量较高的领域，在物联网技术中，关注于物联网操作系统的技术专利仍然较少，技术发展创新节奏仍较薄弱。

四、我国智能物联网操作系统的发展路径与建议

　　新一代信息技术革命浪潮推进了物联网市场的蓬勃发展，但物联网操作系统研

发的瓶颈问题亟待解决。重点研发分布式虚拟化技术和超连接技术，要通过模块化、微服务、微内核、系统软总线、边缘微服务、UI微服务、安全微服务、端云协同等核心技术，制定统一先进的编程接口标准，实现端云无缝结合，打造领先、安全、标准和自主可控的智能物联网操作系统。智能物联网操作系统无法由芯片厂商、设备供应商、应用厂商、开源社区等独立开发完成，需要由中立的第三方主导构建开放、中立、健康的产业生态，秉承中立、开放的原则，携手产业链上下游和科研院校，创建技术生态和应用生态，赋能产业链。

在发展智能物联网操作系统的进程中，在借助国家政策和市场引导的同时，需要加快创新技术研发，关注物联网操作系统技术领域，大力发展安全、低功耗、互联互通的相关技术；重量级操作系统逐步扩展其功能，与人工智能、数据分析等前沿技术紧耦合。在安全性上，利用隔离思想，从操作系统层面加强软件安全；同时，利用TLS打造"内核+传输+云端"全生命周期的安全体系。在低功耗上，完善调度机制和传输机制上的低功耗方案，注重低功耗和实时性之间平衡发展，加强低功耗机制创新。在互联性上，借力国内低功耗广域网发展优势，大力加强操作系统对连接技术的支撑能力；在重量级操作系统内部耦合云应用引擎，加强云端互联。好的物联网操作系统不只是在技术能力上表现优秀，也是在整个生态系统建设能力上的全面检验，终端侧操作系统需要配合平台侧实现状态查询、配置管理、告警管理、传感器管理等功能，合作的加强可推动"操作系统+物联网平台"生态的快速建立。

作者简介：

赵鸿飞先生，中科创达软件股份有限公司创始人、董事长兼总经理。曾任恩益禧——中科院软件研究所有限公司销售部长、北大青鸟海外事业部副总经理。在软件工程和操作系统开发领域有20年的工作经验，曾荣获"科技部创新人才推进计划""中国软件和信息服务业领军人物""中关村高端人才领军工程创业之星""ICT产业十大杰出人物"等奖项。

大数据和城市基础设施赋能汽车智能化

程 鹏

一、汽车智能化已成为全球汽车产业发展大趋势

作为一项现代人出行的必备交通工具,汽车已拥有百余年的发展历史。随着内燃机、汽油发动机的相继推出,德国工程师卡尔·本茨于1886年发明了世界上第一辆现代汽车,这一年也被大部分人认为是汽车诞生的元年。

随着大数据、人工智能、云计算等技术的应用,汽车已经不再像以前一样仅仅被人们当成是交通工具,人们对汽车与各个设备之间信息互通的要求越来越高。车内设备不仅要与手机等智能设备连接,同时还需要能够方便地接入互联网,与交通管理系统、周边其他车辆进行信息共享[1]。汽车智能化、汽车网联化已经成为全球产业创新的热点,并且正在引起行业的巨大变革,其产业供应链和价值链都将面临重构,汽车将由传统的机械产品转变为移动出行服务的智能终端。

汽车智能化通过搭载先进的车载传感器、控制器、执行器等装置,融合现代通信与网络技术为车辆赋能,实现车与车、车与路、车与人、车与云等智能信息交换、共享,使其具备复杂的环境感知、智能决策、协同控制等功能[2],并成为"能听、能看、能思考、能表达、能执行"的出行服务伴侣。绿色出行、共享出行、节能减排已经成为当今汽车工业发展的主旋律,智能汽车将互联网、信息融合、人工智能及自动控制等高新技术集于一身,将以其无可匹敌的舒适性、节能性、环保性、安全性等诸多优势成为未来汽车市场的霸主。

---

1 奇虎360集团. 2017智能网联汽车信息安全年度报告[R]. 2017.
2 工业和信息化部,国家标准化管理委员会. 国家车联网产业标准体系建设指南(智能网联汽车)[R]. 2017.

据 IDC 发布的《IDC 全球智能网联汽车预测报告》显示，未来 5 年全球智能汽车的年出货量复合增长率将达到 16.8%，到 2025 年，全球智能汽车年出货量将达到约 9323 万辆，智能汽车市场将迎来快速发展期。未来汽车智能化的发展将呈现更多领域的交叉与融合，谁能在汽车智能化研究应用领域掌握更先进的技术和手段，谁就能在未来汽车市场上占据更大的份额，从而带动相关产业的发展。

我国对于汽车智能化的规划始于 2014 年年底[1]，虽然在这场智能汽车发展竞赛中起步较晚，但接连推出的多项政策大力地支持了智能汽车的发展，我国拥有的基础设施优势也可以为汽车智能化发展提供强大的支撑。2017 年，工业和信息化部、国家发展和改革委员会和科技部三部委联合发布《汽车产业中长期发展规划》，提出将智能网联汽车作为我国汽车产业转型升级的重要突破口。2020 年，我国各部委联合出台智能网联政策，明确了智能网联汽车中长期发展规划，将智能网联汽车的发展上升到国家发展战略层面。此外，各地方政府相继出台智能网联汽车产业扶持政策和规划细则，并加速推进智能驾驶试运营的落地，打造智能驾驶产业生态，培育 5G 通信、人工智能等协同产业。从国内互联网巨头的出现，到造车新势力的兴起，再到全产业链的介入，汽车智能化的技术布局不断加速。汽车智能化已经从探索期进入了成长期，并逐步走向成熟。

作为贯穿多领域的产业，全球汽车产业生态正在加快重塑，汽车智能化已经成为汽车产业技术变革的战略制高点和全球汽车产业发展的趋势所向。

二、提高汽车智能化水平需要大数据与算力支撑

汽车智能化的两大趋势是智能网联和智能驾驶。智能网联主要围绕通信和云服务，智能驾驶则主要围绕感知、规划决策和执行控制。在 5G 通信网络、人工智能、大数据、计算芯片、传感器、高精地图等技术的综合推动下，智能汽车渗透率逐年提高，相应的车载传感器数据、车辆行驶里程、实时胎压监测信息、维修保养情况、车主驾驶行为、地理位置、行车路线、路况信息等大数据也急剧增加。英特尔公司认为每辆无人驾驶汽车每秒可产生 4TB 的数据量[2]，未来的汽车都将

---

[1] 兴业证券. 汽车智能驾驶产业深度报告：路线、变革、机会[R]. 2021.

[2] 英特尔. 英特尔：驱动无人驾驶的未来[R]. 2016, https://www.intel.cn/content/dam/www/public/cn/zh/documents/iot/intel-driving-the-future-of-unmanned-vehicle.pdf.

是移动的数据中心。

　　汽车智能化加速大数据的产生,而大数据又促进汽车的智能化迭代。智能汽车在行驶过程中需要实时感知周边环境、确定车辆位置,并做出识别和决策判断,其准确率基于智能汽车的大脑——人工神经网络(Artificial Neural Network,ANN)。如同人类大脑,人工神经网络需要经过不断的训练,通过在多层级网络节点之间调整权值以提高识别的精准性。这些训练需要基于海量、多情景、多形态的数据样本——可用于深度学习的数据规模足够大,人工神经网络才能从中学习出关键数据特征。因此,大数据是训练人工神经网络的基础,决定了汽车智能化程度。目前全球最大的用于人工神经网络训练的图像识别数据库 ImageNet 已经拥有超过 1400 万张图片,其中有超过 130 万张与人和车辆相关的图片[1]。麦肯锡预测,大数据在整个汽车产业链当中的价值将持续增长,到 2030 年将达到 4500 亿～7500 亿美元规模。目前在中国,政府、研究机构、整车企业及自动驾驶初创公司已经开始围绕自动驾驶成立大数据运营中心,未来将呈现集数据采集、加工、分析处理和仿真模拟一站式的自动驾驶大数据平台,提供带标注的地图数据、定位数据、实时交通数据和传感器数据,覆盖多驾驶场景的数据资源,支撑自动驾驶的商业化落地。

　　另外,人工神经网络的训练也需要巨量的算力支撑,算力决定了汽车智能化水平的上限,如 L5 全自动驾驶需要超过 1000TOPS 量级的算力[2]。随着自动驾驶级别的提高,汽车所装配的传感器数量和所应用的融合算法逐渐增加,而自动驾驶汽车对于实时性的要求极高,必须在数毫秒内完成数据处理并做出决策判断,这些都需要以极充沛的算力为基础。汽车智能化对算力的要求也体现在汽车电子电气架构(EEA)的演进上,目前的分布式 EEA 正在逐步演进为(跨)域式 EEA,未来将进一步发展为中央计算机集中式 EEA。在集中式计算模式的趋势下,车载域控制器和计算平台将成为智能汽车差异化的根本。此外,纯车端算力的提高可能难以满足未来复杂场景的需求,因此算力也在朝着边缘化发展,大量处于网络边缘的路侧终端将趋于自治,通过 V2X 通信技术与汽车连接,节省计算、传输、存储成本,使得计算更加高效。

　　大数据和算力对于了解用户对汽车智能化的需求也具有重要意义。我国消费者在购车过程中已越来越依赖互联网社交平台、电商平台和短视频渠道,而汽车企业

---

[1] ImageNet 数据:http://image-net.org/about-stats.

[2] https://baijiahao.baidu.com/s?id=1688195678795613707&wfr=spider&for=pc.

也在积极地通过大数据来分析个体用户画像，并描绘构建出群体用户特征，把握用户的性别、年龄、地理区域、兴趣爱好和消费偏好等信息，从而与用户进行更有效的互动交流，达到精准营销和个性化服务。在软件定义汽车的趋势下，丰富的数据也意味着更佳的用户体验。面部识别、指纹识别、手势识别、语音交互、疲劳驾驶监控等智能化场景功能都需要充足的算力辅以数据闭环才能落地。

此外，我国的汽车智能化具有单车智能与车路协同共同发展的特色，车端大数据与路端大数据相结合，助力汽车智能化。目前，公安、交通和智慧城市建设等政府部门都在推进数字化管理，通过企业级位置大数据平台、多源路况交通数据、实时交通信号灯信息及交通研判算法等，搭建起智慧城市和交通体系，实现监测和调控交通运行状态，减少拥堵，提升公众出行质量。L3级以上的自动驾驶功能，如高速代驾（HWP）、拥堵跟车（TJP）、自主泊车（AVP），也需要有高精地图和停车场等路（场）端大数据与算力的支撑才能实现。

未来，汽车智能化对大数据和算力的需求也将持续扩大，汽车制造商、保险公司、电池制造商及网约车运营方都希望深度了解用户信息和出行信息，提前发现故障、预警危险、规划路径、监测驾驶疲劳、调配道路资源、协助保险定价及优化电池和汽车资产运营等。汽车智能化是汽车行业的大趋势，而大数据和算力将是实现人、车、路互联互通的关键要素。

三、汽车智能化发展需要城市基础设施生态环境支撑

（一）传统基础设施已无法满足汽车智能化发展的现实需求

面对汽车智能时代的海量数据和复杂场景，解决目前智能汽车的发展瓶颈，已不单是车辆自身的技术问题，仅依靠汽车产业自身来解决问题的难度很大，将巨额资金投入到车辆本身的软硬件升级改造，追求"单车智能化"已难以取得关键性突破。实现道路智能化、基础设施智能化，以及高精度地图等基础设施的同步发展，是符合中国国情的智能出行发展道路。

与此同时，汽车智能化发展对大数据中心、工业互联等新型城市基础设施建设的重要性日益显现。随着汽车的智能化和网联化的发展，自动驾驶汽车实现了在线和联网，车侧和路侧海量信息交互，节点规模突破了百亿甚至千亿的量级。以自动驾驶汽车为例，每台自动驾驶汽车在每天会产生64TB的数据，预计到2023年，全

球的物联网终端数量将达 352 亿个，海量连接产生的数据量将达 175ZB。

聚焦当下，可以清晰地发现，传统基础设施已明显无法满足汽车智能化发展的现实需求。一方面，现行使用的车道划分原则、道路标志标线、护栏、红绿灯等基础设施，全部是为人工驾驶车辆和行人所服务的，且不同地区的标志、颜色、符号存在一定程度的差异，为汽车智能化演进所必备的感知识别能力带来了较大的困难；另一方面，当前的基础设施，在路侧端普遍尚未安装激光雷达、通信和高精度定位基站，使得基础设施尚不够"智慧"，无法有效弥补单车智能的感知局限性。

（二）中国政府大力推动"新基建"建设，坚定选择"车路协同"技术路线

汽车的智能化浪潮演进至现阶段，中国政府部门、主流车企、零部件供应商、通信厂商等全产业链企业，已经达成了高度共识，即生产适合中国国情的智能化汽车，将坚定地选择"智能+网联"相融合的技术路线，通过对海量的时间、空间、传感器的数据进行综合分析，拥有更加智能的交通引导机制和监管机制，可实现车、路、云、人协调发展的智能化出行系统。

1. 道路基础设施

截至目前，中国已有 20 余个城市向企业累计发放了超过 400 张自动驾驶道路测试牌照或载人测试牌照，但中国自动驾驶企业完成的测试总里程，与美国相比仍有较大差距。整个交通出行行业的转型发展需要产业链参与者的通力合作，在政策支持下，以创新产品技术应用赋能出行向绿色可持续方向深化。

在中国当前的交通安全水平与管理现状下，倘若让 L4 级自动驾驶汽车与非机动车、行人混合行驶，则会产生一系列新的安全隐患和伦理道德障碍。因此，倘若能够在相关区域试行增设自动驾驶专用车道，将大幅度加快自动驾驶的普及；另外，在鼓励新技术落地方面，工业和信息化部、交通运输部等政府部门已先后发文，明确支持自动驾驶道路测试和基础设施的智能化改造。在"十四五"期间，中国将加快城市道路的智能化改造速度，建设更多高质量、高标准的车路协同示范区和自动驾驶测试场，完善测试许可制度，并准许企业在更多的开放道路或园区开展自动驾驶测试和试运营，从点到面为企业发展开放更多的空间。

2. 通信技术设施

2020年是5G的商用元年，作为5G技术最重要的应用场景之一，车联网和智能汽车也将迎来全新的发展契机。5G技术赋能的V2X车路协同技术，将成为引领未来智能汽车技术创新、产业培育和智慧交通变革的重要方向。相关企业均在探索"聪明的车"与"智慧的路"之间的协同支持，逐步构建覆盖终端、芯片和系统的完整产业链，开展跨整车和平台的、大规模的互联互通测试验证。

基于5G的V2X车路协同技术与单车智能相关技术的融合，使中国走在了世界前列。2020年10月，在工业和信息化部的指导下，2020 C-V2X"新四跨"暨大规模先导应用示范活动在上海开展，在跨整车、跨通信终端、跨芯片模组、跨安全平台的基础上，"新四跨"互联互通应用示范首次加入高精度地图和高精度定位，在路侧单元内置高精度地图数据，以节点为单元，形成分段分发的数据包，实时分发给路侧设备覆盖的车辆；在车端，实时接收车道级高精度地图数据，实现车端导航及控制、云端管控与协同，以及平台端业务应用，实现了C-V2X系统的精准监测、精准服务、精准表达。

伴随着智能网联汽车的发展，尤其当未来5G与汽车和交通行业紧密结合后，车辆行驶数据、道路数据将在整个汽车智能化发展中扮演越发重要的角色。

3. 高精度时空基准服务

时间和空间是智能汽车运行控制的基准。如何保证从路侧单元到计算单元，再到通信单元、车辆控制单元有统一的时间基准，如何在某些特殊场景下，如在隧道、地下停车场、室内等，实现统一的空间管理，是智能汽车需要考虑的核心问题。

对于智能汽车系统来说，智能地图拥有统一的地图规格、统一的服务接口和统一的坐标基准体系是打通智能汽车系统从通信单元到计算单元，再到车辆单元三大体系的绝佳因素。因此，全场景化应用的地图体系将成为智能汽车时空基准统一的关键因素，成为未来智慧道路的标配基础设施，同时还将成为未来出行商业模式的重要载体，智能地图结合智慧道路，将打开未来出行广阔的发展空间。

（三）构建智能化基础设施体系需要政府主导、多方联动

目前，我国的智能汽车产业，虽然足够重视基础设施的智能化升级改造，但始终缺乏纲领性指导文件，以及商业化落地模式。2020年年初，国家发展和改革委员

会、工业和信息化部等 11 部委联合发文表示，把"构建先进完备的智能汽车基础设施体系"作为一项主要任务，专门进行部署。可以清晰地发现，要实现智能汽车的快速发展是需要投入巨大且长期复杂的系统工程的，需要有全局性、前瞻性思维，强化政府主管部门的统筹规划和顶层设计，充分发挥政府主管部门在各行业的统筹指导作用，推进部际、部省、省际、省地间信息资源交换与共享，统一各类信息基础设施接口、建设技术标准和通信协议，实现各行业重要信息系统的互联互通和深度融合，推动产、学、研、用多层融合，发挥智能汽车基础设施系统整体效益，真正实现"人—车—路—网—云"一体化发展。

除了城市道路，搭载高等级自动驾驶功能的智能汽车，还要逐步驶入公路、乡村道路、厂矿道路等更多应用场景。因此，智能化基础设施的建设无法一蹴而就，应在政府部门统一规划的基础上，进一步结合区域特点、城市发展定位、人车出行服务需求、行业发展方向、产业技术基础等因素，分类别、分功能、分阶段、分区域推进。需要为基础设施的智能化改造营造良好的发展环境，使得政策、体制机制、支持力度与行业发展同步进行。

汽车智能化是汽车产业客观发展的大势所趋，大数据将变成新的生产资料，算力将成为第一生产力。汽车智能化的发展还需要实现道路智能化、基础设施智能化，以及高精度地图同步发展。

作者简介：

程鹏先生，北京四维图新科技股份有限公司创始成员之一、副董事长、首席执行官，对公司发展智能汽车科技与智能位置云服务做出了贡献。曾获得国家测绘地理信息局和中国卫星导航定位协会联合颁发的"卫星导航定位科技进步奖二等奖"、国家测绘地理信息局和中国地理信息产业协会联合颁发的"地理信息科技进步奖二等奖"等奖项。

数字智能

工业互联网助力数字经济高质量发展

徐晓兰

《中华人民共和国国民经济和社会发展第十四个五年规划和 2035 年远景目标纲要》明确提出，要充分发挥海量数据和丰富应用场景优势，促进数字技术与实体经济深度融合，赋能传统产业转型升级，催生新产业新业态新模式，壮大经济发展新引擎。工业互联网作为数字经济的重要支撑，在培育壮大先进生产力的同时，持续推进工业化与信息化在更广范围、更深程度、更高水平上实现融合发展。以工业互联网为切入点，协同推进数字产业化和产业数字化，将加快释放数字经济潜力，助力数字经济高质量发展。

一、工业互联网创新发展加速走深向实

深入实施工业互联网创新发展战略，对加速我国产业数字化转型、抢占国际竞争制高点意义重大。我国工业互联网历经 3 年起步期，已经打下了良好的发展基础，并成为推动制造业加速迈向万物互联、智能主导新阶段的强劲引擎。

（一）工业互联网是制造业转型升级的必然选择

工业互联网是新一代信息技术与制造业深度融合的产物，是实现数字化、网络化、智能化发展的重要基础设施，通过人、机、物的全面互联，全要素、全产业链、全价值链的全面连接，推动形成了全新的工业生产制造和服务体系，成为工业经济转型升级的关键依托、重要途径和全新生态。发展工业互联网成为全球主要国家重塑制造业竞争优势、抢占发展主导权的战略必争。

在第四次工业革命背景下，发展工业互联网有利于快速构建我国制造业竞争新优势。党的十八大以来，我国工业经济规模持续扩大，质量效益不断提升，创新能

力显著增强，高质量发展特征逐步显现。但与发达国家相比，我国工业经济大而不强的问题依然突出，正处于由数量和规模扩张向质量和效益提升转变的关键期，支撑发展的要素条件发生深刻变化，面临发达国家制造业高端回流和发展中国家中低端分流的双重挤压，迫切需要加快工业互联网创新发展的步伐，推动工业经济从规模、成本优势转向质量、效益优势，促进新旧动能接续转换，快速构建我国制造业竞争新优势，抢占未来发展主动权。

另外，全球工业互联网发展处于格局未定和面临重大突破的战略窗口期，为我国的加速追赶和超越提供了宝贵机遇。一方面，发达国家虽起步最早，但目前在技术、标准、应用等方面尚未取得系统性突破，国际技术和产业格局尚未成型，为我国工业互联网的发展提供了宝贵的时间窗口；另一方面，工业互联网为互联网发展带来了新要素、新市场和新形态，将引发互联网全球治理体系的变革，为构建多方共治的治理体系提供了难得的历史机遇。

（二）工业互联网发展基础逐步夯实

我国工业互联网事业快速发展，已由概念导入向实践深耕加速推进，三大功能体系建设逐步完善，行业融合应用加速纵深拓展，产业生态规模持续发展壮大。

首先，三大功能体系建设深入推进。一是网络支撑能力显著提升。工业互联网网络体系加速建设，应用5G等新型网络技术，已经覆盖300个城市、连接18万家工业企业；"东南西北中"五大国家顶级节点建设完成并稳定运行，74个二级节点已上线，标识注册量突破70亿。二是平台带动效应不断增强。我国工业互联网平台呈现蓬勃发展态势，具有一定行业、区域影响力的平台已经超过70个，多层次平台体系初步形成。平台连接工业设备数量达4000万台，工业App突破25万个，工业企业上云超过35万家，行业赋能效果日益凸显。三是安全保障体系加快构筑。国家级安全态势感知平台建成并投入使用，与21个省级平台实现对接，已累计覆盖14个行业、10万余家工业企业，初步实现工业互联网安全态势可感知，安全公共服务深入开展。

其次，行业融合应用加速纵深拓展。一是从制造业向实体经济各领域延伸。工业互联网已应用到钢铁、交通、能源、物流等30多个国民经济重点行业。二是从效率变革向质量变革、动力变革延伸。工业互联网在全面提升研发生产效率的基础上，使数据作为生产要素的潜力得到有效激发，生产方式、管理范式持续优化，新业态新模式创新活跃，为经济发展注入新动能。三是从单体应用向系统化、集群化应用延伸。大企业开放资源建平台、中小企业融入链条用平台，大中小企业依托工业互联网融通创新、协同转型的良好态势加速形成。

最后，产业生态规模持续发展壮大。一是政策引领初见成效。当前已有 27 个省（市、区）发布工业互联网发展政策，因地制宜推动工业互联网发展，初步形成系统推进、梯次发展、优势互补的产业发展格局。二是产业基础加快发展。工业互联网创新发展工程在突破关键技术、培育解决方案、建设公共平台等方面形成一批标志性成果，数字孪生、边缘计算、工业智能、5G 应用等领域的技术研究、标准研制和产业化进程基本与国际同步。三是产业经济快速增长。预计 2020 年我国工业互联网产业经济规模将达 3.1 万亿元，占 GDP 比重提升至 2.9%，对数字经济增长的贡献超过 16%，带动就业人数 131.29 万人。

（三）工业互联网赋能数字化转型新局面不断拓展

一是更广范围拓展。工业互联网持续向原材料、装备、消费品、电子信息等制造业各门类全面扩张，并向能源、电力、交通等实体经济各领域广泛延伸。基于绿色制造、安全生产等关键领域的数字化新型能力正在工业互联网的加持下加速提升，业态模式创新持续深化。

二是更深程度融合。工业互联网应用服务从制造业企业的销售、服务等经营外围环节，不断向研发、设计、生产等内部环节延伸，从单点改进向全局优化拓展，推动生产方式、组织方式和服务方式变革。随着数据驱动的排程调度、库存管理、工艺仿真、产线维护、质量检测广泛应用，全流程、全生命周期的数字化应用示范推广，企业生产要素的精准对接和高效配置得到了有力保障。

三是更高水平引领。新技术新产品的加速普及、新型基础设施和融合创新投入带来的提质降本增效作用将更加彰显，有力支撑了制造业高端化、绿色化、服务化。工业互联网的创新应用不断催生个性化定制、共享制造、服务型制造等新业态，高效率、高附加值的社会化生产形态正在形成，不断促进以制造业为主体的实体经济高质量发展。

二、工业互联网支撑数字经济发展作用凸显

工业互联网在加快数字产业化和产业数字化转型协同推进的同时，其自身也是数字经济建设的重要组成部分，体系化发展工业互联网，将有效壮大数字经济发展。

（一）技术融合，牵引数字产业化发展

一是工业互联网深化应用牵引新一代信息技术创新发展。工业互联网为新一代

信息技术提供了融合应用新场景，为技术落地开辟了更广阔空间，应用场景的丰富也促进了新一代信息技术的自身发展。5G、人工智能、区块链、云计算等新一代信息技术已经逐步渗透融合到国民经济的各个环节。在网络支撑方面，应用5G等新型网络技术，加快构建低时延、广覆盖、高可靠的工业互联网内外网体系，该体系已经覆盖300个城市、连接18万家工业企业，全国"5G+工业互联网"内网改造在建项目超过800个。在平台带动方面，人工智能、区块链等新兴技术正加速与平台融合创新，进一步拓展平台发展空间。

二是带动工控设备、工业软件、传统工业装备等领域实现高端化突破。通过新一代信息技术与工业体系的深度融合，带动相关领域补齐短板并逐步走向高端化，推动锻造一批工业5G、工业智能、工业互联网平台等产业长板，不断提升现代产业体系核心竞争力。在技术标准发展方面，数字孪生、边缘计算、工业智能、5G应用等领域的技术研究、标准研制和产业化进程基本与国际同步，工业App、工业机理模型、开源应用等加速发展。在产学研用合作方面，以工业互联网重大项目实施为牵引，产学研用各方在标准技术、测试验证、知识产权、产融对接等方面合作深入推进。

（二）基础支撑，推动产业数字化发展

一是加速产业数字化过程中的新业态培育。工业互联网的创新发展能够进一步带动形成智能化制造、网络化协同、个性化定制、服务化延伸、数字化管理新业态新模式，推动数字经济进一步向实体经济更多行业、更多场景延伸。通过培育一批工业互联网技术创新企业、系统解决方案供应商和运营服务商，打造一批可复制、可推广的发展模式和典型应用场景。

二是夯实产业数字化基础。工业互联网作为直接服务工业的数字经济新赛道，应用场景逐渐向研发、生产控制、检测等环节延伸，工业数据要素资源加速集聚。通过国家工业互联网大数据中心在全国范围内的体系化建设，构建工业数据资源管理体系，强化工业数据汇聚能力，更好地发挥基于数据的服务能力，夯实产业数字化发展基础。

三是构建社会资本服务实体经济新渠道。一方面，工业互联网产业发展的潜在价值及发展潜力吸引了社会资本的高度关注，我国工业互联网上市公司市值达到万亿级规模，非上市融资活动年均超千亿元；另一方面，基于工业互联网的供应链金融等新模式正在蓬勃兴起，帮助实体企业尤其是中小微企业强化融资渠道及能力建设。

（三）体系发展，拓展数字经济领域范围

一是聚焦关键环节推动我国数字经济发展形成合力。工业互联网产业涵盖信息通信到工业制造等多个领域，范围极广，因此产业规划和培育政策必须既体现重点，又覆盖全面，针对关键环节加强政策引导和资源投入，对相关概念和技术标准体系进行规范，着重加强对工业互联网硬件、软件和集成应用三大关键环节中若干类别的培育，以点带面形成合力推动数字经济发展。

二是推动我国数字经济发展由重应用向重基础延伸。目前，我国数字经济应用场景不断拓宽，但是从产业基础看，依然存在自主化严重不足，关键标准、技术被外商掌控等问题。通过国家和行业层面的统一规划和投资布局，从工业互联网领域切入，针对产业基础中的薄弱、共性、关键环节，集中力量加大投入，加强科研攻关力度，创新标准制定方式，筑牢我国数字经济发展基础。

三是引导形成工业互联网巨头企业实现数字经济赶超。当前，我国在工业互联网领域涌现了一大批在特定行业和技术具备世界先进水平的大中小企业，在很多领域实现了单点突破，但是互相之间缺乏联系合作，市场碎片化发展，难以形成合力。通过政府引导、市场主导，推动企业在技术、产品、标准方面的合作，以及企业间的并购重组，促进形成工业互联网巨头企业，从而推动数字经济赶超发展。

三、工业互联网助力数字经济高质量发展的三个着力点

数字经济是全球经济复苏的重要引擎，是我国"十四五"时期经济社会发展的重要推动力，是实现高质量发展的重要路径。我国需要在数字经济战略上抢占先机，以工业互联网为突破口推动数字经济高质量发展。

（一）利用工业互联网加速新一代信息技术融合发展

一是加强标准体系建设，加快关键技术攻关。加强工业大数据标准体系建设，加快推进数据质量、数据治理和数据安全等关键标准研制，打造工业大数据标准服务体系；加大力度开展技术攻关，提高算法落地能力，加速缓解人工智能算法模型对数据和算力依赖性；结合工业逻辑，针对性地开展与工业互联网应用特点相关的区块链核心技术攻关、产品开发和集成测试，突破性能、安全、兼容性等技术瓶颈。

二是推动技术应用落地，探索商业模式创新。加强跨界融合与供需对接，鼓励

运营商和设备商针对工业场景改造常规服务模式；加快技术攻关，探索低成本、易实施、可复制、可推广的解决方案；针对工业场景实时性和可靠性要求，提高技术的可落地性、场景迁移性和软硬件适配性；积极探索新的商业模式，鼓励运营商、设备供应商、工业互联网平台企业在工业场景的实际应用，制定多层次、多类型的服务模式和收费标准，推进业务的规范化和定制化。

三是促进设备互联互通，推动数据汇聚赋能。促进设备互联互通，加快推动工业通信协议兼容统一，打破技术壁垒，形成完整贯通的数据链，实现工业设备的全连接；实施数据汇聚赋能行动，推动工业数据全面采集，助力工业数据高质量汇聚；通过国家工业互联网大数据中心建设，汇聚工业数据，支撑产业监测分析，赋能企业创新发展，提升行业安全运行水平；建立数据管理体系，统筹组织数据采集和标注工作，提高数据集覆盖度和利用率，从数据的角度帮助人工智能落地于工业场景。

（二）以应用生态构建为抓手推动数字产业化加快发展

一是构建工业互联网产业生态。推动大中小企业融通发展，鼓励和引导制造业龙头企业、工业互联网平台企业发挥生态构建的核心作用，并引进解决方案提供商、软件服务商、硬件提供商等加强培育工业互联网产业生态。引导龙头企业构建基于工业互联网平台的产业生态，推动形成大企业建平台、中小企业用平台的协同发展机制，大企业基于工业互联网平台完善生产系统和管理流程，中小企业基于工业互联网平台以低成本、灵活的方式补齐数字化能力短板，形成大中小企业融通发展的产业生态。

二是培育壮大工业互联网产业生态。一方面，实施产业协同发展行动，推进工业互联网产业生态培育工程，培育技术创新企业和运营服务商；另一方面，实施开放合作深化行动，营造开放、多元、包容的发展环境，推动多边、区域层面政策和规则协调，支持在自贸区等开展新业态新模式先行先试。

（三）以产业链现代化为突破口推动产业数字化转型升级

一是提高工业互联网普及应用，提升对产业链的掌控能力。加大力度投资工业互联网等新型网络基础设施，通过技术改造贷款贴息、加速折旧、产业引导基金投资等方式支持和鼓励企业进行数字化改造；通过政府购买服务等方式鼓励中小企业与服务平台合作，引导中小企业通过"上云"提升数字化水平；每个产业链选择 1~2 家龙头企业，通过出台针对工业互联网应用的激励、融资、税收、补贴等支持政策，巩固和增强龙头企业的领先地位，利用工业互联网将业务流程与管理体系向上下游延伸，带动中小企业开展网络化改造和工业互联网应用，增强产业链的凝聚力，从而提升整体发展水平。

二是充分利用工业互联网，加强产业链弹性、协同能力与跨界融合。从空间链的角度，利用工业互联网构建地区、国家、全球范围的产业链配套协作机制；加强各国产能供需信息沟通，建立全球供应链产能协调多边合作框架，推动构建全球供应链安全治理、应急预警和信息共享体系建设。从供应链的角度，通过工业互联网增强数字化能力、提升供应链效率、保障供应链金融安全；推动上下游企业实现协同设计、协同采购、协同制造、协同物流与协同销售；设立针对工业互联网的专业金融投资机构，推动产融高效对接。从产业链的角度，利用工业互联网强化龙头企业带动作用，推进产业链上下游融通集聚；促进大中小企业专业化分工协作，快速响应客户需求，缩短生产周期和新品上市时间，降低生产经营和交易成本。

三是加速推进工业互联网创新发展，实现产业关联形态从线性链条式向立体网络式转变。从供给侧出发，以市场为主体，加快引导生产要素向制造业产业链的"断链"集聚，加快现代化进程；带动新一代信息技术在研发设计、生产制造、营销服务等环节的集成应用，推动我国制造业由低端向中高端延伸，催生新兴服务型制造业和生产性服务业；支撑制造业集群化发展和要素资源高效协同，有助于提升产业组织联动性、产业根植性、生态包容性，切实提升产业链供应链韧性。

作者简介：

徐晓兰博士，中国工业互联网研究院院长，中国电子学会副理事长、中国科协全国委员会常委、中国经济社会理事会常务理事，全国政协委员、中国致公党中央常委、致公党中央经济委员会主任。长期从事信息化建设工作，参与研究制定我国工业互联网发展相关政策和体系架构，筹建了国家工业互联网大数据中心。

流程工业智能制造的现状及发展方向

褚 健

制造业是国民经济的主体，是立国之本、强国之基。全国制造业企业近 360 万家，规模以上企业 38.3 万家，而流程工业企业数量不多，规模以上企业仅约 5.8 万家，但体量很大，产业集中度高、规模大，2020 年流程工业产值占工业总产值的 42.4%。相关专家认为中国的制造业处于第三梯队，中国要想达到制造业强国的目标至少还需要 30 年。总体上大而不强，强而不精。

而今，制造业数字化转型已成为共识。工业 4.0、工业互联网、智能制造虽然名称不一样，但在本质方向上是一致的，即利用数字化、智能化技术实现智能化生产，达到以降低能耗物耗、提高劳动生产率的目标。

本文主要探讨在现有工艺和装备的基础上如何发展我国流程工业的智能制造（对离散制造业也有借鉴作用），并在提高人效、物效、能效方面发挥相应作用。

一、数字经济时代智能制造面临的挑战与机遇

（一）流程工业在我国经济中的地位

流程工业是制造业的基石，涵盖了炼油、石化、化工、冶金、建材等原材料工业。然而在这些原材料工业中几乎所有的高科技材料核心制造工艺和专利，设计运行的工业软件、核心装备及大部分控制系统都是国外的，严重制约了我国产业发展和国家安全。

除了关键工艺、设备、软件受制于人，我国流程工业的生产效率与国外相比也存在较大的提升空间。例如，中国吨钢能耗为 1.5 吨，而美国为 0.6 吨；中国最佳炼油能耗为 70 千克标油/吨，而国际最佳炼油能耗为 53.2 千克标油/吨；中国单位 GDP 能耗是世界平均水平的 1.5 倍；2015 年中国劳动生产率水平仅为世界平均水

平的 40%，只有美国劳动生产率的 7.4%；2019 年中国碳排放量达 98.25 亿吨（还未到达峰值），占世界总量的 28.8%，而美国为 49.65 亿吨。我国流程工业的生产效率与国外差距越大，则我国制造业水平提升的空间也越大。

针对一个 2000 万吨/年炼油和 300 万吨/年乙烯的炼化一体化超级工厂，没有基础的工业控制系统根本无法保证生产过程 24×365 小时的连续安全、稳定、高效运行。在过去的 20 年间，为了提高生产效率、达到节能减排等目标，大量采用以企业资源管理（ERP）、生产制造执行系统（MES）等为代表的管理和运行软件，奠定了如今实现数字化转型的基础。

（二）数字化转型过程中存在的问题

在向数字化、智能化转型的过程中，企业也暴露出许多迫切需要解决的问题，如烟囱式信息系统、数据孤岛等现象非常普遍，软件功能普适性差、定制化二次开发工作量大，设备智能互联及远程运维困难，为人效、物效、能效提升创造价值的工具和手段不足等。

在数据融合应用方面，普遍存在异构系统集成、数据融合应用的问题，如针对生产数据、管理数据、化验数据、安全监控数据、环保监测数据、气象环境数据、原材料质量数据、人员定位数据和视频监控数据等的数据融合与 AI 应用问题。

在生产计划调度方面，以炼油石化企业为例，涉及众多工艺技术与模型，如分子炼油、流程模拟、原油调合、汽柴油调合等，在这些工艺技术与模型中同样存在着检测仪表在线分析、物性数据库集成、调合模型性能集成与优化等难题。

在工业设备监控管理方面，流程工业企业存在大量动设备和静设备，包括罐类、塔类、阀门类、泵类、换热器类、压缩机类、风机类、锅炉类、汽轮机类、管道类、仪表类、化验分析设备类等，设备安全的预判、预报、预警及应急处置能力弱，任何设备或管道的故障和泄漏都可能导致生产安全事故。

流程工业普遍存在高温高压、易燃易爆、有毒有害等危害因素，在安全生产（功能安全与信息安全）与管理方面面临越来越大的挑战。工业控制系统信息安全已经成为威胁国家安全和经济安全的主要领域。

解决上述问题要依靠工业 3.0 和工业 4.0 相关的技术，也就是通过自动化技术实现数字化转型，进而推进智能化。

（三）实现智能制造面临的挑战

2007 年，苹果公司发布的 iPhone 被称为智能手机。那么真的是手机智能吗？

并不是！之所以认为手机智能，不是因为手机本身，而是因为在苹果商店里有大量可以下载使用的 App。手机作为硬件的进步无非是从 2G 到 5G、带宽更宽、速度更快而已。

如此说来，那什么是"智能工厂"或"智能制造"呢？业界普遍认为工业 1.0 是机械化、工业 2.0 是电气化、工业 3.0 是自动化、工业 4.0 是智能化。工业 4.0 就是由工业软件驱动的第四次工业革命。

如果以智能手机或移动互联网领域的发展来看今天的制造业，流程制造业或许整体处于工业 2.8 的阶段，而离散制造业整体可能还不到工业 2.5 阶段，大多没有达到工业 3.0，但流程制造业的自动化水平远比离散制造业的自动化水平要高。换言之，中国制造业要实现工业 4.0 或智能制造，必须尽快推进自动化控制系统的应用，实现机器换人，推进数字化转型，为智能制造或大量应用工业软件奠定基础。

沙特阿美作为全球最先进的炼油石化企业，为了实现智能制造，设立了"首席数字转型官"这一高管职位。在与沙特阿美的项目合作与技术交流中可以发现，沙特阿美在数字化转型过程中对先进技术的需求十分迫切。

我国的石油企业、化工企业在实现数字化转型及智能制造过程中存在许多问题，如信息孤岛问题突出、顶层框架设计缺失、信息安全意识薄弱、数据基础设施缺乏、工业软件应用不足、价值创造不够明显等。

（四）基于现有基础的一些思考

在过去 28 年的创业经历中，中控科技集团的集散控制系统（Distributed Control System，DCS）打破了跨国公司美国霍尼韦尔、艾默生，以及日本横河在中国的垄断地位，连续 9 年在中国市场占有率排名第一，2019 年在中国市场占有率达到 27%，远超过第二名艾默生的 16%，在化工行业的市场占有率更是达到 40.7%。截至目前，中控科技集团共有 4 万多套控制系统在超过 2 万多家流程工业企业中得到应用，成功实现了国产替代，解决了关系到国家安全的关键技术难题；中控科技集团的安全控制系统（Safety Instrumented System，SIS）在国内市场占有率仅次于施耐德，还在压缩机机组优化控制与运行方面提供节能解决方案，利用先进控制软件（Advanced Process Control，APC）和实时优化软件（Real-Time Optimization，RTO）等各种工业软件解决了很多提高产品质量和节能降耗的操作优化问题，目前已累计开发了 260 多个工业应用软件，得到了广大用户的高度好评。

然而，即使有了这些软硬件产品的应用，也没有真正让广大流程工业企业成为大家心目中的智能工厂。目前，流程工业正受到能源、环境等方面的严重制约，亟须实现生产工艺优化和全流程整体运行优化。

近年来，企业常常关注以下问题：如何能确保安全生产不出事故，如何节能降耗以降低成本，如何提高产品质量以增强市场竞争力，如何提高劳动生产率以改善经营水平，如何实现绿色环保以达标等。只有理解了我国流程工业企业面临的痛点和难点，才能真正感受到广大企业在实现基础自动化以后，对于解决上述问题的迫切程度。而所有这些问题均可以通过工艺技术的调整、生产设备的改造，或者利用数字化技术或工业软件来解决，实现流程工业高效化、绿色化。事实上，众多实践已经证明了这些解决方法的可行性。

二、完善智能制造核心引擎——"工业操作系统"

（一）智能制造与工业互联网

工业和信息化部提出的工业互联网发展战略主要包括网络、平台、安全。

网络就是对所有设备的连接。早期的工业控制系统 DCS 或 PLC（Programmable Logic Controller，可编程逻辑控制器）相对封闭，不同制造商存在技术体系专有、协议不开放的封闭性和专用特性，互联互通困难，难以实现全厂的网络协同。随着两化融合及开放性成为趋势，已逐步解决了这些网络协同问题，与各类工业软件、仪器仪表、电气设备、智能终端、专有设备、第三方控制系统之间可以通过 OPC UA、PROFIBUS、MODBUS、PROFINET、Ethernet/IP、FF 等国际标准通信协议进行数据交互，也包括 5G 通信协议。

平台是数据基础设施，可以理解为"工业操作系统"。正如微软的 Windows、苹果的 iOS、谷歌的安卓，"工业操作系统"管理计算机或手机中所有的芯片、数据、外设和通信，并形成软件开发生态，如苹果商店和安卓商店里无数的 App。如果将一个工厂压缩成一部手机，"工业操作系统"应该管理工厂内部所有设备（其中的设备有反应器、精馏塔、管道、储罐、压缩机、各种电机泵阀等），以及物流、能源流、资金流、产供销及人等各个环节。把操作系统这个概念延伸到工厂，平台就相当于打造一个工业端的操作系统。

当然，只有平台而没有众多的工业软件，那就如同"戈壁滩"，会成为不毛之地；反之如果只有大量的软件而没有开放的"工业操作系统"，就会出现"皮之不存，毛将焉附"的数据孤岛问题。所以开放的"工业操作系统"与工业 App 生态是智能制造的未来，其中工业软件包括了工业知识、工业机理、工业经验、工业模型和工业数据,是现代工业制造的灵魂。

中国有数量庞大的制造业企业,工业领域又有太多门类、数不清的工业场景。为了能够让数量庞大的制造业企业享受到智能制造或应用工业软件的好处,如何快速复制、大规模推广是亟待解决的难题。

(二)智能制造的核心引擎——工业操作系统

2017年12月,中控科技集团在南京召开的第二届世界智能制造大会上正式发布supOS工业操作系统,提出实现智能制造的路径就是"工业操作系统+工业App"的发展模式。经过3年多的研发和不断迭代,2020年12月已经推出3.0版本。

工业操作系统需要有强大功能,对内要能连接所有"人、机、料、法、环",成为数据底盘或数据基础设施,集成各种标准协议,把生产过程中的运营数据连接起来,提供可视化的工厂场景;对外要开放,提供开发者低代码开发平台、工具包,包括模型、知识库、大数据人工智能等基本工具,大幅度降低在工业软件开发过程中大量的二次开发或定制开发工作量。工业操作系统简易图如图1所示。

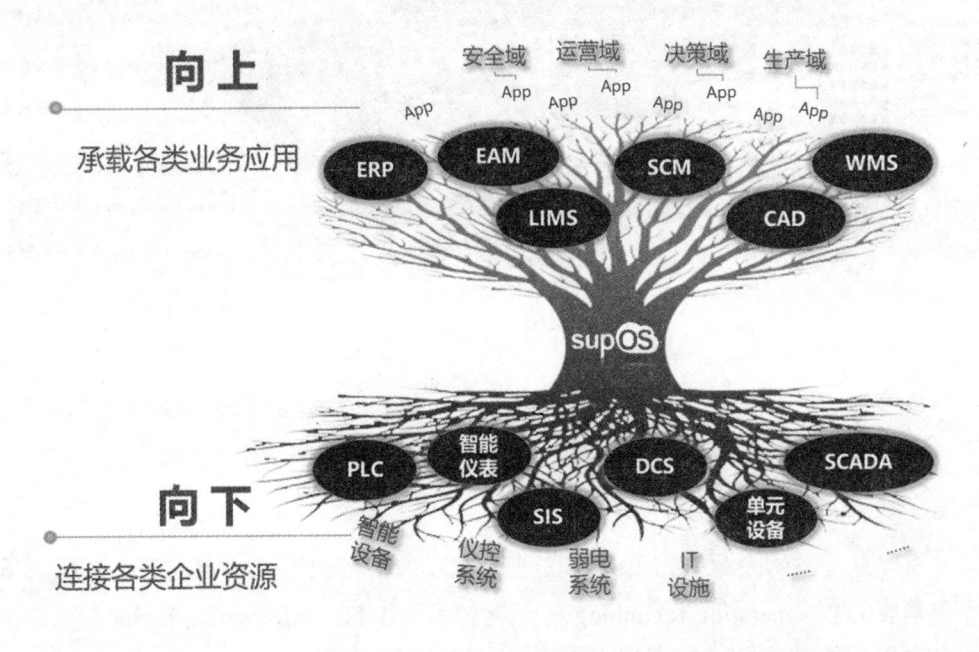

图1 工业操作系统简易图

一个功能强大、开放的工业操作系统是智能制造的核心引擎。结合各种各样的工业场景,发展适合各行业、各领域的工业互联网平台。构建开发者社区,将各类开发者(可以是用户、软件商、集成商、科研单位人员等)都汇集起来,打造生态,开发出各种各样的工业 App。同时发展应用商店（App Store），可以使用户快速获取信息并下载需要的工业 App。这样的模式不仅能够解决几家、几十家或者几百家企业的智能制造问题，还能让几万家、几十万家甚至几百万家制造业企业享受到工业软件应用的好处，使得制造业大规模实现数字化转型成为可能。

目前已经有 591 家各类流程工业企业和离散制造业企业应用 supOS 平台及工业 App，也有 200 多家软件开发商和系统集成商成为生态合作伙伴，将来这个生态合作伙伴圈会越来越大。

图 2 是流程工业企业的典型案例，包含的工业 App 模块达到几百个，同时可以将原有的上百个独立的软件系统彻底打通。

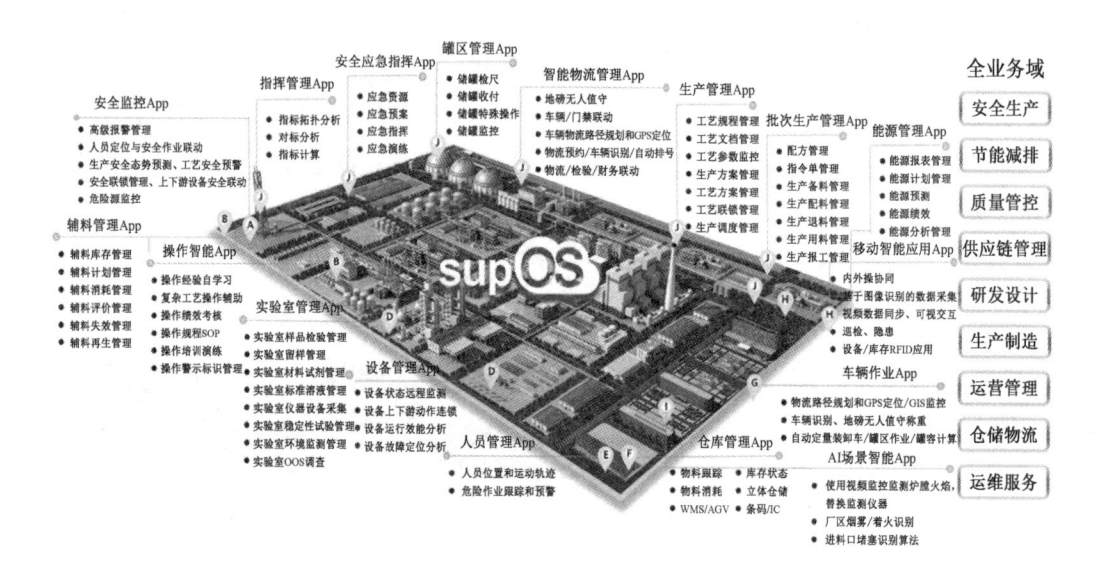

图 2　流程工业企业的典型案例

（三）工业软件的技术基础

有一些互联网企业认为工业互联网有"OT+IT"就可以了，其实在工业领域里不仅需要 OT（Operation Technology，运营技术）和 IT（Information Technology，信息技术），还要懂得 PT（Process Technology，工艺技术）和 ET（Equipment Technology，设备技术），这些都是工业的基础，同时也必须懂得 AT（Automation Technology，自动化技术）。在一个企业里，AT 提供数据连接，PT 和 ET 构成了工业知识和机理（工业知识需要积淀），OT 提供数据和经验，IT 是高效的工具和手段，将知识和数据有机整合才能够建立各种各样的工业模型。所以实现智能制造并提升中国制造业竞争力必须集成 5T（PT+ET+AT+OT+IT），这是实现制造业数字化转型的关键要点。

实际上，众多工业软件供应商的数据接口种类繁多，二次开发工作量大，定制化程度高，从一个平台转移到另外一个平台非常困难，有时甚至需要彻底推翻重来。这是困惑广大制造业企业的痛点之一，当然还有很多平台和软件不能给用户创造价值，这也是导致企业惧怕数字化转型的原因。

（四）工控安全关系到国家安全

随着工业互联网的普及，必然会有网络安全问题，网络安全涉及国家安全和经济安全问题，以及工业控制系统的信息安全问题。2010年伊朗核设施使用的西门子控制系统 PCS-7 受到"震网"病毒软件攻击，导致2000多台铀浓缩机爆炸，这是第一个因网络攻击导致物理世界爆炸或破坏的案例。工控设备本身存在大量安全漏洞，而且几乎都没有防范措施。在工业控制系统（DCS、PLC、SIS）里面大量的网络连接都是私有协议，不是公有、开放的，用传统信息安全手段无法解决。我国炼油、石化、化工、电厂、电网、核电、交通、水利、国家油气管道等国家重要基础设施，大量使用外资品牌的工业控制系统，如西门子、ABB、施耐德、霍尼韦尔、艾默生、横河、罗克韦尔等，这些主要设施一旦被操控将给我国的经济安全、国家安全和环境造成巨大破坏。

工业网络安全的核心是如何确保工业控制系统的安全。"震网"病毒本质上是软件导弹，这种攻击不是为了偷窃信息、偷窃数据、使计算机黑屏，而是为了操控工业控制系统的代码，最后导致控制对象出现事故，如化工厂爆炸、火车撞车、核泄漏、大面积停电等，包括城市的水、电、煤气、交通等基础设施瘫痪，很容易造成社会动荡，进而影响国家安全。

三、加快发展智能制造的若干建议

（一）布局核心工业互联网平台

加强对工业互联网平台特别是具有核心技术的工业操作系统布局，积累行业机理模型和核心算法，围绕5G、云计算、区块链、人工智能、数字孪生、工业软件等支撑工业互联网发展的关键共性技术，展开技术攻关，着力建立覆盖全流程、全产业链、全生命周期的工业数据链，真正打造"从0到1"的创新。

（二）支持工业软件自主化、产业化

加快推进制造业共性技术知识库、模型库、数据库的构建，形成完善的行业知识体系，实现先进制造技术、知识、能力的软件化应用和平台化共享。推动生产运营管理、生产过程优化、生产安全管理等工业软件云化改造，积极扶持基础性工业软件的研发和应用示范。

（三）打造工业互联网生态体系

以开源模式推动工业互联网基础平台建设，引导龙头企业和技术服务提供商加强开源社区、开放技术平台的建设，基于开源框架吸引大量应用开发者，培育海量工业 App；支持产业联盟组织平台企业、技术服务企业、研究机构等联合开展标准研制、试验验证和标准推广，在工业互联网生态与标准体系建设上取得明显成果。

（四）重视工控安全能力建设

不断完善工业互联网安全保障体系，建立健全工控安全的监督检查、风险评估、信息通报、应急处置等体制机制，建设具备态势感知、仿真测试、攻防演练等功能的技术平台。针对国家重要工业基础设施和城市基础设施的工控安全，要大力推进工控安全防护体系的建设，确保经济安全、民生安全和国家安全。

有些事可以走捷径，可以"弯道超车"，甚至可以"换道超车"，但有些事必须一步一个脚印、踏踏实实干才行，制造业的发展就是如此。如果从基础研究、尖端技术研发、创新性设计理论、制造工艺、精密加工装备、自动化数字化水平及基础材料、元器件和工业软件的角度看，我国与国外差距较大，"高端技术"及"核心部件"几乎都掌握在发达国家手中。因此，我国制造业发展必须持续投入研发，并需要几代人的坚持和努力。

中国制造业的数字化转型，不仅是企业的必经之路，还是一片广阔的蓝海。

作者简介：

褚健博士，上海交通大学宁波人工智能研究院首席科学家，宁波工业互联网研究院院长，中控科技集团、浙江蓝卓工业互联网有限公司创始人。主要研究领域为工业自动化、工控安全、智能制造和工业互联网。曾获国家技术发明二等奖 1 项，国家科技进步二等奖 2 项。

数字阅读产业发展进入新阶段

成湘均

民族繁荣和国家强盛离不开文化软实力的支撑。党的十九届五中全会对"十四五"期间繁荣发展文化事业和文化产业、提高国家文化软实力做出了全面部署，文化出版是其中的重要组成部分。2021年全国两会政府工作报告提出"创新实施文化惠民工程，倡导全民阅读"，"全民阅读"已连续8年写入政府工作报告。目前，我国仍是人均阅读量最少的国家之一，如何有效推广阅读，培养国民，特别是青少年养成良好的阅读习惯，已成为全社会关注的重点。

在文化出版产业发展过程中，先进技术的融合与应用不仅加速了产业的发展，更催生了新的阅读方式和载体，产业数字化成为新趋势。作为数字出版重要的细分领域，数字阅读因呈现形式具有快速便捷、覆盖面广、成本相对较低等不可替代的优势，逐渐成为深受读者喜爱的主流新型阅读方式和生活方式，也成为推广全民阅读、促进新经济发展的重要力量。数据显示，2019年中国数字化阅读方式接触率已提升至79.3%。

一、我国数字阅读产业发展进入新阶段

（一）数字阅读呈现方式发生变革

纸质版权电子化。数字阅读行业的高速发展离不开优质内容，随着数字阅读平台精准、快速、便捷，以及用户量大等优势逐步凸显，传统出版机构加强了对国内外电子书版权的引入和开发，图书出版从"先纸后电"逐步实现了"纸电同步"，甚至是"先电后纸"，电子书版权交易市场火热。数字阅读平台的加入，不仅改变了传统图书出版方式，也让传统图书宣发格局发生了变化。

据了解，受纸质书书号数量的限制和传统出版审校流程的影响，传统出版社每

年至少有超过一半的原创内容无法出版，其中不乏优质作品。而"先电后纸"的出版方式不仅可以有效筛选适合纸质出版的内容、降低人力成本和资源成本、提升出版效率，还能让更多优质内容及时触达用户。"先电后纸"或将成为未来市场主流的出版方式。

文字内容有声化。有声读物具备即时即听、陪伴性强、解放双眼等优势，近年来有声内容制作、分发技术的应用和专业平台的兴起，使有声读物成为数字化阅读的重要展现方式。根据新思界产业研究中心发布的《2021—2025年中国有声书行业国际市场调查及投资分析报告》显示，国际有声书市场规模达到35.8亿美元，产业分布主要集中在美国、中国，以及欧洲等多个国家和地区。其中我国2020年有声书市场规模达到了95.6亿元，同比增长50.3%。

近年来，我国有声书市场发展迅速，市场参与者数量也随之增加，除各大音频平台之外，阅读应用、视频网站，甚至是传统出版行业也都尝试进入有声书市场。同时，有声内容来源也呈现多样化：传统出版社、有声阅读平台、数字阅读平台等自制的有声小说、广播剧等；视频平台、社会团体生产的有声内容，如相声、戏曲、脱口秀、综艺音频内容等；各领域名人大咖生产的知识付费类内容；音频爱好者生产的原创趣味内容等。目前国外已经逐步普及"纸电声同步"出版，这或将成为我国原创内容出版的参考模式。

（二）数字阅读服务群体精准覆盖

中央宣传部印发的《关于促进全民阅读工作的意见》（以下简称《意见》）明确，到2025年，通过大力推动全民阅读工作，基本形成覆盖城乡的全民阅读推广服务体系。数字化阅读作为当下的主流阅读方式，在推动青少年阅读、完善全民阅读服务体系、覆盖更广泛人群、助力全民阅读等方面起到了积极的推进作用。

机构阅读服务。通过阅读拓展知识面、提升职业技能和个人素养，不仅需要有针对性地阅读，更需要通过与有同样阅读兴趣的书友进行讨论交流，加深对阅读内容的理解，从而真正达到阅读的目的和效果。传统的阅读方式因其对空间、时间的要求限制了读者之间的互动，而数字阅读完全可以解决上述问题。近两年行业内已经有企业推出了针对机构和团体的阅读服务产品，旨在为政府机关、高校、事业单位、大中型企业等提供定制化的完整数字阅读解决方案，建立机构专属职工数字图书馆，帮助职工养成良好的阅读习惯，促进职工之间的阅读交流和互动，提升知识水平和文化素养，助力机构打造学习型组织。

与个人阅读不同，机构和团体阅读对产品和服务有更高要求，甚至需要定制化的功能设计。从目前已有的产品来看，定制化图书馆包括阅读报告、阅读笔记、阅读计划、阅读打卡、阅读排名等功能；管理者可通过机构管理后台实时掌握职工阅读数据、发起共读活动、查看职工阅读报告、管理图书馆书库、自定义配置图书馆等，实现便捷管理。在服务方面，产品突破个人阅读的局限性，通过团队阅读的方式充分调动职工阅读的积极性，实现了在线阅读、兴趣交流与心得分享的互动闭环，最大化提升了职工的阅读所得。此外，根据机构用户的学习需求提供内容和活动运营服务，以及咨询、数据、培训等多维度的售后服务等，可提升团体阅读学习效果，有助于建设书香社会。

青少年阅读服务。青少年时期是人生观、价值观、世界观形成的重要时期，阅读是引导和塑造青少年形成正确"三观"最重要的方式之一，也是当今国内语文学科教育的切实需要。因此，青少年时期阅读的数量和质量，对应试教育和个人文学素养提升都极为重要。《意见》中提出的重点任务之一，就是积极推动青少年阅读和家庭亲子阅读。如何以最便捷的方式为青少年甄选出适合的优质读物，帮助青少年更好地获取知识、理解阅读内容、获取阅读价值、提升文学素养，进而提升文化素质，已成为全社会关注的重点。

近年来在线教育产品数量激增，但专注于青少年课外阅读领域的却是凤毛麟角。目前，中小学教育从课程标准、教材教学、考试评价多方面进行了深化改革。新编语文教材在引导阅读方面就做了不少探索：小学语文有"和大人一起读"，初中有"名著导读"，高中有"整本书阅读"。但是，课外时间读什么、怎么读、读后收获了什么、怎样更好地辅助学校语文教学等问题，还没有得到更好的解决。这与中文阅读教育方法论尚未完善有关，需要专业的中文分级阅读体系。

为了解决上述问题，北京师范大学课程与教学研究院主导研发了中小学生中文分级阅读体系。该体系基于公平化、差异化、融合性、指导性原则设计，对标语文课程标准和《中国学生发展核心素养》，从文本类型、文本结构、词句难度、主题内容和关联性五大维度对图书进行分级。分级图书全部经过严格筛选，确保适合中小学生阅读。此外，在青少年阅读过程中，对于视力的保护、终端的便捷要求也至关重要，未来，具有配套阅读体系的专属电子书阅读器或将成为提升青少年课外阅读数量和质量的最佳选择。

数字化阅读不仅能为青少年提供便捷优质的阅读服务，也是减小中国城乡青少年阅读差距最有效的方式。相较资源丰富的一二线大城市的青少年，很多贫困地区、偏远山区的青少年由于教育资源分配不足导致没有足够的课外阅读内容。数字化阅读可以通过自身在内容、技术和服务上的优势，帮助全国青少年找到适合自己的优质读物，从而推动阅读资源均衡分配，促进教育公平稳步发展。

（三）数字阅读形态场景不断变迁

数字阅读承载形式的多样化，推动了阅读从单纯文字阅读向感官阅读体验的转变。行业正通过加强对 IP 的版权运作，将单一文学作品打造成为集电影、电视剧、动漫、游戏、音频、周边的全产业链作品。推动版权运营成熟化发展，进而满足用户不断增长的多样化需求。另外，在技术发展的基础上，随着数字阅读对用户日常休闲娱乐生活的不断渗透，阅读场景持续细分，在传统移动阅读 App、有声阅读 App、电子书阅读器的基础上，彩色绘本阅读器、智能音箱、智能耳机、智能生态得到了大力的发展与普及，推动了阅读场景多元化发展，为用户带来了更加丰富的阅读体验。

二、新技术应用推动数字阅读产业向纵深发展

（一）人工智能与语音合成技术在有声阅读上的应用

20 世纪 50 年代诞生、经历了 3 次高潮的人工智能技术如今正在全球掀起新一轮的产业革命。传统出版产业也搭乘"AI 快车"，试水人工智能，特别是人工智能语音技术在音频处理与制作方面的独特优势在相关行业得到了充分发挥，对数字阅读来说，智能语音技术有望帮助有声阅读行业迎来新一轮智能驱动的转型升级。

首先，将人工智能技术应用于有声读物的内容生产中，通过人机协同在文本转换、内容分析、智能配音等方面提高有声读物的制作效率，丰富内容资源。目前行业内已进入商业化实践的智能语音技术主要包括"微软小冰"、科大讯飞的语音合成服务等。其次，聚焦于用户的听觉，以用户的多样需求为导向，将人工智能技术运用到为用户精准定制、个性化服务中，实现有声读物内容与用户间的智能连接，提供交互式陪伴，提升用户体验。智能语音技术只是人工智能的一个分支，在有声读物与整个人工智能科学的融合之路上，还存在更多的可能性和更广阔的空间。

（二）手写电子墨水屏技术在教育阅读上的应用

电子墨水屏阅读器是重要的深度数字阅读终端。电子墨水屏又被称为电子纸显示技术，它贴近纸张，不仅耗电低，还可以最大程度保护视力。自 1999 年 E-Ink 推出了首款电子墨水产品以来，电子墨水屏技术得到了长足发展。基于该技术，亚马逊公司于 2007 年推出了自己的首款电子书阅读器 Kindle，掀起了全球数字图书阅

读热潮，国内相关企业如掌阅、阅文、当当，甚至小米、京东等电商公司都陆续推出了电子阅读器产品。

伴随电子墨水屏手写技术的诞生，其应用已经不再局限于阅读，更多地向办公、商务，特别是教育领域延伸，无纸化教学、电子教材成为未来教育的发展趋势。为青少年提供电子产品首先要考虑的是对视力的影响，电子墨水屏或成为最佳选择。配以先进的电磁笔手写技术，能够做到在使用过程中，除了阅读像看纸质书一样，书写也能够像在纸张上一样自如。未来学生或许可以用一个轻巧的墨水屏设备替代沉重的书包实现"减负"。同时，电子墨水屏设备也有望为教育部门和教育从业者提供更高效的管理方式，为教学管理带来新的变革。

（三）大数据与图书数字化技术在学术阅读上的应用

数字阅读相比传统纸质阅读最大的优势在于其便捷性。这种便捷不仅体现在阅读场景和形式上，内容的数字化存储也为读者检索图文资料、获取知识点提供了更快捷方便的途径。但不同于普通的网络搜索引擎，知识检索因为其检索的内容主要为学术资料和图书，要求更垂直、更专业。目前，这类内容仍存在检索困难的问题。

数字阅读领域知识图谱是一项重大的知识工程，将现有沉淀于图书中的信息碎片与人类认知结构相关联，形成全新、形象的知识分发网络。这种分发网络在兴趣培养、知识吸收效率等方面都具有显著的优势。近些年自然语言处理（Natural Language Processing，NLP）快速发展，尤其是Google的BERT模型的发布极大地提升了文本语义理解能力，可以在图书内容的基础上实现信息实体的快速提取和实体间关系的准确理解，继而构建出数字阅读独有的领域知识图谱。

三、多措并举推动数字阅读产业持续健康发展

（一）数字阅读产业的发展离不开国家政策的扶持

一是要推动落实文化领域的简政放权，完善文化市场监管体制和知识产权保护体系，建立统一、开放、竞争有序的行业市场体系，让企业在公平的市场环境中焕发新的生机和活力；二是要加大产业投资力度，鼓励行业内企业推进股权融资、并购重组、海外投资，壮大经营主体；三是要加速数字阅读与传统出版的融合，为企业搭建沟通交流的平台；四是要加快数字阅读企业走出去，鼓励和引导企业进行海外产品研发推广，提供税收财政优惠政策等。

（二）数字阅读产业的发展离不开先进技术的应用

当下以 5G、大数据、人工智能等为代表的七大领域新型基础设施建设（新基建），为数字出版的创新发展提供了新机遇。随着新技术、新模式的发展进步，手机、计算机、电子阅读器等电子设备的跨屏互联，音频、视频、直播，以及 VR、AR、MR 等沉浸方式的跨场景交互，都推动了知识传播不断突破时间和空间限制。在科技助力下，阅读的媒介与场景边界越发模糊，全息、全场景的阅读模式将成为数字阅读未来的主流发展趋势。

（三）数字阅读产业的发展离不开优质内容的供给

一是要加速优质出版内容的数字化速度，推动普及"纸电同步"，甚至"先电后纸"，让好书第一时间惠及更多读者；二是要加强作家和编辑队伍建设，营造良好的创作环境，完善培训体系，构建人才机制；三是要完善内容推优标准及流程，筛选、推荐更多经得起人民评价、专家评价、市场检验的优秀作品。

（四）数字阅读产业的发展离不开阅读生态的建设

高质量的数字阅读依赖优质内容作品（文化）与先进数字技术（科技）的有机结合，行业企业应充分发挥"互联网+文化+阅读"的优势，落实内容精品化策略，形成集内容生产、数字分发、阅读硬件、IP 衍生为一体的阅读生态，推动数字阅读技术及服务朝着精细化、智能化方向演进，提升阅读体验，助力我国公共文化服务体系建设。

作者简介：

成湘均先生，掌阅科技股份有限公司董事长兼 CEO，2017 年入选全国新闻出版行业领军人才，2019 年入选全国"四个一批"人才。近年来带领掌阅科技入选中宣部、科技部认定的国家文化和科技融合示范基地，连续两年成为国家文化出口重点企业，连续三年获得全国文化企业 30 强提名等。

云协作办公助力数字经济发展

邹 涛

一、数字经济推动新经济发展

进入 21 世纪以来,数字经济迅速发展,并以在线交易、物流跟踪、移动支付、远程交流等多种形式为人们的生产和生活带来了便利,在国民经济中的重要性越来越高。数字经济不像某一个产业,如化工产业、金融产业或半导体产业是一个相对独立的体系,它是一个更加复杂的体系,是用数字技术进行经济活动的经济范式,是在用户、组织和设备通过互联网、移动技术和物联网构成的相互连接的基础上运行的。数字经济由两部分构成:一是数字产业化,也称为数字经济基础部分,即信息产业,具体业态包括基础电信业、电子信息制造业、软件和信息技术服务业、互联网行业等;二是产业数字化,也称为数字经济融合部分,包括传统产业因数字技术应用所带来的生产数量和生产效率的提升,其新增产出是数字经济的重要组成部分。数字经济契合创新、协调、绿色、开放、共享的新发展理念。

数字经济能有效地帮助供给侧和需求侧精准、智能地匹配,推进供给侧结构性改革。数字经济能够有效解决信息不对称问题,从而帮助解决生产效率低下和生产相对过剩等依靠传统手段难以解决的问题。数字经济和实体经济融合发展,可以帮助畅通从生产到销售的全流程渠道,从而提升运行效率。数字经济能有效地帮助政府精准、智能地服务民众和治理社会,促进国家治理体系和治理能力现代化。

据中国信息通信研究院研究数据显示,我国数字经济增加值已由 2011 年的 9.5 万亿元增加到 2019 年的 35.8 万亿元,占 GDP 比重从 20.3%提升到 36.2%。数字技术支撑的新产品、新服务、新业态、新商业模式成为经济增长的主要贡献力量。

2020 年 10 月 29 日,中国共产党第十九届中央委员会第五次全体会议审议通过的《中共中央关于制定国民经济和社会发展第十四个五年规划和二〇三五年远景目标的建议》提出，要坚持把发展经济着力点放在实体经济上，坚定不移建设制造强国、质量强国、网络强国、数字中国，推进产业基础高级化、产业链现代化，提高经济质量效益和核心竞争力。2021年3月13日发布的《中华人民共和国国民经济和社会发展第十四个五年规划和2035年远景目标纲要》将"加快数字化发展　建设数字中国"单独列为一篇，提出要加快建设数字经济、数字社会、数字政府。数字经济已经成为社会发展的焦点话题。

可以预见，"十四五"期间，数字经济的作用和地位将继续提升，是今后经济增长的重要源泉，是提高全要素生产率的重要途径，是促进制造业、服务业融合发展的重要载体，也是维护和提升全球产业分工体系稳定性、安全性的重要依托。同时，在人工智能、大数据分析、云计算、物联网、先进机器人等数字技术的支撑下，我国数字经济将继续快速发展、全面发力，新型数字消费、数字生产、制造业服务业数字化融合、数字化网链、数字化产业生态、数字化资源配置等都将显著提升。我国在世界上领先的大数据积累能力将有效助力技术革新和经济转型，促进我国经济健康快速发展，推动我国经济迈向全球价值链中高端。

二、云协作办公是数字经济的重要场景

在全球互联网时代，组织的发展和布局不再局限于一个地区，甚至一个国家，越来越多的企业和机构在全球各地设立分公司、办事处等，越来越多的员工不再需要物理空间上的"在场"，人们可以根据自身的情况与需求选择适合自己的办公环境，可以走出办公室，在家里、咖啡厅、图书馆等地办公，即使远隔万里，也能高效、灵活地生产、分享和存储信息，进而催生了远程协同办公模式。在过去的一年里，全世界范围内的新冠肺炎疫情使得"远程办公""协同办公"变得不可或缺。协同办公已经全面进入我们生活、工作、学习和经济运转的方方面面，协同办公能力也成为我们整个社会，大到国家治理、小到组织和企业的运营，以及每一个个体都必须具备的能力，协同办公是我们生活、工作、学习、交流的必备技能。

管理大师彼得·德鲁克在《管理》中提出，要想卓有成效，必须要与他人协同作战。协同作战的效率至关重要。伴随着时代的转变，传统工作模式也在悄然转变，灵活性强、便捷度高的云协作办公将使得效率办公的四大痛点迎刃而解：事情多、文档杂、同步难、协同办公难；工作中有价值的文档难以沉淀，文档的统一储存管理难；信息安全难以保证，文档流转范围难以把控；数据分析难，文档增值难以体

现。从而实现 3 个目标：降低办公成本、提高办公效率、低碳减排。云协作办公进而成为驱动组织高效运行、驱动数字经济发展的重要力量。

三、智能云办公平台时代赋能云协作办公

办公软件产业经历了 3 个大的时代：传统软件的桌面办公时代、网络及移动办公时代、智能云办公平台时代。云是提升办公软件平台价值的重要抓手，用户可以通过云协作办公软件，实现存储于云上的大量文件的跨屏编辑。随着协同技术的发展，办公软件深入探索云端存储、网络分享、协同编辑等基于云计算的协同技术，通过协同技术实现在多人使用的场景下，给用户提供更加便捷的文档创建、编辑、存储、管理、协作等全生命周期应用服务。在 2020 年第一季度，超过 2 亿的 WPS 用户通过云端文档实现了各种在线协作办公，完全满足了大规模用户并发在线协同办公的需求。

2010 年微软 Office 率先开始向云转型。2012 年 6 月，Office 365 正式发布，标志着 Office 开始提供云服务。2019 年，Office 产品全面转云。国外办公软件的云化具有以下趋势：一是拓宽业务边界，打造一站式云办公服务平台。微软不断扩张自己的办公产品品类，互通各类办公场景，Office 365 已经增加了协作、沟通、内容和社交产品等新功能，用增值云服务扩张自己的生态空间。二是发展人工智能，提高服务价值。Office 365 开发了一系列 AI 功能，将丰富的 AI 特性渗透到产品各个角度，服务的价值不断提升。微软通过丰富图形功能、增强 Windows 系统兼容性、加强组件协同性，进行云基础设施建设，分别在 3 个阶段实现了快速转云。从办公业务收入贡献的角度看，微软在 2019 年的办公产品和云服务方面累计实现营收约 318 亿美元，是名副其实的全球软件龙头。

目前国内办公软件厂商积极布局智能云办公平台，致力于云计算、大数据与 AI 技术等新一代信息技术的融合创新，拓展开发基于移动互联网和 5G 的移动办公软件。移动互联网市场日益成熟，国产办公软件取得先发优势。在云协作方面，国内办公软件厂商纷纷基于自身的不同优势，推出了云端协同办公服务，以增强对客户的吸引力。金山办公在 2016 年发布的"WPS+"，除提供基本的跨平台协作功能之外，还实现了由单一编辑工具向"一站式"云办公服务的转型，打通了不同场景、不同终端、不同产品，提供了统一的文档储存及应用服务。"WPS+"的多人协同作业、Web 大容量文件处理能力、协同编辑文件的兼容性等技术指标，已经达到全球

领先水平。在办公软件的 AI 布局方面，金山办公基于现有的 WPS Office 系列产品，不断优化文档智能创作、数据智能分析处理、自然语言和图像文字的理解和处理能力，构建新一代智能办公套件。据 2020 年年报显示，金山办公的核心产品月活跃用户突破 4.74 亿人次。个人及 "WPS+" 用户通过公有云服务上传云端文件数量已达 898 亿份。腾讯文档、飞书文档等互联网厂商的在线办公产品则在社交体验和推广方面发挥出独特的优势。石墨文档起步较早，推出了划词备注、语音速记、牌照提取等特色功能，积累了可观的中小组织用户。这也反映出我国广大办公用户经过新冠肺炎疫情期间被动远程办公的培养，已经形成了较好的协作办公习惯，对这种更为灵活、便捷的办公方式有了更强大的使用需求。云协作办公产品图谱还在不断完善，云协作办公价值将不断提升。

四、云协作办公发展应用的畅想与思考

根据 IDC 预测，到 2022 年，全球 65% 的 GDP 将由数字化推动。在全球价值链重构的背景下，探讨数字经济如何作为驱动经济发展的全新引擎，夯实区域价值链中心地位，并破解在全球价值链分工中的"低端锁定"困局，具有重要的理论意义和现实意义。

以 5G、人工智能和工业互联网等技术为标志的数字经济时代已经来临。以数字经济驱动经济发展的一个重要抓手是加快对数据的应用。数据应用作为一种新兴生产力将加速经济发展。基于数据价值的流通、挖掘、转化的云智能办公平台将是未来办公的一大方向，同时在需求端和供给端成为重塑全球价值链的新引擎。

从横向上看，办公软件产品的平台效应正在显现。随着办公软件产品的外延不断拓展，办公软件厂商具备了与合作伙伴共同打造一个新产业链生态的潜能。办公软件融合邮件、即时通信（Instant Message，IM）、音视频会议、日历、内容创作资源、行业业务系统等应用服务，针对跨地域场景，能够提供可定制的远程办公解决方案。一个可以集成工具、优化流程、提高效率的办公平台，可以满足用户所有的办公需求，包括社交类、文档类、管理类等需求。

从纵向上看，办公软件产品云化趋势明显。办公软件产品桌面端将逐步轻量化，侧重作为入口为用户提供交互功能，其服务端则越来越强大，担负起计算、存储和功能的主体实现，能够更便利地集成自研及第三方办公服务和内容资源。云计算促进数据打通，将提高人工智能的发展速度，进一步提升服务价值。"工具转型服务"

把基础的文档处理能力免费开放给所有人，通过增值服务和内容资源来获取利润。云协作是继多屏、内容和 AI 之后，国内布局新一代办公市场的重要突破点，中国的云办公软件潜在市场空间广阔。

随着新一代信息技术的普及与发展，云化和数字化的能力将大大提高，进而推动云协作办公服务平台的普及应用。在这一背景下，产业链、价值链都将重构和延伸，对国民经济会产生强大的推动作用。依靠服务端技术走"端—云"体系是办公软件产品的必然方向。办公服务龙头企业将充分发挥其在办公应用生态的引领作用，推动基于二次开发技术的创新发展、办公集成技术的开放，带动产业生态链上下游的企业协同合作，形成可持续发展的生态链和创新链。

以数字经济驱动经济发展的一个重要支撑是打造成熟的产业生态。在自然界，生态系统就是由各种生物链，以及它们与环境之间关系组成的。在这个系统中，所有生命体共同定义并维持地球上有利于生命存续的条件。将自然界的生态概念应用于创新生态和产业生态中，众多"物种"杂居，有可能产生新"物种"，即新的科技创新成果、新的产品和服务、新的产业和业态。创新生态和产业生态的质量，就是由这些新"物种"出现的成功率决定的。云协作办公服务平台对产业生态系统的构建和支撑，将为数字经济的发展带来巨大红利。

作者简介：

邹涛先生，北京金山办公软件股份有限公司董事长，兼任金山软件执行董事及首席执行官、金山云董事、猎豹移动董事，以及西山居董事。曾任金山公司高级副总裁、执行董事等。

拥抱企业数智化浪潮　全面迈进商业创新时代

王文京

进入 21 世纪以来，全球科技创新进入空前密集活跃的时期，新一轮科技革命和产业变革正在重构全球创新版图、重塑全球经济结构。当前，我国在全球信息技术领域已经占据一席之地，产业规模体量全球领先，利用信息技术改造传统经济、培育壮大数字经济新动能的空间仍然很大。十三届全国人大四次会议通过的《中华人民共和国国民经济和社会发展第十四个五年规划和 2035 年远景目标纲要》明确提出要"加快数字化发展"，其核心就是以信息化培育新动能、用新动能推动新发展、以新发展创造新辉煌、以信息化驱动现代化，加快建设数字中国。

一、新发展：数智化时代正当时

随着以人工智能、大数据、云计算、移动通信、物联网、区块链等为代表的新一代信息技术加速突破应用，软件和信息技术服务正在通过"软件定义"全面融入经济社会各领域，带来全新的生产力和生产关系，形成更多新的增长点、增长极，驱动数字经济蓬勃发展，推动经济社会加速进入数智化时代。

新时期企业要抢抓数智化转型的战略机遇，获得可持续发展与增长，必须充分认识到创新是第一动力。数智化包括数字化与智能化。其中，数字化是实现数智化的基础，功能是产生连接，使企业的业务、生产与经营等各个环节通过技术驱动实现组织优化，降本增效；而智能化即数据智能，其目的是将数据资产的价值进一步放大，使得企业的产品与业务，组织与管理全面创新升级。在新一代数智技术应用的企业转型中，一定不是单一的数字化，而是数字化和智能化并行推进的创新。

改革开放以来，中国经济社会发生了翻天覆地的变化，三大产业结构持续更新优化，不断向高质量发展迈进。第一产业稳扎稳打，第二产业持续领跑了 30 多年，而第三产业规模在2012年追上第二产业，之后成为新的领跑者。中国经济的车轮要持续、高速地前行，离不开科技的投入和数智技术的深度应用，而科技的价值很大程度就反映在企业服务上，因为大多数科技都是用于企业服务，提高企业生产效率，推动企业商业创新。

目前，全球企业服务产业主要分三大模式，分别是项目型、产品型和平台型。其中，项目型软件企业数量最多，并且市场在不断整合，其发展特点是大的更大，中小型企业则融入大的服务商或大的平台，成为其生态的成员；产品型企业的发展趋势则是云化、服务化，即SaaS（Software as a Service，软件即服务）；平台型企业的综合能力最强，面对的挑战也最大，需要其提供的服务具有广泛的行业通用性、解决方案能够有效地覆盖各主要行业和领域，形成可持续的生态化发展，才能收获和创造最优的产业效率。

从发展纵深来看，软件诞生至今已有70余年的历史，从技术到产品再到产业，其形态非常丰富，可以大致划分为3类：构件形态、产品形态和服务形态。

软件作为构件，最早是作为硬件中的嵌入式软件出现的。最近几年，软件作为构件发展出了新的形态，即"作为服务的构件"，比如电商平台的各种数据服务，其中重要的组成就是软件。

软件作为"独立产品"，主要包括了软件态和服务态，软件态以基础软件、通用工具软件，以及各领域/行业软件为主，服务态则是云化的各类SaaS服务。

软件作为"独立服务"，即专业服务，包括了定制开发、集成和运维等服务。

结合这3类形态，中国的企业服务产业要想加速突破应用，对跨技术的组合能力、用户及产业生态环境、人力资源和对人才运营的能力，都有着关键需求。

现在，我们正处在新一轮科技革命和产业变革与我国转变发展方式的历史性交汇期，中国的企业服务产业正面临着3个大的市场机遇：数智化、国产化和全球化。首先是数智化，从个人到组织再到社会，都在快速向数智化转型，这给整个产业带来了最大的战略市场机遇；其次是国产化，2020年中央全面深化改革委员会通过了《国企改革三年行动方案（2020—2022年）》，国务院国有资产监督管理委员会等多部门发布了《关于加快推进国有企业数字化转型工作的通知》等多项政策和指导意见，推动了国企改革和国产化替代进程，国产化正在迎来黄金发展期；最后是全球化，在全球市场上中国的企业服务产品和应用的竞争力正在快速提升，同时，更多由中国ToB企业服务的中国"面孔"也在不断走出国门，拓展着整个产业的全球视野。

可以预见，借助技术换代，以及个人、组织和社会数智化转型的时代契机，结合中国繁荣的用户环境和生态环境，以及几十年来积淀的人才基础与产业基础，中国的企业服务产业将可以实现和进入全球领先的发展阶段，让企业的商业模式、管理方式，包括商业技术的创新都有机会和可能走在世界前列。

二、新动能：数智技术构建生态化的商业创新平台

过去的100年，人类创造的财富远超过去数千年的总和，企业在其中发挥了巨大的作用。现代经济学理论认为，企业本质上是一种资源配置的机制，能够实现整个社会经济资源的优化配置，从而降低整个社会的"交易成本"。从农业经济到工业经济，再到今天的数字经济，技术对商业创新发展进程的影响力越来越大。新一代数智化技术已经不再是"单打独斗"地影响企业创新发展，而是通过集群式、交互化的形态，驱动企业进入数智化新阶段，进而重构发展力，甚至其组织形态都将发生重大变化。

当今，基于数智化的商业创新对每一家企业都很重要，但很多时候，企业要想通过数智化实现商业创新的门槛比较高，主要有三点：其一，来自技术层面，云计算 IaaS（Infrastructure as a Service，基础设施即服务）解决了最底层的计算能力和网络通信问题，但要实现企业的业务创新和管理创新，技术的部署、应用、开发等障碍仍然存在，需要中间层的平台来消除；其二，来自商业层面，不同的企业处于不同的数智化阶段和水平，并非所有企业都可以像行业领先者那样具备丰富的管理和运营经验，它们在专业知识、决策能力与经验认知等方面，都需要更加富有"智慧"的营销、采购、制造、供应链、金融、财务、人力、协同等服务应用来支持企业的商业创新；其三，来自成本层面，在上一轮的信息化阶段，企业的投资力度比较大，项目研发周期、部署周期、实施周期长，运维成本高，一旦后期业务流程或模式发生改变，信息系统势必进行调整，但耗时更多、成本更高，而且，不是所有企业都具备这种应对改变的能力。

因此，企业需要能够便捷实现商业创新的平台（Business Innovation Platform，BIP）。需要强调的是，这个平台并非简单地把传统软件应用云化就可以实现，而是以新一代数智技术的思维理念，将先进且高可用的技术平台和公共与关键商业应用与服务融入PaaS云平台，并按照云原生（含微服务）、元数据驱动、中台化、数用分离等新一代架构进行设计，基于统一的平台和公共服务，整体提高领域、行业产品的开发效率和质量，进一步降低技术应用门槛。如此，才能有效帮助大型企业建设产业互联网平台，加速推进成长型企业的数智化发展，低成本帮助小微企业上云转型，实现云服务的普及化。

新时期的企业服务，正在从专注于企业内部的降本增效，外延到企业与企业间、

企业与社会间的价值网,是打通产业链上下游,汇聚企业、产品、用户等各方面资源的强生态共生模式。通过数智技术构建和运营企业的商业创新平台,需要具备与平台参与者共生共赢、共建生态系统的大视野,通过深度融合各方服务应用与解决方案,不断提升服务能力与服务质量,满足企业更高层次的商业创新需求,从而形成企业服务领域最具价值的生态体系,通过紧密的合作来共同服务中国企业和全球企业的数智化发展。

三、新应用:商业创新服务群

我国的数字经济浪潮从 2014 年开始爆发,已经走过了 5 年的历程。在这 5 年间,出现了新的竞争格局,如互联网电子商务企业和实业巨头进入企业服务产业;出现了新的驱动力,中国企业服务产业一改过去依靠回款自我滚动的发展模式,改变成为 VC 资本驱动的发展模式;出现了新的应用热点,企业客户关注热点从企业内部管理转移到企业外部业务经营,从线下经营转移到线上线下统一经营,从单企业运营上升到产业运营,从国内单一区域经营扩大到全球一带一路多地区多文化经营等。

站在新旧动能转换的新起点上,中国的企业服务也面临着诸多机遇和挑战。2020 年上半年,受新冠肺炎疫情影响,SaaS 类企业应用迎来大发展契机。作为云服务的顶层,SaaS 应用多样,涉及领域广泛,正在成为未来产业的标配,被众多行业和场景接受,成为企业经营和管理必不可少的工具。2018 年上半年至 2020 年上半年,SaaS 在总体软件市场中的占有率从 17%升至 25%,且 2020 年上半年增长率仍然高达 31.3%,远高于传统 On-Premise 1.8%的增长率。其中,大中型企业在远程面试、员工管理、在线营销等企业场景,对 SaaS 模式的协同办公、视频会议、在线客服和供应链管理等应用需求旺盛。根据预测,中国 SaaS 市场预计将持续高速增长,未来 5 年的年复合增长率将达到 34.9%。

一方面,以云计算为代表的数智技术驱动的商业创新引擎价值越发凸显;另一方面,目前国内企业数智化水平并不均衡,行动强的企业已经在引领,但还有很多企业有意识但并不知该如何做,甚至有少量企业还没有数智化的觉悟。基于多年的企业服务经验及对企业数智化转型的深度理解与洞察,企业通过数智化实现商业创新有八大核心要素,即围绕营销力、产品力、供应力、生态力实现业务创新,以及围绕管控力、决策力、组织力、协同力实现管理创新。

双良集团作为我国以节能环保装备制造业为核心的产品制造企业,以产品力为核心要素,实现从产品制造到服务型制造的转变。双良集团立足设备服务、经营能源管理,构建"智慧服务+智慧能源"平台,打造"大服务"平台,实现了设备上云、服务上云，从智慧运维到综合服务监控，有效推进服务模式创新，实现了利润从 200 万元到 3000 万元的倍增。

大唐集团以供应力为核心要素，通过采购云 SaaS 应用搭建产业链运营模式的电子物资云采商城，实现云采自营商城、在线支付结算、ERP 集成、电子发票、物流服务、供应链金融等综合管理，以及运营一体化、电子化、平台化采购服务，促使采购成本显著降低约 10%。

心连心集团作为中国单体规模最大的尿素企业，以营销力为核心要素，实现了直分销融合管控，通过技术升级和管理创新，向"低成本+差异化"转型；以客户和市场为中心，将原来"以产定销"模式向"以销定产"升级，有效帮助企业通过统筹、利用内外部资源满足目标市场消费者的需求，实现企业自身生存和持续性发展。

东风汽车以组织力为核心要素，通过人力云的系统建设，在绩效档案、绩效分析方面提供有效的基础支持，在规范制度、改善绩效、提升效率方面，效果提升 15%。

以上 4 个案例表明，不同发展阶段的企业在进行商业创新时有着不同的赋能重点，但最终目的都是能够有效驱动业务增长，构建新的企业发展力。未来，基于全新的数智技术和商业创新平台，营销、采购、制造、供应链、金融、财务、人力、协同等企业云服务将成为企业数智化转型过程中的尖刀班、先锋队。营销云赋能 B2B2C 全产业链，实现全渠道营销新体验；采购云通过连接、协同、共享理念，构建供需精准对接、资源优化配置、产业协同服务；制造云将实现跨领域、跨行业的工业互联网，提供智能物联、智能工厂、智能物流、追溯服务等创新应用；供应链云以采购、库存、销售为核心，实现企业内部产供销、业财税一体化协同，以及产业链企业间横向一体化；财务云采用大数据、人工智能等技术，基于社会化商业新模式，实现实时、精细、智能、多维的财务智能新应用；人力云通过连接、智慧、体验、开放的数字化要素引领组织完成人力资源管理数字化转型；协同云将成为社会化的服务和生态联盟入口，实现企业与产业的协同。

四、新趋势：从 ERP（企业资源计划）到 BIP（商业创新平台）

自 1981 年财政部提出"会计电算化"概念，20 世纪 80 年代到 90 年代初，我国企业开始开展信息技术在企业中的应用，当时的信息化应用主要集中在财会、档案等个别领域。进入 2000 年后，我国企业信息化进入了快速发展期，这个阶段的应用为以 ERP（Enterprise Resource Planning，企业资源计划）套装软件为集成应用的企业级应用，加强信息资源利用，集成和整合信息流、价值流、业务流，支持企业管控模式，提升企业决策能力。

随后，信息技术在企业服务中的应用进入了数智化阶段，移动互联网、云计算、大数据和人工智能等新一代信息技术快速发展，云计算从虚拟化、容器化向无服务器架构发展，使得应用部署速度越来越快、IT基础资源的利用效率越来越高、系统的颗粒度越来越细，企业计算也逐步从C/S、B/S软件架构向云原生微服务架构进行变迁。国际咨询机构Gartner提出："ERP套件正在被解构为联邦式、松耦合模式的企业业务能力，所有的功能通过云服务或BPO/BPaaS方式提供"，我们进入了全新的商业创新时代。

企业是创新的主体，是推动创新创造的生力军。打破创新瓶颈，突破传统意义上企业创新在人员、技术、行业知识、试错成本、管理、信任等方面的限制，成为数字经济时代背景下企业快速实现规模化的关键抓手。从ERP到BIP（Business Innovation Platform，商业创新平台）将成为企业服务产业发展的必然趋势，如图1所示。

MIS	ERP	BIP
部门级 电算化 管理信息系统	企业级 信息化 企业资源计划	社会级 数智化 商业创新平台

图1　企业服务产业发展从ERP向BIP转化

BIP是企业信息化向数智化发展进程的一次进化和升维。ERP是流程驱动，侧重于企业内部资源计划和经营管理，关注功能和过程；BIP则是数据驱动，关注赋能企业业务能力，关注卓越的用户体验。ERP以"流程优化，提高效率"为核心价值，BIP则以"商业创新，重构发展力"为核心价值，ERP与BIP的核心价值如图2所示。

从信息化到数智化，从ERP到BIP

项目	ERP（企业资源计划）	BIP（商业创新平台）
企业价值	流程优化，提高效率	商业创新，重构发展力
驱动方式	流程驱动（以流程为中心，流程+数据）	数据驱动（以数据为中心，数据+算法+流程）
价值形态	业务支撑+管控	在线业务运营+赋能+管控
协同范围	企业内协同、产业链有限协同	企业间+企业内、价值网/社会化商业协同
灵活性	有限弹性，灵活创新困难	高弹性，可扩展，让企业快速创新，响应变化
生态方式	有限生态合作	强生态共生，大量多类型提供商共同企业商业创新
计算方式	企业级计算	社会级计算
业务逻辑	最佳实践	数据智能
智能化	商业智能分析（BI）	人工智能（AI）（机器学习/智能交互/RPA）
实时性	延时/准实时批处理	实时在线
数据化	大量数据的录入、计算、存储、应用	海量数据的接入、交互、计算、存储、服务
架构	SOA、应用组件	云原生、微服务、中台化、可信数据来源（SSOT）
产品形态	一体化套件/巨石型系统	平台化的微服务群/集，企业可以灵活选用
应用方式	功能型、模块化应用、用户体验不足	场景化/任务化、角色化、特性化服务、用户体验升级
价格模式	软件使用许可费×软件产品服务费，资产投资	用户账号使用费/年使用费，服务费用

BIP不只是工具型的商业操作系统，更是生态化的服务平台 | BIP不只是企业商业能力，更是集工具、能力、资源的多元服务体

图2　ERP与BIP的核心价值

BIP 为企业数智化提供了 4 个方面的关键价值。

（1）技术基底和商业应用融合发展：新一代 ICT 技术为企业的业务创新和管理变革提供了更好的技术支撑，BIP 是集技术基底和商业应用服务于一体的综合性平台，企业可以在这个平台上实现商业创新。比如电子合约、电子票据、供应链协同等企业级应用都可以放在 BIP 之中，让企业可以简单、便捷地采用融合最新技术的商业应用。

（2）业务创新和管理变革高效协同：业务的开展离不开科学有效的现代企业管理，因此企业业务创新需要和管理变革高效协同并进。BIP 创建了一个从技术架构到管理流程再到业务应用创新的综合服务平台，以科学的方式进行管理和资源利用，实现多、快、好、省的目标，取得最优的投入产出效率。

（3）企业个体与产业的互联互通：BIP 服务整体企业的创新发展，无论是企业个体还是产业联盟，均可立足平台的优势，实现企业个体与产业生态的互联。通过 BIP 的传递，企业与其上下游间的信息流、价值流和生态系统之间形成合力，实际上也是给商业带来的一次新的革命。

（4）企业共创与共赢，价值共享：业务共创、业绩共赢和价值共享是数字经济时代下大众创新的基本原则，面对未来经济发展的红利和广阔空间，企业之间以 BIP 为共同的合力点，以资源整合、业务链接为手段，可以拥有更多更加高效的多边协同。

展望未来，随着客户需求、营销渠道、供应链条等商业环境的改变，企业只有不断地商业创新才能保持竞争优势。同时，创新也并非没有规律可循，依赖正确的方法论来了解企业的具体创新路径，充分利用合适的商业创新平台，通过无代码、低代码等数智化工具保存和转化微创新、阶段性创新的成果，并进一步整合，与系统平台集成，最终让所有创新成果成为一个个具有格局特色的应用体系，发挥更大的商业创新价值。

在数智化重构世界的今天，中国企业恰到好处地站在了全球创新的新高点，并将运用商业创新平台（BIP）的新思维，推动中国企业和全球企业整体性的数智化再造。

这将是一个漫长而艰难的过程，但也是孕育新商业文明的时代机遇。

作者简介：

王文京先生，用友网络科技股份有限公司董事长兼 CEO、中国企业联合会副会长、中国企业家协会副会长、中国产业互联网发展联盟执行理事长。1988 年创立用友公司，至今用友已成为全球领先的企业与公共组织云服务、软件提供商，助力数百万企业与公共组织数智化发展和商业创新。

集成电路

我国集成电路产业发展态势分析及政策建议

刘九如

过去 30 年中，全球集成电路产业保持高速发展，市场规模从 1985 年的 215 亿美元增加到 2019 年的 4123 亿美元，年均增长速度达到了 9%。随着 5G、人工智能、智能网联汽车等新兴技术应用的兴起，数字经济发展方兴未艾，集成电路产业的作用与地位更加凸显，全球市场呈现良好发展势头。我国作为世界制造大国，是全球最大和最重要的集成电路应用市场。不断扩大的市场需求，刺激产业投资增长，激发企业活力和创造力，带动产业链协同发展，推动我国集成电路产业形成发展热潮。

一、我国集成电路产业发展态势

从市场规模来看，近 10 年我国集成电路市场规模年均增长速度达到了 10.3%，2019 年中国消费了全球约 50% 的集成电路产品，产业规模增长率更是达到了 21.1%，远高于全球同期的 6.8%。当前，数字经济快速发展，移动智能终端及各类数字化产品爆发式增长，大数据、云计算、物联网、人工智能等新技术应用，推动各行各业数字化转型，促使我国集成电路市场保持持续快速增长。

（一）我国集成电路产业发展历程

分析我国集成电路产业发展态势，有必要先简要了解一下我国集成电路产业的发展历程。可以分为以下 4 个阶段。

1. 扩大企业经营自主权，推动产业调整改革（1978—1989 年）

从 1965 年新中国第一块集成电路定型，到 1968 年集成电路工业正式起步，再到党的十一届三中全会以前，集成电路作为重要的生产资料，实行统销包购的单一指令性计划。这种高度集中的价格管理体制，已不适用于技术高速进步的集成电路产业发展。1979年8月，原电子工业部在集成电路等4类电子产品上试行幅度价办法，在一定程度上通过价格竞争机制促进了集成电路产品的专业化生产水平。1982年，国务院计算机与大规模集成电路领导小组成立，由于当时的国际环境比较好，国内行业呈现"以市场换技术"的业态，以北京、上海、无锡为中心建立起多个半导体产业基地，尤其是无锡华晶，成为国内瞩目的半导体标杆性企业。

2. 实施重点项目，推动进口替代（1990—1999年）

1992年国务院决定实施"908"工程，目标是通过国家集中投资20多亿元建设一条6英寸、0.8～1微米技术的超大规模集成电路生产线。但由于项目审批和资金安排等方面的原因，该工程直到"八五"时期末的1995年12月才开工建设。1998年1月，"908"工程0.9微米超大规模集成电路开发生产工艺形成了月投6000片6英寸硅片的生产能力，使国内集成电路制造工艺水平从2～3微米提高到0.9微米。1996年11月27日，上海华虹微电子有限公司超大规模集成电路芯片生产线奠基（即国务院实施的"909工程"），投资100亿元建设一条8英寸、0.5微米的芯片生产线；1999年2月23日，"909工程"超大规模集成电路芯片生产线建成正式投片。这是中国第一条8英寸芯片生产线，滞后世界11年。

3. 出台优惠政策，推动产业市场化发展（2000—2013年）

2000年，《国务院关于印发鼓励软件产业和集成电路产业发展若干政策的通知》出台；2011年，《国务院关于印发进一步鼓励软件产业和集成电路产业发展若干政策的通知》发布，明确在税收和财政上给予集成电路产业优惠政策，极大地激发了地方政府和民间资本投资集成电路产业的积极性。北京、天津、上海、江苏、深圳等地方政府，以及一些电子系统外的民营企业也投入巨资跻身集成电路产业。2000年后，天津摩托罗拉公司投资14亿美元建成月产2.5万片8英寸晶圆的工厂；上海中芯国际投资15亿美元建成月产4.2万片8英寸晶圆的工厂；到2003年，国内出现了一批晶圆代工企业，如上海宏力、苏州和舰（联电）、上海贝岭、上海先进（飞利浦）、北京中芯环球等。

4. 成立"大基金"，推进产业国际化发展（2014年至今）

国务院于2014年6月发布《国家集成电路产业发展推进纲要》，国家发展和改革委员会、工业和信息化部、科技部、财政部等部门随后发布《关于软件和集成电路产业企业所得税优惠政策有关问题的通知》《关于印发国家鼓励的集成电路企业名单的通知》《关于印发国家规划布局内重点软件和集成电路设计领域的通知》等政策措施；2014年国家有关部门发起成立国家集成电路产业投资基金（以下简称"大基金"）。2014年9月24日，"大基金"一期成立，最终募集资金规模为1387亿元；2018年"大基金"一期基本投资完毕，带动的地方资金、民间资本约为其总募集资金规模的3倍。2019年10月22日，"大基金"二期成立，总规模超过2000亿元，撬动资金超过6000亿元。良好的政策环境和投资环境，促使我国集成电路产业跨入新的发展阶段，产业规模持续扩张、技术创新取得积极突破、国际化发展水平迅速提高。

（二）当前集成电路产业发展走向

据中国半导体行业协会统计，2019年我国集成电路产业的销售额为7562.3亿元，同比增长15.8%，远高于全球增速。产业结构逐步趋于优化合理，产业链各环节齐头并进，设计业占产业链的比重稳步增加，从2012年的35%增加到2019年的40.5%，整个产业链结构逐步向上游扩展。同时，我国集成电路市场对外依存度依然较强，高端产品仍然主要依赖进口。根据海关统计，2019年我国集成电路进口金额达3055.5亿美元，同比下降2.1%；出口金额达1015.8亿美元，同比增长20%；逆差达2039.7亿美元，同比下降10.3%。

华信研究院发布的《集成电路产业投融资白皮书（2019）》显示，2019年1—10月我国集成电路产量为1623.8亿块，同比增长4.0%，虽然我国集成电路产量增速有所下降，但仍保持以领先于全球的增速发展，处于稳定增长态势。截至2019年年底，我国正在运营的晶圆生产线有100余条，其中12英寸晶圆生产线有13条，8英寸晶圆生产线有23条，6英寸晶圆生产线有50余条。从全国集成电路制造产业资源分布来看，集成电路制造生产线主要分布在东部沿海地区，长三角地区是集成电路制造生产线数量最多的聚集区。

此外，我国集成电路封装设备及材料的产业集群化分布进一步显现，已初步形成以长三角、环渤海、珠三角三大核心区域聚集发展的产业空间格局。

对2019年度集成电路相关领域的投资案例进行统计分析发现，我国集成电路投资的热点区域主要集中在长三角、珠三角地区，其中上海、深圳、南京、苏州、北京、珠海等城市的企业投融资事件发生较多。从投资机构来看，投资主体涉及广泛，包括集成电路产业基金、资产管理公司、产业基金、创投基金、私募股权投资基金、实业公司等，集成电路的投资主体类型多样，各类政府资金和社会资金的参与热度较高。

从技术研发与创新方向来看，众多集成电路企业开始聚焦高端芯片、集成电路装备和工艺技术、集成电路关键材料、集成电路设计工具、基础软件、工业软件、应用软件的关键核心技术研发，形成了关键核心技术攻关的新型举国体制。由此，无论是产业布局还是投融资，无论是技术创新还是产业链优化，我国集成电路产业发展均走向良好。

（三）亟须化解关键技术难题

当前，集成电路产业作为大国博弈和竞争的战略性产业，已经成为全球关注的焦点。美国挑起的贸易战和科技战，导致全球集成电路产业与市场出现动荡。在这样的背景下，我国集成电路产业必须进一步加大投资，力求创新发展，化解关键技术难题，尽快实现关键产品的自主可控。

目前，我国集成电路产业"卡脖子"问题主要在于高端通用芯片设计的核心技术掌握不足，如CPU、DSP、FPGA、存储器、模拟、功率等芯片仍被国外垄断；工艺水平与国际先进水平有1~2代的差距；在基础材料、精密设备、IP核，以及EDA工具等产业支撑领域的基础相对比较薄弱。

同时，集成电路产业分布的领域非常广，不同领域面临的问题和挑战也很不同。对替代进口的领域来说，面临设备封锁及专利壁垒的难题；对新兴领域和创新产品来说，最大的挑战则可能在于技术路线风险和市场培育。比如，在设备封锁方面，光刻机是生产集成电路的关键设备，但全球高端光刻机基本上被荷兰ASML垄断，受产量和其他因素的影响，国内企业基本上拿不到最先进的光刻机。在专利壁垒方面，国外企业具备先发优势，国内即便进行自主研发，也很可能会遭遇很高的专利壁垒，而且集成电路需要的材料、芯片设计工具软件EDA也大多依靠进口。

集成电路是一个人才、资金、技术高度密集的产业，是按照摩尔定律快速迭代的全球化竞争的产业，我国必须在基础研究、应用技术、产品研发领域快速推进和进行产业部署，持续投入，艰苦攻坚，才能逐步化解关键技术难题。

二、我国集成电路产业发展面临的问题与发展机遇

（一）面临问题

一是部分高端核心芯片产品仍存在缺失。目前，全球主要高端芯片设计、生产和供应企业集中在美国。我国的芯片设计技术和生产工艺与美国相比，尚存较大差距。

二是研发投入的强度和持续度仍待提升。目前，我国虽然通过各种方式支持产业研发，但是总投资规模、研发投入与国外大企业相比仍然严重不足，在前沿领域和基础领域投入方面还应持续加大投资集中度和投资力度。

三是产业生态体系亟须进一步完善。集成电路产业正向多技术融合的系统化、集成化创新转变，产业链整体能力与生态体系成为决定竞争的主导因素。目前，我国缺乏国际领先的龙头企业和更多配套的中小企业，尚未形成完善的产业生态系统。

四是集成电路产业贸易体系面临冲击。中美贸易战严重影响了我国集成电路产业的发展，主要体现在供应链安全受到威胁、关税增加导致出口成本上升、国内制造业开始向外转移等方面。

五是人才成为产业发展短板。目前我国集成电路从业人员总数不足 50 万人，现有人才培养规模严重不足，产业人才供给规模和结构与产业发展的增速不匹配，依托高校培养 IC 人才已不能满足产业快速发展的要求。

六是配套政策体系支撑不足。集成电路产业在财税、金融、人才等方面的政策还存在诸多不完善、不健全之处，产业政策落实不到位、政府资源分散、地方与中央协同不足等问题突出。

（二）发展机遇

一是世界半导体产业掀起新一轮变革，技术创新带来产业发展转折点。从技术角度来看，摩尔定律推进速度已大幅放缓，产业从技术驱动转向应用驱动，物联网、云计算、大数据等迅速发展，引发 CPU 计算架构发生变革，由英特尔公司所构筑的 X86 架构垄断正逐步被突破。我国在计算机、移动通信等领域具有庞大的市场需求，这为我国集成电路产业追赶国际先进水平创造了难得的机遇。

二是中国成为全球最大的市场，集成电路产业迎来第三次国际转移。20 世纪 60 年代开始，美国与日本、欧洲在集成电路制造领域产生激烈竞争。为了降低生产成本，美国先是将封装业从制造业中分离出来，转移到生产成本较低的亚洲国家；后来又将集成电路制造业转移到日本和欧洲，这是集成电路产业的第一次国际转移。20 世纪 80 年代中期开始，集成电路设计业由美国向中国台湾、中国香港和新加坡转移，形成集成电路产业的第二次国际转移。由于我国对集成电路供应链的掌控力正在增强，我国在全球产业链中的地位逐步提高，集成电路产业设计、制造、封装等环节都开始从欧美、日本向中国大陆转移，从而可能形成集成电路产业的第三次国际转移。

三是经过数十年的产业积累，国内龙头企业竞争实力不断壮大。国内龙头企业技术研发水平的提高以及相关成果的推出将改变我国在集成电路制造方面的落后局面，大幅提升产业制造能力，并将进一步完善我国集成电路产业加工产业链。此外，现阶段良好的产业发展基础为未来实现突破创造了有利条件。国内集成电路产业发展受到空前重视，产业政策从顶层设计到具体推动环节都得到了支持；尤其是国家集成电路产业投资基金的成立和运作，成为产业投资的压舱石，使我国集成电路产业发展环境得到进一步优化。

三．我国集成电路产业发展的政策建议

（一）加强中央和地方、部委之间的政策协调，统筹推进产业发展

第一，切实做好并落实"十四五"规划，加强集成电路产业的全国性布局规划，从空间和时间布局上研究我国集成电路产业的整体发展方向和规划，集中精力在重点区域进行布局，加强区域产业发展引导。

第二，加强各部委之间的政策协调和现有协调机构的作用，在政策制定、出台、修订、废止等环节加强各部委在关于集成电路领域方面的政策协调。

（二）加强财税体系建设，不断改善企业营商环境

第一，建立集成电路财税优惠政策体系，降低集成电路企业税收负担。加大对集成电路企业的研发补贴力度，将研究开发费用的抵税额度从150%提高到200%。对龙头企业和重点支持企业，落实企业所得税"五免五减半"、增值税"五年减半"的优惠政策，免征土地使用税。经过认定的集成电路企业之间的资产整体转让或吸收合并过程中如果涉及土地、房屋的转让，免征土地增值税、契税。对集成电路封装、测试企业，实行"二免三减半"的所得税优惠政策；进一步完善支持企业创新的普惠性税收政策，考虑将相关退税调整为普惠性的减免，拓展高新技术企业税收优惠行业范围；把主营业务为光罩制造的企业纳入集成电路生产企业的定义范畴。

第二，延长亏损结转年限和所得税税收优惠期限。设备折旧成本和持续研发成本在总成本中占比较高，5年的亏损弥补期不适应企业长远发展。建议从集成电路产业发展规律出发，将亏损结转年限延长至10年。同时建议延长所得税税收优惠期限，如"五免十减半"或"十免十减半"。

第三，建议将技术授权收入纳入集成电路生产主营业务收入。集成电路生产企业自主研发的工艺技术授权收入也属于集成电路制造销售（营业）收入，但依据相

关规定，该类收入不享受税收优惠政策。建议将其纳入集成电路生产企业主营业务范围，并将相关收入纳入集成电路制造销售（营业）收入的统计口径。

（三）金融支持政策从直接为主向间接为主转变

直接金融政策主要包括政府设立的相关投资机构向企业直接注资或进行经营性补贴；间接金融政策主要包括政府通过各种手段改善企业的融资环境，降低企业从其他金融机构融资的难度，并对技术研发进行资金支持。随着产业发展成熟，应吸收发达国家的产业发展经验，加强间接金融政策的使用。

第一，支持建立市场化运作的民间融资体系。需要进一步发挥市场机制和政府金融政策的引导作用，支持民间投资机构的发展，引导其对新兴集成电路企业进行直接投资。

第二，加强对技术研发平台公司或项目进行金融支持。由于技术研发平台的公共性，政府应加强对技术平台的政策支持，促进技术外溢效应的有效发挥。

第三，加强投融资监管体系建设，完善投融资平台。尽快完善有关法律、法规和政策，进一步鼓励集成电路企业在国内上市。鼓励构建由国家产业基金、地方类基金和社会其他基金组成的多层次、全方位投资架构，面向不同规模的企业进行投资及产业服务。

（四）加强贸易协调，建立预警体系和贸易摩擦补偿机制

第一，建立完善、科学的预警体系和快速反应机制，加强对重点产业安全风险评估。特殊阶段可考虑突破现有的政策框架，采取临时性的管制措施，最大限度地减小贸易摩擦对我国的负面影响。

第二，对在贸易摩擦中受损的企业给予一定程度的补偿。面对严峻的中美贸易形势的不确定性，政府要主动作为，解企业燃眉之急，尽量最大幅度降低企业损失，减少企业外迁风险。

第三，加强贸易协调，坚持平等合作、互利共赢的国际贸易合作原则。在政府层面加强贸易协调，避免因全面性的贸易摩擦和冲突而影响两国的政治关系。

（五）坚持创新发展战略，以制造业为龙头驱动全产业链发展

第一，探索集成电路技术与集成电路产业结合的有效机制，加快集成电路核心技术研发，突破国外技术封锁。多措并举优化创新体制，坚持系统创新和重点突破相结合，强化重点领域关键环节的重大技术研发，突破关系全局发展的重大技术。

第二，利用集成电路制造业作为产业基础和核心驱动力的角色，通过重点支持集成电路制造业龙头企业，逐步提升产业自我造血机能，带动全产业链创新发展。

第三，加大知识产权保护力度，加快创新标准制定。不断完善知识产权保护相关法律法规，提高知识产权审查质量和审查效率；鼓励企业积极申请专利，相关费用由政府全部承担，同时针对违反知识产权的团队和个人，设立黑名单制度。我国集成电路产业重大创新领域应启动和加快标准化制定工作，组织成立集成电路技术标准联盟，推进技术标准体系建设。

第四，继续实施国家科技重大专项。加大高校、科研院所对前沿技术持续研究的支持力度。通过产学研的分工合作，统筹好我国集成电路产业的短、中、长三期战略布局。

（六）注重人才发展和智力引进，培育产业持续发展动力

第一，在集成电路成为一级学科之后，要进一步加强国家示范性微电子学院的建设，扩大高校人才培养规模。探索高校、研究机构与企业形成有效、完善的创新人才培养模式。

第二，完善高端人才引进政策，鼓励企业多渠道引进海外领军人才和优秀团队，通过税收、居住、教育、医疗等一揽子优惠政策和创新实干的发展环境留住人才。

第三，建立和完善本土人才的培训提升机制，为本土培养集成电路产业的管理人员、研发人员、产业工人等提供技术和技能培训机制，提升产业从业人员的整体素质和能力。组织实施"集成电路创新创业计划"，设立集成电路人才创新创业基金，构建创新创业促进平台，营造良好的创新创业环境。

作者简介：

刘九如先生，电子工业出版社总编辑兼华信研究院院长、工业和信息化部电子科技委产业政策组副组长，享受国务院特殊津贴专家。长期专注于电子信息产业发展研究，曾主持《工业企业"信息化与工业化融合"评估》国家标准等50多项研究。

在新发展格局下发展我国半导体硅材料产业

俞跃辉

半导体产业是我国战略性、基础性和先导性产业,从大的范围看,半导体产业链可分为上游的设计、装备、材料,中游的芯片制造、封装测试,下游的各种终端应用产品。半导体产业链长且关键节点多,我国在产业链各环节又存在技术发展水平不一的特点。从制造工艺来看,硅片是芯片制造最重要的原材料,在所有材料成本中占比超过1/3。芯片作为在硅片这一"基础"上建构的电子电路"大厦",如果"基础"不牢,整个半导体产业可能顷刻倒下。

一、我国半导体硅材料产业发展现状

我国半导体硅材料产业的发展,总体上受国内整个半导体产业的发展阶段制约,作为产业链上游关键环节和典型的高科技制造业,半导体硅材料的产业发展有以下现状和特点。

一是已形成区域化、集群化发展趋势。半导体硅材料产业的发展总体上呈现区域化、集群化发展的布局,以上海为核心的长三角地区集聚的企业有上海硅产业集团、上海超硅、合晶科技(上海)、中欣晶圆(杭州)、金瑞泓、南京国盛、中环领先(宜兴)等;以北京为核心的环渤海地区的企业有研硅材料、中环股份(天津)等;以武汉、西安、成都、重庆为核心的中西部地区企业有合晶科技(郑州)、奕斯伟、重庆超硅、中欣晶圆(宁夏)等。

上述发展格局和国内整个半导体产业的格局基本一致。形成上述集群化发展的态势,既是产业链上下游密切配合的内在需求,也是各地方政府产业政策导向和地方长期发展积累(科研院所技术转化)的结果。

鉴于半导体产业资金密集、人才密集、技术密集且上下游联系紧密的特性,产业区域化、集群化发展的态势将保持。随着时间的推移和产业链的成熟，上述核心区域的次核心或周边城市，可能会有配套的产业逐步发展起来，形成产业的相对聚集和梯次发展。

二是技术和产品以中低端为主。国内大尺寸半导体硅片总体上以内销为准、出口为辅（SOI硅材料除外）。尤其是300mm大硅片，其最主要的拉动力量是国内芯片制造业和作为最终用户的上游设计业。一方面，国内大尺寸硅片最先进的技术节点，基本上游芯片制造业和下游芯片制造业的技术节点持平或略微延迟，这种延迟主要是由硅片要通过下游芯片制造厂商及最终用户的认证造成的；另一方面，虽然自2016年起，国内硅片厂商的数量增加较多，但目前大部分大硅片厂商还处于产品认证期甚至是建设期。

总体上，我国200mm抛光片和外延片技术近几年与国外先进水平的差距越来越小，我国200mm外延片的自给率已超过10%，200mm抛光片（轻掺）也实现了小批量的供应，但市场占有率仍待进一步提高。我国300mm硅片实现了技术突破，能够供应40~28nm及以上技术节点的逻辑用硅片和19nm DRAM用硅片、64层闪存用硅片产品；也具备了14~20nm的逻辑用硅片和128层闪存用硅片的供应能力；但10nm及以下更先进技术节点的硅片，仍待进一步突破。国内其他硅片企业仍需要更长时间的追赶。

目前，国际最先进的硅片技术节点为5nm开始商业化供应、3nm在研发。我国300mm硅片的技术水平和国际最先进的技术水平仍存在约3代的差距。2019年12月，美国、日本等42国就《瓦森纳协定》扩大出口管制范围达成一致，新增300mm硅片等半导体材料限制。在国际半导体强国的围追堵截下，我国技术追赶的阻力进一步加大。

三是人才供应不足。半导体硅片是典型的人才密集型行业。目前全球排名前三的硅片厂商（日本信越半导体硅片部门、日本胜高、中国台湾地区环球晶圆），单家企业的员工总数为7000~9000人；排名第四的德国Siltronic（正被中国台湾地区环球晶圆收购过程中）和排名第五的韩国SK Siltron的员工总数也均在4000人以上。另外，受上述企业所在地的社会文化和企业文化影响，其员工平均工龄较长（平均10年以上）。半导体硅片制造作为高精度加工产业，其人员经验对于产品的高良率非常关键，无论是研发人员的经验积累，还是加工人员的熟练操作，都对最终产品的高质量、稳定性、一致性起到不可或缺的作用。

相比之下，国内半导体硅片的人员供给严重不足。国内硅片行业的人才储备较少，且从业人员的平均工作年限较短，尤其是近几年随着硅片行业的迅速扩张，国内的人才竞争更加激烈。总体而言，国内的人才无论是从数量，还是从质量来看，都远远落后于国际竞争对手；国内产业需要集中最优秀的人才、最聚焦的资源，才有追赶国际厂商的可能性。一旦国内人才分布过于分散，将严重影响硅片行业的健康和快速发展。

四是有效产能不足。目前全球前五大硅片厂商300mm硅片产能较低者约为100万片/月，较高者约为200万片/月（日本信越）。一旦中国台湾地区环球晶圆成功收购德国Siltronic，其合并的300mm产能也将达200万片/月。中国大陆地区硅片厂商300mm硅片产能最高能达到20万片/月；普通硅片厂商300mm硅片有效产能不足10万片/月。全球前五大硅片厂商200mm硅片产能最低者约为60万片/月，最高者约为150万片/月，远高于中国大陆地区硅片厂商200mm硅片的有效产能。我国硅片企业在产能上也和国际巨头相差一个量级，无法对国内下游芯片制造业形成有效的供应。尤其是在2021年行业普遍缺货时，更无法保证供应链的安全。

二、我国半导体产业发展的优势

一是市场需求规模大。我国是全球最大的消费电子产品生产国、出口国和消费国。我国电子元件全行业销售额从1976年仅有10.5亿元增长到2018年突破2.2万亿元，位居全球第一，年平均增速超过20%。高品质、智能化、个性化定制正成为我国电子消费品的新趋势，通过智能终端快速打开智能生活方式，已经开始成为越来越多中国消费者的首选。目前我国每年生产的手机超过18亿部、计算机超过3亿台、彩电超过2亿台，产量分别占全球总产量的90%、90%和70%以上，均稳居全球首位。我国市场消费的智能手机、计算机（PC）、彩电占全球的比例分别超过30%、20%、20%。

《求是》杂志在2020年10月31日发表了习近平总书记的署名文章《国家中长期经济社会发展战略若干重大问题》，提纲挈领地指出我国要坚定实施扩大内需战略：

"大国经济的优势就是内部可循环。我国有14亿人口，人均国内生产总值已经突破1万美元，是全球最大最有潜力的消费市场。居民消费优化升级，同现代科技和生产方式相结合，蕴含着巨大增长空间。我们要牢牢把握扩大内需这一战略基点，使生产、分配、流通、消费各环节更多依托国内市场实现良性循环，明确供给侧结构性改革的战略方向，促进总供给和总需求在更高水平上实现动态平衡。"

"消费是我国经济增长的重要引擎，中等收入群体是消费的重要基础。目前，我国约有4亿中等收入人口，绝对规模世界最大。"

中国大量的人口和对电子消费品需求的多样性，为我国半导体产品的技术创新和技术多样性提供了丰富的土壤，巨大的消费能够摊薄我国包括半导体硅片在内的半导体产品研发和生产成本。作为上游原材料，我国半导体硅片能够展开大规模生产和技术差异化竞争，拥有了和国际半导体硅片巨头竞争的战略纵深。

二是产业门类齐全。改革开放40年多来，几乎所有的电子元件产品门类，都可以在国内（含外资厂）研发生产，我国是全球电子元件领域中产品门类最齐全的3个国家之一（另外两国是美国和日本）。

虽然我国电子元器件产业总体上存在大而不强、龙头企业匮乏、基础能力偏弱等不足之处，但产业门类齐全也为后续包括半导体硅片在内的半导体产业链强链、补链，以及实现产业链的整体突破打下了坚实的基础。

三、加快发展我国半导体硅材料产业的措施

结合上述我国半导体硅材料产业的特点和产业在国内发展的优势条件，对我国在新发展格局下发展硅材料产业提出如下建议。

一是补强产业链，扩大内循环。构建以国内大循环为主体、国内国际双循环相互促进的新发展格局，是习近平总书记和党中央积极应对国际国内形势变化、与时俱进提升我国经济发展水平、塑造国际经济合作和竞争新优势而做出的战略抉择。

我国大尺寸硅片，尤其是300mm大硅片的供应长期被国外垄断。2017年5月，在全球硅片供应紧张时，日本胜高（SUMCO）就曾经砍掉武汉新芯的订单，优先供货给台积电、Intel、美光等大厂。我国的芯片厂商，在面对处于垄断地位的硅片供应商时，往往处于弱势甚至是被牺牲的地位。因此，我国必须补齐硅材料发展的短板，才能尽快摆脱被上游关键材料"卡脖子"的风险，实现自主可控，在国际上占据一席之地。

自国务院2014年发布《国家集成电路产业发展推进纲要》和2014年年底集成电路大基金成立以来，我国大幅加大产业投资，强化以芯片制造为核心，带动整个半导体产业链的发展，目前已经取得了一定成效，产业发展取得长足进步。但整个产业链仍然不安全，越往上游，存在的"卡脖子"环节越多。

硅片环节属于重资产投入的制造环节，能够带动更上游的气体化学品、研磨液、

抛光液等工艺材料，以及拉晶、切磨抛、量测等设备和关键零部件的发展。如把硅片制造作为拉动整个产业链发展的"次核心"，和作为"核心"的芯片制造一起，将能达到"双核"拉动的效果，更快地提高我国半导体产业链的发展水平。

硅片产品规格多、产品工艺/技术和上下游关联性强。国内硅片企业应发挥"次核心"的作用，除参与最终产品的产业链内循环外，还在研发环节通过上下游联合研发打通内循环；以硅片龙头企业为核心，联合产业链上下游及外部科研院所，以纵向或横向联合研发项目为引领，集中上下游、"产学研"的共同力量攻克技术难关，提高研发和产品转化效率。

产业链各环节依托国内已形成的发展聚集区，以芯片制造和硅片制造形成的"双核"拉动，加强全产业链国产化，在关键环节强链、补链，完全有可能共同构建自主、安全、可控的产业链、供应链。在促进区域化发展、增加产业链安全的同时，扩大内循环，通过全产业链国产化率的提升，降低整个产业链和最终产品的成本，获得和国际同行竞争的成本优势。

二是锻造成熟工艺长板，补齐先进制程短板。我国作为最大的电子消费市场，市场的集中化、多样化、个性化同时存在，国内企业可集中发展需求大宗但技术要求相对不高的产品，以积累技术及提高产业链的完整度和成熟度，有条件的企业最终冲刺先进技术。

例如，逻辑产品用 300mm 硅片（芯片同理）的 55nm、28nm 制程作为长技术节点，在较长时间内需求将持续饱满，总体份额不会显著下降，反而在近两年处于产能不足、供不应求的状态。在全球半导体硅片（芯片）头部企业进行高端技术竞赛的时候，国内企业应抓紧市场需求，在这些成熟的工艺节点扩大有效产能，扩充产品种类和应用类型，提高生产良率，满足成熟产品大宗供应的需求。

汽车电子、物联网、功率半导体等面向行业的大量需求，使 200mm 硅片（芯片）$0.13 \sim 0.18\mu m$ 制程也保持旺盛的生命力，大量且多样化的产品需求持续存在。

总体来讲，成熟工艺的产品仍有巨大的市场空间。国内企业应扩大面向上述关键成熟制程的多应用工艺开发，提升技术能力，并继续加大投资、进行有效产能的扩充，提高上述产品的国产化率，形成规模效应，摊薄产品的固定成本，提高产品盈利空间。上述成熟制程"深挖洞、广积粮"的战略，在满足国内安全供应的同时，能够打造我国企业产品在高性价比、广覆盖、充足产能上的核心优势，逐步挤占国外厂商在成熟制程上的盈利空间和市场份额，动摇其根基，最终达成"釜底抽薪"的效果，使我国企业在国际上逐步占据主流。

在利用国内市场优势打牢上述基础的同时，龙头企业应继续跟进先进制程，最终实现"农村（成熟制程）包围城市（先进制程）"，以达成先进的逻辑产品、存储器、功率产品等"大宗硅片（芯片）"的国产替代乃至反向出口，保障我国产业链的安全、梯次升级和完备化、现代化，并最终转化为企业的盈利能力。

三是兼顾差异化发展战略，实现"换道超车"。随着 5G 加速发展，以及物联网等新兴领域的应用推广，全球射频前端市场总规模呈现稳定增长趋势。SOI 硅材料具备先天的可集成优势，RF-SOI（射频 SOI）是用于制造智能手机及其他产品射频前端的最优工艺。据 Yole 的报告显示，2017 年全球射频前端市场规模已达到 150 亿美元，随着 5G 毫米波的到来，预计 2023 年将增长至 350 亿美元，年复合增长率将达到 14%。

FD-SOI（全耗尽式 SOI）技术作为平面工艺（MOSFET）的延续，与目前主流的 FinFET 工艺相比，工艺相对简单、光罩层数少、漏电小，具有良好的能耗和成本优势，在对性能功耗比和成本控制要求较高的智能手机、低功耗 MCU、汽车电子 SoC、可穿戴设备等芯片领域具有较强的竞争优势。以 5G、物联网和 AI 为代表的新应用给 FD-SOI 技术的发展带来了契机。

我国 SOI 产业发展也具备了一定基础：在材料方面，沪硅产业已经是全球最主要的 SOI 硅材料供应商之一；在设计方面，上海芯原能提供 FD-SOI 的 IP 开发，龙芯、联芯科技、中兴微、复旦微电子、瑞芯微、景嘉微等公司已投入或拟投入 FD-SOI 芯片设计；在下游 SOI 芯片制造方面，中芯国际和华虹宏力已经拥有了 200mm RF-SOI 制造工艺，华力微电子和华虹宏力也开展了 FD-SOI 工艺的探索。

我国作为电子消费品和汽车第一大国，具有广阔的市场，中国厂商的加入是 SOI 技术推广成功的决定性因素之一。例如，国内全产业链尽快实施 SOI 技术布局，在 SOI 领域集中突破，通过扩大市场规模，摊薄产品研发、制造成本，加速产业成熟，我国是有机会在该领域实现先进制程换道超车战略，并最终实现技术引领的。

作为国内唯一实现大规模商业化应用的 SOI 材料供应商，沪硅产业需要紧跟国际 SOI 材料技术发展趋势，在 200mm 产品基础上，加快 300mm SOI 材料的技术开发和产业化进度。在此基础上，进一步扩大 SOI 硅材料的规模效应，降低材料成本，扩展产品应用品类，协助国内加快建立 SOI 产业生态。

四是发挥资本市场促进作用，推动产业发展。在半导体硅片行业，由于美国、欧洲、日本、韩国在半导体行业的先发优势，其半导体硅片产业发展较成熟。在国外硅片企业的发展历程中，经历了多次并购整合，逐渐形成了目前的全球前五大硅片企业（第三、四名仍在并购整合过程中）。硅片企业并购整合的过程，也是人才和技术聚集、规模扩大、综合成本下降的过程；国外硅片企业的发展历程另一个鲜明的特色是国际化，头部企业从生产到销售，再到并购整合，全部是国际化的，和整个半导体产业的国际化布局高度一致。

我国半导体硅材料行业整体上仍呈现规模小、分布散、技术水平不高、产业配套不完整的局面。由于规模小、技术能力不强，导致其盈利能力不强，市场化生存能力较弱。但在整个行业高度国际化、高度市场化竞争的形势下，国内的半导体硅片行业的发展，也必然要遵循整个行业发展的逻辑，即通过人才、技术、资金等要素的聚集，通过并购、合作等手段做大做强，才能在市场竞争中占有一席之地。

随着技术的进步，先进技术节点的研发、生产等投资越来越高，对人才、资本等要素的需求也越来越高。在可预期的未来几年内，国内近几年盲目上马的部分硅片项目，在激烈的市场竞争中将被迫退出，国内必将迎来行业大整合。国内产业龙头为引领市场发展、聚集产业资源，随着近两年科创板的推出、注册制的实施，有效地利用资本市场实现我国半导体硅材料龙头企业快速做大做强、促进行业技术水平提高和规模快速提升，已经成为优先的选择。

充分利用资本市场，促进企业的外延式发展；充分利用期权、股权等市场激励手段，增强企业对人才的吸引力，结合各产业聚集区的人才政策，逐步解决我国半导体硅材料行业人才匮乏的问题，助力企业和产业的健康、可持续发展。

希望上述探讨，有助于广大从业者和管理者发现影响我国半导体硅材料产业和企业发展的真问题，并采取有效的措施，在发展的过程中解决上述真问题，最后通过产业和企业的发展，使国家、产业、企业和个人等各个层面均获得真收益。

作者简介：

俞跃辉博士，上海硅产业集团股份有限公司董事长、中国科学院上海微系统与信息技术研究所党委书记，中国科学院上海微系统与信息技术研究所材料物理化学博士，曾任中国科学院上海微系统与信息技术研究所研究员、研究室副主任、党委副书记、副所长。作为新傲科技创始团队核心成员，成功实现我国 SOI 硅材料"从无到有"的突破和产业化。

先进电子制造业的现况与发展策略

沈庆芳

一、先进电子制造与"新经济"的连接

电子制造业泛指 IC 设计、IC 制造、IC 载板、IC 封装/测试的半导体产业链，以及 PCB 印刷电路板、SMT 表面粘着构装、EMS 电子制造服务，是电机、电子、化工、材料等多种科技的总集成，电子制造产业关联如图 1 所示。

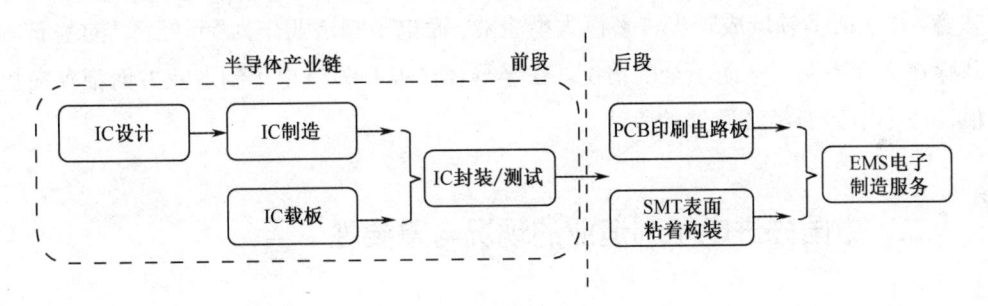

图 1　电子制造产业关联

传统电子制造业依赖大量人工，生产的产品较为简单，无法实现复杂的功能。先进电子制造业依赖高度自动化、智能化的工厂，使用高端电子材料、精密仪器设备、智能化的系统。先进电子制造业发展趋势为跨界与集成，例如，人工智能、大数据、虚拟现实等都不是单点技术或单一环节的突破，而是整合了通信技术、网络技术、计算技术、感测技术等的创新突破。先进电子制造业涵盖半导体主动元件、被动元件、承载 IC 芯片的 IC 载板，以及承载连接的 PCB 印刷电路板。

近 10 年来全球经济活动蓬勃发展，是人类文明历史上的高峰。经济学家提出许多论述，其中"新经济"一词是获得广泛认同的一个总结，主要阐述在全球化背景下，随着信息技术的发展，带动一批高新科技产业的龙头企业，引领产业与消费的高速增长。"新经济"对比"旧经济"最大的特色是以互联网、知识经济、高新技

术为代表，以满足消费者的需求为核心的新产业、新技术、新产品与新商业模式，是人类经济发展史上前所未有的创新型、科技型经济。诸多学界专家总结"新经济"的具体形态，将其分为数字经济、智能经济、共享经济与体验经济，新经济架构如图 2 所示。

图 2　新经济架构

对于近 10 年中国的"新经济"发展而言，由于中国市场的体量巨大，基础建设完整，产业链相对健全，在数字经济、共享经济、体验经济领域都有蓬勃发展的态势，并在诸多领域成长出许多巨大型企业，而电子制造业作为"新经济"的基石，却存在大而不强、强而不全的情况，在半导体产业与先进电子制造业方面都存在短板，成为整体新经济发展的隐忧。

二、中国先进电子制造业的现况与重要性

2020 年以来，虽然新冠肺炎疫情冲击全球产业与经济，全球电子产业市场仍然呈现整体向上的趋势。

电子产业产值如表 1 所示。全球电子制造产业前段，即半导体产业链，包含 IC 设计、IC 制造、IC 载板、IC 封测、半导体设备、半导体材料，其产值基本呈逐年增长趋势，2020 年整体增长速度优于往年。在产值占比方面，与中国台湾地区相比，中国大陆地区只有 IC 设计和 IC 封测超过 20%，IC 制造、IC 载板、半导体材料为 10%~20%，半导体设备则不足 10%。随着 5G 和 AI 应用的发展，IC 载板供不应求，一线大厂欣兴、ibiden、AT&S 均积极投资扩充 FCBGA（覆晶球阵列构装载板）、FCCSP（覆晶芯片尺寸级构装载板）等高端 IC 载板产品，中国大陆地区载板厂商中的深南电路，在全球排第 13 名，但只能生产 CSP（芯片尺寸级构装载板）、MEMS（微电机系统载板）等中低端产品，所以中国大陆地区厂商在中高端产品制造领域仍然存在巨大空缺，中国大陆地区领先厂商在半导体供应链的排名如图 3 所示。在

产值增长率方面，中国大陆地区的 IC 制造、IC 载板、IC 封测、半导体设备、半导体材料的增长率均高于全球及中国台湾地区，仅 IC 设计部分，因华为海思被美制裁，中国大陆地区 IC 设计产值成长率为 20%，略低于中国台湾地区，但仍然远高于全球产值成长率的 11%。

图 3 中国大陆地区领导厂商在半导体供应链的排名

表 1 电子产业产值

单位：亿美元

			全　球			中国大陆地区			中国台湾地区		
			2015年	2019年	2020年	2015年	2019年	2020年	2015年	2019年	2020年
前段	1	IC 设计	产值	810	1178	1306	113	240	288	186	231	284
			占比				14%	20%	22%	23%	20%	22%
			增长率		10%	11%		21%	20%		6%	23%
	2	IC 制造	产值	338	571	702	54	99	124	216	368	435
			占比				16%	17%	18%	64%	64%	62%
			增长率		14%	23%		16%	25%		14%	18%
	3	IC 载板	产值	68	81	100	8	10	13	29	34	42
			占比				12%	13%	13%	43%	42%	42%
			增长率		4%	23%		7%	26%		4%	24%
	4	IC 封测	产值	203	286	313	48	70	87	96	117	127
			占比				24%	25%	28%	47%	41%	41%
			增长率		9%	10%		10%	24%		5%	9%
	5	半导体设备	产值	489	596	689	11	23	31	46	66	73
			占比				2%	4%	4%	9%	11%	11%
			增长率		5%	16%		19%	35%		9%	10%
	6	半导体材料	产值	400	520	540	60	84	93	30	74	81
			占比				15%	16%	17%	7%	14%	15%
			增长率		7%	4%		9%	11%		25%	10%

续表

				全球			中国大陆地区			中国台湾地区		
				2015年	2019年	2020年	2015年	2019年	2020年	2015年	2019年	2020年
后段	7	PCB	产值	553	613	640	262	329	343	131	165	172
			占比				47%	54%	54%	24%	27%	27%
			增长率		3%	4%		6%	4%		6%	4%
	8	PCB设备	产值	135	149	160	43	53	55	13	19	19
			占比				32%	36%	34%	10%	13%	12%
			增长率		3%	7%		5%	3%		10%	-3%
	9	PCB材料	产值	190	210	225	44	55	56	75	89	90
			占比				23%	26%	25%	39%	42%	40%
			增长率		3%	7%		5%	3%		4%	1%
	10	EMS	产值	4885	5553	5540	3960	4520	4654	297	339	349
			占比				81%	81%	84%	6%	6%	6%
			增长率		3%	0%		3%	3%		3%	3%

注：以上产值预估以工厂所在地区来划分。

在全球电子制造产业后段中，PCB产值持续成长，中国大陆地区PCB产值占比已超50%，但是大而不强，缺乏行业领先的企业，缺乏高端产品和技术的研发能力，PCB中最高端的类载板产品（Substrate-Like PCB，SLP）已量产5年，但能够生产此产品的中国大陆地区企业只有安捷利美维一家，且该技术是通过并购方式获得的。PCB设备产值持续增长，2020年全球PCB设备产值增长率为7%，是2015—2019年年均增长率（3%）的2倍以上；2020年中国大陆地区PCB设备产值增长率为3%，不及往年，中国台湾地区PCB设备产值衰退了3%。2020年全球PCB材料产值增长率为7%，高于2015—2019年年均增长率3%，主要受惠于5G应用带来的材料单价上涨，中国大陆地区及中国台湾地区的PCB材料产值维持增长，增长率低于全球平均水平。2020年全球EMS产值与2019年基本持平，且2020年中国大陆地区EMS产值占比已达到84%，全球前十大EMS企业均在中国大陆地区设有工厂，但是强而不全，在设备和材料等行业缺乏核心技术，没有竞争力，是整个行业的薄弱环节，一旦被封禁，行业上下游企业将会受到牵连。

（一）电子制造产业链前段现况分析

（1）IC设计：领导企业华为海思的半导体规模排名全球前三，是全球半导体5nm制程技术排名前两名的设计公司，产品广度涵盖通信、手机、服务器、计算机、消费性电子产品等领域。其他在特殊领域进行研究和生产的企业，如研究指纹辨识的汇顶科技、研究 RF 的卓胜微，皆有优异的表现。2020 年中国大陆地区 IC 设计产值约达 288 亿美元，同比增长 20%，占全球 IC 设计产值的 22%（见表 1）。IC 设计公司数量超过 2200 家，其中新创公司数量增长较快。但由于目前半导体整体产能供应吃紧，小型公司获得产能困难，运营难度加大，但产业整体发展良好，规模仅次于美国，位列全球第二。

（2）IC 制造：中国大陆地区在过去 10 年新建的晶圆厂数量世界排名第一，但规模均较小。在全球竞争中较具实力的是中芯国际。近几年中芯国际在制程上有了明显的突破，但先进制程与领先厂商还有一定差距。受限于美国对我国在半导体发展上的诸多限制，先进制程的发展受到不小的影响，需要另寻突破。

（3）IC 载板：整体半导体产业链中长期被忽视，且与世界平均差距最大的就是 IC 载板。全球有能力生产 IC 载板的厂商仅 20 多家，国内规模最大的是中航集团的深南电路。2019 年，深南电路的 IC 载板营收约为 1.7 亿美元，在全球排名第 13 位，其主要产品为麦克风微机电载板与 CSP 载板，属于中低阶载板产品。全球 IC 载板的发展起源于日本，自 2000 年起，中国台湾地区、韩国开始投入研究。现今，在中高阶的 FCCSP（覆晶芯片尺寸级构装载板）、FCBGA（覆晶球阵列构装载板）的制造方面，中国台湾地区与韩国已经占有重要地位。中国大陆地区的主要载板厂商除深南电路外，规模较大的还有苏州群策科技有限公司、南亚电子材料（昆山）有限公司、苏州统硕科技有限公司、碁鼎科技秦皇岛有限公司、日月光封装测试（上海）有限公司等。IC 载板是半导体产业的关键之一，其特性同半导体 IC 制造一样，具有高资本、高技术、高人才需求且回收期长的特点，技术人才与管理人才的短缺是中国大陆地区载板产业发展的最大问题。IC 载板的生产技术繁杂，所需产业知识包括材料、化工、机械、电机、电子、工业工程等，广度与深度都要具备；养成期长，中小企业难以涉及。IC 载板与 IC 封测紧密依存，中国台湾地区与韩国的载板产业与封测产业快速成长，并取代了日本的地位，中国大陆地区发展 IC 载板产业的战略价值与重要性应得到充分认识。

（4）IC 封测：根据预测，2020 年全球 IC 封测产值约为 313 亿美元，中国大陆地区 IC 封测产值约为 87 亿美元，占全球 IC 封测产值的 28%。排名全球前十的中国大陆地区企业有长电科技（第 3 名）、通富微电（第 6 名）、华天科技（第 7 名），其他知名厂商如日月光、矽品、力成、安靠（Amkor）等在中国大陆地区均设有工厂。相对于 IC 设计与 IC 制造，封测行业具有投入资金较小、建设速度快、生产流程短等特点。中国大陆地区凭借人力、成本和地理优势，近些年快速地发展封测产业，企业数量已经超过 120 家。在国家重大科研专项的支持下，长电科技、通富微电、华天科技等逐步接近国际先进水平，但高密度封装工艺需要与半导体工艺及 IC 载板工艺紧密合作，目前仍处于研发阶段，尚未实现量产。

（二）电子制造产业链后段现况分析

在中国（不含中国台湾地区）经济近 20 年的快速发展中，电子制造服务 EMS 产业的贡献较大。由于 EMS 提供电子产品的最终组装，因此能对上游产业产生强大的牵引力。全球前十大 EMS 公司在中国均设有工厂，且中国的 EMS 产值占全球总产值的 80%以上。我国 EMS 产业的成功主要凭借丰富且优质的劳动力资源、完善的产业链配套和自身巨大的消费市场。

藉由 EMS 产业发展而快速成长的产业是 PCB 产业。2000 年全球 PCB 产值为 416 亿美元，中国 PCB 产值为 41 亿美元，占全球 PCB 产值的 10%。2010 年全球 PCB 产值为 525 亿美元，中国 PCB 产值为 185 亿美元，占全球 PCB 产值的 35%。2020 年全球 PCB 产值约为 640 亿美元，中国 PCB 产值约为 343 亿美元，占全球 PCB 产值的 54%。虽不如 EMS 产值的占比 80%高，但产业引导与共聚的效应非常显著，全球及中国 PCB 产值如表 2 所示。

表 2　全球及中国 PCB 产值

单位：亿美元

	2000 年	2010 年	2015 年	2020 年
全球 PCB 产值	416	525	553	640
中国 PCB 产值	41	185	262	343
产值占比（中国/全球）	10%	35%	47%	54%

中国电子制造产业链后段的成功主要可归纳为下列原因。

（1）勤奋的民族性：欧美发达国家的人民普遍追求安逸稳定的生活，而中国人民愿意为改善生活付出更多的努力，能为紧急或重要的任务特别付出。此特性对于讲求效率的电子产业是极大的经营红利。

（2）有效率的政府和完善的基础建设：放眼世界各国，自 20 世纪 90 年代以来，中国高速公路、高速铁路等交通网络的建设成果举世瞩目。水电供应提升、政府招商行政效率高、单一窗口简政便民，都是加快产业发展的重要助力。

（3）高素质的劳动力、人才供应：由于基础教育的普及与高等教育素质的提升，基层的劳动人力与中高层管理人才的供应大量降低了外商投资的障碍。另外，人才的流动也让早期由外商所培育训练的人力、人才与中国企业有了更多的交流，从而快速提升中国企业的技术与管理能力。

产业与企业的发展对于国家最重要的价值在于给予人民较好的就业机会与条件。营收规模较大、获利能力较佳的公司通常能给予员工较好的待遇。中国半导体领先企业经营情况如表3所示。IC制造业的代表中芯国际2019年营收约31亿美元，员工人数约15800人；IC封测的代表长电科技2019年营收约36亿美元，员工人数为23000人；"PCB+IC载板"产业代表臻鼎科技2019年营收约39亿美元，员工人数约43000人；"PCB+IC载板"产业所承载的就业责任显然高于半导体产业与封测产业。

表3 中国半导体领先企业经营情况

单位：亿美元

公司名称	产业类别	产业排名	2019年营收	2019年净利	员工人数
中芯国际	半导体IC制造	5	31	2.4	15800
长电科技	半导体IC封测	3	36	0.4	23000
华天科技	半导体IC封测	7	12	0.4	20000
臻鼎科技	PCB+IC载板	1	39	4.1	43000
深南电路	PCB+IC载板	8	16	1.9	22000

三、先进电子制造业的发展策略

在先进电子制造业中，有许多学者专家针对IC设计、IC制造、IC封测建言献策，本文针对较少人提及的IC载板及高阶类载板HDI进行探讨。

先进电子制造业中的IC载板与高阶类载板HDI都有制程繁长、使用材料和化学品复杂、生产设备精密等特性，与IC制造特性相同，故所面临的问题相似，但相对解决方法较多，在此针对6个方面进行探讨。

（1）善用中国台湾地区企业的优势：亚洲是先进电子制造的中心，中国台湾地区与韩国是主要的领先者。中国台湾地区企业在中国大陆地区有较多投资，中国大陆地区与中国台湾地区观念价值较为接近，中国台湾地区一些企业在技术与管理领域具有世界领先水平。一些重大国家专项只针对中国大陆地区企业进行支持，忽略了深耕中国大陆地区的中国台湾地区企业，对于产业助益的加成效果较低。应该给予更多扎根中国大陆地区的高端制造型中国台湾地区企业参加国家专项的机会，为产业升级起到更积极的贡献。

（2）人才的培育与引领：当前中国高等教育发展快速，整体水平持续提高，然而人才对于科系的选择与就业行业的选择，直接影响未来行业的发展。以韩国、日本为例，高考竞争激烈，理科成绩较好的学生通常选择理工科就读。理工科系中录取分数较高的主要为电机、电子、材料、机械等专业，这些科系正是发展先进电子产业技术的核心关键，这对产业人才素质的提升有重要的作用。中国成绩较好的学生，当前对于高考科系的选择仍然以商学管理为主流，部分选择理工科系的也多选择土木、化工等就业容易的科系。高素质人才进入电机、电子、材料、机械行业的相对较少，产业与企业发展因此受到影响。政府可以鼓励电机、电子、材料、机械等科系成绩较好的毕业生投入电子制造产业，对于其个人所得税给予适度的减免，引导人才的就业选择。同时，在重点大学与领先企业合作开设相关的课程及实习机会，减少产学落差，增进人才供给的效率与效益。

（3）海外人才的招募：海外人才无疑是快速提升竞争力的重要手段。能吸引人才的最主要因素还是地点与收入。一、二线城市有交通便利、经济繁荣等吸引人才的环境，但设厂土地供应较难、地价较贵，需要给予企业较大的政策协助；三、四线城市土地资源多，但缺少对海外人才的吸引条件。较理想的方式是在一、二线城市的周边地区保留地块作为高端项目园区，同时对海外人才给予住房、子女教育及税务优惠等条件，提高吸引力。

（4）扶持的精准化：政府对于企业的支持往往都在单一案件或项目上进行评估，缺少对企业中长期研发与资本投入是否能转换为营收增长的评价。企业运营就是投入与产出的过程。当一个企业过往3~5年的资本投入都能转换为营收增长时，这家企业肯定在市场选择、产品技术开发、生产管理等环节都有好的表现。给予这样的企业较大或较重要的专项扶持更能成功转化为产业的贡献；反之，如果扶持一个经过数年的研发或资本投入都没有得到营收的增长转化的企业，成功的机会则相对较低。

（5）强化对高资本投入的制造业的扶持：高资本投入的制造业因为设备成本高昂，生产节奏一般都以24小时轮班生产为主，这样才能将产出最大化，进而降低生产成本。欧美国家的半导体制造业，近10年几乎被中国台湾地区企业和韩国厂商快速取代。台积电的研发团队采取24小时人员轮班的方式运作，在先进制程的开发上已"弯道超车"，领先英特尔（Intel）。高科技的竞争首重时效才能捉住商机，政府可多给予此类企业引导、扶持，以及相对应的鼓励。

（6）材料、精密机械的跨产业整合：过去10年政府发现半导体产业供应链的诸多不足之处，也投入不少在半导体相关材料与精密设备方面的研发。这些研发项目的成果放在全球半导体的平台上来说只是差强人意，并没有取得领先。半导体要求的是纳米（nm）等级，而先进电子制造业的IC载板的要求仅是微米（μm）等级。在纳米领域70分的技术如果适当地调整转换到微米等级来应用，也许能成为95分的技术，不但能补强先进电子制造业的短板，也能对半导体的发展给予成本的分摊，让投入开发的厂商更容易持续投入新技术的开发中，并取得入门商机。

四、结语

我国高度重视并大力支持半导体产业的发展，但IC载板及类载板等先进电子制造业却受到忽视。该产业承上启下，承载IC芯片或各式元器件，进而连接成系统，是电子工业之母。我国虽有较大的产业规模，但电子制造企业普遍较小。电子制造产业资本投入大、用工人数高，所需水、电资源较大，一旦投资则迁移不易，是稳定就业的重要产业。政府应多支持扎根中国大陆地区的大型中国台湾地区企业，并善用其技术及管理优势，结合政府效率、基础建设等牵引产业供应链，采取更弹性灵活的发展手段，精准地补强较弱的产业环节。在不断深化改革、鼓励促进技术升级与创新之下，我国定能造就国际一流的优质先进电子制造产业链。

作者简介：

沈庆芳先生，臻鼎科技控股董事长、鹏鼎控股董事长兼首席执行官。曾任太平洋证券执行副总、亚洲财顾总经理、理想大地总经理等职务。曾获台湾大学"人才培育奖"、福布斯"中国最佳CEO榜"、深圳特区40年最受尊敬的40位企业家、深圳特区建立40周年40位"创新创业人物和先进模范人物"等荣誉。

我国图像传感器产业发展的机遇与挑战

杨洪利

CMOS 图像传感器（CMOS Image Sensor，CIS）芯片是一种基于 CMOS 工艺开发的图像信息获取器件，广泛应用于智能手机、安防监控、汽车、机器视觉、医疗等领域，是一种用途广泛、市场需求量大、技术含量高的战略性芯片。作为全球三大芯片产品（存储、CPU、图像传感器）之一的 CIS 芯片，2019 年全球市场规模超过 165 亿美元。CIS 技术在各种应用需求的牵引下，主要朝两大方向发展：一个方向是不断减小像素尺寸，提高图像分辨率以满足智能手机的拍照需求；另一个方向是不断提高光电转换单元（像素）的灵敏度和动态范围，改善低照度和复杂场景下的图像质量。随着自动驾驶等 AI 技术的快速发展，AI 与视觉的结合越来越紧密，CIS 芯片的重要性也越来越高。CIS 芯片是我国很少进入全球 TOP3 并占据重要战略地位的芯片，在获得了难得的发展机遇的同时也面临着激烈竞争。为了促进我国图像传感器芯片产业做大做强，使之成为全球引领者，需要提高国家半导体产业发展的战略高度，制定相应的产业扶持政策。

一、图像传感器产业发展现状

CIS 芯片是获取视觉信息的源头，是智能手机、安防监控、汽车、机器视觉、广播电视、无人机、医疗等应用领域不可缺少的关键芯片，市场发展空间大、技术门槛高，需要持续投入、不断研发创新性技术，才能满足市场应用需求。

（一）市场规模

据弗若斯特沙利文的统计数据显示，2019 年全球 CIS 芯片出货量约 64 亿颗，市场规模超过 165 亿美元。预计 2024 年全球 CIS 出货量将超过 90 亿颗，市场规模将超过 230 亿美元。近 5 年，CIS 芯片年增长率超过 10%，未来 10 年将继续保持 10%以上的高速增长。目前全球 CIS 芯片市场排名 TOP3 的公司为日本索尼、韩国三星和中国上海韦尔半导体股份公司旗下的豪威科技集团，其中日本索尼的市场占有率约为 50%，韩国三星的市场占有率约为 18%，豪威科技集团的市场占有率约为 10%。据智研咨询发布的数据显示，2019 年手机用 CIS 芯片约占 CIS 芯片市场的 64%，单反、汽车、工业、安防等市场占比分别为 7.8%、6.5%、6.3%、6.4%。截至目前，推动 CIS 芯片市场快速增长的动力主要来自多摄像头智能手机。随着采用多达 10 余个摄像头的智能汽车的快速普及，未来车载 CIS 芯片市场将成为与手机市场相当的又一个大规模市场。智能安防监控、AI 机器视觉和智能医疗等新兴应用市场也将推动 CIS 芯片向高性能、智能化、高附加值方向发展。

（二）技术状况

近年来，传统的前照式（Front Side Illumination，FSI）CIS 工艺迅速被像素填充因子(有效感光面与像素总面积之比)接近 100%的背照式（Back Side Illumination，BSI）CIS 工艺取代。2007 年出现的 BSI 工艺大幅度提高了像素灵敏度，改善了图像品质，成为 CIS 主流工艺。2012 年日本索尼在 BSI 工艺基础上继续创新，将像素阵列与图像信号处理电路分别置于两片晶圆上，通过 3D 微通孔技术将两片晶圆键合在一起，研制成功了 3D 堆叠式（Stacked）BSI 工艺，进一步改善了 CIS 芯片的性能。2018 年 CIS 芯片在近红外增强技术方面取得了突破，首次将 940nm 波段的量子效率提升到 50%，结束了量子效率长期徘徊在 10%的技术瓶颈，为微光 CIS 芯片的进一步发展开辟了新天地。近年来，日本索尼、韩国三星等公司在 CIS 工艺和设计技术方面展开了激烈竞争，推动了 CIS 技术进步。CIS 芯片技术的下一个重要发展方向是与 AI 技术的深度集成融合。日本索尼 2020 年宣布研制成功了具备 AI 处理功能的图像传感器 IMX500。新款芯片采用 3D 堆叠 BSI 工艺,将像素阵列、信号处理和 AI 功能集成于一体，大幅度提高了 AI 运算效率，降低了功耗，单芯片实现了图像感知与 AI 认知一体化集成，为人工智能技术的发展提供了重要的技术支撑。

二、我国图像传感器产业的发展机遇

目前，CIS 芯片发展的主要驱动力是智能手机、安防监控、智能汽车、机器视觉等应用需求。以华为、OPPO、小米为代表的我国手机公司经过多年的发展，已成为全球最具实力的智能手机公司。我国也成为全球最大的智能手机设计生产基地和消费市场。以海康威视、杭州大华为代表的我国安防监控企业也奋起直追，迅速成为全球第一、二位领军企业，引领安防监控市场发展。以比亚迪、沃尔沃（VOLVO）、蔚来为代表的我国电动汽车产业后来居上，已占据全球电动汽车市场的半壁江山，成为引领智能汽车产业发展的主要力量。

目前，手机用 CIS 芯片的出货量超过了 CIS 芯片整体市场规模的 60%，其中采用多个摄像头的智能手机已经占据了手机市场超过 50% 的份额。2019 年全球智能手机摄像头用 CIS 芯片出货量超过了 46 亿颗。手机的拍照摄像性能已成为手机产品的关键竞争指标，手机摄像头的技术升级也从单个摄像头逐渐演变为双摄、三摄、四摄、五摄等多摄像头组合模式。华为最新发布的折叠屏手机 MateX2 采用了 5 个摄像头，提供高品质摄像能力。其中，前置摄像头为 1600 万像素，后置摄像头分别采用 5000 万像素、1600 万像素、1200 万像素和 800 万像素的 CIS 芯片，实现超广角、长焦、10 倍光学变焦等特色功能。华为 MateX2 的示范效应将带动全球手机公司采用多摄像头技术，以大幅度提升手机拍摄性能。

随着全球局势的动荡不安，安防监控产品的需求也在不断扩大。据 ICInsights 发布的数据显示，2018 年全球安防监控用 CIS 芯片的市场规模为 8.2 亿美元，预计 2023 年将达到 20 亿美元，年复合增长率高达 19.5%。中国是全球最大的安防监控市场。在安防监控应用领域，海康威视的市场占有率处于世界第一。海康威视积极推进传统安防监控市场从低分辨率向高清和超高清升级换代，同时积极导入高动态（HDR）、微光夜视等高性能 CIS 芯片，不断为客户提供高性能智能安防监控系统和服务。

车载 CIS 芯片市场是未来高速发展的一个重要市场。据 Yole 公司和 ICinsights 的统计数据显示，2018 年全球车载 CIS 芯片市场规模为 8.7 亿美元，预计 2023 年将达到 32 亿美元，年复合增长率约 29.7%，汽车市场将成为仅次于手机的第二大 CIS 芯片应用领域。车载摄像头主要包括内视、后视、前视、侧视和环视等摄像头，用于 360 度全景成像、碰撞预警、车道偏移和行人检测等，特斯拉自动驾驶系统采用了 13 个摄像头。近年来，我国乘用车市场的年度出货量高达 2000 万台，各大汽车厂商均加大了自动驾驶技术的研发投入和产业化进程，需要大量车载 CIS 芯片。

综上所述，支撑我国电子信息产业发展且具备全球竞争优势的智能手机、安防监控、汽车等战略性产业均需要采用大量高性能 CIS 芯片，为我国 CIS 芯片产业发展提供了巨大的发展机遇。

三、我国图像传感器产业面临的挑战

经过几十年的不懈努力,我国智能手机、安防监控、电动汽车等重要支柱产业的市场占有率已经跃居全球第一,中国市场也成为全球最大市场。高性能 CIS 芯片是支撑这些战略性产业发展的关键芯片,需要不断开展技术创新和产能保障以满足日新月异的产业发展要求。在复杂多变的国际形势下,随着贸易保护主义抬头,高端 CIS 芯片的技术升级和自主可控问题也面临巨大挑战。当前,我国 CIS 芯片技术实力和产业基础与日本索尼、韩国三星等国际大公司相比,仍存在较大差距,需要加大研发力度进行技术创新和产业模式调整,以改变被动局面。

(一)人才匮乏影响本土创新力

CIS 芯片产业发展的主要驱动力来自应用市场需求。为了满足应用市场的各种需求,需要建立 CIS 芯片的技术创新体系。原创性技术创新主要来自高校和科研机构,产业化创新主体应由以产品开发为主业的企业承担,因此,建立产学研紧密结合的创新体系尤为重要。我国 CIS 芯片技术研发起步晚、体系弱,与发达国家相比差距很大。国内目前开展 CIS 芯片技术相关研究的主要有天津大学、中科院微电子研究所、中科院半导体研究所、中科院长春光学机械研究所等少数几家高校和科研机构,副教授以上高级职称的研究人员不超过 30 人,直接从事 CIS 相关技术研究的高校毕业生每年不超过 50 人,无法满足我国 CIS 产业的人才需求。目前 CIS 芯片基础研究力量薄弱和人才匮乏的现状,无法满足我国 CIS 芯片企业的人才需求,严重制约了我国 CIS 芯片的发展。

(二)IDM 模式的缺失影响产业竞争力

位居全球 CIS 芯片领导地位的日本索尼和韩国三星等公司均采用芯片设计、工艺研发、芯片制造和销售等环节全部在公司内部完成的 IDM 模式。IDM 模式有利于核心技术的积累更新和产能自主可控,实现差异化竞争。据 TSR 公司发布的 2019 年度全球 CIS 芯片市场调查报告显示,日本索尼以 49.1% 的份额排名第一;韩国三星市场份额为 17.9%,排名第二;我国 CIS 芯片公司由于采用设计以外部分全部外协外包的 Fabless 模式,产业链长,成本和产能依赖代工厂,在与日本索尼和韩国三星等公司的竞争中处于不利地位。

四、推进我国图像传感器产业高质量发展的几点建议

（一）支持龙头企业引领的产学研创新体系建设，突破产业发展瓶颈

CIS 芯片集光电转换器件、低功耗数模混合电路、片上光学系统、复杂半导体制造工艺和封装等多种技术为一体，需要多学科协同才能进行有效的技术创新和产业化转化。为了提高我国 CIS 芯片产业的国际竞争力，需要建立 CIS 芯片龙头企业引领的产学研创新体系。龙头企业根据市场需求和国外最新技术动向制定发展规划，并负责整合国内外相关技术资源，进行联合技术攻关和产业化转化；高校和科研机构配合企业开展原创性技术研究和人才培育，为企业不断输送高水平的技术人才，增强企业研发力量。只有在政府的大力支持下建立龙头企业引领的产学研创新体系，才能发挥我国集中力量办大事的制度优势，在较短时间内突破我国 CIS 芯片产业的技术和人才瓶颈，提高我国 CIS 芯片产业的竞争力。

（二）强化人才培养体系，推动产业持续创新发展

目前，我国芯片设计从业人员总数约为 30 万人，不能满足芯片设计行业的人才需求，并造成了企业招人难、人力成本虚高不下的困境。由于缺乏大批高素质专业人才队伍的支撑，我国芯片产业难以持续健康发展。为了改变我国集成电路领域人才匮乏的状况，2020 年国家破例将集成电路专业提升为一级学科，从学科建设方面加大了对集成电路专业人才的培育力度。我国 CIS 芯片人才极为稀缺，是集成电路行业中的一个薄弱环节，应予以特别重视和支持。建议选择一批微电子技术基础较好的高校，有针对性地强化集成电路工艺、半导体材料、半导体器件、模拟电路、数字电路、图像处理、光学等相关专业的基础教育；同时，采用特殊政策从发达国家和知名 CIS 芯片企业中引进一批高水平 CIS 芯片专家，以全职或兼职的灵活任职方式在高校担任教职，与企业共同培养一批专业基础扎实的高素质学生，为我国 CIS 芯片产业提供厚实的人才队伍。

（三）强化国内产业链，建立国内外双循环创新发展体系

目前，我国 CIS 芯片产业整体实力与国外巨头还存在差距，缺乏设计与制造一体化的 IDM 产业模式，产业链不稳健、对外依存度高。为了尽快改变这种被动局

面，需要国家相关部委对 CIS 芯片龙头企业予以特殊支持，鼓励和帮助龙头企业在较短时间内建立自主可控的 CIS 芯片制造工厂，积极转型 IDM 模式，构建与日本索尼和韩国三星相似的产业化平台，强化竞争力。为了避免国内低水平竞争和重复建设，要鼓励 CIS 企业兼并重组，扶持具备全球竞争优势的领军企业，形成龙头企业引领产业发展的新格局。CIS 芯片产业是一个快速发展的技术领域，新材料、新器件、新工艺、新设计理念不断推陈出新，需要及时掌握该领域的最新技术，才能保持竞争优势。因此，要积极对外开放，开展国际交流和人才引进，在国内外建立研发机构，吸纳全球优秀人才，建立国内外双循环创新发展体系，强化我国 CIS 产业的国际竞争力。

五、结语

图像传感器芯片是一种用途广泛、市场需求量大、技术含量高的战略性芯片。我国图像传感器芯片产业通过并购海外相关企业，整体实力虽然位居全球前列，大幅度缩小了与国外先进水平的差距，获得了难得的发展机遇，但同时也面临着激烈的技术和市场竞争。随着物联网、人工智能产业的快速发展，对图像传感器芯片的技术创新和产业链的稳定性要求也越来越高，需要从创新模式、人才培育、自主可控的产业链构建等方面加大政策支持力度，促进我国图像传感器产业快速形成国内外双循环创新机制，强化全球竞争力。

作者简介：

杨洪利博士，上海韦尔半导体股份有限公司董事、豪威科技集团公司总裁，多年从事图像传感器芯片的研发和管理工作，负责集团公司全球研发和业务管理。

高端装备制造

突破应用端瓶颈制约　完善工业机器人生态圈

孙志强

当前，全球制造业正在向着数字化、集成化、智能化及绿色化方向发展，而实现"数字化智能制造"的重要因素是工业机器人产业的发展，工业机器人产业对当前乃至未来工业制造领域都有着举足轻重的影响。从整个工业制造体系来看，工业机器人产业是一个多学科先进技术交叉融合的复杂生态产业，包括自动控制、高端制造、人工智能、新材料等多行业融合，另外，每个行业都有着复杂的生态，而要构建工业机器人产业健康"生态圈"必然要打通其上、中、下游产业链。下面将重点阐述我国工业机器人产业的生态特点、当前所处的发展阶段，以及面对全球数字化智能制造浪潮，我国要加快完善工业机器人产业生态环境应当解决的首要问题。

一、我国机器人产业生态环境的现状

从产业链的角度来看，工业机器人产业可分为上、中、下游。上游是关键零部件生产商，核心重点是对减速器、控制系统和伺服系统的生产；中游是工业机器人本体制造商，即针对机座和执行机构，包括手臂、腕部等的制造，部分机器人本体还包括行走机构，是机器人机械传动和支撑的基础；下游是系统解决方案商，根据不同的行业特点、工艺和应用场景，运用新技术、新材料和智能装备，有针对性地对工业机器人本体进行二次开发，充分满足智能化生产制造的实际需求。

（一）当前我国机器人产业生态环境是"应用端"驱动产业发展

从不同国家的产业生态环境来看，国内机器人产业与国际发达国家之间存在明显差异。中国工业机器人产业发展的生态环境由市场提出需求，从而驱动研发和生产的推进；机器人产业发达国家的生态环境则是由科技引领生产力，带动研发和产品的提升，从而驱动市场。所以我国工业机器人产业发展更加侧重于对生产制造应用端需求的满足，在不同行业、不同场景下的应用端解决方案定制方面的优势比较突出，走出了一条"需求侧"倒逼"供给侧"的创新发展路径。

尽管受起步晚、竞争大等诸多因素影响，我国工业机器人产业发展之路困难重重，但近几年，在我国智能制造转型升级迫切需求的带动下，在工业机器人及智能制造相关政策的大力支持下，自主品牌工业机器人企业奋勇直追，当前已经出现了一批优秀企业。他们快速成长，并逐渐成为我国工业机器人产业发展的中坚力量，正在国内市场实现突围，产业发展呈现新的特征。

（二）当前工业机器人产业生态环境的新特征

1. 国内外差距日趋缩小，"国产替代"逐渐走强

"国产替代"已经成为我国工业机器人产业现阶段的重要发展特征，自主品牌正在逐步占领国内市场。例如，在核心零部件减速器领域，国产产品质量逐步提高，部分产品核心指标已达到国际先进水平，且由于其具有明显的地域优势、成本优势，逐渐得到国内外企业认可。在伺服电机与控制器方面，国产产品工艺不断发展，性价比不断提升，目前在核心技术方面已取得突破，国内外差距已明显缩小。

2. 产业仍处在智能化应用拓展阶段

工业机器人一直被认为是"集科技之大成"的产物，行业普遍认为的工业机器人发展可以分为五个阶段：第一阶段为 RPA，即自动化流水生产线；第二阶段为 AGV，这类工业机器人通过红外线、雷达或摄像头进行图像识别，具备一定的识别能力和自处理能力；第三阶段为 AI 驱动的 RPA，即通过 AI 与图像识别、运动机能控制、设备的自适应协调等相结合，应用在不同场景的生产工作中，使生产流水线越来越复杂和智能化；第四阶段为 AMR，当第三代的智能化流水生产线的机械手臂逐渐具备智能化算法能力时，机器人的运动机能和视觉识别就会越来越强，因此，第四代机器人 AMR 可以被称作"独立行走的工业化机器人"；第五阶段为高级的全能型完全体机器人。

根据定义，目前我国工业机器人产业处在第三阶段初期。这个阶段的特点是工业机器人在数据运算能力方面完成了量变到质变的转换，在一定程度上拥有了数据的响应能力和反应控制能力，具备了由场景驱动的边缘计算能力等。有的机器人相对简单，可以用一条流水线上的小型机，或者用计算机来进行简单的计算，但更多的机器人则需要更加复杂的计算，如果处理量再增加，则需要云计算。

这些都充分说明，我国工业机器人产业已然步入全新发展阶段，未来的核心是

智能化应用，是解决生产制造中的数字化应用和智能化应用的需求。

3. 系统解决方案商将成为智能化应用的重要推手

作为直接解决应用需求的关键环节，在上游核心零部件环节和中游工业机器人本体环节逐步得到发展的背景下，下游的系统解决方案商将具备越来越多的话语权。当前我国机器人与智能制造系统解决方案商的数量占据了中国工业机器人产业的2/3，是我国工业机器人及智能制造领域最具竞争力的企业类型。

事实上，只有系统解决方案商才能将工业机器人本体集成到不同行业应用端的智能生产制造产线上，单纯的工业机器人本体并不能满足不同行业领域、不同应用功能、不同精益生产的智能制造需求，只有根据具体的生产要求，经过软硬件开发，形成一整套系统解决方案，实现单个机器人与整体智能系统的联动，才能满足某种生产自动化、智能化的具体需求，最终呈现出一条或多条串联或并联的生产线。

工业机器人智能制造系统解决方案是解决智能化生产的最终系统性产品，实现智能制造的基础是集成、互联、数据，没有系统解决方案的应用就谈不上智能制造。因此，未来工业机器人竞争的焦点将集中在细分领域的开拓上，以应对不同应用场景智能制造的需求，而不仅仅执着于上、中游核心零部件、机器人本体的质量提升。加快完善我国工业机器人生态环境体系，要着重突破工业机器人产业应用瓶颈，把提升工业机器人智能制造系统解决方案商的创新能力摆在重要的战略地位。

二、依靠系统解决方案突破工业机器人应用端的瓶颈

在过去的产业发展过程中，我国政府和企业都将工业机器人核心零部件供应商和本体制造商放在了首要位置，未对下游机器人系统解决方案商给予足够的重视，但这恰恰是实现智能制造的核心环节。

智能制造系统解决方案商处于工业机器人产业链的应用端，在智能制造生产中起到承上启下的作用，为用户提供整套智能制造系统解决方案。在我国逐渐成为全球第一大机器人应用市场的进程中，工业机器人系统解决方案商作为主力军发挥着重大的推动作用。

（一）当前工业机器人系统解决方案商发展的几个特点

1. 我国工业机器人应用领域不断延伸

据2013—2019年国际机器人联合会（IFR）统计数据显示，在我国工业机器人

运行量和年度安装量不断增加的同时，其应用行业也在不断变化：应用于汽车制造业的工业机器人从 2013 年占据 50%的份额，减少到 2019 年占据 23%的份额；应用于电气电子设备行业的工业机器人从 2013 年占据 14%的份额，提高到 2019 年占据 30%的份额；金属加工业和其他行业都在逐渐上涨，并向均衡态势发展。对于工业机器人产业下游应用市场份额最大的两个行业，3C 行业占据的工业机器人应用市场份额在 2017 年之后便持续超过汽车制造业。

而反映在工业机器人应用领域的变化上，就是应用于焊接和钎焊场景的工业机器人的数量占比不断降低，应用于搬运与上下料场景的工业机器人的数量占比逐年快速增长，应用于装配与拆卸场景的工业机器人，以及应用在其他应用场景的工业机器人的数量占比也在稳步提升。

2. 当前系统解决方案商发展规模小、潜力大

国内的工业机器人应用市场发展迅猛、应用空间巨大，系统解决方案商数量庞大。据太平洋证券研究院数据显示，约 80%的国内机器人企业集中在系统集成领域，国内工业机器人系统解决方案商中约 95%为本土系统解决方案商。相较于国际巨头而言，本土工业机器人系统解决方案商起步较晚，普遍规模偏小，比较分散，竞争压力大。据 GGII（高工产业研究院）数据显示，2018 年中国机器人系统解决方案商已经超过 3000 家，营收规模超过 1 亿元的有 100 家左右，超 20 亿元的有 8 家，超过 30 亿元的有 3 家，而当年实现了营收增长的仅有 84 家。

目前本土工业机器人系统解决方案商个体规模较小，但发展潜力巨大，都是行业专家，深耕行业需求，更加注重产品在场景化应用中的竞争力，用不断更新迭代的技术满足不断变化的制造需求，同时也向上探索新科技、新技术对产品的影响。

3. 系统解决方案商未来市场空间巨大

根据 IFR 发布的《全球工业机器人系统集成市场需求分析》数据预测，2021 年中国工业机器人本体及系统解决方案市场规模将达到 1500 亿元。一般来说，工业机器人系统解决方案市场规模为本体市场规模的 3~4 倍，以此测算，中国工业机器人系统解决方案市场规模将达到 1200 亿元，市场空间巨大。随着中国智能制造水平的不断提升、新兴应用场景的不断拓展，工业机器人系统解决方案市场规模将逐渐达到机器人本体市场规模的 8~10 倍，甚至更多，系统解决方案在中国工业机器人产业链中的重要地位将越发凸显。

近年来，本土工业机器人系统解决方案商不断开拓新的应用场景、突破细分行业应用，逐步渗透高端市场，获得了新的发展。在汽车整车行业中，本土系统解决

方案商已经率先突破汽车焊装领域，挤占了部分外资集成商的市场份额，开始渗透、突破，逐步发展；在 3C 电子行业，本土系统解决方案商具备了与外资品牌竞争的能力；在其他通用工业，如光伏、陶瓷卫浴、五金等行业，本土系统解决方案商基于本土化服务，具有更贴近下游市场的优势，占有多数市场份额。未来，本土系统解决方案商与智能制造的巨大应用需求相对接，能够更好地满足众多细分应用场景的需求，必然迎来更大的发展。

（二）系统解决方案商是工业机器人商业化、大规模应用的关键因素

从产业链的角度来看，只有机器人本体是不能完成任何工作的，机器人本体发挥的作用要与应用端的解决方案相结合，而系统解决方案商就是为满足应用需求，有针对性地将机器人本体实施二次开发，与应用端完美对接，系统解决方案商的技术实力和开发水平最终决定了机器人的应用效果。相较于机器人本体供应商，机器人系统解决方案商不仅要具有产品设计能力，还要对终端客户应用需求的工艺有深刻的理解，要具备相关行业项目经验等，能够提供可适应各种不同应用领域制造需求的自动化、智能化生产线。

随着工业制造的智能化程度和精度要求的提高，越来越多的制造型企业认可了系统解决方案商为机器人本体带来的附加价值，智能制造的系统技术在不断为工业机器人产业做加法，它叠加在机器人本体，尤其在突破细分领域新场景应用上的能量是巨大的。因此，面对我国制造业全面转型升级的浪潮，工业机器人产业的大规模发展、商业化普及必然要依赖系统解决方案商，系统解决方案商是工业机器人自动化、智能化应用的关键部分。

通过在不同行业细分领域的不断攻克突破，从满足大量碎片化的应用场景需求，逐步到全面完成全产业链智能化，最终实现"制造"向"智造"的转型升级。这需要机器人与智能制造系统解决方案商立足于新的应用场景，不断磨砺技术，寻找突破口，以创新驱动发展，以技术赋能产业，使得工业机器人产业生态体系更加完善，实现健康可持续发展。

（三）数字化工厂是系统解决方案商未来发展的主攻方向

随着人工智能、信息技术、物联网技术的发展，工业机器人某些应用环节的技术难题逐步得到解决，有力地提升了系统解决方案商的技术创新能力。应对智能制造升级改造需求持续上升所带来的机遇和挑战，细分化、协同创新将是未来我国工业机器人产业发展的侧重点：一是从技术上、产业上实现不同行业应用场景的创新

发展与市场开拓；二是实现与信息技术、通信技术、人工智能等新技术的深度融合与协同创新发展，使高端制造深化数字化、智能化水平，为全面通向智能工厂或数字化工厂打下稳定基础。

"智能+落地传统场景"是智能制造产业发展的大趋势，工业机器人作为智能制造高端装备，是实现产业发展的关键因素。从技术研发到应用落地再到与新行业深度融合的实现，从大量碎片化的应用场景需求到全产业链智能化的全面完成，进而将发展方向转向智慧工厂或数字化工厂方向，将是机器人与智能制造系统解决方案商需要不断去攻克、解决的难题。

数字化工厂不仅要做机器人硬件设备、软件使用方面的集成，以及自动化智能化柔性生产线，更要从制造工厂顶层架构进行设计和集成。智能化、数字化工厂的发展逻辑是通过将信息化、数字化贯通在生产的各个环节，降低从设计到生产制造之间的不确定性，从而缩短产品设计到生产的转化时间，同时提高产品的可靠性与成功率。

当前，数字化智能车间、数字化工厂是系统解决方案商研发和专业学术发展的主流方向。以广州瑞松智能科技股份有限公司为例，其建设的广东省机器人数字化智能制造技术企业重点实验室结合人工智能中的机器视觉、AI 行为决策等关键技术，围绕智能制造装备、智能制造工艺技术和数字化设计与制造管理，形成依托焊接工艺、过程、设备与系统的智能化，形成以机器人数字化技术为核心的数字制造（D）、虚拟制造（V）、柔性制造（F）等，构成数字化智能制造，打造数字化智能车间、数字化工厂产品，适应于"智能制造"的发展大趋势。

通过系统解决方案商将传统产业与人工智能、物联网、5G、云计算、量子技术、大数据等新技术深度融合，为我国工业机器人产业发展进入下一个阶段创造更多有利条件和基础，实现高端智能装备的自主可控，提升我国智能制造水平。

三、完善机器人系统解决方案商生态圈的建议

在人口红利减弱、机器人产业升级和效率提升的背景下，人工成本上升与设备成本下降形成的反差逐渐扩大，倒逼制造企业加快自动化改造和升级，尤其受到新冠肺炎疫情的催化，智能制造是大势所趋。

未来在"以国内大循环为主体，国内国际双循环相互促进"的新发展格局下，"国产替代"将进一步深化，机器人核心零部件国产化、机器人本体成本下降和性能提升将有助于下游系统解决方案商降低成本。在此前提下，机器人系统解决方案商通过自主研发提供因需求非标定制的系统解决方案乃至数字化工厂，将成为机器人

产业链上利润最高也是技术门槛最高的环节。如何在政策上、产业上提升其综合实力，将成为影响智能制造装备产业发展的关键因素，也将决定我国能否在全球新一代机器人产业升级中占领先机。

因此，我国政府在推动工业机器人产业发展中，应该以企业为主体、以市场需求为导向，针对行业应用短板，进一步提升产业链下游系统解决方案商的技术创新能力，着重突破应用发展瓶颈，进而将技术和产业优势转化成市场优势。可从以下3个方面展开。

（1）开展以应用为牵引的关键技术攻关及装备、解决方案产品研发，推进产业转型升级。重点面向数字化工厂领域，支持综合能力强的系统解决方案商构建软件技术竞争力。

（2）推动机器人技术应用，促进科技成果转化，面向新行业新方向重点需求，推动工业机器人及自动化装备成果应用，培育具有国际竞争力的系统解决方案商，重点提升高端装备及系统解决方案的可靠性和应用服务创新能力。

（3）优化创新布局，推动系统解决方案商创新集群式发展。结合地方区域特色，因地制宜，通过提升核心区域产业协同、综合配套能力，推动重大规划、重点项目、重要资源的有效配置，打通系统解决方案商研发设计、生产制造、市场应用的各个环节。

未来我国工业机器人的生态环境将以系统解决方案商所在的应用端为基础，重点向终端用户行业领域不断拓展，在细分领域不断突破扩张，同时向核心零部件及本体领域延伸发力，最终获得国产工业机器人的大规模普及，助力"中国制造"向"中国智造"全面升级。

作者简介：

孙志强先生，广州瑞松智能科技股份有限公司董事长兼总裁，正高级工程师，广东省第十三届人大代表、国际机器人联合会（IFR）委员、中国机器人产业联盟副理事长、广东省机器人协会轮值会长。曾荣获"中国优秀创新企业家"称号、"中国优秀民营企业家"称号、"广东省优秀企业家"称号、广东年度经济风云榜"风云人物"奖、中国机电一体化技术应用协会颁发的杰出贡献奖等。

我国新材料技术引领全球输配电成本下降的实践

马 斌

电网的可靠性及其资产全寿命周期的经济性，直接决定着用户获得电能的可靠性与经济性。据彭博新能源财经研究报告 Power Grid Long-Term Outlook 2021 显示，为满足电气化转型带来的需求增长，到 2050 年，全球电网投资将至少增加 90 万亿元。在电源投资成本无法明显下降的情况下，以新材料技术为引领，整合输配电产业链，实现电网各环节的提质、提效与降本，越来越成为行业的共识。20 世纪以来，中国企业在新材料电力外绝缘技术方面的创新实践，终结了过往引发电网事故最多、带来浪费最大的传统外绝缘问题，其凭借事故损失和运维成本"双清零"的优势，自替代应用以来，已为全球电网节约了超过 500 亿元的输配电成本。展望未来，在供给集中度偏低的输配电行业，依托具有核心技术的整体解决方案实现对终端电网的全面、深度链接，并进一步叠加新的模式，将有望催生产业链"链主"企业，推动产业链的创新与整合升级，最终实现在全球引领输配电成本的下降。

一、全球输配电行业现状分析

（一）行业特点与供给格局分析

由输配电设备组成的电力网（以下简称"电网"），通过变电站、输电线路和配电线路 3 个环节，衔接着电能的生产与消费。输配电设备行业的发展状况，不仅影响着电力能否安全地输送到消费终端，还决定着电力输送的效率和成本，因此，作为电力工业的核心组成部分，输配电设备行业在国民经济中占有非常重要的位置。

全球每年超过万亿元人民币的电源和电网投资，形成了对输配电设备的巨大需求，由于输配电设备产品种类繁杂且市场总需求量大，吸引了全球范围内众多企业的投资。目前，输配电设备行业的一个显著特征是企业数量多、行业集中度低。在供给格局上,从全球市场来看,ABB、西门子和通用电气(General Electric,GE)三大巨头占据较大的市场份额,在全球各个区域的输配电设备市场均拥有相当大的话语权和主导权,而随着我国装备制造技术水平的不断提升,中国相关企业积极走出去,国际市场的竞争也开始呈现出不断加剧的趋势。从国内市场来看,随着电力体制改革的深入推进,输配电设备行业已形成市场化竞争格局,行业特点明显:电压等级越高,企业数量越少,市场集中度越高,竞争越平缓;电压等级越低,企业数量越多,竞争越激烈;在相同电压等级下,高端市场竞争相对平缓,低端市场产品同质化严重。

据中国电力企业联合会数据统计,2019 年,我国输配电行业规模以上企业数量为 12744 家,行业销售收入达 4.29 万亿元人民币。其中,在 76 家上市公司中,收入规模排名前五的分别为特变电工(370 亿元人民币)、宝胜股份(332 亿元人民币)、国电南瑞(324 亿元人民币)、正泰电器(302 亿元人民币)和远东股份(171 亿元人民币),规模最大的企业收入在行业总收入中的占比不到 1%。

(二)供给集中度偏低造成低效与浪费

从输配电设备行业的供给格局分析可以看出,行业供给集中度总体偏低,呈现"小而散"的状态。行业集中度低所带来的影响,从企业层面看,因为达不到规模经济要求,专业化水平上不去,更没有充足的资金投入研发,导致产品技术落后,市场竞争力弱;从产业层面看,低行业集中度背后势必存在资源的重复配置,从消费终端的角度来看,就会形成低效供给和浪费的结果。

(三)终端技术创新整合供给侧的探索

聚焦终端电能消费对产业供给的可靠性和经济性需求,从产业链的全局角度来看,以新的模式来整合供给侧资源,实现资源优化配置,最终提高效率、减少浪费,对于输配电行业而言,具有现实意义与可行性。

全球电网存量资产超 20 万亿元人民币,且每年新增投资接近 1.5 万亿元人民币,在这么一个庞大的市场中,目前尚没有一家企业,能够通过提供全生命周期完整的解决方案,去全面、深度地链接终端电网。同时,在市场化的输配电设备供应商中,年收入规模最大的企业(日立 ABB),也仅在 500 亿元人民币左右,在行业销售收入中的占比不到 2%,该行业中尚没有一家"大块头"企业。而这一现状客观上造成了输配电行业的整体低效与浪费。相比之下,在电信行业,全球运营商年投资金额不到 8000 亿元人民币,但华为的市场占有率却超过了 40%,因此也成为产业链"长板",并引领了供应链资源的集聚与不断升级。从华为的发展路径中可以看出,其能够走到前端去引领产业链的发展,核心依托的就是从产品到系统解决方案的不断创新,并以此实现的对电信客户的全面、深度链接。

事实上,从终端电网的角度来看,该行业低的供给集中度背后,是产业链中没有能够提供全生命周期系统解决方案的企业与之全面、深度地链接,并在此基础上,对整个产业链起到整合和拉动的作用。因此,整合分散的输配电设备市场,从而以更高效的方式为电网提供最大价值,终端技术创新或是一条有效的路径。

二、以新材料引领输配电成本下降的创新实践

(一)材料技术在输配电设备中的应用现状

人类社会的发展历程是以材料的演变为主要标志的,材料被视为人类社会进化的里程碑。可以说,人类文明的发展史就是一部学习利用材料、制造材料和创新材料的历史。在电力工业100多年的发展历史中,以天然木材、水泥、陶瓷、金属等为主的传统材料在其中的应用,很大程度上促进了电能的生产、输送与分配,为行业与人类社会的发展做出了很大的贡献。然而,由于这些材料先天所固有的一些特性,使得电力系统运行的安全可靠性与经济性受到越来越多的挑战。

首先,在变电站外绝缘方面,传统材料以陶瓷为主,这些材料本身的脆性和亲水性,让爆炸、脆断、闪络等事故一直未有中断,且定期维护也让电网承担着巨额的运维费用。而以环氧树脂、三元乙丙橡胶、室温硫化硅橡胶、液体硅橡胶,以及配方和工艺不良的高温硫化硅橡胶为主体的外绝缘材料,由于其耐电气老化和耐天候老化性能不佳,均出现了大量的龟裂和粉化现象,严重威胁着电力系统的安全稳定运行,同时因在很短的时间内就要进行更替和退出运行,造成了电网建设投入的巨大浪费。其次,在架空输电线路方面,传统技术采用的是全钢制横担加悬垂绝缘子结构,容易引发风偏跳电、鸟粪闪络、雷击跳闸、覆冰闪络等恶性事故,且存在着线路走廊宽、施工运输和运行维护困难等问题,这些都成为了制约电网建设发展的瓶颈。最后,在配网架空线路方面,传统技术采用的是铁质横担加针式绝缘子或瓷横担,绝缘水平低,雷击跳闸率高。

20世纪初以来,现代材料科学技术的发展,促进了金属、非金属无机材料和高分子材料之间的密切联系,从而出现了一个新的材料领域——复合材料。复合材料以一种材料为基体,另一种或几种材料为增强体,可获得比单一材料更优越的性能。

对比传统材料的先天劣势对电力系统安全可靠性和经济性的消极影响，复合材料技术日新月异的发展及其在各行各业的渗透应用所带来的积极影响，以及社会对更可靠、更经济电能与日俱增的迫切需求，决定了以新材料技术引领输配电设备的发展成为历史的必然。

（二）填补国际空白的新材料电力外绝缘技术

囿于所用材料的先天特性和技术的不成熟，传统的电力外绝缘每年给全球电网造成的运行维护损失，保守估计超过了2000亿元人民币，其中不包括电网相应配置的、平均占比电网总人数约10%的人员投入。1996年创立的江苏神马电力股份有限公司，基于"电网的可靠性与经济性根本上取决于输配电设备所用材料的可靠性与经济性"这一规律，应用新材料、新工艺，相继攻克了前述应用历史已达上百年的传统电力外绝缘所存在的技术难题，形成了填补国际空白的全系列电力外绝缘创新产品。

一是变电站设备复合外绝缘产品。传统的变电站设备外绝缘一直使用的是陶瓷材料，因为陶瓷材料本身的特性，一直存在着爆炸、脆断和闪络等问题，严重制约着输配电成本的降低。一方面，这些问题所引发的事故会给电网带来不可估量的损失；另一方面，围绕这些问题，电网需要为其配置大量的运行维护人员，并在每年花费巨额的费用对这些外绝缘进行必要的检修维护。20世纪初诞生的变电站复合外绝缘新品，因"不爆、不断、不闪和30年免维护"的特点，目前在全球应用已超过70万支，至今无一例事故发生，且推动了对传统瓷外绝缘的替代，替代率从20世纪初的不到0.1%发展到2020年的接近25%。其中，在中国，自1949年到2000年前后，500kV及以上的变电站设备外绝缘全部依赖进口，而随着该类新产品的推出，这一局面被彻底打破，并快速、全面地应用于我国750kV超高压和1000kV、±800kV交直流特高压工程，有力地支撑了国家重大电力工程的建设，前后累计节约了超过100亿元的建设成本和运维成本。在国际上，美国和欧盟的一些国家，从2004年开始应用该产品来替代传统产品，截至2020年，在美国的年替代率已经从2004年的不到0.1%增长至40%左右，在欧盟则增长到了30%左右。据粗略估计，这些新产品的应用，累计已为全球电网节约了超过500亿元人民币的建设成本和运维成本。

二是输电线路复合外绝缘产品。对于传统的输电线路外绝缘，输电塔与导线之间由于使用了绝缘子，导致线路容易发生风偏跳电事故，且线路走廊宽也给工程建设带来了巨额的征地成本。另外，瓷或玻璃绝缘子因闪络问题，需要对其定期维护，而复合绝缘子又因老化问题，绝大部分产品在10年左右就要进行更换，30年全生命周期的维护成本高昂。2008年，填补全球空白的输电塔复合横担诞生，由此彻底解决了前述的可靠性问题，且能够实现30年免维护。相比传统的架空输电线路技术，其显著的效益主要体现在两个方面：一是对应于不同电压等级和输送容量，能够减少10%～30%不等的走廊宽度，由此将直接降低工程建设中的巨额征地和拆迁赔偿成本；二是30年的免维护和零事故，将显著减少运维费用和杜绝事故损失。目前，该产品从2009年开始，尤其是在我国两大电网公司的推动下，已在全球实现了从高压、超高压到特高压的全系列电压等级的标杆示范应用，实际的应用效果已展现出巨大的经济效益与社会效益。

（三）从填补空白的产品到主导国际标准制定的终端解决方案

从电网用户的角度来看，端到端系统地透视电网从建设到运维的所有环节，让电网企业从"点"上的产品创新走向了"面"上的系统集成创新。2016年，依托填补空白的系列新材料产品，电网企业聚焦新一代更可靠、更经济的电网（复合外绝缘紧凑型电网），开启了面向用户的EPCM（设计、产品、施工和运维）整体解决方案的研究与市场推广。目前，该方案在技术方面已获得IEEE国际标准的主导制定权，为新一代电网的建设推广奠定了标准引领的基础；在市场方面，基于全球不同输电线路和变电站工程特点的标准化整体解决方案，具有"一次建设成本不贵、外绝缘事故清零、全生命周期运维成本最低"的巨大价值，该方案已快速赢得了包括欧美发达国家在内的80多个国家电网客户的高度认可，一些区域的率先应用开始展现出"星火燎原"之势。展望未来，随着新一代终端电网整体解决方案的应用推广，电网企业将与电网形成更深、更全面的链接，从而以更高质量的创新和更快的速度，为全球输配电成本的下降贡献力量。

三、精准施策打造输配电产业链"链主"

（一）终端技术方案叠加模式创新催生产业链"链主"

从全球范围来看，输配电行业低的供给集中度，给产业链的创新和整合带来了巨大的空间。我们知道，电网的建设和运营，其价值链覆盖了工程设计、产品采购、施工和运行维护在内的所有供应主体。从电网的角度来看，这些主体的价值创造都应指向一个结果，那就是最低的输配电成本。当这些价值链环节都在可靠性的前提下实现了电网全生命周期里最经济的供应，相应就能形成更高质量和更经济的电网。

"链主"是产业链在发展过程中形成的，它不仅能够利用自身的主导地位实现价值最大化，更重要的是，它能协调产业链上各个节点的活动，淘汰落后环节，促进产业链创新，引领产业链的发展。从产业链本身来看，缺少"链主"的产业链，其特点之一就是分散和低效，发展较为缓慢，甚至停滞不前；而从下游用户（终端）的角度来看，缺少"链主"的产业链因缺少与之全面链接的上游供应企业，导致不能系统、全面地理解用户需求，进而无法提供用户真正需要的完整解决方案。所以，链接"终端"进而形成庞大的"终端"，是打造产业链"链主"的必由之路。

笔者认为，对于全球的输配电产业链，对于如何催生和打造"链主"，首先需要有能够全面链接终端电网的技术创新，从而为电网的建设和运营提供最具价值的"一揽子"方案。在此基础上，叠加新的模式，从上游到中游，进行高价值资源的整合和优化配置，将形成能够带动整个产业实现创新发展的"链主"。

（二）以精准化政策加速产业链"链主"成型

"增强产业链供应链自主可控能力"是中央经济工作会议明确的2021年重点任务之一，要通过一批具有生态主导力的产业链"链主"企业实现创新资源和创新要素的有效整合，进而形成一批具有全球竞争力的世界一流企业。

对于输配电这一关系国计民生的重要产业，从更可靠、更经济的电能输送需求，到覆盖工程设计、产品制造、施工和运行维护全价值链环节的产业供给，我国目前已经具备了孕育全球产业链"链主"的现实条件。加之我国既有的超大规模市场和完备产业体系，依凭制度优势下的精准化政策引导，加速产业链"链主"成型。可以预见，我国将实现快速占据全球输配电产业链制高点，进而持续引领全球输配电成本的下降。

作者简介：

马斌先生，上海神马电力控股有限公司董事长兼总裁，江苏神马电力股份有限公司董事长兼总经理，江苏省第十二届政协委员，中华全国青年联合会第十二届委员会委员。于2012年和2017年两次荣获国家科学技术进步奖特等奖，曾被授予"江苏省十大杰出青年""江苏省劳动模范""江苏省青年五四奖章""江苏省青年科技创业带头人"等称号。

我国新能源装备产业发展的历程及前景

王燕清

作为国家"十四五"规划的重要战略，我国新能源汽车产业发展目前面临全球汽车行业百年未有之大变局。一方面，我国新能源汽车近三四年来实现了年均60%~70%的保有量增长，从新能源汽车动力电池材料、装备、电池到充电桩、智能电网等基础设施，产业链上下游都具备了极强的竞争力和良好的发展态势；另一方面，我国新能源汽车产业发展下一步必须朝着高质量、可持续和智能化方向发展，而电动化汽车的动力电池，尤其是锂电池，其生产装备的智能化水平关系到我国新能源汽车发展战略的新未来。

一、我国新能源装备产业的发展历程

自2008年以来，受益于国家顶层设计的布局和企业长期的积极自主创新，我国新能源装备产业与下游汽车制造业协同发展，取得了重大突破。目前国产锂电新能源装备已全面达到了日韩欧美技术水平，核心关键装备实现了国产超越。据GGII（高工产业研究院）数据显示，2020年，在拥有全球最庞大、最先进锂离子电池生产产业链的中国，国产装备占有率超过了80%。同时，部分国产优秀装备制造商已反向进入了日韩欧美电池和汽车企业供应链，实现了从国产替代到全球替代的转变。

新能源锂离子电池的发明和生产可以溯源至20世纪70年代或80年代，但将新能源锂离子电池大规模用于电动汽车动力电池领域则是在20世纪初。作为新能源汽车产业链动力电池智造的关键，锂离子电池生产装备最早由日韩企业垄断，日韩企业借助先天的工业基础和技术、人才优势，聚焦于锂离子电池生产自动化，在20世纪初形成了一大批专业化、自动化生产设备商。

2008年，举世瞩目的北京奥运会宣布使用零碳排放环保电动汽车，其后，中国政府将新能源汽车作为了国家的重大战略。借助这一行业东风，国内锂离子电池产业进入发展快速道，国产锂离子电池装备企业也乘势崛起，通过不断的自主创新和迭代升级，到2016年，锂离子电池装备智造已经进入了中日韩争霸时代。到2020年，中国已然成为全球最大的新能源汽车市场，占全球新能源汽车市场40%的份额；新能源汽车动力电池装机量连续多年排名第一，2020年占全球47%的市场份额，在全球动力电池装机量前10位中占据了5个席位。

同时，以先导智能为代表的国产锂电装备企业更是进入了全球第一梯队，其产品的市场占有率连续4年居全球第一，中国锂电装备产业走出了一条自主创新—替代进口—引领全球的不平凡之路。国产锂电装备企业凭借技术积累和庞大的人才、市场优势，已然占据了全球新能源装备企业的鳌头。

锂离子电池装备具有非标定制化的特征，锂离子电池厂商结合自己的工艺路线，向装备企业寻求个性化、差异化的装备。同时锂离子电池行业具有技术发展快、更新频率高的特点，新建或改造电池生产线时往往需要应用新的技术工艺指标。这对于锂电装备商提出了更高的要求，不仅要求他们对于装备行业的发展具有前瞻性，同时要结合锂离子电池的生产工艺不断对装备进行技术更新和持续改进。

提前获得优质客户的装备制造商，由于早期的积累，具有先发优势，同时在和电池厂商的长期合作中，基于自研和现场使用反馈，不断革新装备、优化设计，确保在效率、性能、安全性、电池一致性等方面遥遥领先。

新能源装备企业在多年实践中，结合下游需求，不断调整自身战略，逐渐形成了以下的发展方式。

（1）突破单一装备领域，将原本的锂电装备业务向前和向后延伸，打造集成装备。锂电装备产线最初是由单台装备组成的，通过各自功能协调运转来生产电芯。但是随着自动化和降本增效的需求，这种形式已经无法满足行业的需求，而通过前后端工艺集成的一体化装备则更优、更经济。集成装备节省场地面积，节省装备选型采购、产线贯通等时间成本，节省人力资本，在装备的采购数量减少的同时达到了更好的功效。一体机减少了前后端工艺的流转和搬运，降低了材料的损耗，生产效率极大提升，同时也能提高电池的一致性，从而更好地保证电池安全性。

（2）全产业链布局，力求可以向下游客户提供整套锂电池生产装备。最初的锂电池厂家大多是分段采购多个供应商的装备自己拼线，建线周期长、技术对接任务重、商务沟通烦琐，投产后因各供应商仅考虑自己的单机装备，往往会造成前后段产品、工艺交互不顺畅，整线中瓶颈工序多、提产慢、稳定性不高，且由于各家装备的工业软件之间集成度低，限制了产线的信息化、智能化升级改造。现有的供应形式越来越限制供应商的发展,他们都亟须找到一种更快速、更简单、更高效的装备供应模式。各供应商要针对行业痛点,从深入理解客户产品工艺入手,通过工序优化、前后产能平衡设计、加大新技术运用等,为客户提供稳定、可靠、高效的整线方案。

考虑到产品质量一致性、工艺技术保密等多种因素,锂离子电池企业对于设备厂商具有较强的黏性。因此,锂电装备企业往往和电池制造商结成长期、紧密的合作关系。

二、我国新能源装备产业的发展前景

(一)我国新能源装备产业发展机遇

随着全球对于环保要求的不断提高,电动汽车正受到世界各国的推崇,汽车电动化浪潮势不可挡。电动汽车的蓬勃发展带来了动力电池的强劲需求,进而带动了动力电池厂商的密集扩产,装备厂商因此获得了重大发展机遇。

在政策端,各国出台激励政策促进新能源汽车发展。目前,世界各国均开始从政策层面加码新能源。中国发布新版双积分制度,促进燃油车市场向电动化转变,提高技术门槛,鼓励扩大新能源汽车生产规模、扶优做强新能源产业;明确新能源汽车购置补贴和免税延长 2 年,并通过了《新能源汽车产业发展规划》,发布了《节能与新能源汽车技术路线图 2.0》等中长期规划,以促进行业高质量有序发展;欧洲加大补贴力度,提高碳排放标准。欧洲多国通过税收减免、购车补贴等措施推广新能源车,如德国上调新能源汽车补贴幅度 50%,法国规定碳排放达标的车企可以免税、延长购车补贴至 2022 年,英国也有相应的补贴和免税措施;美国坚定推动清洁能源发展,新能源汽车发展趋势明确,另外,实行了制定更加严格的燃油排放新标准、恢复全额电动汽车税收抵免、在 2030 年之前部署超过 50 万个新的公共充电网点等措施。多国全方位支持政策密集出台,把新能源作为战略性领域,积极推动能源结构调整,推动全球能源行业新发展。

在车企端,新型车企和传统车企并举,全球车企加快电动化布局。特斯拉 2020 年销量空前,达到 49.95 万辆,但由于产能限制无法实现预计交付的目标,故在全球布局工厂,目前在美国有 3 座工厂、欧洲有 2 座工厂、中国有 1 座工厂,在现有厂区扩建的基础上还在全球寻找新厂址。特斯拉的热销正在抢夺传统车市场,因此传统车企在特斯拉的倒逼和政策的扶持下,也纷纷加快电动化布局。戴姆勒、大众、通用、宝马、福特、日产等全球传统一流车企均公布了新能源汽车发展战略规划。同时为了避免供应商产能不足、保证车型的正常运转、降低电池成本、提高车型市场竞争力、保证新能源战略的正常发展，他们也积极自建动力电池厂或合资建厂。

在电池端，龙头电池厂商积极扩产。在新能源汽车领域，中、美、欧、日、韩市场全力驱动，动力电池厂商为了抢占市场份额，提高市场竞争力，纷纷扩产。从动力电池厂商的扩产路径来看，龙头电池厂成为本轮扩产的主力。全球龙头宁德时代 2020 年投资超过 650 亿元，在溧阳、宜宾、宁德、车里湾等多地进行产能扩建或新建。海外一线电池企业 LG 化学、三星、Northvolt、SKI 也在全球扩张，规划产能分别达到 260GW·h、25GW·h、48GW·h、100GW·h。无论是国内动力电池厂商还是海外动力电池厂商，均在加速扩产。

（二）我国新能源装备产业发展面临的挑战

一是短期供应链冲击。目前，全球锂离子电池行业进入新一轮扩产期，不仅动力领域在扩张，储能和 3C 数码领域也在同步扩张。他们的集中扩产对于装备的需求呈现爆发式增长。多区域、多领域、全方位扩产对装备厂商的现有供应链形成巨大冲击，如何整合现有供应链资源、建立完整高效的供应链体系、满足下游的交付需求是当下面临的主要问题。

二是专业人才匮乏。锂电装备制造行业是近几年发展起来的新兴行业，行业内专业的研发设计人员、装配人员、调试人员、营销人员等在全产业链都存在较大的人才缺口。特别是随着短期内行业的爆发式增长，对于人才数量的需求也越来越旺盛、越来越急迫，导致供需缺口进一步拉大。同时装备也在不断迭代革新，向高自动化、高智能化的方向发展，对于人才的质量也提出更高的需求。如何获得综合素质优越、专业技能高度匹配的海量人才，是当下面临的又一难点。

三是全球运营经验缺乏。近年来，在新能源汽车领域，整车、电池、装备都已进入全球化竞争时代，锂电装备在稳固国内市场地位的基础上，积极参与全球竞争。国产装备不仅进入了全球头部电池供应商名录，同时结合其全球化布局，陆续在国外建厂。但是对于国外的营商环境、环保限制、法律法规等都缺乏必要经验。

三、继续做强我国新能源装备产业的政策建议

加快高端装备制造业提质发展是提高我国产业核心竞争力的关键举措，对我国

产业转型升级、从制造业大国向制造业强国的转变具有重要的战略意义。国产锂电装备砥砺前行多年，后发先至，但行业正处在加速成长的关键阶段。在新一轮电池头部企业产能扩张及未来更长时间的成长过程中，锂电装备企业的技术迭代能力、人才储备、产业链协同、外延拓展等，都可能导致行业格局出现变化，创新政策毋庸置疑是推动其发展的关键"引擎"。

（一）加大上下游之间战略合作的支持力度

新能源装备产业是一个新兴的行业，需要多方资源协同推动发展。而国内现有的产业发展水平已具备一定的规模，上下产业链基本具备循环运转的基础。新能源装备企业之间共同合作，促进产业不断发展，应该支持上下游之间的战略合作，助力产业融合，在产、学、研、资、服的全体系加持下，促进更多优秀项目走向产业化。政府应鼓励并支持新能源产业链的打通，引导企业开放合作，产业链进行产权、资本等深层次合作，形成共赢发展的"命运共同体"，打破各自边界，破除自我小循环，强化聚合效应，多层次推动协同创效。

（二）加大研发支持力度，加强知识产权保护

锂电装备企业研发费用率目前集中在4%~6%，部分厂商重视科研，则研发投入会更高，例如，先导智能2019年研发费用率为11.4%，达到5.3亿元。新能源行业技术更新迭代快，需要较大的研发投入，应加强研发支持力度。政府要构建各类先进技术创新平台，以公共服务平台为载体，充分发挥产学研的协同作用，组建新能源高端装备制造产业技术创新联盟，开展新能源高端制造装备的创新及应用研究；加大新能源高端装备技术研发的投入力度，各级政府要引导各类创新资源及资金向新能源高端装备制造企业聚集，为高端装备制造企业技术研发提供资金支持，集中开展新能源智能高端装备核心技术攻关。

伴随着新能源的蓬勃发展，国内市场及海外市场知识产权保护的重要性日渐凸显。目前锂电装备知识产权诉讼案件时有发生，企业维权过程困难、维权成本高、维权周期长的问题亟待解决。保护知识产权就是保护创新，未来应着力完善更加严格的知识产权保护制度，深化证据保全制度规则，降低举证阶段的难度和维权成本，建立知识产权特别审理程序等以提高审理效率、缩短审理周期，加大对侵权违法行为的惩治力度，提升知识产权保护能力和保护水平。

（三）加强高校交叉学科人才培养

目前，高校中没有开设与新能源装备直接相关的专业，相关人才进入公司均需要周期较长的再培养，难以匹配新能源装备行业快速发展的需求。同时锂电装备制造厂商将光机电一体化、自动控制、机械传动、各种模拟和数字传感等技术融合，从而开发出高智能化的产品，而单一学科的知识已经无法满足企业的需求。因此要积极推进交叉学科的发展，出台交叉学科的培养方案，为交叉学科建设和人才培养提供政策支撑；要结合新能源高端装备产业的人才需求，在化学、物理、材料、机械、电力电子、自动化等专业推动高校进行交叉学科模式创新，为新能源高端装备行业输送具有多学科知识结构、宽领域视野，以及综合素质突出的复合型、创新型人才。

（四）为装备企业出海给予定向帮扶支持

国产锂电装备企业发展周期相对较短，且此前主要接国内订单，在"出海"过程中缺乏行业领路人，对海外营商环境、海外政策要求、语言、外汇等各方面的了解相对缺乏。政府应为企业拓展海外市场空间提供政策指引，帮助他们充分了解不同国家的法律法规和地域文化，寻找发现海外商机，并建立国际标准的质量安全认证体系，帮助其"强身健体"，抵御市场风险。同时使企业手续办理更加简便，可以进一步简政放权，例如，为锂电装备企业在海外项目上报、项目审批、项目改善等审批程序上提供"一体化"服务，缩短企业相关手续的办理时间。政府机构还应主动引导各类中介机构和行业协会，让其发挥支撑引领作用，为我国锂电装备制造企业"出海"提供注册、法律、信息、认证等全方位的服务。

作者简介：

王燕清先生，无锡先导智能装备股份有限公司董事长、总经理，无锡市总商会副会长、新吴区工商联副主席。具有新能源智能装备制造领域的工作经验，被江苏省委省政府评为"江苏省优秀企业家"和"江苏制造突出贡献奖——优秀企业家"。

柔性加工技术革命重新定义粮食加工行业

王浩　王宏

为保障国家粮食安全,在重视种植生产的同时,党和国家坚决反对粮食浪费,高度重视节粮减损。粮食浪费体现在餐饮、储备、加工、流通等多个环节中,与多数人的认知不同的是,加工环节的浪费其实是最多的。国内稻谷有60%左右的成品米转化率,小麦有80%左右的出粉率,这两大指标意味着有大量的大米、小麦的可食用部分在加工环节离开了口粮市场。加工浪费由多个因素造成,最大的因素是传统加工技术与生俱来的原理缺陷,同时,传统加工技术还伴有粮食加工产品结构单一、品质下降、营养破坏等固有弊端。对上述问题的存在,加工行业似乎长期熟视无睹,其实这体现的是一种行业的无奈。粮食加工装备要弥补技术的短板,在技术原理上取得革命性突破是必备的前提。

一、粮食加工核心技术需要一场"柔性"革命

(一)谷物粮食由"粮"到"食"的核心技术问题是表皮处理

"粮食"这个词由"粮"和"食"两个字所组成,严格意义上讲,"粮"是指种植生产的原粮,"食"是指消费环节的食品。粮食由"粮"变成"食",是通过加工环节来完成的。加工环节涉及的加工技术很多,但核心是要完成原粮表皮的处理问题,也可以形象地理解为如何做好粮食的"表面文章"。无论是稻谷、小麦,还是其他谷物类原粮,都要先去表皮,然后才成为食品,几乎没有例外。

以稻米由"稻"变"米"为例。稻米加工由多个加工环节组成,其中有三个核心环节:一是砻谷环节,除去谷壳皮层,由谷子变糙米;二是碾米环节,除去糙米皮层,由糙米变白米;三是抛光环节,将碾磨后"伤痕累累"的白米表面进行"美容",以及将白米表面残留的糠粉抛除,让白米变得亮白。实际上,这3个环节解决

的技术问题都是表皮处理。

（二）谷物粮食表皮处理"刚性"技术面临的困境

目前，稻米表皮处理三大加工环节采用的技术设备，如砻谷机、碾米机、抛光机等，其核心原理都是"压力摩擦"。小麦、小米等谷物进行表皮处理所使用的设备，其核心原理同样是"压力摩擦"。在加工过程中，机器内部的各种棍具、磨具、刀具等组件作用于谷物，相当于是以"刚"作用于"柔"，例如，在大米加工中，这种以"刚"克"柔"的过程，随之带来的高增碎、高能耗及大米高米温升的"三高"问题几乎难以避免。

以大米加工的碾米环节为例，"三高"问题的具体表现为："一高"为高增碎。籼米约占国内稻米总量的70%，增碎率在10%左右，20%左右的增碎率也不少见；粳米约占国内稻米总量的30%，因为以圆粒型为主，增碎率较长粒型的籼米会低一些，3%~5%的增碎率是正常现象。"二高"为高能耗。行业吨米能耗约为25kW·h，为典型的高能耗工艺。"三高"为高米温升。传统设备会带来米温升高20℃以上，若加上工厂室内基础温度，出机米温达到50℃非常普遍，高米温升会带来大米口感降低、保质期缩短的问题。

"压力摩擦"技术原理运用于粮食加工行业已有超过200多年的历史。解决加工过程中"三高"问题，已碰到了技术"天花板"，因此，现有主流粮机在原有技术原理上要继续创新。要破解这一难题，粮机技术由"刚性"向"柔性"转型是一个值得践行的方向，一旦成功，意味着在粮机及粮食加工领域将迎来一场真正的技术革命。

（三）国产粮机装备总体现状

不同于不少人的固有看法，目前国产粮机装备已在主要性能指标、性价比等方面，开始全面超越国外主流厂商，达到国际先进水平，如大米加工装备、国产粮机的超越涵盖了砻谷、碾米、抛光、色选、包装等各个加工工序核心设备的超越。这一可喜现象的产生，主要由于国外厂商在长期领先后固步自封，以及国内厂家了解国内用户需求、技术提升响应速度快等。尽管行业内盲目崇拜国外粮机装备的现象并没有完全消除，但国内粮机装备开始逐步替代国外装备的趋势已经非常明显。

要客观地指出，目前国产粮机对国外主流厂商的超越，并非是跨越性、颠覆性的领先。以碾米机为例，以最关键的降碎效果指标进行衡量，在相同的生产条件下，武汉中机星设备相比日本佐竹、瑞士布勒设备存在1%~2%的领先优势。从专业角度来评价,目前国产碾米机取得的领先优势,本质上是基于与国外设备相同工艺原理进行的本土化二次开发,只是一种性能上的提升,并没有实现从原理到结构等多方面的颠覆,在加工过程中固有的"三高"等问题并没有得到根本的解决。

二、柔性加工技术的革命性

(一)谷物粮食表皮处理"柔性"技术的颠覆性突破

麦稻智慧粮食有限公司联合旗下子公司——浙江衢州库米赛诺粮食机械制造有限公司,历经 10 年的研发周期,在全球范围内独家推出"智慧型谷物粮食柔性分层处理装置"。

麦稻智慧柔性粮食加工技术装备的问世,同时在原理、结构及操作系统这 3 个维度上实现了行业技术的完全颠覆。其最核心的柔性技术优势体现在磨削材料柔性、作用方式柔性、生产节奏柔性、加工品种柔性、管理方式柔性等多个方面。柔性技术装备在产业化生产中的运用,为包括稻米、小麦在内的多种谷物粮食加工带来了全新的技术解决方案。

(二)柔性加工技术的底层技术属性

粮食柔性加工技术不同于一般的应用性技术创新,而是类似于正在重塑现代信息社会底层技术的 5G 技术,其正在同时重塑粮食加工装备及粮食产品加工这两大方向的底层技术。

柔性加工技术应用于粮食加工装备,有望实现加工核心装备的整体柔性化,如应用于大米加工,可将砻谷机、碾米机、抛光机等核心装备同时进行柔性化改造,甚至可以实现设备的合三为一。

柔性加工技术应用于粮食产品加工,既可以适用于加工不同的谷物品种,又可以适用于加工同一谷物的不同产品。对于不同的谷物品种,柔性加工技术已被证明适用于稻米、小麦、小米、青稞、燕麦等多种品种;对于同一谷物,如对于大米,利用柔性加工技术,既可以将其加工成精白米,也可以加工成留胚米、半糙米等多种健康大米产品。

(三)带给粮食加工行业的"四大重新定义"

第一,重新定义加工环节节粮减损。柔性加工技术"一站式"解决了稻米加工行业长期存在的高增碎、高能耗、高米温升的"三高"痼疾，降碎、降耗、降温升的幅度均达70%左右，也为小麦等其他谷物粮食加工中的节粮减损难题带来了全新的技术可能性。

第二，重新定义粮机分类及命名方式。柔性加工技术装备一机多用、一线多用，适用于多类谷物的精准分层去皮。将柔性加工技术装备应用于稻米加工，可全面取代现有碾米设备，并部分替代砻谷、抛光等核心工艺环节设备。该装备同样可应用于小麦、小米、燕麦、青稞等多种谷物的精准分层去皮。

第三，重新定义主粮产品。将柔性加工技术应用于新产品的开发，由于其独特的分层处理功能，通过对谷物颗粒选择性分层去除或皮层保留，可以将原来单一的精米、精面产品，按营养和功能定位的不同重新设计，丰富为多品种、系列化的产品结构。柔性加工技术独有的低温升技术，可以向市场提供口感更好、保质期更长的真正低温升大米。

第四，重新定义加工副产品。柔性加工技术装置产出的米糠，具有低温升、分层分级、油分无析出、不易粘结等传统加工手段难以企及的优点，可作为食品级、日化级、医药级等产品开发方向的优质原料，因此，可用于不同用途产品的深度开发，从而让低价值的副产品变成价值更高的主产品。

三、柔性加工技术革命的深化

（一）粮食加工业向数字化转型已是大势所趋

随着大数据、人工智能、区块链、自动化、物联网、5G和云计算等各种全新IT及智能技术的普及和推广，上述技术在产业化运用的过程中不断进行交叉整合，势必会重塑生产制造型企业的业务、经营和管理架构，带动整个企业进行数字化转型。我们可以把实现数字化转型的企业称为"智慧工厂"。

粮食加工业是一个真正意义上的传统行业，无论是从发展历史、社会地位、技术水平来看，还是从经营理念来看，都被铭刻上了厚重、缓进的基调。随着新时代技术进步浪潮的推动，粮食加工业数字化转型的步伐可能会迟到，但不会缺席。尽管落后于许多先进生产制造业，但粮食加工业向数字化转型已是大势所趋，打造粮食加工"智慧工厂"，是下一步粮食加工行业的一个竞争制高点。

前文已讲到，粮食加工业现有的技术装备水平已经不能满足国家在新时代对节粮减损、提质增效等行业目标的需求，更难以承担起服务国家粮食安全、赋能国民营养健康等更高社会目标任务的职责。值得自豪的是，柔性加工技术装备在国内率先问世，为上述目标的实现，提供了关键的技术装备保障。因此，粮食加工业向数字化转型，不仅仅是单纯的数字技术在行业的推广应用，还是立足于加工关键技术创新所实现的数字技术与粮机技术的完善融合。

（二）柔性加工技术革命与"智慧工厂"发展方向

行业内一些机构发现了粮食加工向数字化转型的市场机会，在借鉴其他行业"智慧工厂"成熟技术方案的基础上，提出了一些粮食加工"智慧工厂"的技术方案，遗憾的是，这些"智慧工厂"技术方案鲜有行业内实施推广的成功案例。不考虑这些表面场景，而以结果为导向，用系统化最优的思想来进行评价，可以发现，这些方案普遍存在着舍本逐末、避实就虚的先天性缺陷。

把一个完整的粮食加工"智慧工厂"简化为3个子系统，并依其功能属性，将其分别比喻为"大脑""眼睛""双手"3个部分。"大脑"即"云端"化数字控制系统，"眼睛"即负责实时数据采集和处理的在线检测系统，"双手"则是承担粮食加工任务的粮机装备系统。

先来看"大脑"，随着云计算、云存储技术的成熟和运用，粮食加工的"大脑"技术有许多成熟的方案可以借鉴，看似复杂的"大脑"系统反而不用担心其技术的可实现性。再来看"眼睛"，由于行业工艺的特殊性和产品的复杂性，目前没有现成的"眼睛"系统可以从其他行业迁移，行业内迄今尝试的各种在线检测技术方案，在数据采集即时性、准确性、全面性等方面都存在一定的缺陷，但随着视觉、传感、物联网等硬件技术和软件算法技术的快速进步，开发出更好的"眼睛"方案，应该只是时间问题，而不存在难以跨越的壁垒。最后看"双手"，由于粮机底层技术原理难以突破，构建于"压力摩擦"技术原理之上的刚性之"手"，其工作效果并不完全听命于"大脑"指挥，"手"与"大脑"之间存在巨大的代差，要让"手"在产品破碎率、产品品质、加工精度等方面继续提升，早已碰到了潜力的"天花板"，有人试图基于传统技术原理和设备结构，用类似于增加数字"外挂"设备的方式来对这"双手"进行升级，事实证明，这是一条投资不菲，收效甚微的死路。

用全新技术原理打造的新型柔性粮机，重新定义了粮食加工"智慧工厂"的"双手"。这"双手"作用于谷物表面，做到了谷物表面的精准分层处理，在生产中兼顾了产品产出率、产品品质和产品多样性的统一。这种"一站式"多目标的实现，说明这"双手"做到了柔性和数字化技术的完美兼容。这"双手"在工作中，忠实服从智慧"大脑"指挥，对于"大脑"发出的各种数字化指令，可以做出即时和精准的响应,同时,这"双手"本身也是一个数据终端,它可以采集各种生产数据,包括设备运行数据、加工产品数据等,即时向"大脑"反馈,从而保证"大脑"产生和输出的新指令更精准、更高效。

一个代表着未来发展方向的"智慧工厂",不应该只用数字化重塑企业内部的生产流程、管理流程,还应该通过企业采购、市场销售等环节,将企业内部的数字化功能延伸到原粮生产环节、市场消费环节,甚至整个产业链环节,从而实现种植端原粮数据、消费端市场数据与企业内部生产数据的实时传递和交换。这种数据传递和交换是双向和互动式的,一方面,企业可以用内部数据引导外部的原粮生产,引导消费者消费;另一方面,企业可以根据种植端、消费端的数据变化对内部生产管理行为做出及时和准确的调整。粮食柔性加工技术革命为这种双向性、灵活性的实现提供了具有可操作性的技术基础保障。

前文讲到,柔性加工技术的革命性直接体现在给粮食加工行业带来的"四大重新定义"上。对"四大重新定义"进一步理解,今后种植端生产什么原粮、消费端吃到什么主食,加工端都有着重要的发言权,甚至是一定的主导作用。加工端的这种主导作用无疑是由柔性加工技术加持的,同时,加工端的主导作用要变为种植端和消费端的统一行动,则要依靠"智慧工厂"的数字化技术来协调和落地。最后,如果要用一句话来概括柔性加工技术和"智慧工厂"之间的关系,那就是,柔性加工技术的底层技术属性决定了粮食加工"智慧工厂"的发展方向,而"智慧工厂"则为粮食柔性加工技术的作用发挥提供了强大的赋能平台。

作者简介:

王浩先生,麦稻智慧粮食有限公司创始人。曾长期在政府、银行、投资及新能源机构从事调研及管理工作,曾任上市公司中国电力新能源执行董事及中国智慧能源主席等职。近年倡导并践行了粮食加工核心装备研发投资及粮食加工行业模式创新发展。

王宏先生,麦稻智慧粮食有限公司联合创始人、总裁,有近30年农业政策研究、私募股权投资、企业管理的经验。近年对中国粮食产业问题进行了较为深入的研究,著有《中小企业股权融资攻略》一书及相关研究文章。

生物医药

新一代医学影像信息系统发展趋势与展望

崔彤哲

一、医学影像信息化发展历程和未来趋势

（一）现代医学影像设备简述

1895年12月，德国物理学家伦琴在实验室为他的夫人拍摄了世界上第一张X光片（一只带着戒指的手）。医学影像学科在人类历史上正式诞生，X光机也成为人类历史上首个医学影像设备。6年后，伦琴凭此发现获得世界上第一个诺贝尔物理学奖。X光片的出现让医生第一次拥有了神奇的"透视眼"，得以观察人体内的解剖结构，是医学史上的里程碑。

除X射线外，科学家们很快发现了其他类型的成像技术，并发展出多种影像技术应用。例如，将第二次世界大战期间海军的声纳探测技术应用于人体，发展出了超声影像。随后，随着计算机的出现，1972年，科学家在X光片投影成像的基础上，又创新提出了断层扫描技术，从而发明了CT成像设备。CT能够生成空间连续的人体横截面的断层图像，借助计算机可以将断层图像进行三维重建，得到人体的三维解剖结构。CT的发明是在X射线发现后放射医学领域里最重要的突破，也是20世纪科学技术最为重要的成就之一。科学家还发现了核磁共振现象，并于1973年开发出了核磁共振成像技术（Magnetic Resonance Imaging，MRI）。1974年发明的正电子发射计算机断层成像设备（Positron Emission Computed Tomography，PECT）是核医学领域的影像检查设备，该设备的一个突出特点是可以在人体没有形态学改变之前，进行恶性肿瘤疾病的早期诊断。

医学影像的发展史是对人体"证据"不断探索和追求的历史。伦琴发现X射线

之后，在迄今 120 余年的发展历程中，医学成像的时间维度和空间维度不断增加，成像的信号源和方法不断扩充，成像设备类型越来越丰富。在医学影像领域，有 10 位科学家先后获得了诺贝尔奖。

早期的放射科医生通过 X 光胶片进行阅片诊断。随着影像设备、检查量的增多，这种判读方式带来了很多弊端。例如，X 光胶片的产生需要时间，传递给医生也需要时间；存储胶片占用大量空间，查找和对比历史病例非常不方便，耗时巨大；由于效率低，急诊或重症监护的患者通常得不到及时的诊断，从而耽误救治等。因此，如何大幅提高放射科医生影像诊断工作的效率和质量，逐渐引起了医生和科研人员的关注。

（二）医学影像信息系统的诞生与发展

进入 20 世纪 80 年代后，计算机和网络通信技术的不断发展为影像数字化奠定了基础，将传统的 X 光胶片影像转换为数字影像的想法开始出现，医学影像信息系统的概念逐渐产生。该系统在国际上有个的通用名称为 PACS（Picture Archiving and Communication System，图像归档和通信系统）。PACS 的命名于 1982 年由放射医师团体在美国开会讨论产生。根据公开文献显示，世界上第一个符合当代 PACS 系统基本特点的部署案例，出现在 1979 年德国柏林工业大学亨兹·莱姆克博士的论文描述中。1982 年，世界上第一个规模化部署的 PACS 系统在美国堪萨斯大学上线运行。

20 世纪 80 年代及 90 年代，欧美多国政府和大企业（如美国通用电气、德国西门子、荷兰飞利浦等医学影像巨头，以及众多的专业 PACS 厂商）投入巨资对 PACS 核心关键技术进行研发和改进。经过多年的反复试验和迭代，以及相关行业标准的制定和完善，PACS 逐步成为当代医院不可或缺的核心运营管理系统。在美国，PACS 被归类为医疗设备，因此要接受美国食品药品监督管理局（Food and Drug Administration，FDA）的监管，这也被其他国家广泛认同。在中国，PACS 也要接受中国药监局的监管，达到相应医疗器械标准才能上市销售。PACS 主要的基本功能包括对医院内医学影像设备产生的图像数据进行数字化采集、存储、传输和归档；作为支持多个显示器高效阅片的诊断工作站；对医学图像进行质量控制；适用于技术人员和放射线医生的基本 PACS 驱动的工作流程；管理科研教学病例；与放射信息管理系统（Radiography Information System，RIS）集成，从而实现从流程到影像数据的全数字化。

在 PACS 出现的早期阶段，由于不同设备厂商制定的数据标准不同，因此如何保证不同厂商之间影像数据的兼容性，变成了阻碍 PACS 发展的主要难题。在此背景下，DICOM（Digital Imaging and Communications in Medicine，医学数字成像与通信）标准应运而生。DICOM 标准由美国放射学院（American College of Radiology，ACR）和美国国家电气制造商协会（National Electrical Manufacturers Association，NEMA）联合推出，是医学影像信息和相关数据的采集、存储、传输、通信、显示、查询和管理的标准。它于 1985 年推出第一个版本，给放射学带来了革命性的改变，全面推动了 X 光胶片向数字化转型。1993 年发布的 DICOM3.0 版本，已被世界各国政府和厂商广泛接受和采用。

在 PACS 发展过程中，有三个趋势一直伴随着医学影像信息化行业的发展。

一是医学影像应用的物理范围越来越广，可及性极大提升。从最开始的 X 光胶片读片，到影像设备工作站实现 X 光胶片的数字化，到科室实现所有影像设备联网建设完成科室级 PACS，再到今天多数大型医院已经完成全院级，甚至是多院区的企业级 PACS 系统的建设，使得医生可以使用任何终端设备（医生工作站、笔记本和手机等）访问到自己感兴趣的影像信息，高效开展临床诊疗工作。

二是除传统放射科外，医学影像应用的专科方向越来越丰富。超声、内镜、眼科、牙科、病理、心电、核医学、介入治疗等专科影像设备层出不穷，针对这些设备的联网水平和管理水平还参差不齐，跟多数放射科相对完善的信息系统相比还有较大的差距。当前多数大型医院医学影像系统普遍存在各个系统单独建设、水平参差不齐、使用方式各异的问题，导致医院安装部署、系统集成、升级维护的成本十分高昂。我们可以预见，未来大型医院需要的是一个影像信息平台型系统，通过平台无缝接入各类专科影像子系统，集中存储全院的影像数据，形成低成本、高可用、易维护的全新的医学影像应用体验。

三是以患者为中心的理念，一直伴随着影像信息系统的发展历程。未来，传统医用胶片将彻底被取缔，患者将拥有自己的影像及电子病历数据，并可以随时通过互联网将其分享给自己信任的专家寻求第二诊疗意见。随着人工智能和大数据技术的蓬勃发展，可以预见，未来患者可以跟云端的 AI 和大数据"专家"对话，直接分享自己的医学影像资料，获得咨询服务。

二、医学影像信息系统的关键技术

（一）海量数据实时存储与检索技术

常规单次 CT 检查的数据量可以达到 200～400MB，而对于特殊类型的 CT 检查（四维），单次检查的数据量可达到 2～3GB。国内大型三甲医院单日 CT 检查量可以达到几百甚至上千人次，这样仅单纯 CT 检查的每日数据量就可以达到 200～500GB。如果再加上 X 光片、MRI 等其他放射影像，一年的影像总数据量可以达到上百 TB。并且，我国《医疗机构管理条例实施细则》要求，门诊影像数据保存期不得少于 15 年，住院影像数据保存期不得少于 30 年，这就让医院内的影像成为"海量数据"。针对数据存储的难题，科研人员多年来推出了多项创新技术。

将对象存储技术和缓存技术结合使用，构建适合医学影像存储的接口层。通过对象存储技术，避免了对底层存储硬件的直接依赖，从而实现底层硬件的动态扩容，支撑医院数据量的逐年增长。通过缓存技术，先将影像设备瞬时产生的大批量数据放入缓存，再写入磁盘，从而适应医疗影像设备数据上传的"间歇泉涌"特性。

其次，出于节省存储成本的考虑，在一些系统中会采用"在线、近线、离线"分级存储架构。按照检查日期远近将影像数据划分为不同级别，分别采用不同性能、不同成本的硬件设备和技术路线进行存储，从而大幅降低硬件成本。此外，为了进一步节省空间，医学图像存储过程中通常还会采用不同类型的有损压缩技术和无损压缩技术进行处理和组合，以达到最佳效果。

（二）高并发实时调阅技术

国内大型三甲医院放射科阅片医生并发在线人数可以达到几十甚至上百人，全院临床医生高峰期调阅影像的并发在线人数可以达到上千人。为此，科研人员开发出了适应高并发场景的不同类型的实时传输访问技术。其中，比较有代表性的有图像流式传输、图像智能预获取、图像智能缓存等技术。

图像流式传输针对单个医学影像文件体积小，只有几百 KB，但每次检查文件的数量巨大，可以达到数百、上千甚至上万张这一特点，将属于一次检查的多个小文件按照一定顺序编码组成一个大尺寸文件，再采用流媒体传输技术进行传输。

图像智能预获取则是在医生打开病例时，智能预测医生接下来要浏览的图像区间，提前将图像获取至本地，减少医生在浏览时的等待时间。根据医生阅片情况的分析，可以对图像进行智能缓存及有损压缩处理，进一步提升效率。值得注意的是在软件中要明确提示图像是有损压缩的状态，防止误诊。

（三）智能挂片协议

挂片协议最初是指医生将物理胶片布置在多个灯箱上，以方便其进行阅片和诊断。PACS 诞生后，则是指在医生打开 1 个或多个病例时，通过挂片协议能够自动识别病例的检查类型、扫描部位、检查日期，同时检测医生本地阅片环境的显示器个数、摆放方向等。综合上述信息，基于内部智能化逻辑，对有参照意义的历史病例进行自动加载和布局。新一代的挂片协议已经不仅仅局限于简单的二维"挂片"，还可以采用三维形式直观展现。对于当前病例和历史病例，自动定位和关联相同病灶区域，甚至结合人工智能分析结果，大幅提高医生阅片效率。

（四）影像三维可视化技术

CT、MRI、PET 等设备的原始图像是人体一系列断面的二维图像，存在着数据量巨大、显示不直观的问题。三维可视化将计算机视觉与建模领域前沿技术应用于医学影像，能够将具体而抽象的二维断面图像重建为直观的三维图像。结合手术导航和手术规划的特定需要，进一步发展出虚拟现实技术与增强现实技术，能够为手术医生提供"身临其境"的体验。早期三维影像处理主要是在 CT、MR 等设备配套的三维工作站上才能使用，近十几年随着网络化三维影像系统的普及和高速图像处理单元（Graphics Processing Unit，GPU）技术的发展，使得临床医生利用联网的医生工作站，即可随时随地开展三维医学影像应用。

（五）人工智能辅助阅片技术

2016 年以来，医学影像人工智能技术高速发展。其中，肺结节检测是关注度最高、商业化应用最早的临床应用。在传统的肺结节诊断中，医生要仔细查看数百甚至上千张 CT 断层影像，由于阅片时间长、强度大，因此容易发生漏诊和误诊。引入人工智能技术后，在大幅缩短阅片时间的同时，能够显著降低漏诊率和误诊率。可以预见，人工智能辅助阅片技术将会是新一代 PACS 系统必不可少的组成部分。

值得关注的是，近五六年国内涌现出一批医学影像人工智能公司。截至 2021 年

2月，已经有9家公司获得国家药品监督管理局颁发的三类医疗器械注册许可证。这不仅标志着人工智能在我国已经正式进入临床应用，也代表着我国在医疗领域的人工智能转化应用居于世界前列。需要额外说明的是，在对人工智能软件的批准许可中，监管部门谨慎强调了"不能仅凭产品进行诊断"，因此，人工智能目前在临床中仍仅适合承担辅助阅片的职责，还无法"独立阅片诊断"。

三、医学影像信息化行业国内国际市场分析和展望

从20世纪80年代初PACS开始出现到90年代末，欧美日等发达国家和地区的医院体系逐步完成了PACS系统的装配。一批国际知名的专业PACS企业涌现，包括"三大"（GE、西门子、飞利浦）都投入重金，建立了专门的PACS研发体系，或者收购了优秀的PACS专业厂商，提升自身在PACS领域的能力，为其医学影像设备的全球推广做信息化系统配套服务。从2000年开始，受限于PACS系统昂贵的购买费用，欧美开始出现基于互联网的云PACS部署案例。这种方式尤其适合中小型医院，或者第三方独立医学影像中心类型的机构。系统的使用不再是传统的产品和服务购买，而是以软件即服务（Software as a Service，SaaS）的形式出现。SaaS的推广模式，会大幅降低客户安装使用PACS系统的前期投入和门槛，后期的服务费用按照使用的频次和病例数量交付，不会对客户造成大的压力，所以一经推出就得到了中小型医疗机构的广泛认可和接受。截至目前，美国的PACS市场格局相对稳定，大型医疗机构由于前期投入了重金建设，一般不会轻易考虑更换原有的PACS系统，而对于小型医疗机构，采用云PACS和SaaS服务的类型市场目前在美国还相对分散，有几十家公司瓜分该部分市场份额。由于采用云PACS和SaaS服务的类型市场进入费用低、切换运营服务商的成本相对较低，未来会有高度集聚的行业机会，可以重点关注。

伴随着中国经济的发展，中国的医疗服务水平逐步提升，20世纪90年代中后期PACS开始进入中国市场。到2015年前后，中国大多数的大型三甲医院和部分二级医院完成了PACS系统的装配。中国PACS领域公司众多、竞争激烈，但是单个公司市场份额小、市场集中度低。早期进入中国的PACS系统主要由国际知名医学影像设备厂商带入，但是这些外企的PACS产品由于不适合中国的医疗流程和习惯，又不能及时按照国内客户的要求进行修改，造成客户满意度的下降，系统升级和后续服务难以开展。最近几年，多家知名外企由于PACS业务在中国经营得不理

想，决定退出中国，这对于国内 PACS 企业是个难得的战略机遇。20 世纪 90 年代末，国内也开始出现了一批早期的本土 PACS 企业。很多地方有当地的小型 PACS 企业，但是由于研发能力有限、科研投入不足，绝大多数无法走出自身所在区域，难以做成具有全国影响力的企业。最近几年，在国内市场份额领先的几家本土 PACS 企业，由于经营不善，陆续破产倒闭，或者陷入严重危机。对于本身就高度分散的中国 PACS 市场，我们有理由期待在不久的未来，中国会出现优秀的 PACS 厂商，完成行业的整合，成为行业领军企业。

一带一路国家多数是发展中国家，这些国家由于相对落后，医疗服务要求较低，目前只有少数国家完成了 PACS 系统的初级装配，很多一带一路国家类似于 90 年代末的中国，刚刚开始进入 PACS 上线使用阶段。借助一带一路国家战略的政策红利，我们有信心期待中国本土具备国际化基因的、优秀的 PACS 企业能够抓住历史机遇，快速拓展，规模化进入部分一带一路国家 PACS 行业。

据 2021 年 1 月发布的全球 PACS 市场研究报告显示，2019 年全球 PACS 市场规模为 46 亿美元，预期 2026 年将达到 71 亿美元，年复合增长率为 6.2%。另外，据 2020 年 2 月发布的亚太地区 PACS 市场研究报告表明，亚太地区 PACS 市场容量将会从 2020 年的 5 亿美元，增长到 2025 年的 7.8 亿美元，年复合增长率为 6.71%。一份针对中国 PACS 市场的研究报告表明，中国 PACS 市场增长势头强劲，远超全球和亚太区域平均增长速度。中国 PACS 市场规模将会从 2019 年的 2 亿美元，增长到 2025 年的 4.6 亿美元，年复合增长率高达 14.8%。

作者简介：

崔彤哲先生，海纳医信董事长兼总裁，清华大学未来医学影像实验室联席主任，国家"万人计划"专家，正高级工程师。曾获教育部科技进步一等奖、北京市科技进步二等奖等奖项。曾主创研制多款国际领先的医学影像信息系统，包括美国排名第一的 PACS 系统——iSite、全球第一套网络化三维医学影像系统——iConnection、获美国年度最佳医学新软件奖的企业级三维医学影像系统——Vitrea Enterprise Suite。

医疗机器人赋能健康中国建设

张送根　　王彬彬　　王豫

党的十九大报告提出"实施健康中国战略",这是中央从长远发展和时代前沿出发,推动我国经济社会持续健康发展的一项重大战略部署。医疗机器人能够辅助医生诊疗、拓展医生能力、加速患者康复,为医生和患者带来福音。医疗机器人标志着一个国家医学科技创新的能力和水平,其产业发展可以提高医疗服务能力,提升医疗服务质量,增强人民群众获得感,赋能健康中国建设。

一、医疗机器人的发展现状和未来趋势

医疗机器人是高端医疗装备的标志性产品,不仅对诊断、手术、康复、医疗服务等有革命性影响,引领精准医疗、远程医疗、智慧医疗发展,并且能够解决医疗资源总体不足、分布不均、人口老龄化等诸多问题。在此次新冠肺炎疫情防控工作中,医疗机器人在"急""难""险""重"等临床场景中大显身手,充分体现了高端医疗装备在保障国民健康方面的战略支撑作用。

(一)医疗机器人已成为全球产业热点

2018年全球医疗机器人市场规模为102亿美元,占全球机器人市场近1/4,并呈现加速发展态势,预计2023年全球医疗机器人市场规模将达272亿美元。北美、欧洲和亚太三大区域是医疗机器人研发、生产和临床应用最活跃的地区。生产达芬奇手术机器人的直觉外科公司是医疗机器人的旗舰企业,仅凭单一腔镜手术机器人产品,近20年连续年营收增长20%以上,2019年完成手术103万例,市值超过680亿美元。传统医疗器械巨头也竞相布局医疗机器人,2016年美敦力以16.4亿美元收购Mazor,2019年强生以57.5亿美元收购Auris Health,医疗机器人成为全球医

药健康产业竞争的战略高地。

我国医疗机器人研发已逾 20 年，是我国少数具有国际原创技术成果和世界领先产品的领域。2014 年以来，国家及各省市政府多次出台政策，为医疗机器人产业发展进行顶层设计和政策支持，推动了我国医疗机器人产业高速发展。2018 年国内市场规模为 5.1 亿美元，年复合增长率达 46%，预计 2023 年将超过 34 亿美元，占全球市场的 1/8。在地域分布上，京、深、沪医疗机器人产业实力最为雄厚，北京在医疗机器人的创新研发、产品转化、企业数量等方面引领全国。

随着全球新一轮科技革命和产业变革的不断深入，人工智能、5G、脑机接口、数字医疗和移动医疗、穿戴式医疗和远程医疗、虚拟现实和增强现实等新兴技术与医疗领域紧密结合。医疗机器人作为新技术与医疗设备高度融合的优势载体，其概念内涵、技术体系、临床应用范围均得到极大丰富。加速医疗机器人产业的发展，将推动医学理念和医疗模式的革新，为应对人类不断增加的健康需求提供必要的技术保障。

（二）医疗装备机器人化是技术发展的必然趋势

医疗机器人是医疗装备智能化发展的必然产物，随着技术的发展与机器人智能化程度的提高，我国医疗装备机器人化在应用层面将呈现向上突破与向下覆盖两大发展趋势。

在前沿技术方面，医疗机器人将不断深入传统医疗禁区，推动临床治疗方式变革。随着医疗设备的进步，传统疾病治疗手段正逐渐从发病后治疗向早发现早干预转变，微创/无创的机器人将助推这一转变，以近乎无损的方式实现早期体内病灶检查与精准手术干预，提早发现、准确治疗现阶段难以治愈的疑难绝症。

在科技惠民方面，医疗机器人通用技术将逐渐成为规范化治疗流程，促进诊疗水平均质化发展。随着医疗机器人技术的应用，对于特定科室、特定部位的机器人治疗、康复将逐渐成为行业标准，形成规范化的诊疗路径和临床方案，降低疾病治疗对医生的经验依赖，促进各地各级医疗服务水平的均质化。

在两大发展趋势下，医疗机器人有望实现诊断、治疗、康复全流程覆盖。

非手术场景下的诊疗自动化：智能分诊，实现门诊阶段导诊、常规诊断、自动取配药等流程的机器人化；自动影像诊断，促进超声、X 射线、胃镜等检查的机器人化，减少人工操作，提高准确率；非手术物理治疗，通过放射、光、热、磁等治疗手段与机器人技术结合，实现部分病种在非手术场景下的高效精准治疗。

手术机器人应用成为常规手术标准：手术定位精准化，针对手术器械高精度定位需求，机器人辅助定位成为标准应用，定位精度大大提高；手术操作精细化，以医生决策为导向，以机器人精细操作为基础，通过更丰富的信息反馈，实现高危手术精细操作；手术规划智能化，通过人工智能技术与数据挖掘技术，对于常规手术自动形成数字化、标准化手术方案建议，降低手术方案制定对医生的经验依赖。

机器人辅助下的疾病康复成为主流：在愈后机能恢复方面，基于治疗方案与术后评估，由医疗机器人提供个性化机能恢复方案和康复服务；在肢体功能代偿方面，基于脑机接口、神经反馈等技术支持的智能假肢，代偿肢体功能；在精神与认知康复方面，机器人运动与AR/VR、力反馈等技术融合，建立虚拟环境下的精神疾病与认知障碍康复手段，治疗或缓解精神与认知类疾病。

医疗机器人成为健康服务全流程应用终端：实现医疗信息透明化传递，提升医疗服务效率；通过医疗信息区块化，完成详尽的数据追溯与共享，实现跨地域远程诊疗；基于数据归集与大数据深度挖掘，创新诊疗策略，实现医学新理念、新模式的突破。

二、医疗机器人为分级诊疗提供技术支撑

随着我国社会经济发展、人民生活水平提高、人口老龄化加剧，医疗服务和健康需求正急剧增加，且呈现多样化发展的特点。中国社会经济发展的城乡二元结构，导致我国医疗资源发展不平衡、不充分，80%的医疗卫生资源集中在城市，其中的80%又高度集中在大型公立高等级医院。

为改善医疗资源不足和配置不合理的问题，2015年9月，国务院办公厅印发《关于推进分级诊疗制度建设的指导意见》，构建"小病在基层、大病进医院、康复回基层"的就医格局。分级诊疗的难点在于基层医疗的能力建设周期长，人民群众对基层医疗的信心不足。医疗机器人技术创新和产业发展可为分级诊疗提供强有力的技术支撑。

一是提升基层医疗机构诊治能力。我国实施分级诊疗制度最大的现实困难在于基层医疗服务水平不高，与群众期望相差较大，而合格医生的培养及医疗服务能力的提升需要很长的时间。医疗机器人可以大大缩短合格医生的培养时间，用技术进步降低对医生的技能和经验的依赖。例如，骨盆骨折作为最严重的骨创伤，死亡率高达10.2%，手术治疗难度极大，对医生技能和经验要求极高，只有极少数大医院的大专家才能实施手术。而应用"天玑"骨科手术机器人，远在新疆的克拉玛依市中心医院就能开展这样高难度的骨科手术，造福了广大边远地区患者。

二是提升全流程医疗服务标准化水平。在当前的就医格局下，不管大病小病、

慢病急病，都有大量患者选择前往城市公立大医院就诊。常见的场景是，三甲医院一号难求、人满为患，而社区基层医院门庭冷落、乏人问津。医疗机器人可以覆盖诊断、治疗、康复的每一个环节，以智能化技术赋能传统医疗，辅助医生开展规范化、流程化、标准化的诊疗服务，实现各级各地医疗服务质量水平均质化，有效增强群众对基层医疗服务的信任和信心。

三是提升远程医疗在分级诊疗中的价值。我国远程医疗经过多年的发展，已经形成了远程预约挂号、远程咨询、远程会诊、远程医学教育、远程协助等多种应用场景。但这些应用都未涉及最为关键的治疗环节，限制了远程医疗发挥更大的临床价值。2019年6月27日，田伟院士在北京积水潭医院完成了全球首例骨科机器人多中心5G远程手术，在国内外学术界引起了巨大反响。此次手术不同于过去远程视频会诊指导手术，而是通过5G通信技术，真正实现了远程操控骨科手术机器人进行实时手术。"5G+机器人"可以改变传统的医疗模式，为分级诊疗提供强有力的技术支撑。

三、医疗机器人的产业实践和中国机会

（一）医疗机器人的产业实践

医疗机器人具有门槛高、监管严、周期长、风险高、投入大等产业特征。我国医疗机器人起步较晚但近年来发展迅速，在诊断、治疗、康复等领域已逐步实现从跟跑到并跑，部分领域已实现国际领跑。经过20余年的产学研医协同创新，北京航空航天大学、清华大学、北京理工大学、天津大学、上海交通大学等知名高校与北京积水潭医院、301医院、北京天坛医院等顶尖医院联合领军企业，如天智航、柏惠维康、罗森博特、术锐等集中攻关，研发产品达到国际领先水平，骨盆骨折复位、对偶连续体、4π放疗等前沿技术填补了世界空白，"天玑"骨科手术机器人已在全国100余家医院开展常规临床使用，完成了超万例手术，造福了广大患者。

相对于达芬奇机器人在软组织腔镜手术机器人领域的一枝独秀，我国在骨科、脑科等硬组织手术机器人领域与国际同步。截至目前，获得手术机器人三类注册许可证的3个企业全部都在北京，且均在硬组织手术机器人领域。北京市授牌的北京市医疗机器人产业创新中心在医疗机器人共性技术、前沿技术、临床转化方面提供全链条平台化支撑，吸引培育全球优质医疗机器人项目落地。2020年6月，*Nature*发布"自然聚焦——中国医疗机器人"特刊，彰显了我国医疗机器人创新的国际影响力。

（二）医疗机器人的中国机会

实施健康中国战略，实现人民对美好生活的新期盼，必然会带来健康产业的大发展。2019年我国医疗卫生总费用为6.5万亿元人民币，占GDP比重为6.6%。而2019年美国医疗卫生支出为3.6万亿元美元，占GDP比重为18%。无论是总量还是占GDP比重，我国都与美国存在巨大的差距，如果考虑到人均水平，差距将进一步拉大。

在医疗卫生总费用中，我国医药和医疗器械的消费比例也与发达国家差异巨大。中国药械比为1:0.31，而全球平均和发达国家平均分别为1:0.7和1:1。巨大的市场空间、远超全球的市场增速，以及迥异的药械比，催生了医疗器械巨大的发展机会。

医疗机器人属于高端医疗器械，安全、有效是产品的核心内容，政府监管贯穿于产品研发、生产、销售、使用等整个产业链的各个环节。这一产业特征及国内庞大的公立医疗市场和医保支付资源，具备了举国体制、发挥集中力量办大事的社会主义制度优越性的产业条件，有效整合全国最强的创新资源和力量，打破部门隔阂和限制，从而有机会实现医疗机器人产业的超越发展。

2014年2月，国家食品药品监督管理总局发布《创新医疗器械特别审批程序（试行）》，大大激发了医疗器械企业的创新活力，提高了企业的创新能力和产业化效率。到2021年1月，共有100个创新医疗器械获批上市。这些创新医疗器械接近或达到了国际先进水平，临床应用价值显著，更好地满足了人民对高质量、高水平医疗器械的需求。

科创板的设立为医药行业新经济产业的成长提供了资本市场融资平台，天智航成为第一家在科创板上市的医疗机器人企业，引发了社会资本投资医疗机器人企业的热潮，融资总金额达到近百亿元人民币，仅北京市医疗机器人产业创新中心的罗森博特、术锐、思灵3家企业就融资超过10亿元人民币。

（三）医疗机器人产业发展的政策建议

一是建立部际协调机制，加快收费、医保市场要素配置。不同于传统医疗器械国产替代产品，我国医疗机器人产业发展基本与国际同步。作为原始创新产品，面临的困难比国产替代产品更大，前期研发成本高，且市场培育周期长、销量小，加之收费体系、医保支付体系相对滞后，医院购买创新产品的动力明显不足。国家药品监督管理局所制定的创新医疗器械特别审批程序解决了医疗机器人产业的准入问题，科创板解决了资金投入问题，而在市场端的国家卫生健康委员会、国家医疗保障局如果没有特别的程序对接前端的创新，加速解决创新产品医疗技术服务收费、医保支付目录的迫切需求，这些创新都会受阻，很难转化为产业发展和临床应用。

建议设立部际协调机制，让创新医疗器械特别审批程序内获批的产品直接进入收费、医保审评程序，为医疗机器人产业发展创造良好的政策环境。

二是支持医工企共建医疗机器人临床医学研究中心。医疗机器人是原始创新产品，获得医疗器械注册许可证只是开始，还需要进行大量的临床应用研究，形成专家共识、临床应用规范、手术技术指南，对创新产品的使用进行技术评价、疗效评估和卫生经济学研究，同时还需要对合格医师的技能标准、培训工具和课程、任职资格进行研究和认证。这些工作是医疗机器人企业自身难以完成，也不适合全部在企业开展的。

建议支持医疗机器人领军企业和学科优势临床机构、高等院校共建医疗机器人临床医学研究中心，开展临床应用研究、标准规范研究和教育培训工作，并给予政策支持，促进医工企深度融合创新发展。

三是构建医疗机器人创新生态，培育国际领军企业。培育具有国际影响力的医疗机器人领军企业，支持领军企业做大做强。围绕领军企业组建医疗机器人国家技术创新中心，引导高校、科研院所的创新资源、创新人才向企业聚集。围绕领军企业组建产业并购基金，鼓励开展国际化并购。支持领军企业加强与全球知名高校、企业、科研机构的合作，建立海外研发中心。

营造具有全球吸引力的创新氛围，打通基础研究、工程研发、成果转化和临床应用创新链，构建创新驱动高精尖技术、产品、产业、服务创新生态，推进区域优势互补，形成医疗机器人产业集群，带动产业发展和升级。

作者简介：

张送根博士，北京天智航医疗科技股份有限公司创始人、董事长，医疗机器人国家地方联合工程研究中心主任，中关村医疗器械产业技术创新联盟理事长，教授级高级工程师，国家"万人计划"专家。

王彬彬女士，北京天智航医疗科技股份有限公司联合创始人、董事，北京市医疗机器人产业创新中心总经理。

王豫博士，副教授，博士生导师，北京航空航天大学生物与医学工程学院院长助理，医疗器械及康复辅具中关村开放实验室主任，罗森博特创始人。

临床合同研究组织（CRO）助力我国生物医药创新发展

叶小平

一、临床合同研究组织（CRO）产业发展历程回顾

（一）临床合同研究组织（CRO）产业发展历程

一款新药从概念到最终上市需要经历漫长的过程。总体看来，新药的研发分为发现（Discovery）和开发（Development）两个阶段。在确定候选化合物之前为药物发现阶段，确定之后为药物开发阶段。据统计，每10000个化合物中，平均仅1个能够最终获得上市批准。

在药物发现阶段，研究人员需要进行的工作包括靶标确定（确定治疗的疾病目标和作用的环节和靶标）、化合物筛选（筛选和评价化合物的活性，制定筛选标准）、先导化合物发现（通过各种途径和方法得到具有某种生物活性或药理活性的化合物）、先导化合物优化（基于相似性原理制备一系列化合物，对其物理化学性质及生物化学性质进行优化，再进行体内外活性评价，最终得到优良的候选化合物）。

在药物开发阶段，则需要进行临床前研究，包括化学合成、药理、药物代谢、毒理学研究，以及处方前研究；临床研究包括Ⅰ~Ⅲ期注册临床试验，最后提交新药上市申请，由国家监管部门审批通过。

CRO（Contract Research Organization，合同研究组织）是以合同的形式为药企及其他研发机构在医药研发过程中提供专业化外包服务的组织或机构，是医药研发精细化分工的产物，处于医药工业产业链的上游。CRO凭借其专业服务能力，可以帮助制药企业在研发过程中提高效率、降低成本、缩短周期、保证质量。

CRO 行业于 20 世纪 70 年代起源于美国，80 年代末在欧美等国得到迅速发展，90 年代后期发展到一定行业规模，逐渐成为了医药研发产业链中不可或缺的一环。根据弗若斯特沙利文 2020 年的统计数据，全球 CRO 市场从 2015 年的 443 亿美元增长至 2019 年的 626 亿美元，预计 2024 年将达到 960 亿美元[1]。

按照提供服务的阶段来划分，CRO 可分为药物发现 CRO、临床前 CRO、临床 CRO 三大类型。药物发现 CRO 主要从事化合物研究，可提供靶点鉴别、靶点确立、先导化合物生成与优化等服务；临床前 CRO 的服务包括生物分析研究、药物代谢和药代动力学研究、安全及毒理学研究等；临床 CRO 则主要提供与临床试验相关的服务，如 I～IV 期临床试验运营、数据管理和统计分析、临床试验现场管理和受试者招募、注册服务，以及一系列临床试验过程中需要的配套服务等。

同时，从更广泛的范畴来看，CRO 也可包括从事药物生产服务的 CMO（Contract Manufacturing Organization）、从事药物开发与生产的 CDMO（Contract Development and Manufacturing Organization），以及在国外比较常见的从事药物商业化服务的 CCO（Contract Commercial Organization）等组织。

（二）临床合同研究组织（CRO）主要服务内容

在临床 CRO 可提供的服务中，临床试验运营被视为主要内容，包括临床试验方案设计与撰写、研究中心选择与启动、项目管理、临床试验现场管理、受试者招募与随访、医学翻译与法规事务等。高度专业化和经验丰富的临床研究团队对高效推进临床试验至关重要，能够大幅节约新药研发的时间和成本。同时，有序的临床试验和专门的试验监查，将帮助客户产生并获得高质量的临床数据，临床 CRO 可提供数据管理和统计分析服务。

数据管理和统计分析服务一般包括数据管理服务，如临床数据采集、数据库设计、程序编写等；统计分析服务，如制定统计分析计划、进行临床数据的统计分析、编写统计分析报告等。临床 CRO 提供的数据管理和统计分析服务在临床开发各阶段扮演着重要的角色，有助于改善制药公司相关工作的质量和效率，更好地将临床试验数据递交监管部门，申请新药上市。

临床试验现场管理通常是指协助研究者进行试验的现场组织管理，受试者招募与随访则可以代表临床研究机构招募健康志愿者或患者参与临床试验。临床研究机构主要为医院，而临床试验涉及的工作量极为庞大，我国的医生与护士更多地关注

---

[1] https://mp.weixin.qq.com/s/_5RaRSm7cmELk8nYNMkQ-A.

于诊疗服务，投入在临床试验管理的精力有限，因此需要提供经验丰富的人员（临床协调员）支持医生和护士进行临床试验的现场管理工作。随着我国临床试验数量的急剧增长，生物医药公司对于招募服务的需求持续上升，以保证临床试验的顺利开展或试验进程的加快。

此外，临床CRO还可以提供药物警戒、培训和独立稽查、独立中心影像评估、临床试验相关的信息化系统等临床试验开展所需要的配套服务。

二、我国临床合同研究组织（CRO）产业发展现状和优势

（一）创新药产业带动临床合同研究组织（CRO）蓬勃发展

生物制药产业是21世纪创新最活跃、影响最深远的战略性新兴产业之一。目前我国已经成为仅次于美国的全球第二大制药市场，市场规模由2015年的约1943亿美元增至2019年的2363亿美元，预计2024年将增长至3226亿美元。

在创新药领域，我国虽然起步较晚，但发展十分迅速。2015年5月，国务院发布建设制造强国战略的纲领性文件，首次将生物医药产业提升到支柱性产业的高度。同年8月，国务院印发《国务院关于改革药品医疗器械审评审批制度的意见》，开启了中国药品审评审批制度的改革，鼓励创新成为改革的重要方向。

除了审评审批制度的改革及各项鼓励创新的优惠政策，广阔的市场前景、大量涌现且优秀的本土创新药公司、不断提升的研发能力、持续升温的资本运作，都推动了中国医药创新的快速发展、研发投入的不断增加。数据显示，中国制药行业的研发开支由2015年的约105亿美元大幅增长至2019年的211亿美元，预计2024年将达到476亿美元。这些都驱动了中国生物制药产业创新能力的提升，驱动了研发中心从研发仿制药转为研发创新药物。

新药研发是一项高风险、高投资、高回报、周期长、竞争激烈的工程，一款新药的平均研发周期大约为12年，平均开发成本达26亿美元，其中60%~70%投入在临床研究阶段[1]。随着新药上市速度加快、药物研发成本提升，企业对于研发成本控制和研发效率改善的需求不断上升，临床CRO因其能够帮助制药企业保证研发

---

[1] Dimasi J A, Grabowski H G, Hansen R W. Innovation in the pharmaceutical industry: New estimates of R&D costs.[J]. Journal of Health Economics, 2016, 47(May):20-33.

质量、提高研发效率、降低研发成本、提高研发成功率，也得到了快速发展。

（二）临床合同研究组织（CRO）的发展优势

我国的临床 CRO 企业在质量保证、效率提升、成本控制等方面有着独特的优势。

在服务质量方面。新药研发是一个监管极为严格，并对质量极为重视的行业。随着 2015 年药品审评审批制度改革的不断深化，2017 年中国加入 ICH（International Conference on Harmonization of Technical Requirements for Registration of Pharmaceuticals for Human Use，人用药品注册技术要求国际协调会议），中国对于临床试验的监管日趋严格，并逐渐与国际接轨，对临床试验的质量与合规性提出了更高要求。

在成本和人才方面。临床试验的开展需要大量具有化学、生物学、药学、临床医学等专业背景的人才。与发达国家相比，我国人口、教育水平持续提高，并吸引了大量海外人才归国，另外，理工科（包含化学、生物学等学科）、医学专业等学科背景的人才数量不断攀升，这些因素使得我国临床 CRO 与发达国家的临床 CRO 相比，在提升效率、降低成本方面具有优势。据花旗银行的数据显示，对于同一临床研究项目，聘请我国临床 CRO 相比聘请发达国家的临床 CRO 能够节省 30%～60% 的成本。

在新冠肺炎疫情影响方面。由于药审改革和加入 ICH，以及较多的患者人群和较低的成本，我国正在吸引越来越多的海外生物制药公司来到中国开展国际多中心临床试验。由于新冠肺炎疫情的爆发，2020 年全球经济发展受到严重影响，我国得益于防控措施及时且得当，社会和经济恢复较快，这也意味着中国 CRO 企业受疫情的影响小于国外同行，能够更好地满足来自全球的药品研发外包服务需求，也推动了中国临床 CRO 市场的增长。

（三）临床合同研究组织（CRO）产业市场格局

随着全球临床试验数量由 2015 年的 2137 项持续增长至 2019 年的 6939 项，全球临床 CRO 市场规模由 2015 年的约 290 亿美元增长至 2019 年的 406 亿美元，预计 2024 年将达到 622 亿美元。国内的临床 CRO 市场规模从 2015 年的 13 亿美元高速增长至 2019 年的 37 亿美元，预计 2024 年将达到 137 亿美元，2019—2024 年的年复合增长率为 30%[1]。

---

1 https://mp.weixin.qq.com/s/nSjxjwysN0OH9yqVLYd9-g.

从全球市场来看，临床 CRO 行业市场化程度较高，市场集中度也较高，出现了诸如 IQVIA、LabCorp、Parexel 等行业巨头。据弗若斯特沙利文报告显示，2019 年全球十大临床 CRO 机构（按收入计）占全球临床 CRO 市场总额的 64.9%。

我国的临床 CRO 行业相比欧美起步较晚，最初，国外临床 CRO 公司在我国建立了分支机构。2000 年前后，一批我国本土的临床 CRO 公司陆续成立，我国 CRO 行业也开始真正发展起来。

目前，我国本土临床 CRO 企业数量众多，已达约 400 家，主要分布在临床资源丰富、创新资源聚集的北京、上海、浙江、江苏和广东等地[1]。除了少部分头部公司外，大多数的临床 CRO 外包服务类型单一，未能形成核心竞争力，在公司规模、业务范围、行业认知度等方面与跨国临床 CRO 企业存在一定的差距。但部分本土领先的临床 CRO 公司，如泰格医药等企业通过不断提升技术实力和服务质量，加速国际化布局，在市场上树立了品牌形象，成为了我国 CRO 行业的重要力量。尤其是 2015 年之后，随着国内创新药产业迅猛发展，我国本土临床 CRO 公司普遍得到了快速成长。

三、我国临床合同研究组织（CRO）产业的未来趋势和发展建议

（一）临床合同研究组织（CRO）产业的未来发展趋势

未来，临床 CRO 市场预期在继续增长的同时，也需要关注以下趋势。

1. 外包渗透率上升

创新药及医疗器械研发投入加大，但研发成功率并没有显著提升，医药企业将进一步委托临床 CRO 进行产品的临床研究，以减少固定成本并降低研发风险，随之使得临床研发外包渗透率上升。

2. 行业整合加剧

未来，具备一体化、多元化、全球化的客户服务能力将会越来越重要，但具备这样能力的临床 CRO 数量较少，预计随着行业领先者的不断扩张和整合，小型临床 CRO 将面临一定挑战。

---

[1] https://mp.weixin.qq.com/s/Hru3j_GcHbV0crltDuP8zw.

3. 数字化转型

随着技术的发展和行业需求的驱动，临床 CRO 的数字化水平将持续提升，以改善工作效率。如电子数据采集系统的大规模应用，将提升数据输入及管理的效率，人工智能、大数据、远程监查等先进技术，也将不断驱动临床研究的数字化转型。

（二）临床合同研究组织（CRO）的未来发展建议

虽然我国临床 CRO 产业目前发展迅速，但是从企业规模、市场规模、市场渗透率和市场成熟度来说，相比欧美都存在一定差距。我国临床 CRO 未来要继续取得快速发展，须考虑以下几个方面的提升和改进。

1. 符合国际标准的质量管理规范

质量是临床试验需要关注的重点，只有保证了质量，才能够获得真实的数据，进而获得证明药物有效性和安全性的准确结果。因此，临床 CRO 需要建设一套全球化的综合标准操作规范及质量控制系统，并进行持续改进以满足不断更新的国际标准和规范。

2. 积累和培养专业及经验丰富的人才

临床 CRO 属于人才密集型行业，人才对企业的发展尤为关键。以 2019 年的数据为例，国内几家领先的临床 CRO 机构，其技术人员占比均在 80%左右。尤其随着新药研发的浪潮来临，对于临床试验质量、从业人员专业能力等提出了更高的要求。

3. 提升各治疗领域的专业知识

临床 CRO 属于知识密集型行业。药物临床研究涉及的治疗领域众多，尤其集中在抗肿瘤、消化系统、抗感染等领域。临床试验的目的是研究药物的安全性和有效性，需要积累丰富的医学、药学、毒理学、生物学、化学等方面的知识，以及各治疗领域的专业知识。

4. 提升项目管理能力

临床试验是一个庞大且复杂的工程，包括申办方、研究者、CRO、受试者等多方共同参与和协作，因此项目管理者需要具备丰富的项目经验和优秀的项目管理能力，方可协调好各方关系，以推动临床试验顺利进行，并保证临床试验质量。具备全球大型临床试验项目管理能力的临床 CRO 企业将获得更多青睐。

5. 对药政法规和当地监管的理解

新药研发是受到法律和政府严格监管的领域,临床研究更是如此。临床 CRO 需要对项目开展地区的药政法规和监管政策有着深入了解,在我国临床试验相关法规更新频繁的情况下,更需要不断适应新的政策和更严格的监管要求。

6. 广泛的服务网点与全球化服务能力

优秀的临床 CRO 需要具备广泛的临床试验机构覆盖能力,以满足客户的需求,加快临床试验进程。随着我国药政改革的不断深化,医药研发逐步全球化,将有更多国际多中心临床试验在我国开展,具备国际多中心临床试验运营能力,以及精通各国不同监管规定,对临床 CRO 而言越发重要。

7. 一体化、多元化和一站式服务

一体化、多元化和一站式服务有助于提升用户黏性,并为新药研发提供整体解决方案,满足客户的多元化需求,提升临床 CRO 的自身竞争力。

8. 关注和应用先进技术

科技在生物医药研发中扮演着重要角色,当前信息技术、大数据、人工智能等新的技术在临床试验中的应用越发广泛,将进一步帮助临床 CRO 确保质量、提升效率、降低成本,加快新药研发进度。

全球创新的浪潮已经涌来,我国的创新药产业也正处于蒸蒸日上的黄金时代。我国的临床 CRO 产业应当抓住机遇、把握未来,在继续助力我国创新药产业高质量发展的同时,不断夯实自身实力,加快全球化布局,在国际市场上取得长足发展,让更多优质好药、新药更快上市,为人类健康事业贡献中国力量!

作者简介:

叶小平博士,泰格医药联合创始人、董事长,英国牛津大学免疫学博士,北大光华管理学院 MBA。曾在西安杨森、施贵宝、罗氏的医学注册部工作 10 余年,曾在上海罗氏制药有限公司任医学注册总监 6 年。

我国体外诊断产业发展现状与未来趋势

苗拥军

近年来,随着全球人口的持续增长、人口老龄化时代的到来、慢性病及肿瘤等发病率的不断升高,全球体外诊断(In Vitro Diagnostics,IVD)市场呈现出稳定增长的态势。与此同时,体外诊断技术的不断升级、科研成果向临床应用转化的浪潮推动着行业持续向好发展,寡头竞争格局仍将持续。近年来,随着人均收入的提高和医疗保险的普及,我国医疗诊断产业得以迅速发展,国产医疗器械进口替代进度加快,涌现出一批规模以上行业龙头企业,在生化、免疫、微生物、血液细胞分析等传统体外诊断检测领域已逐步达到国际水平。同时,以精准诊断为导向的体外诊断技术不断升级与创新,为产业发展注入新的动力,也将对我国体外诊断产业的竞争格局产生深远影响。

一、国内外体外诊断产业发展现状

一是全球体外诊断产业稳步增长,新冠肺炎疫情影响较大,新兴市场和分子诊断成为主要增长点。从市场规模看,近年来全球体外诊断市场增长稳定。据 Grand View Research 于 2021 年 1 月发布的行业研究报告 *In Vitro Diagnostics Market Size & Growth Report(2021—2027)* 显示,2020 年,受新冠肺炎疫情影响,全球体外诊断市场增速迅猛,市场规模达到 834 亿美元。另外,预计 2021—2027 年,全球体外诊断市场会以 4.5% 的年复合增长率扩张。

从区域市场格局看,全球体外诊断市场还主要分布在北美、欧洲、日本等发达经济体国家,北美市场的份额最大(41.1%),预计将在预测期内继续保持主导地位。全球体外诊断市场增速最快的为新兴市场,如中国、印度、俄罗斯、巴西等发展中国家的市场,由于人口基数大、经济增速快及老龄化程度不断提高,近几年医疗保障投入和人均医疗消费支出持续增长，在体外诊断市场中的份额预计会不断攀升。

从竞争格局看，全球体外诊断产业发展成熟、集中度较高，一些跨国集团在体外诊断市场处于持续垄断地位。这些跨国集团依靠产品、营销、技术服务和品牌等优势，在全球高端体外诊断市场占据大部分市场份额。2017年全球体外诊断排名前10家的企业市场份额占全球体外诊断市场的74.08%[1]。

从细分领域看，体外诊断按照检测方法主要分为免疫诊断、生化诊断、微生物、分子诊断、血液学诊断、床旁检测（POCT）等方面，发达国家的临床免疫诊断和生化诊断市场已经接近成熟，而POCT和分子诊断是诊断市场的主要增长点。免疫诊断主要用于激素、肿瘤标记物、内分泌功能、传染性疾病等项目的检测，受化学发光市场推动，成为近年来体外诊断领域规模最大、新增品种最多的细分领域。生化诊断主要集中于酶类、糖类、脂类、蛋白和非蛋白氮类、无机元素类、肝功能、肾功能等检测，是国内外发展最早、最成熟的体外诊断细分领域。据美国IQVIA披露数据显示，2018年全球免疫生化业务同比增长7%。分子诊断主要应用于感染性疾病、肿瘤诊断、遗传病诊断、优生优育等，是体外诊断增速最快的子行业。据2020年8月最新发布的Kalorama分子诊断市场相关的报告显示，原本估计2020年分子诊断市场规模约为90亿美元，受新冠肺炎疫情影响，市场规模预计突破134亿美元。

二是我国体外诊断产业高速发展，行业整合加速，精准诊断进入布局期。与发达国家相比，我国体外诊断行业仍处在发展前期。近年来，我国卫生事业的发展、居民消费水平的提高及健康意识的提升和普及，推动了体外诊断市场需求的持续增长。同时我国体外诊断技术的不断进步、分级诊疗制度的推行、医疗器械国产替代进度的加快等多种因素驱动了我国体外诊断产业的快速发展。从近年来我国体外诊断市场的发展趋势来看，中国的体外诊断试剂行业已经具备了一定的市场规模和市场基础，正从产业导入期步入成长期。据统计，2019年我国体外诊断的总体市场规模为713亿元，年复合增长率高达18.7%（来源：《中国医疗器械蓝皮书（2020版）》）。

但从竞争格局看，国内体外诊断企业发展仍然任重道远。首先，跨国企业集团利用其产品、技术和服务等各方面的优势，不断加大在华产品的推广力度，尤其在国内三级医院等高端市场中拥有较高的市场份额。其次，国内体外诊断产业自2009年以来受益于医保扩容和人口老龄化趋势的影响，增长迅速，但行业集中度不高。最后，我国体外诊断企业有千余家，但大部分营业收入仅为1000万～2000万元，国内12家体外诊断领域龙头公司营业收入仅占行业总收入的18.9%。2014年后随着行业监管政策的迅速收紧，体外诊断行业逐步出现分水岭，行业内的并购整合频

---

[1] EvaluateMedtech World Preview 2018, Outlook to 2024.

繁发生，据统计，2017年上市公司体外诊断行业相关并购数量达40家，并购总金额突破60亿元，是2015年的3倍，达到了前所未有的高峰。国内体外诊断龙头企业大多采用一体化的发展战略，包括"向前一体化"降低原材料成本，"试剂+仪器"一体化增强用户黏性，"产品+服务"一体化强化品牌效应。随着行业内并购浪潮的兴起，体外诊断行业正在逐步进入资本整合的阶段。

从细分领域看，随着国内体外诊断技术水平的更新换代，近十年我国生化诊断的市场趋于成熟、增长逐渐放缓。免疫诊断出现高增长，进口替代空间巨大，磁微粒化学发光等试剂的主流地位仍将保持较长时间。国内分子诊断起步较晚但增速迅猛，尤其在基因测序等新兴分子诊断领域，我国已有多家规模化企业通过并购整合及国际技术合作等手段进行布局，未来10年将迎来该领域高速发展的黄金期。在微生物检测方面，近些年业内影响最大的是基质辅助激光解析电离飞行时间质谱（MALDI-TOF），以及药敏检测精准化、快速化的技术突破。

二、我国体外诊断产业面临的主要问题及破局之路

我国体外诊断行业起步于20世纪80年代，经过30年的发展壮大，已基本形成技术全面、品类齐全、竞争有序的行业格局，行业内国产企业已能够生产和提供满足临床市场所需的大部分体外诊断仪器和试剂，同时随着行业并购整合速度的加快，成长出多个具有较大市场规模和影响力的行业龙头公司。在生化检测、免疫检测、血液学分析、体液分析等多个传统检测领域，随着国内企业多年的技术积累和升级，国产产品已能够达到国际同等领先水平，部分领域的进口替代已经悄然实现。随着体外诊断技术的不断升级、前沿技术逐步向临床体外诊断应用的转化，新兴技术领域的布局和发展将成为我国体外诊断产业持续高速发展的核心动力，也是中国制造体外诊断产品在全球体外诊断领域的产业竞争中实现弯道超车的关键所在。分子诊断、临床质谱检测等技术逐步从科研走向临床，无创产前筛查、肿瘤相关基因检测、基因治疗成为未来精准医疗领域的重要战场。

（一）分子诊断：应用领域广阔，引领体外诊断产业快速发展

分子诊断是精准医疗的技术基础之一，也是体外诊断增速最快的一个赛道。分子诊断细分技术多，目前PCR技术相对成熟、应用广泛，基因测序技术方兴未艾。分子诊断的应用领域由最初的传染病诊断、移植分子配型，逐步发展到药物代谢基因组学、肿瘤个性化用药、出生缺陷防控、肿瘤遗传病筛查与诊断、耐药监测、POCT、法医、亲子鉴定等，国家的宏观规划又将其推进到人群健康筛查与体检、重大疾病

预警与诊断、公共卫生防控等领域。新冠肺炎疫情为分子诊断行业带来了前所未有的发展机遇，以核酸检测技术为主的新冠病毒检测试剂盒被应用于感染筛查、肺炎确诊等方面，新技术、新产品迭代更新，技术壁垒不断突破，整个行业正在蓬勃发展。基因检测技术的临床应用将出生缺陷从三级预防重点迁移到了二级预防，甚至一级预防。近 10 年来，无创产前基因检测从杂乱无章到规范有序，产前诊断得到普及，体系监管常态化。围绕着三级预防体系，基因检测在出生缺陷防控领域覆盖孕前、产前和出生后各阶段，主要产品和服务包括无创产前基因检测、胚胎植入前遗传学检测和新生儿遗传基因检测。分子诊断从早期的白血病融合基因检测、单基因靶点检测向肿瘤个性化诊疗和精准诊疗发展。针对疑似癌症患者进行基因检测辅助临床诊断，而针对恶性肿瘤确诊患者的基因检测可为优化评估治疗方案提供科学依据。分子病理诊断已经是病理学诊断中的重要组成部分，为选择适合患者个体的靶向药物治疗和新型抗肿瘤药物研发提供指导依据。国家卫生健康委员会从 2018 年起，连续 3 年发布并更新了《新型抗肿瘤药物临床应用指导原则》，逐步扩大了伴随诊断的应用范围。将检测肿瘤靶向药物的基因靶点状态作为伴随诊断手段，找到适合的靶向药物，实现精准治疗。

与此同时，分子诊断产业的发展也面临着诸多挑战，分子诊断 POCT 开发难度高且缺少指导规范，国内产品推广应用的过程中也需要建立质量监控措施，以保证核酸检测结果的可靠性；基因测序作为"精准医疗"的核心技术，得到产业的热切关注，但以测序仪为主体的基因诊断行业上游缺少核心技术；基因测序技术创新也依赖专业的基因检测人员、资深的生信分析人员及遗传咨询师等人才体系建设，亟须培养专业产品开发服务团队。

（二）质谱技术：从科研走向临床，体外诊断领域下一个蓝海

质谱技术在国外研究较早，临床应用也较为成熟，据有关数据显示，在美国、欧洲等许多发达国家和地区，质谱检测项目已达数百项，实验室自建方法（Laboratory Developed Tests，LDT）监管体系较为完善，SCIEX、Waters、Thermo Fisher、Agilent、Bruker 等国际质谱仪器巨头经过多年研发相继推出了自己的系列产品，抢先占领和瓜分了全球大部分市场，样本前处理、质谱检测、结果分析等自动化是质谱发展的方向，临床质谱国际市场正逐步迈向信息化、自动化。而在我国体外诊断领域，虽存在百亿蓝海检测市场，但因质谱技术研究较晚，我国精密制造工艺基础薄弱，高端质谱仪生产尚属空白，自主研发较少，部分关键技术仍有待突破，方法开发能力有限，临床应用也多处于初期阶段，主要集中在微生物鉴定、小分子代谢物、微量元素检测等方面。

针对我国现阶段质谱发展现状，体外诊断产业内企业需要加大技术创新、资金投入和高端人才引进，为我国临床质谱仪器和技术开发奠定行业坚实基础，突破关键专利技术封锁，打破国际市场垄断；同时构建适用于我国人群的核心数据库和大数据平台，规范检测方法和结果判读，制定行业标准及形成专家共识，做到检测结果有据可依、准确可靠；在临床导入方面加大推广力度，通过技术培训提升从业人员自身素质和专业技能水平，利用智能化、信息化全自动设备检测体系，有效解放人力，为我国精准医疗事业提供关键技术支撑。

三、体外诊断产业未来发展趋势

目前，我国体外诊断行业正迎来罕见的政策密集"推进期"。国家"十四五"规划明确将高性能医疗器械列为重点发展产业，从政策和资金层面给予重点扶持，陆续出台的各项政策正在为国产优秀体外诊断企业创造黄金发展期。体外诊断市场前景广阔，市场需求的多样化、服务方式的多元化对行业监管提出了更高的要求，创造规范有序的行业环境是我国体外诊断产业健康稳定发展的保障。另外，体外诊断行业作为技术密集型行业，以"精准医疗"为导向的产业升级与创新将成为体外诊断行业未来的发展方向。

一是国家政策大力推动我国体外诊断产业发展。由于我国体外诊断产业发展历史较短，在技术、产品和渠道方面国产品牌和进口品牌还存在较大差距，进口医疗器械仍然占据着我国医学检验领域的大部分高端医疗市场。目前正在推进的公立医院改革、分级诊疗等一系列政策，为国内体外诊断企业创造了重要的发展机遇。医保控费使得三级医院在检验质量与成本控制之间不断再平衡，国产优质体外诊断产品逐渐赢得更多市场机会。而分级诊疗政策的落地，一方面使得基层医院诊疗量增加，另一方面也扩大了基层医院配备基本检验设备的需求。另外，审批审评制度改革对国产创新医疗器械开辟了特殊审批通道，简化审批程序，提高审批效率，鼓励医疗器械研发创新。医疗器械注册人制度的实行和试点工作的开展，为体外诊断产业的发展提供了前所未有的制度优势，对创新型企业来说，极大地减轻了初期的投入和成本，最大程度地提高了新产品研发的积极性，从而推进新技术、新产品的快速上市及行业的全面发展。国家还启动国产优秀医疗设备遴选工作，旨在推动国产医疗设备的发展和应用。

二是行业监管不断趋严。监管部门相继发布各项监管政策，进一步规范了医疗器械市场的监管，在法规上与世界接轨，在监管上保证了国产医疗器械摆脱粗制滥造、质量低下的情况，对保障医疗器械产品的安全有效、促进产业健康发展起到了积极作用，促进了产业整合和规模化发展。在相关利好政策的促进下，国产医疗器械市场发展可期。推动供给侧改革，加快制造业升级，促进医药产业健康发展，为推动国产医疗设备发展带来有利时机。

随着实验室新技术的不断涌现，基因测序技术、核酸/蛋白质谱技术等医学检测技术的不断创新，临床实验室自建项目（LDT）成为医学检验领域的热点研讨话题。目前 LDT 已经在国外个体化医疗和精准化医疗中发挥着重要作用，但在国内尚未有明确政策指南及监管标准，建议相关部门配套政策出台。

三是以"精准医疗"为导向的产业升级和创新将是我国体外诊断产业未来发展的重要方向。以基因产业为代表的生物产业是我国战略性新兴产业之一，国家多个相关部委连续出台了多项政策，从新技术突破到临床应用，全面支持推动分子诊断的应用推广及新技术的开发。在国家"973"计划专项中，高发疾病的相关临床研究提供部分分子诊断领域创造性攻关，国家"863"计划相关课题则着重分子诊断、疾病预防及个体化治疗相结合；在《"十三五"生物产业发展规划》及"精准医学研究"等"十三五"国家重点研发计划项目中，重大慢性非传染性疾病防控研究重大专项和生殖健康及重大出生缺陷防控专项研究也加速了精准医学大数据的建设及应用示范；2020 年 11 月，第 21 期《求是》杂志发表了习近平总书记署名的重要文章《国家中长期经济社会发展战略若干重大问题》，提出要更加重视遗传学、基因学、病毒学等生命科学的基础研究，加快相关药物疫苗的研发和技术创新，高度重视信息和大数据技术在这些领域的应用；《中华人民共和国国民经济和社会发展第十四个五年规划和 2035 年远景目标纲要》明确了"基因与生物技术"为七大前沿领域科技攻关领域之一。

以"精准医疗"为导向的产业升级和创新将是我国体外诊断产业未来发展的重要方向。

作者简介：

苗拥军先生，安图生物创始人、郑州安图实业集团股份有限公司董事长、郑州安图生物工程股份有限公司董事长，政协第十二届河南省委员会常务委员，农工党河南省第七届委员会常务委员，农工党中央第十六届生物技术与药学专业委员会委员。

三、金融服务篇

新经济产业发展离不开金融支持和服务，特别是搭建直接融资平台和间接融资平台，完善风险投资体系，创新金融产品和服务，探索产业发展与金融资本的有效结合方式，为初创期和成熟期的众多新经济企业提供融资与金融服务，这是新经济行业、新经济企业和大众投资人所期待的。我们特别邀请了国内著名的资本投资集团、证券公司、基金公司的金融家和企业负责人撰文，以飨读者。

资本市场助力新经济加速成长

包 凡

过去 10 年，中国新经济取得了举世瞩目的成就。新经济的成功有许多方面的原因，私募股权市场繁荣则是其中至关重要的一点。随着新经济企业的发展壮大，资本市场的重要性越发突出。高效、充满活力的资本市场，将在新经济二次腾飞的过程中发挥助推器的作用。新的 10 年，我们应大力发展资本市场，继续推进注册制改革，强化市场在资源配置中的作用，助力新经济加速成长。

一、过去 10 年，新经济取得举世瞩目的成就

过去 10 年，以移动互联网为代表的新经济获得了蓬勃的发展，中国新经济发展也取得了世界领先的成就。移动互联网也已从多个维度、以多种方式改变人们的生活、推动产业发展、促进社会进步。

（一）移动互联网腾飞，深刻改变人类生活方式

移动互联网已经成为生活中的重要组成部分。近 10 年来，我国互联网覆盖率迅速提升，且用户逐步向移动互联网转移。2010 年，我国互联网覆盖率仅有 34.3%，而到 2019 年则上升至 64.5%，网民总数超过 9 亿人，互联网普及率迅速增长。与此同时，移动互联网的增长速度快于传统互联网。手机网民占所有网民的比例从 2010 年的 66.2% 上升到 2019 年的 99.3%，成为过去 10 年里互联网发展的主要推动力量。

移动互联网深刻影响人们的生活方式。移动互联网通过海量的 App 渗透到人

们生活的方方面面，通过提供不同的服务、应用不同的功能，持续改变人们的生活方式。

一是使人们的决策变得更加高效。移动互联网使信息的可获得性大幅提高，打破了信息不对称的局面，让决策变得更加高效、科学。例如，通过各种电商App，人们可以遍览海量商品；通过不断迭代的推荐算法，人们能够更快速、精准地找到心仪产品；通过完善的评价体系，帮助人们根据过往交易信息快速了解产品，在日常消费中处于更有利的地位。

二是为人们的生活提供了各种便捷，缩小了社会鸿沟。在移动互联网时代，足不出户即可享受全国资源。例如，随着在线教育的兴起，全国学子都能够在家中享受到优质的教育资源，极大地缩小了不同区域和不同家庭的教育资源鸿沟。

三是拉近了人与人的距离。在移动互联网时代，社交类App为全球的人们构建了沟通桥梁。无论是亲朋好友，还是世界各地的陌生人，移动互联网都能够让人们便捷、高效地进行交流。四是提供了丰富的娱乐生活。视频、音乐、游戏、直播等娱乐方式以手机和App为载体被聚合，使得人们在闲暇时间能够享受欢乐、分享生活，并看到一个更加美好的世界。

（二）在移动互联网的10年间，我国新经济取得了举世瞩目的成就

在移动互联网的10年间，中国新经济成绩举世瞩目。全球科技公司市值排名50强中，中国企业有10家入围，包括腾讯控股、阿里巴巴、京东、美团等公司。据胡润独角兽排行榜显示，截至2020年8月4日，全球独角兽总数达到586家，中国独角兽数量排名仅次于美国，两者几乎平分秋色。在前5名中，美国、中国、英国、印度和韩国独角兽数量分别为233家、227家、24家、21家、11家，中美两国独角兽数量占比高达82%。

中国模式创新走在世界前列，提升了我国的软实力。据2020全球创新指数报告显示，在全球131个经济体中，中国全球创新指数排第14名，是前30名中唯一的中等收入经济体。中国在模式创新中已经走在世界前列，以网络零售领域为例，2020年中国"双11"在线销售额为5250亿元，远超美国"网络星期一"的713亿元。此外，过去10年，中国在移动支付、共享单车、短视频、本地服务方面达到了世界领先的地位。部分业态和企业已经走出国门、影响世界，实质提升了我国的软实力。

新经济在国民经济中的占比显著提升，在新时代发展中扮演了重要角色。"三新"经济是以新产业、新业态、新商业模式为核心内容的经济活动的集合。2019 年我国"三新"经济增加值为 161927 亿元，占 GDP 的比重为 16.3%。同时，新经济对于创造就业岗位也有着重要作用。2018 年，我国数字经济领域就业岗位为 1.91 亿个，同比增长 11.5%，占当年总就业人数的 24.6%。2020 年，我国数字经济领域就业人口超 2 亿人，其中第二产业数字经济就业潜力巨大，传统产业数字化转型成为吸纳就业的重要渠道。经过 10 年发展，新经济已经从偏安一隅，走到舞台中央，对我国经济增长做出了实质性贡献。

新经济在我国产业升级和竞争力提升方面，也发挥了关键作用。据产权组织数据显示，2019 年全球各项知识产权数据再创新高，通过《专利合作条约》（*Patent Cooperation Treaty*，PCT）途径提交的国际专利申请量达 26.58 万件，年增长率为 5.2%。其中，中国 2019 年在该组织 PCT 框架下提交了 58990 件专利申请，超过美国提交的 57840 件，成为提交国际专利申请量最多的国家，主要集中在信息、通信等科技行业，而新经济也推动了我国供应链的升级。以苹果公司供应链为例，在其 2019 年的前 200 家核心零部件供应商名单中，中国有 40 家公司入围，占比从 2012 年的 5% 提高到 20%。

二、私募股权市场繁荣是新经济取得成功的关键因素

新经济企业多是由小微企业发展而来的，发展之初面临着融资难、融资贵的问题。过去 10 年，众多新经济企业之所以能存活下来、脱颖而出，与我国私募股权市场的蓬勃发展密不可分。私募股权市场迅速崛起，是中国新经济在全球竞争中脱颖而出的关键因素。

私募股权市场的主要参与方有创业投资（Venture Capital，VC）基金、私募股权（Private Equity，PE）基金，以及财务顾问（Financial Advisory，FA）。初创企业和小微企业融资难是一项世界性难题。相比大中型企业，小微企业规模小、竞争力不强，自身抗风险能力比较弱，死亡率较高。据中国人民银行《中国小微企业金融服务报告》显示，我国中小企业的平均寿命在 3 年左右，成立 3 年后的小微企业持续正常经营的仅占 1/3。极大的风险意味着其很难从银行获得信贷支持。受规模等限制，大部分新经济企业在成立之初也不具备上市融资条件，而在这一阶段，其又

对资金具有较高需求，而私募股权市场的高风险、高收益性，则与其完美匹配，对新经济企业早期发展起到了关键的支持作用。

2010年之前，因为国内私募股权市场尚未成熟发展，不少中国新经济企业只得向国外私募巨头融资，被迫让出大量股权。以携程为例，携程获得软银等海外VC机构450万美元融资，占据其29%的股权。

2010年之后，国内VC机构和PE机构开始崛起。据投中网数据显示，2010年披露的PE投资案例有375起，投资总额为196.13亿美元，而到了2019年，私募股权交易达2189起，投资总额也达到了1073.16亿美元，相比10年前增长近5倍。在新经济领域，IDG资本、真格基金、腾讯、红杉中国等机构活跃投资于大消费、医疗健康、互联网、先进制造与物流领域，推动了新经济公司蓬勃发展。截至2018年年底，VC基金和PE基金整体规模达8.71万亿元，对于提升创业成功概率、加速新经济成长，起到了关键作用。

三、新的10年，资本市场改革是新经济腾飞的助推器

随着新经济的发展，越来越多的新经济公司已经成长到瓶颈期，需要资本市场的帮助。随着我国资本市场改革的深入，新经济公司有望借助国内资本市场的支持，化茧成蝶，再次腾飞。

（一）资本市场改革近年提速，对新经济包容性大幅提高

2018年以来，尽管面临国内外各种压力，决策层还是做出了设立科创板并试点注册制的战略决策。2018年11月5日，设立科创板并试点注册制改革的消息正式宣布；2019年7月22日，首批25只科创板新股正式上市交易。经过一年多时间的平稳运行，科创板发展迅速，各项制度创新成效逐渐显现，推动资本市场制度改革卓有成效，支持科技创新、推动经济高质量发展的功能也日益凸显。截至2021年2月底，科创板总上市公司达到234家，总市值突破3.5万亿元人民币。科创板上市公司主要集中于新一代信息技术、新能源、新材料和高端装备制造产业，总占比超过90%。

资本市场改革寻求制度突破，科创板包容性明显提高。科创板的科创属性评价

标准明确，未盈利、红筹、不同投票权架构等的公司过往只能在海外上市，如今均可按照相关规则在科创板上市。以中芯国际为例，中芯国际是近 10 年来两市最大的 IPO 项目，也是首家回归 A 股的境外已上市红筹企业。中芯国际搭建了红筹架构，其按原有制度无法上市，但在极具包容性和突破性的科创板发行上市制度下，成功完成了发行上市。

（二）新时代下，资本市场改革对新经济的重要性进一步提升

尽管私募股权市场在新经济发展中扮演着重要角色，但当大部分企业发展到一定阶段时，就不得不借助资本市场进行融资。赴美上市虽然能够满足部分融资需求，但由于通道狭窄，并非长久之计。此外，中美资本市场脱钩风险近期大幅上升，国内资本市场改革迫切性大幅提升。2020 年年底，美国国会通过了《外国公司问责法案》，其主要目的是打压在美上市的中概股，限制中国企业赴美上市。在此情况下，新经济企业通过美国股市融资变得更加困难，国内资本市场应趁势而上、大幅改革，积极接纳新经济企业回归或上市。这既有利于新经济企业的蓬勃发展，也有助于提升国内资本市场的竞争力。

（三）对资本市场改革的建议

继续推进注册制改革，保障信息披露的真实性，提升资本市场效率。众所周知，注册制以信息披露为核心，注册制改革的目的是提升 A 股市场的包容性，充分发挥市场在资源配置中的基础性决定作用。相比核准制坚守单一的 IPO 标准，注册制设定了多元的 IPO 标准，并对 IPO 材料的真实性、准确性、完整性、充分性进行严格审核，但不对 IPO 企业的投资价值进行实质性判断。注册制改革尊重市场决定、尊重投资者决定，它不仅让市场变得更包容，也让投资者更有风险意识，更有"用脚投票"的能力。保证发行人信息披露的真实性，是注册制改革的关键环节，需要各方共同努力。只有真实披露信息，投资者才有可能根据发行人的真实情况和自身的风险偏好做出价值判断和投资选择，才能有效地发挥市场在资源配置中的决定性作用。未来资本市场改革应进一步推进股票发行注册制改革，评估完善注册制试点安排，深化以信息披露为核心的股票发行注册制改革，保障发行人信息披露真实性，提高资本市场效率。

进一步完善常态化退市机制，加速市场优胜劣汰，切实提高上市公司质量。正常而言，一家公司在上市一段时间后，如果行业环境或自身经营等出现问题，丧失了持续盈利能力，或出现重大问题而不再具备继续上市条件，理应退出资本市场。退市制度是资本市场重要的基础性制度，构建与注册制相匹配的常态化退市机制，是强化市场资源配置功能，促进"出口端"关键制度更加成熟、更加定型的重要安排。同时，对于因违规等原因造成的退市，应尽快建立起投资者集体诉讼制度及完善赔偿机制。相比自诉、委托或代理人诉讼等方式，集体诉讼既能调动"沉默的大多数"，更能高效地维护投资者索赔权益。在成熟市场，集体诉讼十分常见，诉讼理由包括未能披露重大事实或不利事实、财报夸大叙述、缺乏合理的正面陈述基础、不正当收购兼并、挪用公司资金等，而类似情况在 A 股十分常见。因此，在全面注册制推进之际，需要退市常态化落地相配合，让 A 股有进有出、优胜劣汰，从而提升上市公司质量，优化资源配置，保障资本市场健康规范运行。

进入伟大的新时代后，资本市场改革衔枚疾进，国家对科技创新的重视也已提升至战略层面，新经济发展的大环境越来越好。随着 5G 技术的普及，新一轮科技革命拉开帷幕。新的 10 年，在党的政策支持下，我国新经济一定会在全球竞争中继续鹤立潮头，为国家发展和民族振兴做出更大贡献。

作者简介：

包凡先生，华兴资本董事长兼首席执行官，兼任上海证券交易所首届科技创新咨询委员会委员、中国保险资产管理业协会股权投资专业委员会副主任委员等职务。先后受邀担任五道口金融学院客座导师、深圳证券交易所博士后导师。

把握资本市场新格局　助力企业高质量发展

江　禹

一、资本市场迈入高质量发展的新阶段

2020年,《国务院关于进一步提高上市公司质量的意见》拉开了上市公司高质量发展的时代大幕。高质量发展是"十四五"时期乃至更长时期内的一个主题,正如中国证监会主席易会满所说,立足新发展阶段、贯彻新发展理念、构建新发展格局,已成为中国推动经济社会高质量发展的主题主线,也被全球广泛关注。资本市场作为现代经济体系的重要组成部分,如何更好地服务高质量发展,是摆在我们面前的重要课题[1]。从资本市场服务实体经济的角度来看,上市公司是资本市场的基石,在我国经济高质量发展中既是主力军,又是领跑者、排头兵[2]。在市场化、法制化、国际化和机构化的轨道上实现高质量发展,正是我国资本市场当前发展的新格局。

新经济企业在一定程度上引领了我国未来经济的发展方向。截至2020年年底,A股前30位的市值公司中TMT、大健康、大消费公司数量从2016年年初的2家增加至16家,宁德时代总市值已超越了中石油,更有多家头部科技类、消费类上市公司登陆港股、美股市场。同时,境内以注册制改革为"牛鼻子"的资本市场深化改革,大大提升了资本市场的包容度,而注册制下的科创板和创业板正是新经济企业的主场,为新经济企业开辟了一条具有很强吸引力的资本化之路。2020年A股市场的IPO数量比注册制实行前的2018年增长了277%。但对于大部分新经济

---

[1] 易会满在中国发展高层论坛圆桌会上的主旨演讲,2021年3月。

[2] 阎庆民在国新办例行政策吹风会上的讲话,2020年10月。

企业而言，在登陆资本市场时，甚至在较长一段时间内，通常呈现体量相对较小、成长性高、盈利波动大的特点。长期来看，获得上市的入场券只是登陆资本市场的第一步，企业自身质量过硬，才是能够长远发展的基础。

二、资本市场头部效应和分化现象日趋显著

实际上，对于资本市场来说，"分化"是一个越来越显著的趋势。据市场数据显示[1]，在一项对发展质量、增长幅度、增长潜力进行综合评定的上市公司高质量增长评价中，分化并没有纳入规模指标，但评价结果显示，市值规模高的公司在榜单中占据了绝对优势。即便对于近两三年在境内外上市的新经济企业[2]，也出现了非常明显的分化。在注册制下，科创板新经济企业市值排名前 10%的公司市值占比达到 50%；创业板则超过 70%。2018 年以来，于中国香港上市的新经济企业共 163 家，前 16 位的市值公司市值占比达 84%；于美股上市企业 96 家，前 10 位的企业的市值占比超过 80%，而前述在港股、美股上市的公司的市值中位数仅分别为 43.40 亿元、25.11 亿元。可以看出，即便在资本市场热度较高的新经济领域，头部效应和分化现象也是相当显著的。

境外发达资本市场具有较为成熟的常态化退市机制。例如，在 2007 年至 2018 年 10 月近 12 年里，伦敦证券交易所、纳斯达克和纽约证券交易所等全球主要市场的交易所年均上市公司总量分别为 2959 家、2662 家和 1823 家[3]，年均退市公司数量均维持在 200 家左右，退市率[4]在 6%以上，其中纳斯达克退市率达到 7.6%。随着 A 股退市新规的实施及常态化趋势，"有进有出、优胜劣汰"的生态逐渐形成，质量不佳的公司更加难以获得好的估值水平。

综上，在头部效应愈加明显、退市压力成为日常生态的资本市场大趋势下，资源必然更加汇聚在高质量的企业中。

---

[1] 参见金融界上市公司研究院《A 股上市公司高质量增长综合榜（2020）》。

[2] 新经济企业的范围主要包括 TMT、大健康、大消费行业。

[3] 数据来源：上证研报（2019）001 号，资本市场研究所，《全球主要资本市场退市情况研究及对科创板的启示》。

[4] 退市率=年均退市数÷年均上市公司总量。

三、新经济企业如何在资本市场中实现高质量发展

资本市场是为新经济企业提供直接融资、实现其跨越式发展非常重要的平台和纽带,但并不是所有的公司登陆资本市场后都获得了依托资本市场平台、不断发展壮大的能力。以 A 股为例,2016 年以来上市且上市满两年的新经济企业共 390 家,其中,149 家进行过再融资,28 家进行过并购重组[1];232 家在 IPO 以后没有再融资或并购过,占比为 59%。

那么,新经济企业如何才能实现高质量的发展?如何才能获得机构投资者的认可?如何才能利用资本市场实现可持续发展和不断壮大?对于任何一家企业而言,实现成功上市本身就已经是一个复杂的系统工程;而对于新经济企业而言,要借助资本市场实现高质量发展更是"打铁还需自身硬",需要着力培育能够行稳致远的基因。从资本市场和投资银行的角度来看,新经济企业应当从以下四个方面提升发展质量。

(一)聚焦主业发展

随着市场化改革的持续推进,国内资本市场的机构化程度快速提升,资本市场对外开放带来了 A 股市场与成熟市场的逐步接轨,市场正在向理性估值、价值投资回归,资源的天平正在向头部倾斜。以往频繁的跨界并购、令人眼花缭乱的过度多元化,很难再对上市公司的估值产生长效的提升作用,反而有可能带来商誉、现金流等方面的风险。特别对于新经济企业来说,本身就处于高投入、不确定性相对较大的发展阶段,聚焦主业则更加必要。

实际上,长期来看,获得资本市场认可、有能力搭建多市场资本市场平台、价值持续提升的上市公司,几乎都是聚焦主业、在其领域取得龙头地位的企业。例如,药明康德自成立以来专注于新药研发创新,成为我国该领域的引领者,在分散度较高的 CRO 行业的市场占有率超过 16%;药明康德在资本市场也获得了认可,2015 年从美股私有化退市以来,成功完成"A+H 股"的 IPO、增发、可转债等资本运作,累计融资超 260 亿元人民币,市值也从退市前的 33 亿美元提升至目前两地

---

[1] 上市公司发股购买资产,为 A 股上市公司当前进行并购重组的主流方式。

合计 3400 亿元人民币[1]。反观曾经的新经济企业，被称为"网络视频第一股"的乐视网，由于大幅举债及并购，快速进军电子商务、云计算、金融、手机及新能源汽车制造等领域，但由于无法协同，以及运营能力和成长能力大幅下降，财务成本高企，最终被强制退市。

（二）完善企业治理

有效的公司治理和规范的内部控制，是现代企业制度的核心，也是一家公司能长治久安的根本基因和能稳健发展保驾护航的"自动驾驶系统"。任何一家好的上市公司，以治理规范为前提，都能够使整个公司的运营水平得到提高。

新经济企业一般创立时间较短，且创始人大多为技术出身，对于企业管理、内控体系有逐步学习、重视的过程，因此公司治理和内控体系往往成为新经济企业的一个短板。即便对于已经取得一定市场地位的明星企业，如可能成为《中华人民共和国证券法》下集体诉讼第一案、一度市值达千亿元的康美药业，以及有"史上最快 IPO"之称、受全球资本热捧的瑞幸咖啡等，如果缺乏有效的公司治理架构和内部控制体系，也难免在资本市场折戟沉沙。

那么，如何强化企业在此方面的基因？企业在 IPO 时，监管对于发行人的独立性、内部控制的健全有效、三会制度、独立董事制度都有明确的要求，有的甚至是监管红线、一票否决制；上市后，上市公司股东更加多元化，并且仍要继续接受持续监管。企业应当严守合规性底线，投资银行应当帮助新经济企业搭建好现代企业管理体系的"四梁八柱"，并督导企业持续规范运行，切实履行提升上市公司质量的责任。

此外，利用资本市场平台实施股权激励，是新经济企业优化公司治理、形成长效激励约束机制的有力工具。在注册制下，对于拟上市公司股份支付的损益影响、带期权上市等问题已经放开；上市后，也有越来越多的企业推出了股权激励计划。以科创板为例，截至 2021 年 4 月 6 日，共有 94 家上市公司推出股权激励计划，占所有科创板上市公司的 37%。

（三）提升信息披露质量

信息披露是投资者和资本市场了解一家上市公司的最主要途径，是未来注册

---

[1] 该数据的统计截至 2021 年 3 月末。

制资本市场深化改革的核心,提升信息披露质量也是《国务院关于进一步提高上市公司质量的意见》的重要组成部分。信息披露的基本原则包括真实、准确、完整、及时,以及不得有虚假记载、误导性陈述或者重大遗漏。2021年3月,中国证监会修订并发布《上市公司信息披露管理办法》,增加了简明清晰、通俗易懂的原则要求,完善了自愿披露制度、董监高异议声明制度,并明确了中介机构"看门人"责任等。

高水平的信息披露质量与完善的公司治理架构、规范的内部控制体系互为表里。可以看到,信息披露的一些规定从根本上来说实际上是对公司治理体系的要求。从前述康美药业、瑞幸咖啡等案例中可以看到,内在的公司治理和内部控制如果存在缺陷,反映在信息披露上就是虚假披露,直接损害了投资者的利益。对比之下,新东方在2012年曾被做空机构质疑,导致股价短期大幅下跌,但经过3个月的调查,最终通过了SEC的审核,信息披露经受住了市场的检验。2019年,新东方于中国香港市场完成二次上市,当前两地总市值超过250亿美元,比2012年增长了540%。如果没有持续的真实、准确、完整的信息披露,其很难实现在资本市场上的市值增加和持续融资。

除法定信息披露外,新经济企业可以合法合规地积极利用自愿性信息披露机制。自愿性信息披露是指除强制性披露的信息之外,上市公司基于维护公司形象、投资者关系,以及回避诉讼风险等动机主动披露的信息,可以起到促进治理结构改善、提高信息披露的完整性和可靠性、降低公司融资成本、增强股票流动性,以及树立公司良好资本市场形象等作用。从境内外资本市场实践来看,上市公司自愿披露的战略规划、盈利预测、内部治理、环境保护、社会责任、人力资源等信息,已经成为投资者判断公司价值、做出投资决策的重要参考。2021年以来,A股市场已有84家上市公司披露了135条自愿性公告。例如,百奥泰披露了关于获得境内外5项发明专利的公告;华熙生物披露了其产品透明质酸钠进军食品领域的公告,对于公司重要业务进展和方向进行主动披露。

(四)践行社会责任

企业社会责任是一个老生常谈的话题,但也是绝不能被忽视的话题。在新冠肺炎疫情之下,人们对于新经济企业的社会责任有了新的认识,以快递平台、电商平台、在线协同办公和在线课堂、通信大数据等为代表的新经济企业,对我国疫情防控工作做出了巨大的贡献；同时，也让我们更深入地思考新经济企业如何通过践行社会责任来促进高质量发展。

近年来，ESG领域持续快速发展，投资者、监管机构等资本市场各参与方在ESG方面的意识和期望不断增强。香港交易所于2012年发布了《ESG报告指引》，并要求自2016年起所有上市公司提交ESG报告；A股则实行自愿性披露内容，并由中国证监会修订《上市公司治理准则》，明确了ESG信息披露框架，交易所将其纳入信息披露评级。2020年，超过1/4的A股均发布了ESG或社会责任报告[1]。

在ESG的理念引领下，高增长企业必须摆脱对短期利益的过度追逐，转而实施目标明确的长期发展战略，要考虑监管、投资者、客户、消费者、员工，以及其他广泛利益相关者的利益。而在环境、社会和公司治理中，最为核心的因素还是公司治理，因此在一定程度上，新经济企业通过ESG来改善治理、综合考虑利益相关方，制定长期可持续的战略，甚至比其他成熟期的行业企业具有更强的必要性。

综上所述，打造一个规范、透明、开放、有活力、有韧性的资本市场，提高上市公司质量，是未来相当长一段时间内资本市场改革的战略目标。在这条道路上，新经济企业唯有行稳方能致远、唯有高质量方可持续。作为资本市场的中介机构，投资银行应当严守"看门人"职责，发挥专业能力，服务我国的新经济企业通过资本市场获得高质量发展。

作者简介：

江禹先生，华泰联合证券有限责任公司董事长，兼任中国证券业协会投资银行专业委员会副主任委员、国务院参事室金融研究中心研究员，曾任中国证监会第六届上市公司并购重组审核委员会委员。具有20年从事投资银行工作的经历和经验。

---

[1] 参见世界经济论坛与普华永道发布的《ESG报告：助力中国腾飞聚势共赢》，2021年3月。

资本市场全力服务新经济产业发展

瞿秋平

一、新时代需要培育新经济产业

大力发展新兴产业、实现产业结构升级是高质量发展的应有之义。当今世界正经历百年未有之大变局，新一轮科技革命和产业变革不断深入。新冠肺炎疫情影响广泛深远，经济全球化遭遇逆流，我国发展面临的外部环境日趋复杂，不稳定性和不确定性明显增加。从内部环境看，党的十九大报告指出，我国社会的主要矛盾已经转化为人民日益增长的美好生活需要和不平衡不充分发展之间的矛盾，发展中的矛盾和问题集中体现在发展质量上。在内外部因素的共同影响下，我国已进入新发展阶段，经济增长动力从要素投入加速转变为创新驱动，传统粗放型发展方式不可持续，必须把发展质量问题摆在更为突出的位置，着力提升发展质量和效益。习近平总书记多次强调，"要坚持不懈推动高质量发展，加快转变经济发展方式，加快产业转型升级，加快新旧动能转换，推动经济发展实现量的合理增长和质的稳步提升。"2021年3月发布的《中华人民共和国国民经济和社会发展第十四个五年规划和2035年远景目标纲要》指出，我国经济社会发展将以推动高质量发展为主题，坚持把发展经济着力点放在实体经济上，加快推进制造强国、质量强国建设，促进先进制造业和现代服务业深度融合，强化基础设施支撑引领作用，构建实体经济、科技创新、现代金融、人力资源协同发展的现代产业体系。

当前，我国的经济背景类似20世纪80年代的美国，科技和消费等新兴产业成长空间大。2020年中国人均GDP仅略超1万美元，在全球中处于中等收入，对应美国20世纪80年代的水平，我国正处于经济转型初期。在结构方面，我国消费行业和科技行业规模较小，目前传统产业中，我国制造业、建筑业、采矿行业增加值平均约是美国的1.2倍，但科技和消费等行业的增加值仅约为美国相应行业的30%。

20世纪80年代，美国的计算机、电子制造、通信等行业高速成长，为其经济在20世纪90年代的腾飞奠定了基础。而目前我国以5G设备、半导体产业链、新能源汽车、机械自动化等为代表的先进制造业，以及以教育、医疗为代表的新型消费行业也同样处于高增长阶段，这些产业的成长有望提高我国的生产效率和国际竞争力，从而助推我国经济实现由大到强的转变。

除科技和消费等新兴产业快速发展外，我国制造业整体也正在由低端走向高端。2003年我国加入WTO后积极融入全球产业链，凭借廉价劳动力，我国成为世界制造工厂。然而，随着时间的推移，我国的人口结构也在发生转变，从年龄上看，联合国测算2000年我国人口的平均年龄为31岁，2020年已经到了38岁，预计2030年我国人口的平均年龄将达到42岁，2050年将达到47岁，我国的人口红利正在消失。但是，我国劳动力受教育程度正在逐步提高，高素质劳动力正在壮大。我国科学家与工程师人数在过去15年中实现翻倍，这种人口资源从数量向质量的转变将促使制造业逐步摆脱对廉价劳动力的依赖，转而向中高端制造业发展，也就是依靠工程师红利和科技创新为制造业赋能。

二、新经济产业发展需要金融改革配套

产业结构与金融结构相生相长。在我国大力发展新经济产业的背景下，金融结构也应做出改变。交易成本理论和信息不对称理论指出，不同的产业需要不同的融资方式支持其发展，不同的融资结构也会助推不同的产业发展路径。产业结构的变迁是经济体发展的客观规律，融资结构需要在产业结构升级过程中发挥好作用，合适的融资结构能加速产业的变迁，而滞后的融资结构则会使新产业难以快速发展。具体而言，经济体发展初期，以农、林、畜牧业为代表的产业是经济中的主导产业，第一产业的交易往来以现金为主，且企业扩大再生产主要靠自有资金，因此这一阶段的产业结构对融资结构的要求并不高。随着经济的发展，生产进入工业化时代，这一阶段企业拥有大量的厂房和设备，企业通过固定资产抵押能从银行获得贷款进行扩大再生产，因此工业化社会的发展离不开银行信贷这种间接融资方式来配合。而一旦经济进入后工业化时代，工业企业在经济中的占比将基本稳定，制造业开始走向高端制造发展道路，服务业逐渐成为主导产业。这一阶段的企业有两大特色，一是强调科技创新，企业的发展从前期简单的扩规模为主转变为研发创新为主，这种发展的不确定性需要风险偏好较高的资金来支

持；二是轻资本运营，企业资产以知识产权等无形资产为主，因此向银行获取抵押贷款的难度上升。综合来看，原来以信贷为主的融资结构难以支持这种产业结构的变化，股权融资的重要性开始显现。

根据美国、日本的经验，中国应大力发展直接融资、资本市场。美国的融资结构以股权为主，美国产业中科技和消费类行业强盛；日本的融资结构以间接融资为主，股权融资力度较弱，第三产业较为疲弱。20 世纪 80 年代后，美国产业结构开始升级，科技和消费等行业开始兴起，与此同时，以纳斯达克股票市场为代表的支持创新型企业发展的资本市场迅速崛起，为创新型企业发展融资提供了重要的平台。1980—1990 年，美国信息技术企业和金融企业 IPO 数量大幅提升，分别为 56 家和 35 家，而工业企业仅是信息技术企业 IPO 数量的一半。在股权融资发达的金融体系中，科技创新型企业更容易获得融资，也就能够加大对研发的投入，推动创新成果的形成和孵化。20 世纪 90 年代末，高科技对美国经济增长的贡献率达到了 80% 左右，其中信息通信产业的贡献率接近 30%。与美国不同，20 世纪 90 年代的日本由于股权融资滞后发展，在一定程度上抑制了产业结构的升级转型。从整体上看，日本股权融资占比在 20 世纪 90 年代开始只有 30%，之后才逐步增加至 60%，而美国股权融资占比在 1990 年以后一直在 60% 左右波动。由于 20 世纪 90 年代后股权融资力度不够，日本的第三产业特别是信息技术与服务业发展落后。1994 年至今，美国的信息通信技术产业产值占 GDP 的比重从 3.5% 上升到 7%，而日本该比例仅从 3% 上升到 4.5%，绝对值和增幅均小于美国。

具体到我国，在过去的几十年中，我国经济以传统工业化为主导，经济的高速发展离不开银行体系的支持，因此我国融资结构明显偏向间接融资，社会融资存量中银行贷款占比长期超过 70%，股权占比不到 5%。我国经济正在加快形成以创新为主要引领和支撑的经济体系和发展模式。党的十九大报告指出，创新是引领发展的第一动力，是建设现代化经济体系的战略支撑。从国际经验看，为了实现我国创新驱动发展战略，激发市场主体创新创造活力，加速科技成果向现实生产力转化，需要充分发挥直接融资特别是股权融资风险共担、利益共享机制的独特作用，加快创新资本形成，促进科技、资本和产业的紧密融合。因此我国原有的金融体系也需要做出相应的调整，金融体系的供给侧结构性改革将是我国进入发展新阶段的必由之路。2019 年 2 月，习近平总书记在中共中央政治局第十三次集体学习上提出，要深化金融供给侧结构性改革，核心是要在产业结构转型的背景下，增强金融服务实体经济的能力。为了使得资本市场更好地服务于新经济产业，提高直接融资比重是资本市场的重要使命,是党中央在新形势、新阶段对资本市场改革发展作出的重大决策部署。

三、资本市场支持新经济发展大有可为

(一)我国资本市场发展潜力巨大

我国推行金融供给侧结构性改革的成果已经开始显现。近年来我国资本市场在支持新经济产业发展方面取得了显著的成果,2020年上市的300家公司中,代表产业结构升级方向的TMT、医药等高精尖行业数量占比为40%,而过去5年占比只有30%,上市公司的组成结构正在向科技创新领域调整。其中科创板作为资本市场推动新经济发展的试验田,推行至今已经取得显著的成绩。截至2021年3月底,成功登陆科创板的新经济产业公司数量超250家,IPO融资金额近3500亿元,占同期A股IPO总规模的40%,资本市场促进科技、资本和产业高水平循环的枢纽作用明显增强。在这一过程中,证券公司,尤其是头部公司,也抓住了股权融资大发展的机遇,取得了良好的经营业绩。2020年A股IPO承销规模排名前三的证券公司依次为中信建投、海通、中金,这3家公司承销规模总计近2000亿元,占总体IPO规模约40%。港股市场作为我国权益融资的另一场所,自2018年中国香港交易所修改上市规则以来,至今已吸引13家中概股回归,所涉行业集中在科技和医疗等高新技术产业,这意味着资本市场进一步满足了我国科技创新型企业对股权融资的需求,资本要素正在科技创新领域加速聚集。除股票市场外,债券市场作为筹措中长期资金的重要场所,对于推动形成全方位、宽领域、有竞争力的直接融资体系同样发挥着不可替代的作用。截至2020年年底,我国债券市场存量规模近120万亿元,较"十三五"初期增长了1倍多,在全球债券市场中位居第二,对实体经济的支持能力明显增强。

对比美国,我国直接融资发展空间较大。我国直接融资发展至今成绩斐然,但需要注意的是,目前我国间接融资仍居于主导地位,存量规模大。我国直接融资,尤其是股权融资的发展相较美国仍疲弱。截至2020年,我国融资结构中股权融资的占比不到5%,美国约为60%,而我国融资中银行贷款的占比高达75%,美国则不到15%。从资本市场的证券化率看,相较美国,我国资本市场业也还存在很大的发展空间,2020年年底,A股上市公司总市值和我国名义GDP的比值约为80%左

右,同期美国上市公司总市值占名义 GDP 的比重超 200%。这种在融资结构和资本市场证券化率上的差距在居民资产配置上也有体现,过去 20 年,我国居民配置股票和基金的比例只有 2%,同期美国居民配置股票比例长期超过 30%。从结构上看,A 股中传统行业占比较高,科技和消费行业占比仍不高。2020 年年底,A 股大类行业中科技类市值占比为 15%,消费类为 30%,金融地产为 25%,制造业为 15%,能源及材料为 15%;而美股科技类市值占比 35%,消费类为 35%,金融地产为 15%,制造业为 5%,能源及材料为 10%。

(二)资本市场服务新经济产业发展的有关建议

展望未来,我国资本市场更好地服务新经济产业发展,可以从以下 3 个方向推进。

第一,全面实行股票发行注册制,建立常态化退市机制。良好的市场环境是有效发挥资本市场服务实体经济、促进产业结构升级的基本要求,而合理的上市和退市制度是构建良好市场环境的先决条件。注册制改革能使资本市场进一步发挥在推动科技资本和实体经济高水平循环中的枢纽作用,聚集创新要素,让创新活动和资源投入得到有效激励。《中共中央关于制定国民经济和社会发展第十四个五年规划和二〇三五年远景目标的建议》指出,要"全面实行股票发行注册制,建立常态化退市机制,提高直接融资比重"。同时注册制的推进需要退市制度的配合,有进有出,上市公司的质量才会在优胜劣汰中逐渐提升。目前我国优胜劣汰机制尚不完善,实行注册制以来,A 股 IPO 明显加速,2020 年 IPO 数量总计近 400 家,但是退市公司仅有 16 家。相比之下,美股退市和 IPO 企业数量基本持平,使得市场保持良性的"新陈代谢"。近年来,我国退市制度已经有所改进,2020 年年底,新出台的退市新规完善了上市公司的退市标准,同时又简化了退市流程,常态化退市机制正加速形成。但我国退市制度在投资者保护等方面仍有优化改善的空间,投资者保护制度是退市制度能够顺畅运行的核心,合理的投资者保护制度能够平衡各方利益的诉求,弱化退市阻力。因此在退市制度落实的同时还需要进一步推进投资者保护制度,完善集体诉讼制度,确保既要"退得下",还要"退得稳"。

第二,证券公司可以有更多作为。随着未来注册制的全面实行,证券公司作为金融支持创新体系中的重要一环,既要继续把握发展机遇,又要承担更大的社会责任,努力在投融两端发挥更积极的作用。在投资端,证券公司应当充分认识未来国内环境的复杂性,一方面,在公司的自营、直投等业务上,要积极参与股权投资相关的布局，加大对科技创新型企业的直接支持；另一方面，新兴产业的基本面研究较传统行业门槛更高，需要专业的证券分析师进行深度、紧密的跟踪，因此证券公司也将通过研究所这个平台，为机构投资者提供更具特色和亮点的研究服务支持。在融资端，证券公司应当充分发挥价值发现的功能，注重挖掘优质的科技创新企业，为不同融资需求的科技创新企业提供全方位的金融服务。整体而言，通过打造更专业的大投行体系，证券公司将以自身更高质量的发展继续服务实体经济。

第三，培育长线投资主体。从资本市场资金的供给端来看，过去几十年，我国机构投资者的规模不断壮大，整体规模从2012年的18万亿元扩张至如今的100多万亿元。相较于美国，我国的机构投资者力量仍较弱，A股自由流通市值中各专业机构投资者的占比只有1/3，远低于美国的60%。机构投资者占比较低的背后反映的是我国中长期资金较为匮乏。例如，我国养老金总资产截至2020年年底的规模合计约为12万亿元，占名义GDP的12%，而同期美国养老金占GDP的比重已超过160%。我国养老金不仅规模较小，而且入市比例极低，2020年养老金持股比例不到10%，同期美股这一比例接近50%。美股是一个以配置力量为主的市场，牛市持续时间长且波动小；A股则是交易型市场，长期收益率虽不低但是波动很大。往后看，我国应大力培育长线投资主体，推动A股从交易型市场走向配置型市场。一方面，长期的增量资金入市有助于完善投资者的结构、提高资本市场的稳定性和市场运行效率，有利于企业融资；另一方面，长期资金的入市周期长且资金成本低，能在一个很长的周期支持企业发展、促进产业升级。

作者简介：

瞿秋平先生，海通证券股份有限公司党委副书记、总经理，兼任国务院参事室金融研究中心专家委员会委员、上海市政协常委、中国证券业协会副会长，高级会计师。曾任中国工商银行上海市分行副行长、江苏省分行副行长，上海银行党委副书记、行长、副董事长，中国证监会机构部主任、投资者教育办公室主任、非公监管部主任等。

融资端和投资端双向发力
全方位支持新经济发展

熊剑涛

注册制改革开创了资本市场支持创新创业的新时代,但要更好地支持新经济发展,还需要进一步强化资本市场的枢纽功能。证券业作为资本市场的主要中介机构,理应居中协调资本市场众多主体,在融资端和投资端双向发力,为新经济发展提供更多源头活水。从融资端看,应面向新经济企业开展陪伴式金融服务,同时强化自身能力,明确责任,助力多层次资本市场建设,提高直接融资比重。从投资端看,需要强化新经济企业的价值研究,在服务长期资金入市与增强财富管理功能等方面久久为功。

一、融资端要全方位服务新经济企业的需求

创新一般包括 5 种类型:开发新的产品或服务、开辟新的市场、应用新的生产技术、获得新的原材料来源、实现新的企业组织管理。不同的创新模式具有不同的融资需求,而金融市场的效率会显著影响创新的吸收速度。历史经验已经证明,要想更好地促进技术进步和新经济发展,金融体系结构和资本市场结构必须做出相应的调整和升级,这包括宏观、中观、微观 3 个层面的内涵:宏观层面要实现优化社会融资结构、提高直接融资比重的中长期目标;而要实现宏观目标,中观层面需要以建设和完善多层次资本市场为抓手,满足不同技术特征、不同发展阶段企业的个性化融资需求;最后,微观层面的落地则要开发符合新经济企业个性化需求的陪伴式金融服务,大力发展以新经济企业为专门对象的各类风险投资机构。

一是落实提高直接融资比重的中长期任务。当前,中国的技术进步来源已经从模仿吸收为主转变为自主研发为主。而自主研发的不确定性更大、投入强度更高,

这需要投融资双方进行更充分的信息交流和更紧密的业务合作,权益融资渠道的作用因此日益上升。通过权益市场的高频交易和实时定价功能,投资者能够有效发现、及时兑现新经济企业的价值,并得到流动性保障。同时,新经济企业既能得到成本相对灵活的资金,也能得到投资者在发展规划、行业资源引进、市场拓展等方面的支持,实现共同创造价值。

中国直接融资比重提升的趋势已经形成。2018—2020年新增社会融资从22.5万亿元上升至34.9万亿元,其中企业债券融资比重从11.7%上升至12.8%,权益融资比重从1.6%上升至2.6%。特别是随着科创板设立、创业板改革、注册制试行,A股IPO融资功能明显进步。科创板在2019年实现融资824亿元,2020年实现融资2237亿元,均为IPO融资。创业板在2020年实现融资2098亿元,IPO融资比重达到42.6%,相比前3年有了大幅提升。2020年科创板、创业板融资规模占A股比重分别达到13.4%、12.6%,也使得A股IPO融资比重显著提升。

同时,从新经济的发展趋势及发达经济体的经验来看,未来中国的直接融资,尤其是权益融资仍有巨大的发展空间。展望"十四五",要落实提高直接融资比重的长期目标,还需要重点推进四项工作:一是在全市场推行以信息披露为核心的注册制,以此带动发行、上市、交易、持续监管等基础制度改革;二是健全多层次资本市场体系,完善差异化制度安排,增强市场中介机构能力,引导中长期资金入市,发展权益类公募基金和私募股权基金等;三是持续提高上市公司质量,优化再融资、并购重组、股权激励等机制,健全退市制度,推动上市公司完善公司治理;四是创新发展债券市场,包括完善债券发行注册制、实现交易所与银行间互联互通、创新资产证券化产品,尤其是知识产权证券化。

二是参与多层次资本市场体系的建设。从20世纪80年代以来纽约证券交易所和纳斯达克(NASDAQ)的改革经验,以及近年来香港证券交易所的改革趋势中可以发现,要想更加有效地支持新经济发展,资本市场需要推进以下改革措施:一是根据产业结构的演变趋势适时调整上市条件,对前期投入大、轻资产型的新经济企业降低盈利要求,增加上市调节的包容性;二是进行市场分层,设置差异化的IPO、交易、监管规则,让不同层次的资本市场适合不同成长阶段企业的融资要求;三是打造优势产业板块,形成聚集效应;四是通过退市和转板制度实现优胜劣汰,提升上市公司质量。

结合中国实际,通过多层次资本市场体系建设支持科技创新,需要重点从四个方面着手,来更好地促进科技、资本和产业高水平循环:一是进一步发挥科创板、创业板、新三板支持创新的功能;二是优化再融资、并购重组等政策,完善股权激励和员工持股等制度,支持上市公司发挥引领作用,带动中小企业创新活动;三是完善私募股权基金的募、投、管、退机制，鼓励投早、投小、投科技；四是稳步开展区域性股权市场制度和业务创新试点，规范发展场外市场等。虽然这些工作的发起和主导权更多的是在监管和行业主管部门，但作为落地实施主体的证券行业，要有"身在兵位，胸为帅谋"的大局观，不仅要把改革举措落实落细，还要结合实施的具体情况及时反馈成效和问题，并提出切实可行的政策建议，真正参与到多层次资本市场的建设中去。

三是面向新经济企业开展陪伴式金融服务。调研结果显示，当前新经济企业面临的金融服务主要有以下问题：一是初创期企业的融资供需缺口最为严重；二是资金来源仍然以内源融资为主，外源融资发展不足，且普遍以银行贷款或政策性贷款为首选，直接融资比例较低；三是因抵押不足、难以找到担保、资产负债率偏高等难以获得银行贷款；四是因信息披露与公司治理不规范、企业存在产权或财务问题等无法上市融资；五是因达不到债券发行标准、成本过高、不了解发行程序等难以进行债券融资；六是因担心分散控制权、核心技术或人才流失、费用过高、定价困难、程序不规范或效率偏低等不愿意轻易引入风险投资。

针对以上问题，证券业可以发挥自身"资本+资本中介"综合服务的优势，联合其他资本市场主体，利用"投资+投行"的模式，为高风险属性的科创企业提供全周期、体系化、多层次的一揽子定制化金融产品和服务，弥补现有金融服务体系风险属性不足的短板。从企业经营早期开始介入，为其提供各发展阶段所需的差异化金融服务，特别是可以通过股权投资的方式，解决科创企业早期因高投入、少盈利而遇到的融资难、融资贵的问题，通过陪伴式发展为企业提供直接融资的有效供给和特定专属的金融服务。这种长期合作关系不仅可以使企业在整个发展周期中灵活运用到更多的金融工具和资本运作方式，也可以使企业得到更加专业的战略指导、资源整合，以及财务、法律等层面的规范化运营辅导，为其健康发展和上市扫清障碍，从而在未来二级市场上获得更高的定价和估值。

同时，对证券业来说，也可以破除现有获客模式的局限，从传统的、毫无保障的"狩猎"获客模式转型进阶为创新的、有规划的"农耕"获客模式，让证券公司从培育企业发展的各个阶段中获得新的展业机会和盈利点，化解业内同质化竞争的尴尬局面，在更长的服务周期中达成与客户共赢的局面。

二、投资端要致力于新经济企业的价值实现

资本要素的最终来源是社会财富的积累，融资功能需要投资者的配合，才能够实现良性循环和可持续发展。从投资者的视角来看，未来证券业应该进一步深化对

新经济行业和企业的研究，优化对机构投资者的服务，增强财富管理功能。

一是深化新经济企业价值研究，缓解信息不对称。随着注册制在全市场稳步推行，上市公司尤其是新经济领域的上市公司数量将显著增加，资本市场对行业与公司的研究需求将持续上升。从资本市场的供给来看，有效研究能促进优胜劣汰，保证上市公司质量的持续提升。从市场需求来看，有效研究又能提升投资者对行业与公司的理解，从而缓解信息的不对称，提高资本市场的吸引力和定价效率。

经过 20 多年的发展，证券业吸收了大量高素质研究人才，开发了诸多研究产品和服务模式，通过分析提炼资本市场相关的宏观经济与政策、行业发展趋势、企业运行状态等方面的信息，为服务各类投资者、提高上市公司质量与资本市场定价效率做出了贡献。

面对注册制全面推行、新经济持续发展、财富管理需求升级带来的研究需求升级，证券业应该强化研究业务的深度和广度，增强技术趋势研究、新兴行业研究、投价报告研究、投资顾问研究等方面的能力，并实现各类型研究之间的有效衔接和合规转化。研究中应重点关注战略性新兴行业与消费升级行业，并注重衡量技术创新能力的财务指标，如研发经费占营业收入比重、专利申请量、科技成果转化率等。

二是优化机构服务，助力中长期资金入市。机构投资者主要有以下特征：一是资金规模与交易量较大，风控要求较高，需要通过组合投资分散风险；二是受到全面监管，且具有集体决策和自律机制，投资行为更规范；三是信息收集和分析能力较强，专业化分工程度较高。据国际经验显示，随着机构投资者比重上升和类型多元化，资本市场的波动性会趋于下降，定价效率会趋于提升。

从 A 股市场投资者结构（按市值计算）的演变来看，大股东及其关联方的比重已经从 2011 年的 65.16%下降至 2020 年的 57.13%；同期个人投资者比重从 2011 年的 23.49%降至 2018 年的 20.63%，到 2020 年又回升至 22.57%；而机构投资者比重保持持续上行趋势，从 2011 年的 11.35%上升至 2020 年的 20.3%。

机构投资者主要包括 4 类：第一类是公募基金，所持有的 A 股市值比重经历了先下后上的过程，首先从 2009 年 7.7%的高位降至 2017 年 3.0%的低谷，之后趋于恢复，截至 2020 年年底升至 5.4%；第二类是保险、社保基金、企业年金等中长期资金，2020 年年底持有市值比重分别为 2.97%、1.05%、0.14%，合计比重从 2009 年的 2.14%上升至 2020 年的 4.15%，保持稳步上升趋势且具有一定逆市场特征；第三类是近年增速较快的私募基金和外资，其中私募基金比重从 2013 年的 0%上升至 2020 年的 2.75%；外资比重在 2012—2016 年保持在 1.3%左右，2017 年开始快速上升，2020 年已经达到 3.82%；第四类是"资管新规"出台之后比重趋于下降的信托和基金资管，分别从 2015 年的 2.1%、1.8%降至 2020 年的 0.8%、0.7%。另外，证金和汇金持有市值比重从 2015 年的 2.3%降至 2020 年的 1.9%。

可以发现，公募基金尤其是权益类基金、保险等中长期资金，以及私募、外资等正在成为增长最快的机构投资者。未来，证券行业的机构服务业务也需要进一步优化：一是保持对公募基金的服务水平，公募基金仍将是最重要的机构投资者之一，且随着财富管理需求的上升将呈现出集中化、特色化的趋势；二是服务长期资金入市，尤其是协助新设立的银行理财子公司、保险资产管理公司增加权益投资，协助其与公募基金、产业基金等进行合作；三是服务于行业开放，包括对内开放与对外开放。

三是增强财富管理功能，促进居民储蓄向投资转化。2007—2018年，中国居民的资产结构已经趋于多元化，特定目标载体（基金、理财、信托）占资金运用总额的比重上升了11.9个百分点，达到17.2%，同期银行存款比重下降了5.8个百分点，降至54.4%。但由于个人贷款余额从5万亿元升至53.6万亿元，导致居民的资金净供给总体放缓。不过，2019年以来已经出现变化，一方面，随着资本市场改革的推进，公募基金尤其是权益类基金受到社会更多关注；另一方面，随着房地产长效机制的持续推进，居民也在逐步缩减房地产相关的资产和负债。据测算，"十四五"时期中国将达到现行高收入国家标准，到2035年实现经济总量或人均收入翻一番，个人可投资金融资产规模在2023年可能达到243万亿元，比2018年增加100万亿元，中国资本市场将迎来财富管理时代。

未来，要持续增强资本市场的财富管理功能，主要措施有三点：一是加强投资者保护，增强投资者信心；二是壮大公募基金管理人队伍，发展权益类公募基金，健全长周期的业绩评价和激励机制；三是发展投资顾问业务，使服务于各类资产管理机构的专业能力提升。对于证券业而言，除了要进一步强化投资顾问与机构服务业务，还要在与其他财富管理机构的竞争中进一步发挥竞争优势，形成特色。

三、畅通投融资双向发力实现路径与联动机制

证券业在融资端连接以企业为主体的融资机构，在投资端连接社会财富及其集合形成的各类投资机构。为了更有效地支持实体经济尤其是新经济的发展，证券行业需要全面开展产品创新和服务创新，在融资端和投资端双向发力，强化互动效应，形成"1+1>2"的局面。

在融资端，随着注册制的全面推行，上市公司尤其是新经济领域的上市公司数量将显著增加。但以间接融资为主的传统型金融体系在支持新经济发展方面存在不足，这是金融供给侧结构性改革的起因。其中，深化资本市场改革、健全多层次资本市场体系、提高直接融资比重，是目前推进力度最大、支持新经济发展效果最明

显的举措之一。除了要为创新企业提供陪伴式金融服务，为应对国内证券行业发展方向同质化、竞争优势不突出、外资进入加速竞争等内外困境，证券公司也应该跟随新经济发展趋势乘势而上，加速战略转型，通过全方位服务新经济企业，开辟新市场，形成新竞争优势，为建设国际一流投资银行和财富管理机构寻找新的抓手。

在投资端，财富管理转型一直是行业焦点。但财富管理领域的竞争极为激烈，证券业财富管理业务的竞争优势仍不明确。尤其是与银行财富管理业务相比，证券业的客户基础、销售渠道、资产规模，以及产品多样性等都有不足。与擅长覆盖长尾客户的互联网理财平台相比，其在线上流量获取、成本控制等方面劣势明显。而事实上，证券业的天然优势是其客户群覆盖上市公司、投资机构、社会财富，能够衔接底层资产到财富管理产品再到社会财富的闭环。而随着注册制的全面实行，社会财富与上市公司之间的信息不对称，特别是新经济企业的价格发现和定价难度更大。因此，证券业在发展财富管理业务的过程中，应发挥自身比较优势，强化研究能力和产品创新。这不但能促进自身的财富管理转型，还能使新经济企业的价值被资本市场充分认可，进而保证IPO融资与再融资的效果，提升风险投资周转效率，使社会财富与底层资产之间的撮合匹配更为顺畅。

综合来看，证券业融资端与投资端的全部业务都应该服从和服务于新经济的发展，同时投资端与融资端也可以在合规的前提下有效联动，实现良性循环。而有效联动的实现机制主要有三点：一是准确把握经济高质量发展的需求和全球技术进步的趋势，以新经济为重点服务领域，致力于使中国资本市场最终匹配中国制造的全球地位；二是强化对新经济行业和企业的深度研究，促进共同价值创造，在促进投行和直投业务客户发现的同时，强化投资、机构服务与财富管理等业务的特色和竞争优势；三是强化自身能力，推进国际一流投资银行和财富管理机构建设，打造航母级证券公司，形成规模与品牌，迎接更高水平开放，深度融入国际市场。

作者简介：

熊剑涛先生，招商证券股份有限公司党委副书记、总裁，兼任中国证券业协会经纪业委员会副主任委员、中国结算董事会技术委员会委员、深圳市证券业协会监事长单位代表、深圳交易所创业板股票发行规范委员会委员、深圳市招商证券公益基金会理事长。

把握资本市场发展机遇　助推新经济加速崛起

范力　姚佩　陶川

新经济是指在全球经济日益发达和全球化的条件下，以信息科学和技术为主要代表的一场新科技革命，涉及包括中国经济增长模式、经济结构和市场经济运作规律等在内的整个社会经济过程中的一系列改革和制度性变化[1]。

2019年中国新经济增加值达16万亿元，占GDP比重为16.3%，比2018年提升了0.2%；按现价计算新经济增加值的增速为9.3%，比同期GDP增速高1.5个百分点。近年来，中国经济进入新旧动能"换锚期"，新经济能够有效抵消传统经济的拖累效应，并促进传统经济进行数字化、信息化转型，有效稳定经济的中长期增长[2]。

资本市场改革助推新经济发展。自2000年以来，中国逐步推进多层次资本市场培育进程及资本市场基础制度改革，旨在帮助中国资本市场更好地满足新经济企业股权融资的需求，从而推动新经济和新兴产业的发展。

新经济的发展可以优化资本市场体系。新经济企业在获得中国资本市场的支持后快速发展，可作为优质资产提高资本市场的整体表现，优化资本市场结构。未来中国资本市场的改革有望得到更多新经济产业的支持和推动。

一、宏观视角下的新经济

改革开放40多年来，中国经济社会发展取得了举世瞩目的成就，实现了前所

---

[1] 黄群慧. "新经济"基本特征与企业管理变革方向[J]. 辽宁大学学报（哲学社会科学版），2016, 44(5):1-7.

[2] 李稻葵. 打造中长期经济增长新动力[OL]. 2021.02.

未有的历史性变革,当前中国GDP总量已位居世界第二,但深入分析中国经济的发展历程,可以发现仍存在一些结构性问题。为解决这些问题,实现中国经济更高质量的发展,中国经济进入新常态,即转型升级期,寻求新经济产业发展以形成经济发展新动能[1,2]。

从长期来看,中国经济正从高速发展转向高质量发展阶段。如图1所示,自2008年金融危机以来,经济增长中枢整体呈下滑趋势,经济结构不断优化升级。图2介绍了2005—2020年中国产业结构变动,可以看出2013年以前,中国经济处于快速发展时期,生产资料由农业向工业转移;2013年之后,中国经济结构中第三产业占比逐年上升,中国经济进入转型升级阶段。此阶段经济增速下降的原因主要有:生产效率下降,包括技术进步放缓、人口老龄化及储蓄率下降,从而影响资本投入量;资源配置效率下降,经济资源开始由工业向服务业转移,而当时中国服务业大多处于低端,影响经济增长;创新能力不足,中国在一些关键技术领域上仍未达到世界领先水平,如半导体芯片制造、生物医药等[3]。

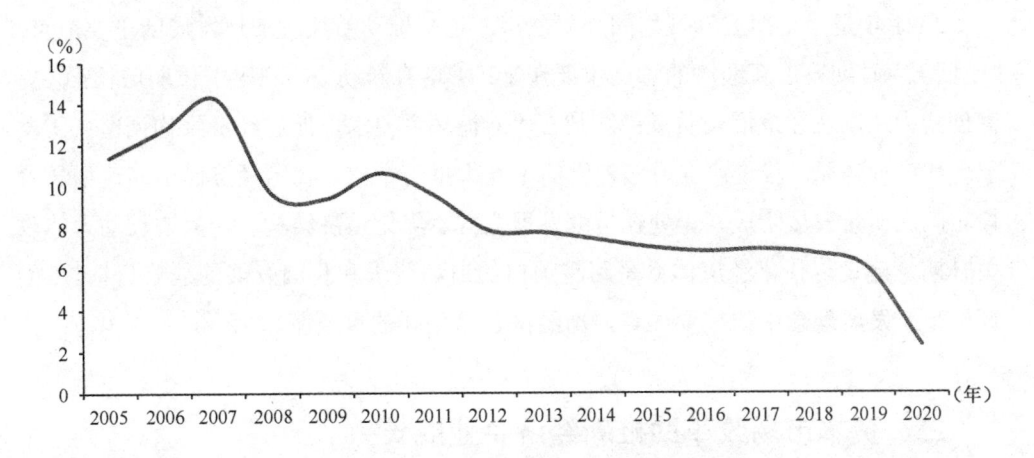

图1 中国GDP不变价同比增速

数据来源:Wind、东吴证券研究所

---

1 姜江. 加快建设创新型国家:机理、思路、对策——基于新经济、新动能培育的视角[J]. 宏观经济研究, 2018(11):54-63.

2 郭克莎. 中国经济发展进入新常态的理论根据——中国特色社会主义政治经济学的分析视角[J]. 经济研究, 2016, 51(9):4-16.

3 李扬, 张晓晶. "新常态":经济发展的逻辑与前景[J]. 经济研究, 2015, 50(5):4-19.

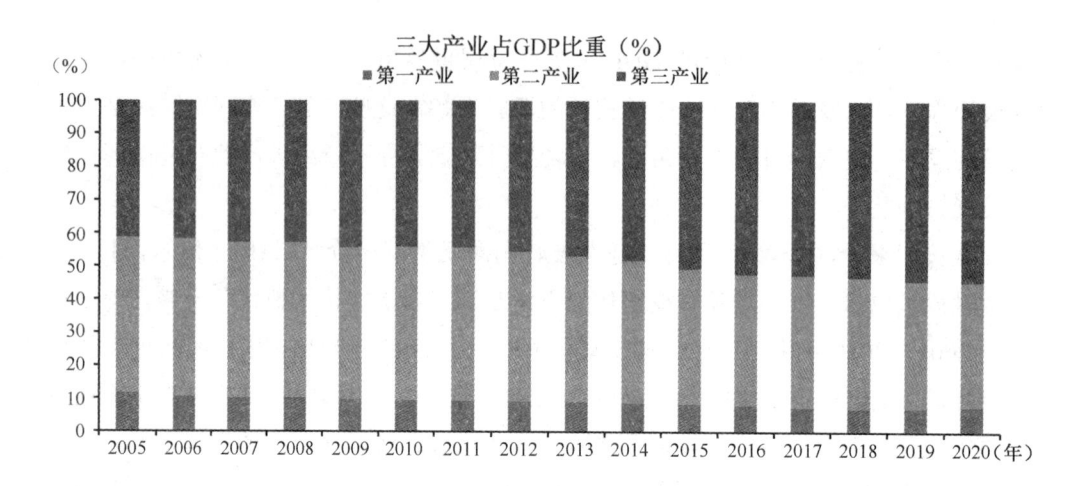

图 2　2005—2020年中国产业结构变动

数据来源：Wind、东吴证券研究所

2021年是"十四五"规划的开局之年，也是推动新经济加速发展的重要节点。"十四五"时期发展新经济的意义主要在于：①培育新动力，稳定中长期增长；②提高创新力，以及经济增长质量；③契合"双循环"要求，促进经济结构调整；④发展现代产业体系，推进产业升级。党的十九大报告指出，我国经济已由高速增长阶段转向高质量发展阶段，正处在转变发展方式、优化经济结构、转换增长动力的攻关时期，建设现代化经济体系是跨越关口的迫切要求和我国发展的战略目标。"创新"是新发展理念中的重要内容，新经济正是创新的重要驱动力。

二、资本市场改革助推新经济企业成长

1. 改革开放以来中国资本市场的改革发展历程

中国资本市场自1990年沪深两地证券交易所相继开业后逐步发展，至今已成为全球金融体系的重要组成部分，并为中国经济发展提供了有力支持。表1介绍了中国资本市场发展的3个主要阶段。

从发展思路来看，中国资本市场改革主要集中于建设多层次资本市场及实现基础制度改革，着力于提高资本市场效率、降低企业股权融资的难度、规范资本市场交易。

表1 中国资本市场发展的3个最主要阶段

时 段	事 项	内 容
1990—1999年	中国资本市场起步	上海证券交易所和深圳证券交易所开市,《证券法》制定并实施
2000—2009年	多层次资本市场培育	中小板、创业板开板,为成长型中小企业提供支持;股权分置改革
2010—2020年	资本市场制度及多层次资本市场进一步深化改革	科创板开板,科创板及创业板注册制改革并放宽股价涨跌幅至20%,深圳证券交易所主板及中小板合并

数据来源:中国证券业协会官网、东吴证券研究所整理

2. 中国经济转型升级与资本市场改革

近年来,中国经济转型升级与资本市场改革关系密切。图3介绍了2005年以来中国社会融资结构的变化趋势,可以看出,直接融资在中国占比一直偏低,截至2020年,中国社会融资结构中直接融资占比仅为15%。而对比海外发达市场,美国股权融资一直是企业最主要的融资方式,1980年以来,美国股权融资占比持续提升,1984—1999年美国非金融企业融资中股权融资占比从30%上升至62%,大量科技企业通过美国股票市场获得融资支持,发展壮大。当前,中国经济正处在转型升级的关键时期,需要不断培育新兴产业为新时代的经济发展提供新动能。

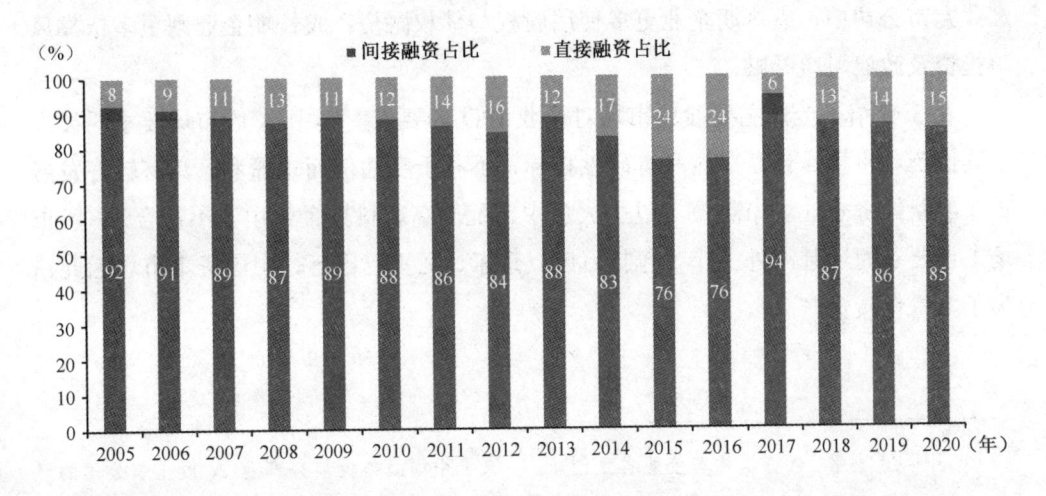

年份	间接融资占比	直接融资占比
2005	92	8
2006	91	9
2007	89	11
2008	87	13
2009	89	11
2010	88	12
2011	86	14
2012	84	16
2013	88	12
2014	83	17
2015	76	24
2016	76	24
2017	94	6
2018	87	13
2019	86	14
2020	85	15

图3 中国社会融资结构

数据来源:Wind、东吴证券研究所

回顾历史,过去中国金融体系无法满足新经济企业融资需求的原因主要有以下

两点：直接融资占比偏低，间接融资无法满足以轻资产为主的新经济企业的融资需求；资本市场的融资约束、基础制度因素等。中国金融体系无法满足新经济企业融资需求的详细原因如表2所示。

表2 中国金融体系无法满足新经济企业融资需求的详细原因

原因	内容
间接融资无法满足新经济企业的融资需求	新经济企业以规模小、轻资产和无形资产占比较高为特点，而银行贷款要求资产抵押；财务杠杆上升显著提高了小规模企业的财务风险。孙早等[1]研究发现，股权融资与战略性新兴上市企业的创新存在显著的正相关关系，而债权融资则与其为负相关关系
间接融资不能从企业内部帮助公司长期发展	直接融资引入外部股东参与公司决策，提高公司治理水平；反之，债权人对企业长期发展关注度不高
A股市场对企业上市要求严格	核准制存在盈利等方面的硬性要求，许多发展前景较好、估值较高而仍未盈利的企业无法上市；目前，除科创板、创业板外，不允许同股不同权股权结构，但其在一些优质科技企业中较常见

数据来源：中国证监会官网、上交所官网、东吴证券研究所整理

此外，李亚波[2]研究发现，在中国战略新兴产业上市公司中，普遍存在成长期资产负债率较高、成熟期财务杠杆水平偏低的现象，体现了在中国金融体系中间接融资发达、直接融资要求严格的特点。这一特点导致企业在成长期更多依靠政府贷款等政策支持，而在收入稳定的成熟期则偏好直接融资。胡吉亚[3]发现，在战略性新兴产业上市公司中，成熟期企业更多使用股权与债权融资，成长期企业则更多依靠风险投资及政府财政补贴。

表3介绍了全球主要股票市场对企业IPO的要求，其中A股市场要求明显高于其他资本市场，且存在盈利等硬性指标，不利于高估值而未盈利、具有较好发展前景的新经济企业上市融资。过去大量中国优质高新科技企业由于不符合A股市场上市要求而远赴海外上市，包括百度、京东、阿里巴巴等，中国资本市场因此错失了大量优质资产。

---

1 孙早,肖利平. 融资结构与企业自主创新——来自中国战略性新兴产业A股上市公司的经验证据[J]. 经济理论与经济管理, 2016(3):45-58.

2 李亚波. 战略性新兴产业企业生命周期不同阶段金融支持研究[J].工业技术经济, 2018, 37(5):3-10.

3 胡吉亚. 战略性新兴产业异质性与融资模式匹配度研究——基于120家上市公司数据[J]. 社会科学, 2020(4):44-57.

表3 全球主要股票市场对企业 IPO 的要求

	业绩市值或股本要求	同股不同权	来源文件
中国 A 股主板及中小板	最近 3 年累计净利润>3000 万元，最近 3 年经营活动产生的现金流量净额>5000 万元，或者最近 3 年营业收入累计>3 亿元，发行前股本总额≥3000 万元	不允许	《中国证监会首次公开发行股票并上市管理办法》（2020 年 7 月 10 日修订版）
深圳证券交易所创业板	要求至少满足其中 1 项： 1. 最近两年净利润均为正，且累计净利润≥5000 万元； 2. 预计市值≥10 亿元，最近 1 年净利润为正且营业收入≥1 亿元； 3. 预计市值≥50 亿元，且最近一年营业收入≥3 亿元	2020 年 6 月后允许	《深圳证券交易所创业板股票发行上市审核规则》（2020 年 6 月 12 日）
香港联合交易所创业板	最近两年累计经营现金流量≥2000 万港元	允许	《香港联交所 GEM 上市规则》（2020 年第 67 次修订后现行版本，2020 年 12 月）
美国纳斯达克资本市场（The NASDAQ Capital Market）	要求至少满足其中 1 项： 1. 净资产>500 万美元。流通股市值>1500 万美元，运营时间>2 年； 2. 净资产>400 万美元，流通股市值>1500 万美元，市值>5000 万美元； 3. 净资产>400 万美元，流通股市值>500 万美元，最近 1 年或最近 3 年中 2 年的净利润≥75 万美元	允许	*NASDAQ Initial Listing Guide*（2021 年 3 月版本）

数据来源：中国证监会官网、港交所官网、纳斯达克交易所官网、东吴证券研究所整理

近年来，为了迎接中概股回归、吸引更多独角兽企业在 A 股上市、优化 A 股市场结构，资本市场不断深化改革，主要分为两个方面：深化多层次资本市场建设，资本市场基础制度改革。这主要是为了降低企业融资难度，促进新经济企业发展。

自 2000 年以来，中国多层次资本市场培育进程逐步推进，经过 2018 年科创板开板，以及 2021 年深圳证券交易所主板与中小板合并，上海证券交易所已形成"主板+科创板"格局，深圳证券交易所已形成"主板+创业板"格局，配合新三板及地方股权交易中心，资本市场各层次板块所服务的企业规模及行业属性都已有了更进一步的明晰划分。

资本市场基础制度改革主要集中于股票发行制度改革，除对发行条件进行修改优化外，注册制改革也是一个重要内容，它可以帮助中国资本市场更好地满足新经济企业进行股权融资的需求，帮助企业进一步发展壮大。表 4 为注册制与核准制、审批制发行审核制度对比，介绍了中国资本市场过去各阶段的发行审核制度，目前中国 IPO 审核制度正处于由核准制向注册制过渡阶段。

(1) 随着新经济的快速发展,更多新兴产业不断涌现,而优质科技企业的上市可以优化 A 股市场结构。未来 A 股市场的科技类企业 IPO 数量和市值占比将不断提升,随着更多高成长的"独角兽"企业在 A 股上市,A 股市场的结构将不断优化。同时,创新型企业在境内资本市场上市也为我国高新技术产业和战略新兴产业的发展提供了强大推力,金融服务实体经济,优质的科技企业回归 A 股也符合新时代"国家战略"和"发展新经济"的新要求。A 股市场结构更加合理,有助于中国经济发展由大变强。

(2) 随着新兴产业的快速发展,新经济企业的上市将增强中国资本市场的指数代表性。股市是经济的晴雨表,在中国宏观经济平稳增长的背景下,上海证券综合指数常年围绕 3000 点震荡,这是由于中国许多市值大、盈利好的公司在中国香港或美国上市,中国 A 股并没有全面代表中国实体经济。从龙头公司看,对比美股和 A 股市值排名前十的公司,美国以科技公司居多,而 A 股多为银行、保险公司,因此中国 A 股对新经济的代表性较弱。未来,随着新兴产业的快速发展,将有更多新经济企业在 A 股上市,A 股的成分将会发生很大变化,指数代表性将大大增强,中国资本市场与经济增长的相关性也将大幅提升。

(二)金融科技提高资本市场效率

巴塞尔银行监管委员会将金融科技分为支付结算类、投资管理类、市场设施类等,其中投资管理类、市场设施类金融科技的应用能促进更多投资者参与资本市场,提高资本市场效率。

投资管理类金融科技场景的主要内容是交易服务与智能投资顾问,交易服务为投资者参与资本市场提供便利,典型案例有微信理财通、支付宝理财等,投资者可将资金投资于股票或债券基金;而智能投资顾问,则主要运用大数据等方式为客户提供定制化、智能化投资建议,如招商银行智能投顾等。

市场设施类金融科技场景主要向机构客户提供 IT 支持,大多为金融机构的外包业务,如东吴金融科技等公司为金融机构提供在资本市场交易等方面的 IT 支持。此外,恒生电子实行"大中台战略",并于 2019 年发布恒生数据中台,为金融机构提供一体化的平台建设、数据治理和大数据 AI 应用等中台解决方案。

(三)监管关注(风险管理)

近年来金融科技发展迅速,由于政策制定具有一定的滞后性,新兴行业的快速发展对金融监管当局提出更高要求,紧随市场动态,及时设定行业准入门槛是重中之重。李文红等[1]认为，金融科技并未从根本上改变金融机构的业务模式，因此，对金融科技的监管应坚持按照金融业务的本质实施，加强监测与研究。

大多数国家及地区对新经济行业的监管都体现了以下导向：①根据其业务属性，纳入现行监管框架，并对其进行归口监管；②针对金融科技行业，重点关注其是否实质上经营金融机构业务；③根据匹配性监管原则，适度简化监管程序。

四、未来展望：新经济发展助推资本市场黄金时代

展望未来，资本市场将迎来黄金十年。党的十九大报告提出，要深化金融体制改革，增强金融服务实体经济能力，提高直接融资比重，促进多层次资本市场健康发展。党的十九届五中全会进一步提出，全面实行股票发行注册制，建立常态化退市机制，提高直接融资占比。2021年2月26日，中国证监会表示将在试点基础上进一步评估，待评估后将在全市场稳妥推进注册制。可以预见，在未来全面推行注册制的趋势下，直接融资将成为大趋势、大方向，将有更多优质公司在A股上市。

资本市场改革将继续推动新经济发展和新兴产业发展。目前，众多新型科技企业缺少可以抵押的固定资产，只能通过直接融资获得融资发展，而注册制的全面推行为这些优质企业提供了成长的舞台，未来将有更多独角兽企业通过注册制登陆A股市场，资本市场在迎来黄金年代的同时也将为众多新兴产业的发展拉开帷幕。

作者简介：

范力先生，东吴证券股份有限公司党委书记、董事长、总裁，高级经济师。兼任江苏省证券业协会会长、中国证券业协会固定收益专业委员会副主任委员、上海证券交易所第五届理事会战略发展委员会副主任委员、江苏省人大代表，著有《创新创业公司债券的探索与实践》等专著。

姚佩先生，中国人民大学金融硕士，东吴证券股份有限公司研究所策略首席分析师。

陶川先生，北京大学经济学博士，美国布鲁金斯学会访问学者，东吴证券股份有限公司研究所宏观首席分析师。

---

[1] 李文红，蒋则沈. 金融科技（FinTech）发展与监管:一个监管者的视角[J]. 金融监管研究，2017(3):1-13.

有效利用资本市场支持新经济企业发展

马 尧

新经济企业近年来成长迅速,在全球资本市场获得了很高的认可度和接受度。过去 10 年,作为新经济代表的信息技术和医疗保健行业板块总市值在美国股票市场中的占比从 26%提升至 43%,在中国 A 股市场中的占比从 9%提升至 24%。

为吸引与支持更多新经济企业,国际主流证券交易所近年来纷纷修改规则满足新经济企业上市需要。在美国市场及我国科创板、创业板注册制试点改革中,是否盈利不再被视为新经济企业上市的主要障碍,新经济企业的数量与发展质量逐步成为衡量一国资本市场是否具备包容性与活力的重要指标。参考美国资本市场支持新经济企业的经验,我国在资本市场改革开放过程中,仍需要加大力度支持更多优质的新经济企业进入资本市场,而未来结构优化的 A 股市场也将更能代表经济产业的实际变化和发展方向,促进我国资本市场更具投资价值和吸引力。

一、国际资本市场支持新经济企业的经验

(一) 美国经济复苏政策对新经济企业发展的影响

2007 年次贷危机后,美国经济复苏明显好于其他主要经济体,GDP 增速在 2009 年达到低点后,2010 年迅速恢复到危机发生前的水平,投资者信心指数也在 2011 年年初恢复至危机发生前的水平。相较日本和欧盟国家,美国减税政策和量化宽松政策力度更强、持续时间更久,而资本市场则在其中起到了重要的政策传导和资源配置作用。以资本市场为主导的美国金融体系,使量化宽松政策所提供的充裕流动性迅速地传导到企业部门和实体经济。由于传统产业企业投资机会有限,高成长型的新经济企业得到了更多的支持,为美国经济的快速复苏奠定了基础。

（二）新经济企业获得市场更多的资本配置

美国新经济上市企业在近年来的发展过程中，业绩及市值高速增长。2018—2020 年，新经济上市公司[1]净利润年化增速为 30%，市值（除新上市公司）年化增速达到 37%；相比之下，纳斯达克 100 指数权重股的同期净利润年化增速仅为 14%，市值年化增速为 25%。与此同时，代表新经济行业的信息技术和医疗健康企业股权融资规模占比超过市场融资规模的 30%。投资者对收入和利润保持高速增长的上市公司偏好更强，新经济企业获得了更多的资本支持。

（三）资本市场开放支持更多的新经济企业

在新经济蓬勃发展的背景下，更加开放和包容的资本市场可以吸纳全球的新经济企业，投资者也可以更加便利地分享全球新经济企业成长的投资回报。近年来，美国资本市场对全球投资者和企业一直保持较高的开放程度，其中除美国以外的投资者数量的占比接近 50%。近 10 年在美股市场通过 IPO 上市的企业中，新经济企业数量的占比达到 28%，其中注册在中国的企业数量的占比约为 7%，占新经济企业 IPO 总量的 1/4。伴随着全球新经济企业持续登陆美国资本市场，以及全球投资者的逐步聚集，2010 年至今纳斯达克 100 指数累计上涨幅度达 600%，全球新经济企业的快速发展为投资者带来丰厚的回报，进而形成资本与资产相互吸引的循环，持续提升了美国资本市场对于新经济企业的吸引力和影响力。

二、中国资本市场的新经济产业格局变化

（一）A 股市场新经济上市公司市值占比提升

从 A 股市场整体行业构成和新经济上市公司的存量规模来看，历史上 A 股市场市值前 15 位的上市公司以金融和能源为主，2010—2018 年仅更替了 3 家（占比 20%），均为传统的电力和制造行业；最近两年，A 股市场市值前 15 位的上市公司更替了 6 家（占比 40%），宁德时代与海康威视的进入反映了新经济在 A 股市场的重要性得到初步提升。对比之下，美国股市的产业结构变化显著。2000—2010 年美

---

[1] 新经济行业的统计口径包括半导体与半导体设备、技术硬件与设备、软件与服务、制药与生物/生命科技。

股市值前 10 位的上市公司更替了 6 家（占比 60%），其中半数来自信息技术行业；2010—2020 年美股市值前 10 位的上市公司再度更替了 7 家（占比 70%），新进者均为信息技术、医药和新能源汽车等新经济企业。

中美股市市值前 10 位的新经济上市公司（见表 1）也存在结构性差异。A 股市场有 6 家属于电子和电力设备制造，4 家属于医药和医疗设备制造，反映了中国制造业升级的核心优势；而美股市场有 6 家公司均属技术服务（软件、互联网和金融科技），也有高端制造企业和医疗健康企业入围，体现了美国服务业更强的竞争力和先进技术赋能产业的软实力。

表 1 中美股市市值前 10 位的新经济上市公司[1]

排名	中国			美国		
	公司	市值（亿美元）	行业	公司	市值（亿美元）	行业
1	宁德时代	1132	电力设备/新能源车	苹果公司	20349	技术硬件设备
2	海康威视	763	技术硬件设备	微软公司	17836	软件与服务
3	恒瑞医药	743	制药、生物科技	亚马逊	16300	互联网零售
4	迈瑞医疗	742	医疗保健设备	谷歌	13685	软件与服务
5	药明康德	506	制药、生物科技	Facebook	8059	软件与服务
6	隆基股份	502	半导体	特斯拉	6689	可选消费/新能源车
7	智飞生物	436	制药、生物科技	阿里巴巴	6297	互联网零售
8	工业富联	426	技术硬件设备	台积电	5340	半导体
9	立讯精密	375	技术硬件设备	Visa	5170	金融科技
10	中芯国际-U	344	半导体	强生	4143	医疗保健设备

数据来源：WIND 资讯；数据截至 2021 年 3 月 26 日

面对国家产业转型升级的客观需求，吸引和支持新经济上市公司，提高对新经济产业的包容性，已成为 A 股市场在新发展阶段提高服务实体经济能力的重要任务。

（二）中国资本市场对于新经济产业的早期布局逐步与国际接轨

截至 2020 年 12 月，在全球 515 家"独角兽"企业中，约 50% 位于美国，约 25% 位于中国。中国的"独角兽"企业数量居全球第二，且 VC/PE 资金已在互联网、人工智能和教育等众多行业加大力度布局。未来，以服务业为特征的新经济企业有可能在各自领域成为中国经济转型升级的领头羊，成为保障产业链、供应链安全和推

---

[1] 除前述新经济行业外，具体上市公司的选取也考虑部分新能源和新零售相关企业。

动技术创新产业化的重要动力。

中美两国的"独角兽"企业都具备较强的互联网特征，但其所属行业和成长路径各具特色。如表2所示，估值前10位的中国"独角兽"企业主要来自移动互联网、电子商务和硬件设备行业，偏重零售消费端；对比之下，估值前10位的美国"独角兽"企业主要来自金融科技、航空航天、游戏和医疗健康行业，所属行业和客户市场更加多元。另外，中国"独角兽"企业有相当数量由大型科技企业投资或内部孵化，并且依靠庞大的国内市场，普遍展现出较强的流量变现能力，平均估值相对较高。而美国"独角兽"企业则更多由红杉资本、IDG等专业机构投资，估值百亿美元以上的公司相对较多。

表2 中美估值前10位的独角兽企业

排名	中国			美国		
	公司	估值（亿美元）	行业	公司	估值（亿美元）	行业
1	字节跳动	1400	移动互联网/传媒	SpaceX	680	航空航天
2	滴滴出行	620	移动互联网/交运	Stripe	560	金融科技
3	快手	180	移动互联网/传媒	Roblox	460	游戏
4	猿辅导	155	教育	Instacart	300	供应链物流
5	大疆	150	技术硬件设备	Epic Game	293	游戏
6	SHEIN	150	互联网零售	Chime	215	金融科技
7	满帮集团	120	供应链物流	Samumed	200	医疗健康
8	比特大陆	120	技术硬件设备	JUUL Labs	200	消费品
9	车好多	90	互联网零售	Robinhood	185	金融科技
10	商汤科技	75	人工智能	Ripple	123	金融科技

数据来源：CBInsights数据发布于2020年12月，其时快手尚未上市，故仍予收录。

我国资本市场对新兴经济产业的布局已逐步接轨国际市场。对比表2中的"独角兽"企业排名与表1中的中美股市市值新经济龙头上市公司排名，可以看到受投资机构追逐的中国新经济"独角兽"企业多为互联网及服务相关企业，与美国股市市值处于前10位企业的行业趋近。在可预见的未来，随着国内资本市场改革的持续推进和包容度进一步增强，互联网及服务相关行业的新经济企业有望逐步登陆国内资本市场，成为国内资本市场中新兴产业格局的"新势力"。另外，从美国"独角兽"企业行业分布来看，新兴科技企业将成为资本市场的前沿方向，这也是我国产业转型升级的重点支持新领域。

（三）注册制稳步实施为新经济企业开拓资本市场助力新渠道

新经济企业的上市为A股市场带来源头活水。注册制试点改革以来，A股市场新经济企业市值占A股总市值的比重由16%升至21%。2019年以来A股与美股市场新经济企业IPO融资情况如表3所示，同期A股新经济企业IPO数量为236家，与美股新经济企业IPO数量相近，但A股对应的IPO融资规模为2903亿元人民币，仍大幅低于美股（约4948亿元人民币）。中芯国际A股IPO以532亿元人民币位列全球新股发行规模的榜首，但美股IPO市场不断涌现出Uber、Snowflake、Airbnb等有全球影响力的新经济企业上市案例，创新质量方面似乎更具优势。另外，部分优质的中资新经济企业如京东集团、泰格医药，选择在中国香港第二上市。由于美股、港股市场的发行审核更加灵活，对公司业绩和治理结构等的宽容度较高，原有投资者退出也较为便利，对于中资新经济企业上市仍然具有较强的吸引力。

尽管如此，注册制的稳步推进和实施为我国更多的新经济企业开拓了融资新渠道。伴随着众多新经济企业逐步进入资本市场，以及资本市场选择淘汰机制的逐步完善，资本市场中的新经济格局也将逐步形成，成为支撑中国资本市场、吸引全球资本配置的重要基础。

表3　2019年以来A股与美股市场新经济企业IPO融资情况[1]

市　场	板　块	IPO数量（家）	IPO融资规模（亿元人民币）	IPO单均募集资金（亿元人民币）
A股	创业板	62	434	7
	科创板	127	2162	17
	主板	47	307	7
	合计	236	2903	12
美股	纳斯达克	201	3020	16
	纽交所	31	1928	62
	合计	232	4948	21

数据来源：WIND资讯

---

[1] 新经济行业的统计口径包括半导体与半导体设备、技术硬件与设备、软件与服务、制药与生物/生命科技。

三、A股市场新经济企业的发展前景

（一）我国资本市场对新经济企业的吸引力日益增强

注册制改革的稳步实施为新经济企业进入资本市场提供了有力的政策支持。截至 2020 年年底，在科创板设立和创业板注册制改革以来，A 股市场已完成上市的注册制 IPO 共计 352 家，募集资金 3713 亿元，在会审核或等待发行的 IPO 共计 473 家，拟募集资金 4542 亿元，在已上市和将上市 IPO 中，新经济企业占比达到 40% 左右。

机构投资者群体的壮大为新经济企业在资本市场中获得持续的资本支持提供了可能。随着国内公募机构管理权益资产规模在最近 3 年内累计 120% 的增长，在资管新规下有部分固定收益偏好的投资者也开始涉足权益市场，资金向新经济行业龙头企业集聚。2016—2020 年，医药板块和电子板块股票累计涨幅分别达到 84% 和 63%，位列 30 个中信证券细分行业的第二位和第三位，体现出较高的超额收益。同时期，各行业市值规模前 10% 的龙头企业累计市值占全市场的比例从 53% 提升到 67%，龙头企业在公募基金重仓股中的占比从 15% 提升至 50%。机构投资者对新经济企业的配置增加，有利于提升企业与投资者的互动，支持新经济企业后续融资。

全球资金的持续流入也为新经济企业迈入国际资本市场做好了前期准备。在全球抗击新冠肺炎疫情的背景下，中国经济克服困难率先恢复，并保持良好增长态势，A 股市场对全球资本配置的吸引力进一步增强。2020 年内北上资金净流入趋势较为明显，新能源电力设备、电子、医药、计算机等新经济板块的陆股通净买入金额位列 30 个中信证券细分行业的第一、五、六、七位，合计净买入超过 1600 亿元。同时，部分国际知名投资机构已申请在中国设立公募基金以进一步加大在国内进行资本配置的便利性。国际长线资金对新经济企业的配置提升，为新经济企业接触国际资本市场打开了新渠道，也有助于企业"走出去"，在全球拓展业务。

（二）支持新经济企业发展可以借鉴的经验

1. 进一步提高新经济企业直接融资的比例

相较于国际市场，新经济行业上市公司在 A 股市场的数量、市值比重和 IPO 融资规模均有较大的提升空间。资本市场为进一步持续支持新经济企业高质量发展，可以从市场准入条件、信息披露和完善法治三个方面，系统完善相关举措。

一是建议继续提高市场准入条件的包容性，借鉴国际市场差异化的上市标准，支持新经济企业较快的发行上市节奏，规范除法定发行条件之外的限制，继续改革与新经济企业发展不相适应的条件与规则要求。

二是建议继续贯彻以信息披露为核心的审核理念，促进市场约束和政府监管的有效结合，在充分信息披露的基础上，由市场投资者判断投资价值，形成对新经济上市公司质量的市场化约束机制。

三是建议严格落实法治保障，在《中华人民共和国证券法》对违法违规行为加大处罚力度的基础上，可进一步结合境外实践经验，明确各市场主体责任边界，完善跨部门执法、集体诉讼与先行赔付等配套制度。

2. 研究借鉴国际市场二次上市、市场化发行制度

在新经济企业上市方面，建议研究中国香港等市场的二次上市相关制度设计，丰富新经济企业上市融资方式。目前，境外上市的中资新经济企业选择回A股上市需要严格遵循IPO相关制度要求，由于境内公司治理准则、会计准则适用等方面与境外存在较大差异，发行人还需要对组织架构、公司章程及财务报表编制进行调整。相较之下，中国香港市场已吸引了阿里巴巴、京东、网易和百度等知名新经济上市公司的回归。香港联合交易所有限公司修订有关海外公司的上市规则条文，设立第二上市机制，包括密交安排和部分信息披露规则豁免，为发行人提供了较大便利。

在发行承销方面，建议总结科创板和创业板IPO注册制运行实践经验，优化发行定价约束机制，引导投资者基于价值投资、长期投资的理念参与询价。对于A股IPO，可考虑分阶段完善现有定价机制，从适当放松高价剔除要求，到修订规则改革高价剔除，再到适时放开定价窗口指导，实现与国际市场新股询价定价制度的基本一致。

3. 多层次资本市场支持早期融资和融资退出需求

新经济企业的高科技特征和互联网特征要求企业在技术研发和流量获取等方面有较大的前期资金投入，因而从企业初创到完成上市前，需要资本市场持续、有针对性地提供融资支持和流动性支持。

建设更具适应性的多层次资本市场，需要根据新经济企业的成长阶段匹配适当

的投资者群体、提升股权交易流动性；可以参考纳斯达克的转板机制，包括每年定期自动升板和在任意时间主动申请升板，且在场外交易市场（如 OTCBB）挂牌的企业如果满足纳斯达克的上市标准，在获取批复后经过一段时间的停牌即可着手准备上市。

另外，建设更具包容性的多层次资本市场，丰富创投资金的交易和退出渠道，也将有利于进一步支持创投资金对早期新经济企业的循环投资。截至 2021 年 2 月，在基金业协会注册的 VC/PE 机构合计管理资产规模 11.67 万亿元，半数以上资金投向高端制造、计算机应用、金融科技和医药健康行业，未来面临大量的交易需求和退出需求。国内资本市场过半的退出需求可以通过 IPO 实现，而 IPO 市场容量有限，且上市后面临较为严格的原股东减持限制，因此，需要建设更为活跃的场外市场，为新经济公司股权转让或私募基金份额转让进一步提供便利。

"十四五"时期，中国将继续以畅通国民经济循环为主线，构建社会经济的新发展格局，由全球经济增长中心向全球科技创新中心转变，由制造业大国向制造业强国迈进。随着"新基建""碳中和"等发展理念的提出，新经济的内涵也将不断延展，除了为经济增长提供新动能，新经济也将更多地纳入"居民幸福""绿色发展"等基因，为资本市场服务提出新的课题。展望未来，资本市场将继续支持新经济企业建立高效畅通的直接融资渠道，切实服务于科技创新和实体经济转型升级，为建设科技强国、智慧社会提供坚实支撑。

作者简介：

马尧先生，中信证券股份有限公司执行委员会委员、投资银行管理委员会主任，兼任中信里昂证券董事。曾任中信证券风险控制部副总经理、债券销售交易部副总经理、交易部副总经理、资本市场部行政负责人、金融行业组负责人、投资银行管理委员会委员。

投资科技创新企业 助力产业优化升级

应文禄

中国改革开放 40 余年，经济发展取得了举世瞩目的成就。党的十九大报告指出，中国经济已由高速发展阶段转向高质量发展阶段，正处在转变发展方式、优化经济结构、转换增长动力的关键关口。

一方面，中国具备全球最完整的现代工业体系和最大的内需市场；另一方面，人口老龄化、环境污染、资源结构性短缺、关键技术自给率不足等问题依然严峻。

作为先导性资金，如何发挥创业投资基金的作用，引导社会资本投资战略新兴产业、投资创新科技企业、助力传统产业优化升级，是时代赋予创投行业的命题。

一、当前创投行业的发展现状

中国创业投资行业的诞生，代表了国家大力发展高科技产业的决心。1985 年，《中共中央关于科学技术体制改革的决定》首次提出创业投资概念，建议对于变化迅速、风险较大的高技术开发工作，设立创业投资给以支持。

从 1985 年至今，创业投资行业先后经历了 1985—2005 年的探索拓荒期、2005—2014 年的加速成长期和 2014 年以来的裂变发展期。

1985 年，国务院正式批准设立中国新技术创业投资公司。此后，我国首批地方国有创投机构相继成立，如江苏省高新技术风险投资公司、上海科技投资公司、广东科技创业投资公司、深圳高新技术产业投资服务公司等。此后，作为新生行业，中外资机构开始了长达 20 年的探索和拓荒。

2005—2014 年，全球化浪潮席卷，互联网、移动互联网的兴起为创新创业提供了沃土，中小板、股票全流通、创业板等资本市场改革完善了投资退出的渠道，大量外资、国资、民营及产业投资机构进入创投行业，银行、保险、政府引导基金、高净值人群也加入了对创投基金的投资,创投行业空前繁荣。在创投资本的资金和资源支持下,以百度、阿里巴巴、腾讯、美团、今日头条为代表的中国科技企业开始在全球资本市场获得关注。

2014年1月,中国证券投资基金业协会发布了《私募投资基金管理人登记和基金备案办法(试行)》,正式开启了私募基金备案登记工作。同年8月,中国证监会发布了第105号令《私募投资基金监督管理暂行办法》,这是第一部针对私募投资机构的具备行政性质的法规。至此,包括创业投资在内的私募股权投资行业正式纳入中国证监会管理,结束了荒蛮生长的时代,成为资本市场的正规军,也进入了规范化发展时代。2018年资管新规实施后,行业出现结构性分化,随着行业法律法规不断完善,资本市场深化改革逐步推进,创业投资进入裂变发展期,专业化、机构化和头部化趋势明显。

截至2020年12月31日,私募股权投资行业管理规模为15.97万亿元,其中股权投资类基金为11.06万亿元。在2020年新上市的企业中,有60%以上曾经在上市前获得过股权投资基金的支持,在科创板已上市企业中,这一比例超过80%。

创业投资行业已经成为支持创业创新、产业优化升级不可小觑的力量,在促进创新资本形成、提高直接融资比重、推动科技创新、优化资本市场投资者结构、服务实体经济发展等多方面发挥着重要作用。

二、新时期创投行业的使命和价值

在贸易摩擦、产业链重构、进口替代的大时代背景下,科技创新和产业优化升级正面临着前所未有的机遇和挑战。未来15年依然是中国科技追赶的时代。科技创新、产业优化升级需要完善的金融支持体系。

新技术、新经济产业具有长周期、高风险、轻资产的特点,由于缺乏强有力的担保措施和稳定现金流,在债权融资方面得到的支持力度往往有限,通过创业投资基金多轮次直接投资帮助技术创新型企业获得资金和资源支持就显得非常紧迫。时代赋予创投资本新的使命和价值,即投资中小企业、孵化创新、驱动成长、助力升级。

(一)投资中小企业

中小企业是国民经济最有活力的组成部分,是社会发展和稳定的重要力量,在发展经济、解决就业、改善民生、科技创新等方面发挥着不可替代的作用。

在中国，一方面，中小企业约60%的资产为应收账款、存货、知识产权、商标等动产和权利；另一方面，在金融机构担保贷款中，约60%的贷款要求提供房屋等不动产担保。因信用不足、担保不足的原因，中小企业发展普遍难以获得银行贷款的支持。

创业投资的主要特点是直接投资、参股不控股、不需要抵押担保、投资决策基于企业动态价值而非过往财务指标等静态价值，对于中小企业的支持具备先天优势。

截至2020年第三季度末，股权投资基金累计投资于境内未上市未挂牌企业股权、新三板企业股权和再融资项目数量达13.20万个，为实体经济形成股权资本金7.88万亿元。其中，在投中小企业项目6.58万个，在投本金2.16万亿元；在投高新技术企业3.75万个，在投本金1.58万亿元；互联网、机械制造、新材料、生物医药、医疗器械与服务、半导体等产业升级及新经济代表领域成为私募基金的布局重点，在投项目6.34万个，在投本金3.36万亿元。在"投早、投小、投微"领域，创投机构发挥着不可替代的独特作用。

（二）孵化创新

科技创新行业具有周期长、投入大、风险高的特征，较难依靠内生式积累完成自我培育和投资。世界上最伟大的科技公司背后，几乎都有创投机构的群体支持。

科技投资往往面临两大难题：一是如何判断真正的价值，包括技术的领先性和产业的应用能力；二是如何应对多种风险，包括研发、商业、财务和法规在内的多种不确定性。

作为科技和资本高度融合的新型投融资方式，创业投资具备独特的产业基因和风险承担方式，敢于通过前瞻性、战略性投资，孵化创新，促进技术、知识产权和人力资本转化为现实生产力。

在中国，股权投资机构对创新企业的渗透率呈现逐年上升的趋势。2020年，共有535家中国企业在A股、港股，以及美股成功IPO，股权投资基金对IPO的支持率为65%。其中，对科创板上市企业的支持率为82.76%，对创业板上市企业的支持率为72.90%。

（三）驱动成长

创投资本是先导性资金，具备明显的产业属性。通过对战略新兴产业的研究，创投机构引导社会资金精准地输送给高成长行业中的高成长企业。

同时，还以市场化、专业化、规范化的投后管理将人才资源、管理资源、产业资源嫁接给企业，帮助企业完善人才梯队、增加科研投入、改进组织结构、融入先进产业链，推动企业生产经营与互联网、大数据、人工智能技术深度融合，培育新技术、新产品、新业态、新模式，构筑核心竞争力。

（四）助力升级

当前，全球经济格局深刻调整，产业链供应链加速重构，我国产业转型升级面临新的机遇。但是，现有产业体系也暴露出高端有效供给不足、关键技术受制于人、抵御风险能力低、产业链韧性不足等诸多挑战。

实体经济是强国之本，创投行业致力于通过投资实体企业，引导社会资本脱虚向实，助力产业优化升级。

一方面，推动企业摆脱高投入、低产出的粗放式发展模式，加大对基础工艺、基础材料、基础零部件等方面技术的研发投入，帮助企业将新技术、新产品、新业态、新模式在产业端应用和普及。通过先行者质量提升、效率提升和竞争力提升的示范作用，带动产业上下游走升级道路，倒逼传统产业进行优化革新，逐步实现产业基础高级化与产业链现代化。

另一方面，通过与中央和地方各级政府引导基金的合作，创投机构正积极推动区域经济转型升级。2018年以来，中央和各级地方政府引导基金已经占据了国内创业投资行业新增资金来源的50%以上，地方政府更加注重借助投资机构的专业力量开展招商引资、招才引智、产业培育，共同打造区域特色产业高地，推动区域经济高质量发展。

三、创投行业面临的机遇和挑战

实现投资中小、孵化创新、驱动成长和助力升级的使命，创投行业面临的机遇和挑战并重。

（一）创投行业发展面临的机遇

新一轮科技革命和产业变革方兴未艾。以大数据、云计算、人工智能为代表的新一代信息技术，以基因工程、生物制药、免疫疗法、体外诊断技术为代表的生物技术革新，以纳米、碳纤维、生物材料为代表的材料革命，以及它们的有机结合，正在改变人类的生存、生产和生活方式。当前，科学技术驱动下的新经济已经成为发展主流，科技自立自强、产业链安全可控已经成为共识，这都为创投行业发展提供了丰富的产业土壤和投资机会。

中国崛起成为确定性的趋势。2020年，全球新冠肺炎疫情对世界主要经济体造成重创，中国通过高效有力的防控措施，率先复工复产，经济增速领先全球，GDP首次突破100万亿元。在投资一线，明显感受到海外华人科技人才回国创业迎来高峰，发达国家和地区的优秀人才向中国集中，内循环给本土创业型企业带来了融入核心龙头企业供应链的机会。当前，中国的劳动力、资本、土地、技术、数据等全要素生产效率正在全面提升，虹吸效应逐渐显现，未来10年，中国产业从中低端领域走向中高端领域的趋势非常明显，走向产业基础高级化、产业链现代化的步伐非常坚定，中国崛起成为确定的趋势。

资本市场深化改革持续推进。资本市场深化改革铺设了中国金融基础设施市场化改革的路径，多层次资本市场对技术创新和产业升级的支持系统更加完善和灵活。特别是注册制改革后，一、二级市场形成了更加有机的价值链接，畅通了一级市场的退出渠道，覆盖多产业、多区域、多阶段的股权投资基金踊跃设立，企业在天使期、初创期、成长期、成熟期、转型升级期的直接融资需求得到更加系统性的满足。

中国财富管理观念发生重大变化。中国特色社会主义进入新时代，社会主要矛盾已经转化为人民日益增长的美好生活需要和不平衡不充分的发展之间的矛盾。在财富管理领域，机构、家庭和个人的财富管理观念悄然变化，财富保值增值的意愿日趋强烈，需要类型更加丰富、价值创造能力更强的投资渠道。在新冠肺炎疫情后全球流动性充裕和国内"房住不炒"的背景下，机构和富裕家庭对创业投资基金的关注度正在提升。

（二）创投行业发展面临的挑战

中国企业创新能力的提升需要长周期、高密度投入。在中美科技角逐的背景下，贸易摩擦反复地印证，核心技术是要不来、买不来、求不来的。在半导体、生物医药、新材料、高端装备制造等领域，不少关键原材料、核心元器件和生产设备的进口替代率依然不足20%。在上述领域，中国企业普遍处于追赶状态，技术专利和经验储备有限，在全球产业链的话语权、影响力、竞争力有待提升。

企业技术创新能力和技术积累水平成正比，国际巨头拥有的核心技术往往经过了足够长的时间积累。因此，中国企业要想缩短核心技术的追赶周期，既要充分利用后发优势，缩短技术积累时间，又要通过长周期、高密度的投入，实现技术创新在产业中的应用，逐步形成技术积累和技术创新的良性互动。

支持科技创新的中长期资本依然不足。美国风险投资行业以机构出资人为主，主要包括大学捐赠基金、国家主权基金、保险基金等具有长期视角的机构。目前我国创投资金出资人主要来自政府引导基金、企业、部分银行资管计划，以及高净值个人，合计超过80%，作为全球私募基金主要出资人的保险资金，在国内出资占比不足5%。目前国内基金投资人普遍接受的基金投资期为3~5年，与企业科技创新周期不匹配，用于支持科技创新的长周期资金依然不足。

创业投资行业对中早期企业的支持力度需要持续加强。据清科研究数据显示，2020年，股权投资市场在投资阶段呈现向中后期移动的趋势，种子期企业被投数量和金额较2019年均有大幅下降，而扩张期企业被投数量和金额均最高，且较2019年全年均有大幅增长。投资轮次也呈现一致的趋势，天使轮投资数量与金额同比均大幅下滑，大量资金投向了商业模式较为成熟、发展相对处于中后期的企业。结合注册制背景，这种变化值得深思。长期来看，需要立足产业研究、践行价值投资、提升风险承担能力，在更早期发现并投资有潜力的高科技企业，支持其加速成长。

企业家对于股权融资的认知和接受需要过程。数据显示，截至2020年9月底，我国直接融资存量为79.8万亿元，约占社会融资规模存量的29%，这说明超70%的社会融资需求仍依赖银行等金融机构的信贷产品。近10年来，我国银行贷款在各项融资之中的占比依然大幅提高。企业尚未将在一级市场吸纳创业投资基金作为融资的首选工具，一方面是因为创业投资基金主要集中在经济发达地区，存在区域性结构差异；另一方面是企业家对稀释股权进行融资依然存在顾虑，对于股权融资的认知和接受程度有待加强。

投资机构专业化、规范化、品牌化水平需要持续提升。据美国SEC数据显示，截至2020年6月底，美国私募基金管理人有3228家，管理规模为14.7万亿美元，平均管理规模为45.54亿美元；同期，中国私募股权基金管理人有24419家，是美国的7倍多，但单一机构平均管理资产规模仅为5.88亿元人民币。国内创投行业"小、散、弱"的格局无法适应行业高质量、新发展的需要。融入新发展格局，满足科技创新企业长周期的融资需求，创投机构本身的专业化投资、规范化运作和品牌化发展的水平还需要持续提升。

（三）创业投资行业发展的建议

生态优先，加强对关键核心技术知识产权的保护。关键核心技术的研发和应用，离不开保护创新的良好生态。没有基础性的知识产权保护机制，企业家深受其痛、不敢投入，投资机构也冒着巨大的风险。建议高度重视知识产权保护，建立健全关键核心技术的保护体系，加强保护力度，引导资源聚集到真正有原创技术和自主研发能力的企业。

多维并举，推动创投行业走向高质量发展之路。一方面，机构自身要不断提升专业化、规范化、品牌化能力，打造产业研究的深度、提升发现价值的能力、加大产业投资力度，通过投资和赋能，打造一批具有国际竞争能力的高科技企业；另一方面，需要国家在政策方面加强扶持和引导，例如，鼓励银行资金、商业保险、社保金、养老金等中长期资本提升在创投行业的投资比例，加粗为科技创新输血的管道，探索建立符合创投行业特点的税收制度。

他山之石，探索优秀创投机构，通过资本市场做大做强。从全球来看，私募基金机构上市有利于提升机构资源聚集能力、提升自有资金投资比例，在投资金额、投资比例、投资持续性方面都能做更长久的安排，以适应高科技产业的长周期投资属性。以美国市场为例，黑石、凯雷、KKR等投资机构上市后，企业募资规模、基金平均规模显著提升，募资平均时间显著缩短，以及长周期基金比重显著增大。当前，中国股权投资行业仍然呈现"小而散"的格局，建议探索优质机构通过资本市场进一步做大做强，发挥价值引领作用。

绿色发展，深入推进 ESG 投资实践。高科技企业本身的高质量发展是一个有机、多维的系统工程。作为先导性资本，创投机构践行绿色发展，深入推进 ESG 投资，有利于帮助高科技企业建立长期可持续发展能力。对于环境（Environment）的关注，将推动企业更加关注环境友好、生态健康，帮助企业避免因环境问题吞噬未来盈利能力。对于社会责任（Social）的关注，将推动企业维护和改善与客户、供应商、员工、社区、政府等社会各界的关系，承担企业应有的社会责任。对于公司治理（Governance）的关注，将帮助企业提前开展规范化运作和科学化管理，为公司长期可持续发展打好基础。

时代在不断变化，我们正经历百年未有之大变局，未来不会是一片坦途，但中国的崛起是确定性的趋势，以科技驱动产业转型升级是确定性的趋势，相信以专业沉淀、产业积累和社会责任心，投资创新科技，赋能产业升级，创投行业依然大有可为。

作者简介：

应文禄先生，毅达资本董事长，中国证券投资基金业协会创业投资基金专业委员会委员，中国证监会第六届创业板发审委委员，深圳证券交易所行业咨询专家库专家。拥有20多年的股权和创业投资经验，曾多次被评为"中国最具影响力的创投人物"。

深化资产管理行业改革　助力新经济产业发展

经　雷

在新经济形态下，随着资本市场改革的深入和资管新规的落地，截至2020年年底，中国大资管市场整体资产管理规模（Asset Under Management，AUM）高达121万亿元，已经成为全球第二大资管市场。中国大资管行业经过结构性改革正逐步走向高质量、可持续的良性发展轨道。

在新经济高质量的内在需求下，资产管理行业为服务新经济高质量发展发挥着重要作用，以创新的思维和方式，优化资本市场资源配置、支持实体经济发展、服务普惠民生财富管理、推动养老金融、发展科技创新和绿色创新等关键领域，更好地服务新经济产业的蓬勃发展。

一、发现价值：聚焦新经济产业动能

（一）推动经济结构升级，促进趋势变革

新经济主要是指依托于信息技术的经济成分。广义的新经济成分包含新消费、新制造与新基建等多个领域，这其中包含新技术的革新、新业态的生成，也包含新服务模式的探索。

据中国信息通信研究院数据显示，中国新经济体量在2019年占GDP总量的比值为36.1%，2020年占GDP总量的比值为40.71%。可以预见，未来中国新经济还将保持强劲增长态势。

新经济结构的主要特征是产业结构转向服务主导、工业经济转向服务经济，产业结构由第三产业取代第二产业成为经济的第一拉动力量。服务经济的崛起和发展，将是未来经济的主线，是经济增长的主力和动力所在。

随着新经济产业集群的快速成长，企业积累了大量新经济属性资产，特别是优质的无形资产。资产蕴藏着未来的经济利益，新经济、新业态在一定程度上积蓄着经济新动能，也形成了其结构下资产的长期趋势。

从海外的新经济发展来看，经济处于历史上最长的连续增长期，且经济运行态势形成了"高增长+低通货膨胀+低失业率"的理想组合。中国的新经济发展在具备以上共性的同时，还体现出转型的特性。与欧美等其他经济体通过趋势变革改变结构的方式不同，中国的新经济是结构的调整，体现为通过经济结构优化升级来形成趋势。在动力上从要素驱动、投资驱动转向创新驱动。这也是中国新经济转型下的特色之一。

以居民生活消费为例，美国在第二次世界大战后修建了遍布全美的州际高速公路，形成了四通八达的公路网络，沃尔玛、山姆等大型超市基于成本在郊区设置门店，美国居民驾车即可集中便捷地购买日常生活用品。而根据城乡结构的布局，中国的大型商超主要聚集在城市的中心区域，随着中国新经济结构优化升级，以及互联网、电商、物流、物联网等新型产业的崛起，中国居民的日常生活消费需求结构及消费特质也在逐步转型，现在通过电商平台购买生活所需品，1小时即可送货上门的消费模式，已成为一种常态。中国的新经济产业正在实现"弯道超车"，进一步实现由要素投入驱动型经济增长阶段向创新驱动型经济发展阶段的转变。

而资本市场作为实现经济结构调整和升级的新引擎，也发挥着重要作用。资本市场掀起了新经济热，一批新经济公司如雨后春笋般崛起，随之而来的是兼并收购潮和上市潮。这也让资本市场权益融资的重要性显著上升。从这个意义上来看，资产管理行业的转型目标更应聚焦在深化金融供给侧结构性改革、增强金融与实体经济转型升级适配性的重要战略上。

思想创新是资产管理机构的基石，资管行业也在积极探究如何为新经济发展铺路、如何帮助科创企业融资、如何引导资本市场长期价值发现等，通过思想持续校正创新方向、创新路径和创新方法，不断提升资产管理能力、金融创新能力，以及风险防控意识。

（二）深化基本面研究，发现产业价值

新经济有不同产业运行的特征，就会产生不同的资管需求，这离不开资产管理行业的配合和支持。因此资管行业面临的新任务是如何把资源从原来的传统产业转到这些新经济领域里去，这就需要整个资管行业深入研究新经济的特点。

以公募基金为代表的资管机构需要以思想驱动，发现更多新经济驱动下的产业价值。以先进的投资理念洞察市场，通过网状和面状的深度研究，不断延伸，围绕产业链条分析上、中、下游的全产业维度，根据产业链条的趋势及变化不断进行深度基本面研究。通过这样全局的投资认知，判断单一投资的环节试点，可以极大地提高投资的准确率，对投资研究做出精准的前瞻性判断，在创新道路上不断提升投资能力。

中国经济从高速度发展阶段进入高质量发展阶段，资管机构正在持续优化投研能力与业务布局，加强投研能力建设，进一步提升在固收、股票、Smart Beta、资产配置及海外等的投资能力。资管机构致力于在更高维度上对投研方法论和投研体系进行系统性思考，也期盼与一批中国优秀企业共同成长，不断提升投研水平，对行业、公司进行长期深度研究，通过资管机构研究的深度、广度，以及中间的关联度，来驱动最终的投资收益，力求明确每笔投资收益的来源和逻辑。

因此，在未来，资管机构将更坚定地以思想为驱动，进一步提升投资能力，通过其自身的专业投研能力，发展与之适应的投研理论和方法，不断加强投研力量，提升金融资源配置的效率，为投资者争取更卓越、更持续的投资回报，助推新经济高质量发展。

（三）强化 ESG 责任投资理念，实现新经济高质量发展

ESG 责任投资理念，是指从环境（Environment）、社会（Social）、公司治理（Governance）的角度，评估企业经营的可持续性和对社会价值观的影响，并以此做出投资决策。

ESG 不仅是国际金融市场互通的重要纽带，也是我国新经济双循环的抓手。从指数层面来看，ESG 指数较高的企业在中长期能够创造出比市场基准更好的回报。中证指数公司推出中证嘉实沪深 300 ESG 领先指数，在沪深 300 指数中优选出在可持续发展方面表现最好的 100 家 A 股作为成分股。自 2019 年 11 月指数发布起至 2020 年 12 月底，该领先指数仅依靠 ESG 因子选股，便取得超出基准沪深 300 指数 4.9% 的回报，显示出 ESG 策略在中国 A 股市场中有能力创造出比大盘更好的表现。

ESG 因素反映的是企业可持续经营与长期发展方面的情况。而当下我国经济正从量变转为质变，争取超额回报并不是 ESG 投资的全部，通过筛选在 ESG 方面表现更好的公司，资本市场可以用资金"投票"，鼓励企业提高在环保、员工福利、保护小股东利益等各方面的表现，为社会进步做出实质贡献。

"十四五"时期是实现碳达峰的关键期,在中国向高质量增长转型及提出碳达峰、碳中和承诺之际,ESG 作为"30 60"碳目标达成的重要配套支撑,进一步完善绿色金融体系将是中国重要的一步。对于投资类金融机构来说,通过将 ESG 纳入投资决策流程,推进碳达峰、碳中和发展,进一步对投资市场及投资策略产生影响。投资类金融机构可以根据碳中和目标适时调整投资战略,主动识别和控制与碳中和密切相关的风险,积极践行低碳投资,扩大对绿色领域的投资规模,起到金融中介机构对于资金和实体的匹配应有的作用,充分发挥资本市场对实现碳中和的经济支持。

持续推动 ESG 应用实践,可以提升投资的价值,改善生产经营与生态环境和社会发展的关系,优化社会、经济、金融系统的运行逻辑,从而促进实体经济的创新和可持续发展。

二、创造价值:实现新经济产业跃升

(一)成长优先,助力新经济产业腾飞

随着新经济格局的持续推进,资本市场的长期吸引力不断提升,资本市场的核心功能是促使资本向最有效率、最有竞争力的企业流动,从而有效地促进经济结构的调整和升级。

据万得资讯、中金公司研究部数据显示,从 2019 年开始,A 股、港股新经济行业市值占比都在快速提升。在 A 股市场,2019 年,新经济行业市值占比为 44%,2020 年,新经济行业市值占比为 50%;在港股市场,2019 年,新经济行业市值占比较 2018 年增加 10%~48%,2020 年,新经济行业市值占比达到 61%。

近年来,以科技、消费、制造等为主线的成长风格结构性行情表现突出。随着经济转型向高质量成长推进,新经济动能产业链已经成为资本市场的"风口"。以公募基金为代表的资管机构多渠道改善企业融资环境,从机构投资者的专业视角,支持优质核心资产,汇集大众资金投向实体领域,流入具有核心技术和持续价值增长的新经济企业,通过更有效率的资源配置,促使产业结构优化调整和升级,成为促进直接融资的主力军。

经济与产业新旧秩序大变局迫切需要直接融资对接,资管行业服务新经济产业将发挥更大的作用,而直接融资发展将有效地激活资本市场动能,权益市场有望稳

健扩容，为资管机构进一步拓宽投资标的范围。一方面，资管机构应着眼于未来产业格局，发挥专业分析投资能力，发现真正重研发、产品，且具有科技竞争力的优质制造业企业；另一方面，资管机构应整合金融资源向高质量新经济企业集中，提升资源配置效率，推动产业转型升级，为新经济企业发展提供良好的金融环境。

A股市场的IPO向科创板、新经济行业倾斜。2020年，从行业来看，IPO募资总额主要投向新经济公司，半导体行业占A股IPO金额的17.1%，制药、生物科技行业占11.5%。2020年，科创板上市公司145家公司，募资总额主要集中于新一代信息技术（49.9%）、生物（19.2%）、高端装备制造（11.0%）和新材料（9.0%）。科创板占全部A股IPO金额的47.4%，高于33.6%的主板占比，创业板占比为19%。

资管机构突出专业化和市场化特性，辨别优质企业，促进实体经济转型和高质量发展。越来越多的资管机构坚定地看好中国的产业投资，关注科技、大消费、大健康与先进制造4个方向。

以公募基金为代表的资管机构更应该通过充分发挥专业资产管理能力，立足基本面分析，助力产业腾飞，精选那些能够代表社会经济发展方向、具有一定想象空间的优质企业，长期布局，陪伴优质企业成长，见证伟大公司的诞生，成为企业的支持者与陪伴者，服务中国经济转型，为客户带来丰厚的投资回报。

（二）持续回报，满足客户多场景投资需求

新经济下，居民对财富管理的认知程度会影响资产管理行业的发展深度。中金公司在《迎接居民家庭资产配置拐点》中提出，随着我国居民收入水平持续提升、房产增值预期发生改变、20~55岁人口占比继续降低，中国居民家庭资产配置正在经历从实物资产配置转向金融资产配置的拐点，金融资产占总资产的比重由2004年的19%提升至2019年的32%；同时，金融资产中股票和基金等风险资产的占比持续提升，股票和基金占金融资产的比重由2004年的8%提升至2019年的19%。

客户自身理财的需求对于理财的目标和风险偏好没有发生过多变化，而是在面对需求匹配的时候，对产品形态的要求发生了变化。

据中国银河证券基金研究中心报告显示，截至2020年年底，银行存款和结算备付金总资产占比是17.69%；权益类投资市值总资产占比是24.49%；基金投资市值总资产占比是1.34%；固定收益投资市值总资产占比是44.42%；贵金属投资市值总资产占比是0.11%；货币市场工具为1.04亿元，总资产占比是0.001%；金融衍生品投资市值非常少，占比忽略不计。

当客户的财富需求和产业形态都在发生变化时,以公募基金为代表的资管机构必须在其专业性、业务场景的丰富化等方面做出更多行动,拥抱变化。公募基金作为资产管理行业的核心产品形态,应该从源头上换位思考,以客户为中心,深度服务于客户的利益,与客户形成双向影响的信任与互动。

为了更好地服务客户,基金公司通过多元资产进行组合投资,利用资产配置自上而下分散风险。从客户的角度来看,现在需要有"组合管理"的概念。随着年龄增长、对风险耐受力增强等的变化,客户自己的理财需求可以通过调整组合管理的资产配置方式来体现,根据不同的诉求场景选择不同收益性和流动性的产品,并长期持有,获得更持续的投资回报。

其中,基金投顾业务也是服务居民财富管理的重要举措,开启了"投资者利益至上"的财富管理新模式。以符合投资者利益的"买方代理"的形式,由投资顾问依据投资者的委托,在授权范围向投资者提供建议,或以投资者的名义管理其账户内的资产配置和实施投资决策等,为投资者在全市场范围内优选、推荐"一篮子"组合。

随着我国老龄化对长期养老金保值增值的巨大需求,做好养老金第三支柱服务也是资管机构以客户为中心的动力。不少公募基金早已将发展养老产品作为长期布局的战略方向。公募基金已在养老金投资管理、大类资产配置、FOF投资运作,以及基金研究和评价领域配置了经验丰富的团队,为养老金未来资产配置提供了丰富的选择。

资产管理行业的正念与初心,即改善居民生活质量、为社会创造财富。资管机构必须真正理解客户的需求,甚至比客户先一步看到他们在不同投资周期的需要。资管机构为客户交付的也不限于投资业绩本身,更要为客户交付贯穿整个投资周期的美好价值与体验。

三、实现价值:释放新经济企业引擎

新经济下,以人工智能、大数据、云计算、区块链等技术为核心的新一代技术与金融业务加速融合,孕育出大量投资机遇,也诞生了一批优秀的中国企业,科技和金融融合正在不断颠覆传统资产管理行业。

在2020年前三季度中,上海证券交易所科创板IPO数量和融资额分别为113家和274.6亿元,均为全球市场板块第一,科创板正成为中国科创企业首选的上市地。未盈利、特殊股权架构、红筹等新经济企业通过科创板首次登陆了A股市场，基本与国际市场接轨的上市标准明显提升了市场的包容性。

深圳证券交易所最近两年来一直在推进创业板改革，改革后的创业板主要服务于成长型创新创业企业，支持传统产业与新技术、新产业、新业态、新模式的深度融合。通过这一定位，创业板改革为成长型创新创业企业参与新一轮产业变革与科技革命竞赛提供了新的资本市场助力。未来，创业板、科创板等其他板块会错位发展，组成新经济企业登陆资本市场的多层次阵营。

从最先的供给侧结构性改革到资管新规，再到科创板和创业板，这两个代表未来科技力量的板块推出注册制，之后又在主板推出注册制，这一系列改革可以帮助提升资本市场，让更多、更好的企业参与其中，也是优化资本市场资源配置必不可少的环节。

以公募基金为代表的资管机构为优质上市公司提供更有效的融资服务，在注册制"增量改革引领"下，资管机构作为长期投资者将有序壮大，成为资本市场发展稳定的中流砥柱，进而推动创新型资本形成的金融资源配置体系建设完善，切实推动实体经济高质量发展。

深化资产管理行业改革创新。只有通过创新，才能解决新问题、创造新机会，于新经济变局中开新局。在新经济发展格局的形成过程中，中国的资产管理行业一定会涌现出异彩纷呈的创新，更好地发挥资本市场的核心枢纽功能。

作者简介：
经雷先生，嘉实基金管理有限公司董事、总经理，曾在嘉实基金机构担任投资和固定收益业务首席投资官，在美国国际集团（AIG）国际投资公司美国纽约总部承担研究投资工作，在友邦保险中国区资产管理中心担任副总监、首席投资总监及资产管理中心负责人。有20多年的投资管理经验，拥有国际和国内知名大型跨国投资公司专业投资及企业管理工作经验。

聚焦新经济产业发展　提升资本市场服务效能

其实　陈凯

一、新经济产业概述

中国经济进入新常态后，增速换挡、结构调整、动能转换"三期叠加"的阶段性矛盾带来的经济增长压力持续加大，传统由投资驱动的粗放式经济增长乏力，由新技术催生的新经济产业为经济结构转型提供了新动能。据国家统计局数据显示，2019年"三新"（新行业、新业态和新商业模式）经济增加值为161927亿元，占我国GDP总量的16.3%。2015—2019年，"三新"经济增加值年复合增长率达12.3%，高于整体GDP增速，新经济已经成为拉动我国经济增长的重要力量。

（一）新经济引领新发展

近10年来，中国新经济蓬勃发展。以新一轮产业革命为基础，以人工智能、5G、大数据、云计算、物联网、区块链、生物技术等新技术为驱动，适应全新市场需求所形成的新产业、新模式、新业态丰富了新经济的内涵与定义。一是产业体系的颠覆性变革。颠覆性的技术革新是近年来推动以新材料、新能源、智能网联等为代表的新产业快速成长的核心驱动力。以智能网联汽车为例，大数据、人工智能、物联网等互联网新技术的诞生推动了智能网联产业的高速发展。汽车的功能定位从单一的移动出行工具向融合娱乐、办公、生活等多类属性于一体的智能移动空间转变。二是商业模式的创新式发展。得益于人口红利和信息技术的快速发展，移动互联网的普及造就了众多行业风口，以移动互联网为基础的移动出行、在线电商、共享经济、网络直播等全新商业模式，通过个性化的服务精准触达衣、食、住、行等日常生活的方方面面。三是传统产业的融合价值提升。在我国经济结构中，传统产业的占比仍然较高。面对巨大的存量改造空间，新经济企业正在逐步完成对消费者和传统企业数字化习惯的培育。借助大数据、人工智能、区块链等前沿技术进行传统产业的转型升级，解决传统产业链中存在的分散、低效、信息不对称等痛点，实现传统产业降本增效，是新经济得以快速发展的重要支撑。

（二）新经济引导新趋势

新经济的发展日新月异，新技术催生新产业，新产业带来新财富，新财富引发新需求，新需求又进一步带动新供给。过去 10 年间，随着底层技术的持续创新迭代，新经济产业不断出现结构性转变，呈现全新的发展与演变趋势。

1. 从消费端到产业端

得益于信息技术的高速发展，消费互联网成为过去 20 年新经济产业在流量红利下的最大受益者。零售、文娱、社交作为与 C 端用户联系最为紧密的行业，在消费互联网的强驱动下迎来了高速发展。2018 年后，互联网流量天花板显现，人口红利逐渐见顶，流量成本加剧，消费互联网公司增长普遍放缓，存量市场趋于饱和。在此背景下，随着 B 端的企业服务与改造需求攀升，产业互联网成为下一个价值创造的蓝海。一方面，服务模式创新被动逐渐向产业链上游延伸，助推产业互联网快速发展；另一方面，数字技术和生物技术迅速发展，其所带来的产业变革与创新孕育着巨大的市场机遇，为产业互联网的发展提供了更充分的底层技术支撑。

2. 从线性发展到矩阵式发展

横向兼并和纵向一体化发展是过去各行业龙头企业强化垄断地位、实现规模经济的主流战略手段。在互联网和数字技术作为通用技术的新经济领域，企业的战略逐渐走向开放包容。一方面，兼并收购战略的优势被削弱，依托信息技术共享建立资源交换平台，形成行业生态共同体，同样可以成为企业降低经营成本、提升竞争优势的有效手段；另一方面，新经济的发展使产业边际逐渐模糊，传统产业改造与产业融合的加速使得头部企业的活动边界不断被拓展，因此相较于传统企业，新经济企业往往呈现更多的跨行业经营的特点，并且这种变化在未来会进一步深化。例如，头部互联网企业纷纷在智能网联汽车、在线金融、企业服务等领域跨界布局。

3. 从数据化到数据要素化

在新经济蓬勃发展的当下，通信技术渗透至千家万户，居民的互联网使用行为可以被转化成数据详细记录,产生大量的数据资源。IDC 发布的报告预测[1],2025 年中国数据产量将占全球总量的 27.8%,2016—2019 年,我国大数据产业市场规模由 2841 亿元增长至 5386 亿元,增速连续 4 年保持在 20%以上[2]。2020 年,《中共中央国务院关于构建更加完善的要素市场化配置体制机制的意见》发布,将数据同土地、劳动力、资本、技术并列为五大生产要素,提出加快培育数据要素市场。数据成为经济发展的"水电煤",围绕数据进行深度挖掘与融合应用成为激发新经济活力,以及培育新产品、新技术、新模式、新业态的重要探索方向。

4. 从模式创新到技术创新

近年来,我国愈加重视先进科学技术在产业上的引领作用,从政策层面给予了技术创新型新经济企业越来越多的引导和支持。《中共中央关于制定国民经济和社会发展第十四个五年规划和二〇三五年远景目标的建议》指出,要坚持创新在我国现代化建设全局中的核心地位,把科技自立自强作为国家发展的战略支撑,深入实施创新驱动发展战略,提升企业技术创新能力。未来新经济产业资源会进一步向技术创新型企业集中。一方面,技术创新能推动产业变革,催生新产品与新业态,是推动经济高质量增长的根本动因;另一方面,过去大部分新经济企业的模式创新业务逻辑是将线下业务向线上迁移,而依托深挖数据和流量价值进行精细化管理和运营是模式创新类企业未来寻求盈利突破的重点,这一目标的实现需要以大数据、人工智能等底层信息技术的持续创新突破作为支撑。

二、资本市场助力新经济产业高质量发展

(一)资本市场与新经济产业融资需求高度匹配

根据企业生命周期理论,企业的发展可以分为初创期、成长期、成熟期、衰退或再造期等阶段,以创新为特征的新经济企业大多处于初创期和成长期,普遍具有资产轻、盈利弱、投入高等特点,企业不确定性更大,更难获得银行贷款的支持。《2020 中国科创企业展望报告》[3]调研数据显示,2019 年中国科创企业获得银行贷款的占比仅为 18%,而对于下一笔融资,预期仅有 3%的企业将获得银行贷款。

在较难获得间接融资的情况下,资本市场多层次服务、市场化定价的优势凸显,

---

1 IDC. 数据时代 2025[R]. 2017.

2 数据来自中国通信院,中国前瞻产业研究院。

3 清科研究中心. 2020 中国科创企业展望报告[R]. 2020.

可以为不同生命周期的新经济企业提供一级市场风险投资、二级市场上市融资等多种直接融资渠道，从而创造更为宽松的融资环境，引导资金和生产要素向重点领域聚集，促进资本和新经济产业的深度融合。

（二）一级市场为新经济企业注入源头活水

一级市场的风险投资是一种高风险、高收益的投资类型，与新经济产业形成了天然的风险匹配。风险资本具有高度的市场敏感性，可以有效挖掘和培育新经济增长点，且风险投资往往可以为被投企业在流量、业务、技术、管理等层面实现资源导入，引导资源聚集，激发生产活力，有效促进被投企业做大做强。

从国外经验看，风险投资在创新型企业的培育中发挥了重要作用。在美国，包括微软、苹果等在内的绝大多数高科技企业都是按照风险投资模式发展起来的，这些企业已经成为美国经济增长的重要动力。据美国投资协会的数据显示，美国历年的风险投资交易金额均占世界总额的一半以上，发达的风险投资市场助力美国成为科技强国。

我国的风险投资市场出现较晚，但发展迅速。在"大众创业、万众创新"的号召下，我国新经济产业蓬勃发展，新经济领域的风险投资也经历了一段时期的爆发式增长。据IT桔子数据显示[1]，2020年我国新经济领域的一级市场投资交易金额为8145亿元，是2011年8.4倍，2011—2020年，我国共出现新经济企业13万家，其中有5.6万家曾获得过一级市场融资，占比达43%。快速发展的风险投资市场为我国新经济产业的发展提供了有力支持，随着我国风险投资市场的不断完善，资本市场服务新经济发展的覆盖面有望进一步扩大，支持更多有潜力的企业脱颖而出。

（三）二级市场为新经济企业带来长期动力

当企业发展到一定规模，通常会寻求上市，并通过二级市场募集企业长期发展所需要的资金。20世纪70年代，美国硅谷诞生了大量科技企业，这些企业早期往往有机会获得风险资本的支持，但早期投资难以维持长期发展，他们都渴望通过上市融资寻求长线资金，却无法达到纽约证券交易所的上市门槛，此时纳斯达克应运而生，降低了企业挂牌登陆二级市场的门槛，为中小科技企业提供了新的融资渠道。纳斯达克与美国高新技术产业的发展相辅相成，孕育出了包括Facebook、苹果、亚马逊、微软、谷歌在内的科技巨头，被认为是美国新经济的摇篮。

---

1 IT桔子. 2020—2021 中国新经济创业与投资分析报告[R]. 2021. https://cdn.itjuzi.com/pdf/c070faab0614c04aab7ca7273edaba51.pdf.

为适应我国经济从高速增长阶段转向高质量发展阶段，提升资本市场服务创新经济的能力，我国资本市场支持新经济产业发展的各项改革取得了显著进展。2019年6月，科创板正式落地并试点注册制，其定位是服务高新技术产业和战略性新兴产业。2020年8月，创业板注册改革制正式实施，改革后的创业板定位于服务成长型创新创业企业，支持传统产业与新技术、新产业、新业态、新模式深度融合。通过设置更加包容的上市条件，科创板和创业板为新经济产业提供了更多长线融资机会，坚定了产业发展的信心。自2020年8月24日科创板、创业板并行注册制以来，截至2021年2月，科创板和创业板新增上市企业159家，首发募集资金合计1582亿元，分别占全部A股的62%和65%[1]。A股市场重心明显向新经济产业倾斜，将有效引导资源向重点领域聚集，为新经济产业提供长期发展动能，加速创新成果向现实生产力转化，不断增强资本市场服务实体经济的能力。

三、进一步提升资本市场服务新经济产业效能的思考

（一）建立健全多层次资本市场，全方位畅通服务新经济渠道

从新经济发展趋势来看，我国新经济正处于从网联时代步入物联时代的新阶段，叠加以国内大循环为主体的国际国内双循环建设，这将从本质上彻底打破一、二、三产业的界限，带来前所未有的产业升级与产业整合，催生中国新一轮立足本土的并购潮。从资本市场服务的创新进程来看，伴随注册制改革的进一步深化与科创板等多层次资本市场的进一步发展，参考境外成熟的市场经验，新经济企业的IPO数量在短期内大幅提升后将逐步进入IPO常态化与市场化阶段。

一方面，对于PE/VC机构和跟投机构而言，一、二级市场的流动性溢价将进一步收缩，像美股一样的估值倒挂、发行失败、上市破发等现象或将更容易出现。事实上，据清科数据显示[2]，2010—2019年，中国股权投资项目A股IPO退出内部收益率中位数已经从111.9%降至32.5%，回报倍数中位数从6.77降至1.99，这将催生更大的机构风险对冲市场；另一方面，对于上市新经济企业而言，社保基金、指数基金的进入会进一步吸引资金向新经济优质龙头集中，板块流动性分化进一步加剧，回报周期长或变现能力差的新经济公司的处境会更加艰难，市场之间的有效连

---

[1] 该数据来自东方财富Choice数据。
[2] 清科研究中心. 2020年中国VC/PE项目退出收益研究报告[R]. 2020年6月3日. https://report.pedata.cn/1591177635828625.html.

接与多元化的退市渠道建设较为迫切。

建议进一步完善多层次资本市场体系，补齐市场短板，提升运行效率；发展场外衍生品市场，进一步丰富机构投资者的风险管理工具；活跃区域性股权交易市场，允许A股退市企业退回区域性股权交易市场，进一步畅通企业退出渠道；壮大并购基金市场，进一步提升并购重组市场的专业化服务能力。

（二）提升新经济品牌打造能力，塑造A股全球市场影响力

纳斯达克自20世纪70年代成立以来，先后涌现出了英特尔、苹果、思科、谷歌、特斯拉等一批具有全球影响力的新经济企业，纳斯达克也因此从一家场外交易平台逐步成长为全球新经济板块的代名词。究其原因，从发展背景来看，美国经济的繁荣、资本市场的开放、硅谷的诞生与创投行业的发展缺一不可。从发展定位来看，纳斯达克建设初期就定位于服务中小型高科技成长企业，被誉为经济转型的助推器和创新企业的孵化器。从操作层面来看，混合交易制度极大地改善了市场流动性不足的问题；宽进严退和分层制度推动了吐故纳新机制的运行；严格规范的数字化信息披露制度保障了投资者的权益。

目前，中国正处于引领全球新经济发展的机遇期，在5G、云计算、大数据和区块链等第四次工业革命重点领域的研发成果丰硕，金融市场双向开放有序开展，创投机构独角兽投资数量与规模全球名列前茅，注册制改革逐步推进，科创板与当年的纳斯达克一样定位明确，主攻新一代信息技术领域、高端装备领域、新材料领域、新能源领域、节能环保领域、生物医药领域的科技创新六大领域，但品牌影响力还有待进一步扩大。纳斯达克在成立早期就遇到了英特尔、苹果这样的企业，而实际上，英特尔与苹果虽然当时交易活跃，但与纽约证券交易所的上市公司相比体量规模仍有差距，且纳斯达克的其他公司股票流动性仍然极低。1982年，纳斯达克通过把单一市场强制分层为全国市场与常规市场，使得一些优质公司通过全国市场真正凸显出来，极大地提升了其在新经济领域的影响力，成为新经济发展的风向标。即使在2006年之前，纳斯达克并未正式成为全国性交易所，许多科技公司发展壮大后也并未转板。2014年，为能和其他行业领先的科技公司一起出现在纳斯达克，全球半导体巨头AMD宣布从纽约证券交易所转板纳斯达克，纳斯达克的品牌力量可见一斑。现如今，纳斯达克依然保持分层传统，于2006年起分为全球精选市场、全球市场与资本市场3层，且上市企业在一定条件下可升层或降层，最大限度地把美国乃至全球的新经济公司留在了纳斯达克。中国科创板是打造A股新经济品牌影响力的最佳载体，或可参考纳斯达克，伴随企业数量的增加逐步采用分层制度，加强品牌打造能力与国际影响力，并吸引全球新经济企业在中国科创板上市。

（三）警惕资本无序流动，发挥新经济社会价值

以互联网公司为代表的中国第一批新经济企业大多已成功实现资本积累，它们正凭借战略眼光与从业敏感度，通过自建研发基地、并购重组和成立创投基金等方式积极参与中国乃至世界新经济产业的发展。在胡润研究院公布的2020胡润全球独角兽活跃投资机构百强榜中，腾讯、阿里巴巴、红杉中国等具有中国新经济企业背景的PE/VC投资独角兽的数量长年占据榜单前十，超过众多老牌国际创投机构，以及谷歌、微软这样的新经济国际巨头，成为中国资本市场服务新经济不可或缺的重要补充与支撑。

但同时，我们也应警惕资本扩张的两面性。2020年12月，中共中央政治局将"强化反垄断和防止资本无序扩张"列为2021年经济工作的重点任务之一。资本通常对于市场较为敏感，容易快速集聚在某一领域，大幅缩短行业竞争与整合的周期。有序的资本扩张有利于科技创新活动的推进，在逐利的动机下，资本会主动挖掘市场上有潜力的行业、公司或项目，并给予资金支持，这有利于优化市场资源配置、提高经济运行效率；无序的扩张则会导致垄断的出现，而当垄断达到一定程度时，在可能产生损害消费者权益、削弱创新活力等消极影响的同时，庞杂的业务关联还可能带来过高的企业杠杆率，引发局部甚至整体系统性风险。

随着第四次工业革命的到来，新经济的发展将进一步呈现颠覆传统与跨产业的特质。面对2020年以来严峻的国际环境，攻克关键技术领域的"卡脖子"难题更加迫切需要有实力、有基础的新经济企业与社会资本广泛参与，共克难关。一方面，需要推动目前局限于产业内部的传统反垄断理念与日新月异的新经济发展相适应；另一方面，需要进一步呼吁企业与社会资本加强社会责任担当，把海量数据与先进算法更多地运用于科技创新，努力改变中国在核心技术上受制于人的局面，致力于在更长远的未来享受技术变革带来的更大收益，在俯身捡起六便士的同时，不忘仰望月亮。

作者简介：

其实先生，东方财富信息股份有限公司董事长、总经理，全国政协第十三届委员，民建中央第十一届委员，中国证券投资基金业协会副会长。2004年创立东方财富网，2010年带领公司在深圳证券交易所创业板上市。

陈凯先生，东方财富信息股份有限公司副董事长、副总经理，全国政协第十一届委员，全国青联第十一届常委。

四、区域发展篇

把握国家政策,聚焦资源优势,进行产业选择,优化产业布局,完善产业链条,营造更好的创新环境和支撑平台,高质量发展新经济产业和形成核心产业竞争力,是各大城市、各地经济开发区和高新区转型升级和高质量发展的紧迫任务。本篇重点介绍北京市和上海市发展新经济产业的战略安排、生动实践,以及成都市、福州市、苏州市、宁波市等地高新区和经济开发区开拓创新、服务新经济企业的有益经验。

把握时代发展新趋势　促进城市数字化转型

北京市人民政府研究室

近年来,数字技术的变革与创新正在加速全球数字化转型进程,数字化日益成为经济社会发展的新要素、新动能和新制高点。习近平总书记高度重视数字化建设,多次作出重要指示,明确指出数字化建设要适应我国发展新的历史方位,全面贯彻新发展理念,以信息化培育新动能,以新发展创造新辉煌。北京市要在"十四五"时期保持发展优势,实现更高质量发展,就必须率先推进系统性的数字化转型。

一、世界主要国家数字化转型的共性特征

近年来,美国、英国、德国、日本等世界主要发达国家纷纷制定出台数字化战略,积极推动本国的数字化转型。较为典型的有欧盟的《投资未来:欧洲2021—2027数字化转型》、英国的《英国数字化战略》《数字经济战略(2015—2018)》、德国的《数字化战略2025》、美国的《数字政府战略》等。从各国的发展历程看,其对数字化转型的基本路径已经有了较高共识。总体而言,需要实现四大变革。

一是发展基础的变革。核心是实现数据要素的市场化,让数据真正成为经济社会发展最重要的资源和要素。例如,德国在其数字化战略中提出,数字化转型的核心元素就是信息,经济现代化成功最重要的因素就是信息处理。据其估算,如果德国企业坚决推进数字化技术、能力及其应用,将释放兆亿美元级的经济潜力。目前,为促进数据要素的市场化,各国也正大力投资建设数字化的基础设施。例如,德国明确提出,将在全德国建成千兆级光纤网作为数字化转型的首要任务;英国的数字化战略也将建设世界一流的数字化基础设施作为七大重点任务之一,并采取设立4亿英镑投资基金等系列具体措施。

二是生产方式的变革。核心是通过产业数字化和数字产业化重塑经济发展优势。目前,世界主要发达国家纷纷加速政策迭代,并以产业联盟为纽带,开展数字化转

型的多样化探索创新,加速向构建全局性、系统性数字经济生态体系演进。例如,德国将工业4.0摆在突出重要位置,构建互联互通的数字化产业生态,尤其是,德国将机器设备与互联网互联作为数字化发展的颠覆性技术加速推动,其"智能化联网"计划,预计到2030年前,将有5000亿台设备和机器通过互联网相连。此外,德国的数字化战略还将为中小型企业、手工业和服务业提供新型商业模式作为重要目标。我国的"十四五"规划提出,推进数字产业化和产业数字化,推动数字经济和实体经济深度融合,打造具有国际竞争力的数字产业集群。

三是生活形态的变革。核心是通过数字化的感知方式增进人与世界交互的便利性。近几年来,数字化技术在服务业中表现十分抢眼,创造了许多全新的商业模式,正深刻改变着人们的衣、食、住、行。在"衣"方面,依靠"虚拟现实"和"增强现实"技术,人们可以在网上通过3D视觉挑选服饰,并在网络直接体验身穿服饰的感觉。在"食"方面,物联网与区块链结合,可以监控食材从农田到餐桌的全过程,在餐厅,后厨机器人配菜、前台机器人送餐已经能够实现。在"住"方面,智能家居不断提升人们的生活质量,各类家用电器可通过手机甚至音控进行管理,照明和空调可识别环境条件自动开关,一些智能家居设备实现了安防、节能、养老监护等多重功能。在"行"方面,智能交通成为治理大城市病的重要手段,无人驾驶正在逐步实现。同时,各国对人的数字化技能培训越发重视。英国数字化战略明确提出,将为每位公民提供掌握其所需数字化技能的途径。我国的"十四五"规划也提出,提升全民数字技能,实现信息服务全覆盖。

四是治理模式的变革。核心是通过治理手段的数字化催生全新的制度规则与流程。目前,随着经济和社会的快速发展,政府治理和社会治理的数字化也已成为必然趋势。美国早在2012年就发布了数字政府战略,并提出"建设一个21世纪的数字政府,利用数字技术改变人民生活"的目标愿景,使得公民可以随时随地获得政府的数字信息和服务。英国在数字战略中提出,要确保英国政府在全球在线民众服务方面处于领先地位。总体上,各国推进政府数字化转型的主要举措包括打造基于整体政府的统一数字平台、加强数据整体治理、推进政府数据内部共享和对外开放、建立数字服务标准和关键绩效指标以评估和不断优化服务、高度重视隐私保护和信息安全等。

二、北京市数字化转型取得的初步成效

"十三五"以来,北京市坚决落实国家数字中国建设的政策措施,积极布局、持续推进,开启了数字化转型的步伐。伴随着数字化基础设施和应用场景的建设布局,

以及对相关规则的不断探索，北京市数字化转型的软硬件环境逐步完善，大数据、物联网、云计算等数字技术加速向产业发展、政务服务、社会治理等领域全面渗透，取得了初步进展。

（一）新基建和新场景建设布局迈出新步伐

加快智慧城市基础设施建设，目前已完成2.6万个5G基站建设，覆盖世园会、大兴国际机场、重要体育场馆、金融街等重点区域、人口密集区域。以人工智能、5G、区块链、北斗等领域底层技术迭代升级和示范应用为重点，分3批推进60项应用场景建设落地，在解决城市痛点难点问题、改善城市管理运营服务、培育新模式新业态等方面产生明显效果。全自动无人驾驶、智能车联网、人工智能等一批技术在央企地下矿井作业、核电智能化等领域实现应用。设计组装全球首辆"5G+8K/4K"超高清转播车，2019男篮世界杯成功进行了"5G+8K"实验性直播。

（二）数据共享和开放运用取得新成效

在政务数据共享应用方面，打造目录区块链系统，破解数据汇聚共享难题，推动数据有序"上链"，实现市级部门政务信息系统入云，有效支撑了领导驾驶舱、城市规划管理、一网通办等重点领域应用。特别是在新冠肺炎疫情阻击战中，通过政务数据的汇聚共享和应用，为常态化疫情防控和复工复产提供了重要支持。在公共数据开放运用方面，建立政府网站集约化统一技术平台，实现了政府网站信息"一网通查"。在全国率先建设公共数据开放创新基地，出台《关于推进北京市金融公共数据专区建设的意见》，初步建成金融公共数据专区，支持首贷中心业务办理。

（三）软件和信息服务业发展达到新水平

连续出台《北京市促进软件和信息服务业发展的指导意见》《北京市进一步促进软件产业和集成电路产业发展的若干政策》《加快科技创新发展新一代信息技术等十个高精尖产业的指导意见》等政策，支持软件和信息服务业发展。软件和信息服务业在全国处于领先地位，2020年实现增加值5540.5亿元，占全国软件和信息服务业的14.6%，占全市GDP的15.3%，比"十二五"时期末提高了5个百分点。产业聚集度进一步提升，规模以上软件和信息服务业企业3708家，字节跳动、百度两家企业进入"千亿元俱乐部"。平台经济持续增长，2020年互联网和相关服务业实现营业收入5764.8亿元，占软件和信息服务业的32.7%。2020年全市新设软件和信息服务业企业3392家，平均每天诞生9.3家，成为全国最为活跃的软件创新创业中心。

（四）产业数字化赋能实现新进步

通过政策引导、资金支持、优化服务、营造生态等手段，积极培育工业互联网高端供给，大力推动传统优势产业智能化改造升级和提质增效。支持北京奔驰、京东方、福田康明斯等重点企业开展智能化改造提升，累计实施了85个数字化车间、智能工厂、京津冀联网智能制造技术改造项目，福田康明斯成功入选2020世界经济论坛全球"灯塔工厂"。推动优秀的智能制造系统解决方案供应商、关键技术装备供应商等组建北京智能制造联盟。全市规模以上工业企业上云、上平台率超过40%，中小企业上云、上平台用户数超过20万人次。同时，以技术赋能金融业，推动金融和科技两个重点优势产业深度融合。2018年印发《北京市促进金融科技发展规划（2018年—2022年）》，北京成为全国首个发布金融科技发展政策规划、启动金融科技与专业创新示范区、核心区建设的省区市。西城区、海淀区全力推进金融科技创新发展，先后发布了"金科十条"、金科新区"三年行动计划"等，目前已聚集金融科技企业总数超过100家，实现年收入近千亿元。在全国率先开展金融科技创新监管试点，"监管沙箱"三批22个项目顺利入箱。在2019年和2020年全球金融中心指数报告中，北京金融科技指数排名分别为全球第一位和第二位。

（五）"互联网+政务"服务效能取得新提升

聚焦智能政务，推动"互联网+政务"不断向"全程网办、全域通办"目标迈进。大力推行"一网通办"。完善覆盖市、区、街乡镇、社区村四级的网上政务服务大厅，非涉密事项全部实现网上可办，全程网办率为84.96%，投资审批事项100%网上可办理。全面推行"在线导办"。分级引导、精准导办、全程帮办，打造实时性、交互式、有温度的"线上综窗"，企业群众可全程在线，即时"一对一"获取咨询解答服务，拓展"北京通"App、微信、支付宝、百度小程序，1000余项政务服务事项可"掌上办"，推出104项市级"秒批"服务。积极探索区块链技术在政务服务中的应用。印发《政务服务领域区块链应用行动计划》，400余项区块链政务服务落地，平均减少材料提交40%以上，大幅减少办事时间、简化办事环节；发布全国首份《北京市政务服务领域区块链应用创新蓝皮书》。一体化网上政府建设取得初步成效。逐步实现政府信息"一网通查"、互动交流"一网通答"、办事服务"一网通办"，打造一体化网上政府。建成市政府门户国际版网站，推出投资、留学、工作、生活、旅游五大场景服务，使用 8 种外语打造集信息发布、公共服务、咨询交流等功能于一体的一站式互联网国际化服务平台。

（六）"智慧城市"精细化管理得到新提高

围绕"四梁八柱"，大力推进城市治理应用场景建设。将"雪亮工程"与网格化服务管理有机结合，将"全覆盖、无死角"的治安防范措施延伸到基层。建成覆盖全市乡镇（街道）的粗颗粒物自动检测、水环境质量监测、土壤环境监测网络，以及京津冀及周边地区大气污染联防联控信息共享交换平台。特别是，区域试点建设创新突出，12 个区的 21 个街道结合自身特点，探索开展了多样化的城市大脑应用。海淀区搭建以人工智能和大数据为重要支撑的城市大脑"1+1+2+N"总体框架；朝阳区开展"智慧物业"平台建设，聚焦"一站式服务""一网式监管"，有效促进物业服务质量提升；西城区自建 App"红墙金服"，实现"人群聚集""堆物堆料"等案件的处置闭环，将原有的被动等待案件上报的方式，转变为系统自动发现、远程查看、快速处置，极大提高了效率。

三、"十四五"时期推进北京市数字化转型的主要措施

在数字化转型进程中，一些深层次问题逐步显现，主要表现为相关法律法规不健全，对数字化条件下新型社会关系的处理缺乏依据；数据流动和交易交换循环不畅，数据资源的要素化进程受到阻碍；产业配套不完整，数字经济发展质量和竞争力的提升受到制约；建设集约化、协同化程度不足，数字政府缺乏社会广泛参与。下一步，北京市应坚持数字经济、数字政府、数字社会、数字生活一体推进，坚持法律法规和社会实践动态适配，坚持数字技术演进和制度规则革新相互促进，坚持数字经济与数字治理同步发力，努力在新技术、新基建、新场景、新产业、新服务等方面加快突破，力争数字化转型持续走在全国前列。

（一）法律法规与政策制度先行，营造数字化转型的良好环境

目前，全球已有 110 余个国家或地区制定了专门的个人数据保护法，立法模式大致分为两种：一是欧盟、日本等数据输出国的保护主义模式。欧盟于 2018 年出台了《通用数据保护条例》（General Data Protection Regulation，GDPR），将个人数

据视为基本人权，与经济利益相比具有优先保护效力。二是美国等数据流入国的自由主义模式。除非市场无法调节，否则不会对数据问题进行联邦立法，目前仅针对个人数据滥用危险较大、个人利益需要特别保护的特殊部门进行特别立法。

我国与欧盟、日本同属国际数据输出大国，国家层面已有一些初步行动，北京市可在以下方面率先推进探索：一是强化数字经济领域的反垄断，防止"赢者通吃"。目前，强化数字经济反垄断监管已是大势所趋。2020年12月，欧盟发布《数字服务法》和《数字市场法》议案，解决了科技巨头的市场封锁问题，规定如有违法行为最高可处以其全球年营业额10%的罚款。应按照《中华人民共和国反垄断法》的要求，结合市场监管总局发布的《关于平台经济领域的反垄断指南（征求意见稿）》相关内容，制定数字经济反垄断条例或规章，强化对数字企业垄断性行为的事前事后监管。二是强化新型劳动就业关系法规保护，防止平台员工维权难。应在综合权衡经济发展和社会责任、企业成本和员工权益的基础上，制定新型劳动就业关系管理办法，加强对劳动者的保护。三是强化数字企业与用户的对等关系，防止"大数据杀熟"等恶劣行为。科技巨头具有数据信息不对称优势，易实施价格欺诈、信息蒙蔽等新型侵害行为牟取利益，这实质是对用户知情权及公平交易权的侵犯。我国2019年1月实施的《中华人民共和国电子商务法》规定电子商务经营者根据消费者兴趣爱好、消费习惯等特征向消费者提供商品或者服务搜索结果的，应当尊重和平等保护消费者合法权益。北京市应出台相关配套法规规章进一步细化。四是强化对新型财产关系的界定和保护，防止数据滥用。《中华人民共和国民法总则》首次明确将数据纳入民事权利保护范围，让个人数据与隐私权有了更权威的保障。应建立数据资源基础性法律法规，明确数据基础通用标准和关键技术标准，完善数据的权属、开放、流通、交易、算法等相关基础制度，建立数据产权保护制度。

（二）规则与技术双管齐下，畅通数据共享的节点堵点

目前，围绕数据安全有序流通，国际正在从规则和技术手段两个方面进行积极探索。在规则方面，美国秉持"自由主义"立场，主要通过全球性合作平台和地区性的贸易协定，降低和消除数字贸易壁垒；欧盟则采取了相对强硬的"监管主义"立场，突出的特点是，数据保护范围极广，数据采集者、处理者、控制者承担极为严格的义务。

在技术方面，"隐私计算"技术正在被广泛利用，又被形象地称为"可用不可见"技术，主要有三种流派。一是附带隐私保护的明文算法流派。主要特点是通过

改变数据的使用方式，或在一定程度上降低数据的精确性，换取数据安全性和隐私性的提升。二是密码学流派。通过对数据和算法进行加密，使数据始终在密文状态下运算，并得到与明文计算相同的结果，主要技术路线是安全多方计算及相关支撑性技术。三是可信执行环境流派。主要基于硬件实现数据安全与隐私保护，主要技术路线有 ARM 公司的 TrustZone 和 Intel 公司的 SGX。需要注意的是，不同技术间并非是非此即彼的竞争关系，相反可以根据应用场景的需要进行组合，综合发挥各自的优势和特点，形成综合效率最高的解决方案。

考虑到无论是技术还是规则，目前都还处于多方博弈、尚未成熟的阶段，北京市应抓住"两区"建设契机，一手抓制度规则完善，一手抓数字技术发展，为数字贸易发展营造更加良好的条件。一是加快数字服务和数字贸易企业聚集。积极探索政策创新，推动"两区"政策尽快落地，特别是，抓住中欧投资协定签署的有利契机，吸引一批数字服务、数字贸易外资头部企业在北京市聚集。二是加快完善数字贸易制度规则。抓好北京国际大数据交易所这一重要试验平台，建立完善"所有权与使用权"分离的数据要素管理新体制，充分探索完善符合企业利益的法律法规和行业标准。三是大力发展数字技术。明确技术作为规则的重要支撑，鼓励企业和研究机构加大研发力度，实现核心技术自主可控，掌握技术规则话语权。四是进一步开放政府数据。通过无条件开放和授权开放等形式，将政府数据等公共数据向大数据交易所有序汇聚，开放更多应用场景，鼓励企业参与。

（三）补短板与锻长板结合，打造具有国际竞争力的数字经济标杆城市

近年来，各省市陆续出台数字经济相关政策，把推进新技术、新基建、新场景、新生态作为主要抓手，加快相关产业布局。比如，上海依托其高端制造和高度开放的优势，加快建设集成电路、人工智能等世界级数字产业集群。

北京市要打造数字经济标杆城市，必须立足国际科创中心优势，依托京津冀产业腹地，从以下四个方面着力推进：一是加强基础研究，突破关键共性技术。发挥首都科技资源优势，进一步加强对基础软件、核心芯片、核心元器件等基础性和关键共性核心数字技术的研发投入和产业化。在人工智能、机器人、物联网、量子计算等新兴领域和前沿领域，加强基础研究和前沿技术研究。二是加强资金、人才等政策的支持力度。制定专门的人才引进政策，促进人才正向流入，引导人才向相关产业及企业流动。探索国际创新合作，推进产教融合，联合培养 IT 与 OT 融合型软件人才、新工科人才，以及工业软件、工业互联网平台架构师等复合型人才。三是

提高产业互联网平台的支撑保障能力，加快制造业数字化转型。全面提升北京市工业互联网的点对点精准服务能力和发展状态监测能力，支持公共服务平台建设。扎实推进企业信息化建设，通过技改贴息、加速折旧购买第三方服务等多种方式实现固定企业智能化改造。四是加快形成京津冀合作机制，打造区域数字化发展高地。出台常态化对接机制，促进津冀两地进一步开放应用场景，促进北京市提供服务的三地合作机制完善发展，共同推进京津冀制造业转型发展。

（四）流程再造与结构调整并重，促进"政府对数据的治理"向"基于数据的政府治理"转变

当前，推进政府数字化转型成为发达国家的共同战略选择。许多国家相继出台实施了以ICT驱动政府转型与创新的综合战略，其主要举措包括以下3点：一是打造基于整体政府的统一数字平台，提供跨部门服务。建立跨政府平台，从各部门独立平台向共享平台转变，扩展功能范围并集成更多服务，如统一的数字平台设计系统、数字平台通知系统、数字平台支付系统、数字平台网站托管等。二是推进政府数据共享和开放，挖掘和释放数据。开放政府数据，尽可能地消除社会组织利用政府数据的障碍，通过立法规范数据的合规使用，全面嵌入隐私保护需求，强化网络安全。三是建立数字服务标准和关键绩效指标，实现以用户为中心的数字服务创新。发布衡量指标的数字服务标准，强调关注用户需求、使用敏捷方法、开源和开放标准、测量和测试性能等方面内容，引导形成以用户体验和满意度为关键绩效指标的评估体系。

以此为鉴，北京市可以从以下三个方面加快推进数字政府建设：一是以打造"整体政府"为出发点推进政务服务一体化。完善法律法规、利益补偿等数据共享相关制度，着力在提升服务效率上下功夫，打破时间限制，推行马上办、一次办的限时办；打破区域限制，推进同城通办、就近能办、异地可办；打破申请办理的限制，推行自动办、关联办、协同办的集成办。二是构建多元主体共同参与的协同合作模式。深入推动政企合作，发挥企业在项目规划、方案设计、基础设施建设、业务应用开发等方面的专业作用，高效推动数字政府建设。三是建设一体化、数字化的信用体系。通过整合分散的信用信息，根据市场主体的信用情况进行分类管理，构建全贯通的信用监管体系和联合惩戒体系，建设数字化的公共信用信息平台，形成一体、可信、可控的信用链系统。

强化高端产业引领　构建新型产业体系

上海市经济和信息化委员会

2019年，习近平总书记在考察上海时提出强化高端产业引领等"四大功能"的指示要求，要求努力掌握产业链核心环节、占据价值链高端地位；2020年，又在纪念浦东开发开放30周年大会的讲话中指出，要聚焦关键领域发展创新型产业，加快在集成电路、生物医药、人工智能等领域打造世界级产业集群。这为我们指明了方向和路径，成为推动上海产业高质量发展、加快培育经济新动能的强大动力。

一、聚焦高质量发展，推动高端产业提质增效

"十三五"以来，上海全面贯彻落实国家战略，围绕高质量发展的总目标，积极应对国内外复杂形势变化，加强产业发展、招商引资和企业服务"三个统筹"，持续发力稳增长、抓项目、扩投资、调结构，大力培育新经济、新业态和新模式，巩固提升实体经济能级，发挥好高端产业对推动经济平稳运行的重要支撑作用。

一是创新型产业加快集聚。"十三五"期间，上海面向世界科技和产业前沿，加快培育引领未来发展的新动能产业，特别是聚焦集成电路、生物医药、人工智能三大先导产业，加快推动3个"上海方案"落地。集成电路产业规模突破2000亿元，占全国总产业规模的22%，产业人才占全国人才的40%，承担了50%左右的国家专项任务，累计投入超过3000亿元，实现14纳米先进工艺规模量产，90纳米光刻机、5纳米刻蚀机、12英寸大硅片、国产CPU等技术产品打破垄断，上海成为国内产业最集中、产业链最完整、综合技术水平最高的地区。上海的生物医药产业规模达到4000亿元，并在加快从"创仿结合"向"首发引领"转型，院士、长江学者等高水平人才占全国人才的1/5，创新药经济产量占全国总经济产量的1/4，建立"张江研发+上海制造"的推进机制，建设"1+5+X"的产业空间布局，涌现出GV971、

全景 PET/CT、首款肿瘤电场治疗产品等重大创新成果。上海的人工智能产业规模约为 2000 亿元，产业人才占全国人才的 33%，获批全国首个人工智能创新应用先导区，入选国家新一代人工智能创新发展试验区，连续 3 年成功举办世界人工智能大会，建设了张江人工智能岛、西岸智慧谷、马桥 AI 创新试验区等重点示范区域。

二是上海制造品牌全面打响。上海坚定不移地落实制造强国战略，打响"上海制造"品牌，连续 3 年获得"中国先进制造业城市发展指数"全国第一。围绕名品、名企、名家、名园，取得了一系列创新突破，C919 国产大型客机成功首飞，CR929 宽体客机启动设计，ARJ21 支线客机开展商业运营，大型邮轮开工建设，国家重型燃气轮机试验基地启动建设，建成全球北斗地基增强系统，国家集成电路、智能传感器两个制造业创新中心落户上海，在医疗影像设备、高端装备等领域推出多项掌握自主知识产权、具有国际竞争力的产品。生物医药、集成电路和绿色化工三大集群被纳入国家首批先进制造业集群培育试点。强化载体建设，推出首批 26 个市级特色产业园区，国家新型工业化产业示范基地达到 20 个，工业总产值超千亿元的产业基地达到 12 个，产业园区单位土地工业总产值提高到 76.7 亿元/km^2。

三是创新主体不断做大做强。强化技术创新，加快建立以企业为主体、市场为导向、产学研用相结合的创新生态体系，提升产业基础能力和产业链现代化水平。瞄准集成电路、民用航空等领域，加快关键核心技术攻关，在"十三五"时期累计布局约 200 个科技创新攻关项目；围绕基础零部件/元器件、基础工业软件、基础材料等产业基础领域，持续推进工业强基。加快布局各类创新主体，培育上海微技术工业研究院，以及石墨烯等 20 多个研发平台与转化功能型平台，发挥企业创新主体作用，形成国家级企业 88 家、市级企业 640 家、区级企业 1500 余家的企业技术中心梯队。大力培育以一流企业、"独角兽""隐形冠军"为核心的科技型高成长性企业，培育国内细分市场占有率排名前三的制造业"隐形冠军"企业 500 多家，国家级专精特新"小巨人"企业 17 家。发挥"科创板"作用，支持集成电路、生物医药、人工智能等领域的创新企业在科创板上市。

四是在线新业态、新模式蓬勃发展。2020 年，上海坚持一手抓防疫工作，一手抓经济发展，及时总结新冠肺炎疫情期间新经济发展趋势，在全国率先发布实施了在线新经济发展 3 年行动计划，推动了远程办公、在线教育、生鲜电商、工业互联网等 12 个重点领域快速发展；聚焦互联网龙头企业，构建新生代互联网产业集群。举办"五五购物节""上海信息消费云峰汇""首届中国工业品在线交易节""上海制造佳品汇""11 直播月上海制造品牌线上购"等系列活动，推动实体经济与互联网深度融合发展，以消费促进生产、以生产保障消费。美团点评、哔哩哔哩、字节跳动、阅文等头部企业加快集聚，全年排名前 20 的在线新经济企业营收突破 2400 亿元，带动软件和信息服务业营业收入破万亿元规模、增长 12% 以上，大数据核心产业规模达到 2300 亿元。同时，加快制造和服务融合发展，生产性服务业重点领域营业收入突破 3 万亿元，生产性服务业占服务业比重提升到 63.5%，40 家生产性服务业功能区单位土地面积营收达到 319 亿元/km²。

二、贯彻新发展理念，加快构建新型产业体系

在"十四五"时期，全球产业竞争进入重构转换期，高端产业竞争态势愈加激烈，发达国家加强对核心技术的保护，加快抢占发展制高点成为战略选择；同时，产业技术变革进入加速突破期，信息、材料、能源、生物等领域的颠覆性技术层出不穷，数字化转型成为经济增长的重要驱动力。在"十四五"时期，立足新发展阶段，贯彻新发展理念，构建新发展格局，上海必须强化高端产业引领功能，以构建新型产业体系为关键抓手，推动质量变革、效率变革、动力变革，为提升城市能级和核心竞争力提供坚实支撑。

从产业体系发展演进看，20 世纪 90 年代，上海提出重点发展电子信息、汽车、石油化工、精品钢材、成套设备、生物医药 6 个工业行业，主要利用国际制造业转移和浦东开发开放的契机，及时调整产业结构布局，从以发展轻工业、消费品工业为主，转向以发展汽车、装备、钢铁、化工等为主，以壮士断腕的决心从轻工业迈向重化工业。产业体系发展至今，6 个工业行业不断优化内涵和结构，产值从 1995 年的 1800 亿元提高到 2020 年的 2.3 万亿元，增长约 13 倍，占全市规模以上工业总产值的比重从 51% 提高到 68%，占全市 GDP 的比重约 17%，夯实了全市经济发展的基础。但从最近 10 年特别是近 5 年的发展来看，6 个工业行业产值持续增长的少，持平或下降的多，钢铁行业产值呈持续下降趋势；个别行业产业规模有限，增长动力受限，与城市未来功能布局不匹配，难以体现支柱产业作用。

从产业未来发展趋势看，新一轮产业和科技革命不断孕育新产业、新业态和新模式，改造传统产业，重塑产业格局，带来主导产业的迭代升级。我们认为未来产业发展具有四个关键特征：一是新兴，以人工智能、5G、工业互联网、智能制造等为代表的新兴产业是驱动未来经济增长的新动能，将呈现爆发式成长，也是构建未来战略优势的关键领域。二是融合，新一代信息技术与实体经济的融合，加快了产业数字化转型，提升效率、延伸业态；制造业和服务业的融合，促进了产业之间的相互渗透、业务关联，一个企业内部制造和服务并存成为普遍形态，这是产业转型

升级的必由之路。三是集群，产业集群是产业现代化发展的主要形态，也是提升区域经济竞争力的内在要求，近年来，国家部委密集开展产业集群的组织和打造，各省市也纷纷释放建设产业集群的明确信号。四是生态，围绕重点企业、行业、园区建设产业生态圈，越来越成为增强区域产业竞争力和可持续发展能力的新模式，促进产业上下游联动协作，带动研发、创新和服务集聚，通过共享、匹配、融合，形成微观生态链。

结合上海实际，最近10年上海大力推进高新技术产业化、战略性新兴产业发展，在人工智能、新能源智能汽车、民用航空、高技术船舶和海洋工程、智能制造装备、工业互联网等领域都形成了一定规模，发展势头较好，必将对今后产业增长起到支撑作用。为此，顺应重构产业体系的需求，上海在《中共上海市委关于制定上海市国民经济和社会发展第十四个五年规划和二〇三五年远景目标的建议》及《上海市国民经济和社会发展第十四个五年规划和二〇三五年远景目标纲要》中，均提出要加快发展集成电路、生物医药、人工智能三大先导产业，加快发展电子信息、汽车、生命健康、高端装备、先进材料、时尚消费品六大重点产业，打造具有国际竞争力的高端产业集群。

三、抓好"十四五"开局，着力打造高端产业集群

2021年是"十四五"开局之年，我们将贯彻落实习近平总书记考察上海重要讲话精神，以强化高端产业引领功能、加快产业数字化转型、全力打响"上海制造"品牌为主线，以"强创新、广赋能、厚基础、创集群、铸品牌"为方针，推进关键核心技术攻关，推动产业基础高级化、产业链现代化，打造具有国际竞争力的高端产业集群，为上海打造国内大循环中心节点、国内国际双循环战略链接提供坚实支撑，确保"十四五"开好局、起好步。

一是发挥三大先导产业引领作用。上海市要当好创新型产业发展的"先锋队"，集合精锐力量，推动集成电路、生物医药、人工智能的发展，从规模和质量上实现新的突破，协同长三角地区共建世界级产业集群。在集成电路方面，提升芯片设计、制造、封测、装备、材料全产业链能级，加快突破面向云计算、新一代通信、智能网联汽车等领域的高端芯片技术，提升骨干企业芯片设计能力，加快先进工艺研发和产线建设，提升硅片、光刻胶等基础材料技术水平，基本形成自主可控的产业体系。在生物医药方面，聚焦生物制品、创新化学药、高端医疗器械、现代中药，以及智慧医疗等领域，推动全产业链集聚，聚焦脑科学、基因编辑等前沿领域，开展

重大科技攻关；促进产医融合，提升临床研究能力和转化水平，实施"张江研发+上海制造"行动，推动"1+5+X"园区特色化发展，促进创新成果产业化。在人工智能方面，推动全面赋能实体经济，开展类脑智能、群体智能等前沿理论研究，推动计算机视觉、自然语言处理等通用技术突破，建设一批创新平台，加快发展智能芯片、智能软件、智能驾驶等产业，深度赋能制造、医疗、教育、交通、商贸、金融等领域，深化场景应用示范。上海市要发挥三大先导产业引领作用，争取到2025年实现三大先导产业规模倍增。

二是着力打造六大高端产业集群。打造高端产业的"集团军"，推动制造向服务延伸发展，提升电子信息、生命健康、汽车、高端装备、先进材料、时尚消费品六大重点产业能级规模。在电子信息产业重点发展集成电路、通信设备、新型显示及超高清视频、物联网及智能传感、软件信息，以及工业互联网等服务领域。在生命健康产业重点发展生物医药、医疗器械、智能健康产品，以及健康服务、医药流通等服务领域。在汽车产业重点发展新能源汽车、智能网联汽车、整车与零部件，以及出行服务等服务领域。在高端装备产业重点发展航空航天、船舶海工、智能制造装备、能源装备、节能环保装备、系统集成，以及智能运维等服务领域。在先进材料产业重点发展石油化工、精品钢材、前沿新材料、战略新材料、大宗贸易，以及设计检测等服务领域。在时尚消费品产业重点发展时尚服饰、特色食品、智能轻工、时尚创意，以及工业设计等服务领域。

三是强化产业链安全和自主可控。着力提升产业基础能力和产业链现代化水平，一是打好关键核心技术攻坚战，建立关键核心技术攻关专班机制，锻造一批"杀手锏"技术，争取国家重大技术攻关项目落户上海，扩大运用"揭榜挂帅"等机制，组织龙头企业、创新平台、新型研发机构等主体，开展协同攻关。二是实施产业基础再造工程，聚焦基础零部件/元器件、基础工业软件等"五基"领域，推进强基、突破、融合"三大工程"和12项行动，集中力量攻克一批基础领域的短板，促进产业自主可控、安全可靠。三是开展产业链补链、固链、强链，围绕集成电路、航空航天、船舶海工等重点产业链，编制发展布局、企业、项目、技术、产品等全景式图谱，实施"链长制"，加强产业链运行监测和安全监控，深化长三角产业链互动融合，共同开展关键技术攻关和产业化。

四是加快推动产业数字化转型。推动人工智能、5G、大数据、工业互联网、区块链等数字技术在制造业领域的全面渗透和高效应用，提升企业智能化生产、个性化定制、网络化协同、服务化延伸能力，增强"上海制造"的数字化竞争力。一是大力发展在线新经济，统筹12个发展重点方向，促进新业态、新模式茁壮成长，规划建设在线新经济生态园，吸引互联网总部集聚，打响新生代互联网品牌；融合实体经济发展，打造"高端生产性服务业+金融供应链+多维度在线经济"的新模式，以平台服务、直播促销等活动赋能产业发展。二是实施智能制造行动计划，引导有基础、有条件的企业开展以设备换芯、以生产换线、以机器换人为核心的智能化改造，建设智能工厂；实施"工赋上海"计划，推动工业互联网向知识化、质量型和数字孪生升级，建设一批综合型、特色型或专业型的工业互联网标杆平台，深化"5G+AI+工业互联网"应用。三是加快推动面向产业的数字新基建，实现5G全市域覆盖和重点场所深度覆盖，推进数据中心、智能电网等新型基础设施建设，为产业数字化转型提供支撑。

五是积极打造产业发展新空间。落实全市产业地图，打造一批产业特色发展空间，凸显集群集聚优势。一是打造一批强劲活跃的经济增长极，推动临港新片区用足特殊经济功能区、特殊综合保税区等制度优势，构建"7+5+4"开放型创新产业集群；推进长三角生态绿色一体化示范区产业发展，构建绿色创新产业体系。二是推动全市五大新城产城融合发展，优化嘉定、青浦、松江、奉贤、南汇5个新城产业功能定位，发挥品牌园区和特色产业园区的支撑作用，做实"一城一名园"推进机制，实现以产促城、以城兴产。三是提升特色产业园区发展能级，突出特色园区特定产业方向、特优园区主体和特强产业生态，做强园区主体功能，加大支持政策突破；推进产业结构调整及低效用地盘活，优化"四个论英雄"资源要素优化配置机制，试点推进低效用地"腾笼换鸟"，深化产业导向型"腾笼换鸟"操作路径，将淘汰落后产能与盘活资源、引入优质项目相结合。

作者简介：

上海市经济和信息化委员会是主管全市产业经济和信息化工作的政府组成部门，主要负责工业、生产性服务业和信息化领域的规划、政策的研究制定，促进产业空间布局的优化调整和转型升级，指导全市行业技术创新和技术进步，统筹招商引资工作和企业综合服务，推进新兴产业发展，形成增长新动能，推动产业和信息化高质量发展。

"十大机制"助力新兴产业高质量发展

苏州工业园区管理委员会

《中共中央关于制定国民经济和社会发展第十四个五年规划和二〇三五年远景目标的建议》明确提出要"发展战略性新兴产业"。战略性新兴产业是以重大技术突破和重大发展需求为基础,以知识技术密集、物质资源消耗少、成长潜力大、综合效益好为特点的产业。发展战略性新兴产业是推进供给侧结构性改革、实现经济高质量发展的重要途径和有力抓手,对我国形成新的竞争优势和构建新的发展格局至关重要。

近年来,苏州工业园区积极抢抓全球产业梯度转移、价值链重构等机遇,充分利用现有产业基础优势,聚焦生物医药、纳米技术应用、人工智能等战略性新兴产业,着力培育具有园区标志、领跑全国乃至全球的特色产业地标,探索形成了培育新兴产业的"十大机制"。

一、苏州工业园区新兴产业发展现状

2020年,苏州工业园区生物医药、纳米技术应用、人工智能三大新兴产业共实现产值2450亿元,其中生物医药产业和纳米技术应用产业产值均突破1000亿元,并保持年均20%左右的高速增长,新兴产业占规模以上工业产值的比重为50.1%。

(一)打造全国生物医药产业地标核心区

围绕医药研发与生产、高端医疗器械、生物技术,以及精准医疗等重点领域,着力集聚创新资源要素,构建一流创新生态,推动产业高速成长。目前已集聚生物医药企业超1700家,其中自主品牌创新型企业1400余家,上市企业18家。拥有国家级人才工程入选者80位、各级领军人才超1000名。在新药研发领域,目前已上市新药10个，其中8个进入国家医保目录；累计获药物临床试验批件365张，其中一类新药临床试验批件280张，47个项目获国家重大新药创制支持。在医疗器械领域，累计获医疗器械注册证超1000张，其中三类器械注册证297张，17个产品进入国家医疗器械创新产品审批"绿色通道"。在国家科技部生物技术发展中心发布的2020中国生物医药产业园区竞争力排名中，园区生物医药综合竞争力位列全国第二，仅次于北京中关村自主创新示范区，在产业竞争力和人才竞争力中单项名列全国第一，已逐渐发展成为国内最集聚的生物医药产业基地和技术创新中心。

（二）打造纳米技术应用产业创新集群

聚焦以氮化镓为主的第三代半导体、以MEMS（Micro-Electro-Mechanical System，微机电系统）为主的智能传感、纳米新材料和纳米大健康四大细分领域，集聚各类企业近700家，引进国内外院士创新创业团队17个、国家重点人才计划80人。园区成为全球八大微纳领域最具国际影响力的区域之一，是全国最大的氮化镓材料与器件产业集聚区，先后获批国家纳米技术国际创新园、国家纳米高新技术产业化基地、国家微纳加工与制造产业技术创新战略联盟、国家纳米新材料创新型产业（试点）集群等10余个国家级荣誉。

（三）打造人工智能产业发展高地

园区率先布局以大数据和云计算为支撑的人工智能相关产业，推进人工智能在智能制造、软硬件终端和服务业等领域的应用，目前已集聚相关企业近400家，入选国家重点人才计划14人，上海交通大学等20余所高校及科研机构在园区设立了相关专业或实验室；涌现了思必驰、天聚地合等一批行业领军企业，百度、华为、腾讯、西门子等业界巨头都在园区设立了相关产业基地或研发中心，形成了良好的产业基础和发展氛围。

二、苏州工业园区助力新兴产业发展的"十大机制"

一是选择一个特色产业。立足园区产业基础，发挥比较优势，选择生物医药、纳米技术应用、人工智能三大新兴产业作为主攻方向，集聚创新要素，完善创新生态，推动新兴产业规模化、集群化发展。以生物医药产业为例，园区积极响应国家创新战略，将生物医药产业列为重点发展的"一号产业"，以外资制造、内资创新双轮驱动的发展模式逐渐成为国内最集聚的生物医药产业基地和技术创新中心。同时，以生物医药产业园（BioBAY）为主要集聚区，园区已形成了集聚度高、特色鲜明、势头强劲、极具活力的生物医药产业生态圈。

二是制定一个产业规划。强化顶层设计，制定《建设世界一流高科技园区规划（2020—2035）》，前瞻布局未来产业，制定相应规划，加快打造具有国际影响力和竞争力的千亿级新兴产业集群。出台《苏州工业园区加快推动新兴产业高质量发展三年行动计划（2020—2022年）》，聚焦生物医药、纳米技术应用、人工智能三大新兴产业，开展三大攻坚行动，实施7项重大工程，推进20条关键举措，聚力创新发展，打造产业"高原"和"高峰"。力争到2022年，三大新兴产业企业总数、产值总规模、上市企业总数、上市新药总数、一类新药临床试验批件总数、三类医疗器械注册证总数实现"六个倍增"，加速把三大新兴产业培育成为园区的新支柱产业。

三是组建一家国资公司。发挥国资国企先行带动示范作用，先后组建科技发展有限公司、生物产业发展有限公司和纳米科技发展有限公司，负责各自下属产业园区的开发、建设、管理、服务等工作。以纳米技术应用产业为例，苏州纳米科技发展有限公司成立于2010年9月，是专注于纳米技术应用产业发展的国有公司，下辖苏州工业园区启纳创业投资有限公司和苏州工业园区纳米产业技术研究院有限公司两个子公司，用"产业思维+市场思维"创新产业服务与经营业务，以"纳米技术应用产业生态圈"为指导，重点开展产业基地建设与服务、产业创新资源引进与合作、产业投资与项目育成、产业平台建设与运作、产业集群发展促进，以及产业宣传与品牌塑造六大类业务，致力于为推动纳米技术创新与产业化提供优越的基础设施、公共平台、产业服务及产业投资。苏州纳米城由苏州纳米科技发展有限公司按照"总体规划、分期开发、逐步细化"的理念开发、建设与管理，具备创新研发、工程化中试、小规模生产、成果转化、专利运营、产业服务、总部办公、会议展示、综合配套等功能，2013年1月18日正式投入使用。

四是建设一个功能园区。围绕三大新兴产业，分别投资建设苏州生物医药产业园、苏州纳米城、苏州国际科技园等创新孵化载体，总面积超800万平方米，共入孵各类中小型创新企业4000余家。生物医药产业园（苏州生物纳米科技园）于2007年开园，占地86万平方米，规划面积100万平方米，已汇聚生物医药、医疗器械和基因技术等领域的企业430余家，国家顶尖人才专家72位，形成了集众创空间、企业孵化器、加速器和产业园为一体的企业培育全链条模式。苏州纳米城规划建筑面积为170万平方米，已建成载体近50万平方米，是目前全球最大的纳米技术应用产业综合社区。目前已累计入驻纳米技术相关企业450余家，初步形成了纳米新材料和MEMS两大新兴产业集群。苏州国际科技园于2000年启动建设，是园区最早设立的科技企业孵化器，目前已建成1~7期载体建筑面积达110万平方米，致力于打造以云计算、大数据为支撑的人工智能产业基地。科技园成立至今累计孵化企业超3000家，培育上市企业10家，集聚国家重大人才工程人才22人。近3年，园内共计86家企业融资合计250亿元。截至2020年年底，园内入驻企业600余家，吸引从业人员3万余人。

五是引进一家大院大所。在园区已有高校的基础上，先后引进中科院苏州纳米技术与纳米仿生研究所、中科院上海药物研究所、中科院自动化研究所等"国家队"科研院所，通过产学研合作进一步促进产业集聚，提升行业地位，构建健康完善的产业生态圈。中科院苏州纳米技术与纳米仿生研究所深度参与国家创新体系，布局了4个"重大突破"方向：纳米真空互联实验站、第三代半导体氮化镓材料与器件及应用、印刷电子关键材料与技术高性能、纳米碳材料绿色多级制造。建设了纳米加工、测试分析和纳米生化3个开放共享的纳米技术公共平台，服务科学研究和产品开发，吸引集聚了一大批研究机构和企业入驻园区，为园区产业升级转型提供了平台支撑。中科院上海药物研究所苏州药物创新研究院（以下简称"药物所苏州研究院"）总体规划11.5万平方米，1期建设3.4万平方米。目前，药物所苏州研究院已累计孵化引进项目公司61家，已形成近500人的科研及管理团队，引进孵化的企业累计已有5个一类化药进入临床Ⅰ期、Ⅱ期。中科院自动化研究所苏州研究院重点围绕人工智能、大数据和智能制造等领域，发挥其在科研、教育和产业化中的作用，实现科技与企业、市场、资本的有机融合，促进创新成果转移转化，推动园区人工智能领域的技术创新，与园区的创新资源产生联动效应，为相应领域的发展壮大贡献力量。

六是设立一支产业基金。大力引进科技金融创新资源、完善科技金融服务体系、制定科技金融政策、丰富科技金融创新产品，为处于不同发展阶段的科技创新创业企业提供全方位、多层次的综合金融支持。设立100亿元政府产业引导基金和20亿元天使母基金，区域集聚股权投资基金2200亿元。在股权投资方面，设立领军直投及规模达10亿元的创业投资引导基金，助力早中期科技项目；设立省内首支支持成长中后期科创企业的产业基金，重点推动科技企业加快上市进程。在债权投资方面，设立"扎根贷"创新产品，由园区财政和科技部门共同出资1亿元成立风险补偿资金池，对合作银行发放的贷款提供风险补偿。推出"苏科贷""科技贷""助力贷""知识贷"等科技金融创新产品，通过"线上+线下""股权+债权"相结合的方式，累计推动园区700余家企业获得政策性投融资支持超140亿元。

七是成立一个服务机构。成立企业发展服务中心，分别针对生物医药、纳米技术应用、人工智能三大新兴产业，通过整合政府服务资源，创新企业服务机制，围绕投融资、项目申报、企业认定、金融服务、人才服务、知识产权等事项开展"代办制""一站式"服务。企业发展服务中心承接园区管理委员会各局办授权业务近300项，运营管理园区创投引导基金、风险补偿资金池等专项资金近10亿元。目前，企业发展服务中心已实现覆盖区内近5万家科技企业全生命周期的"店小二式"服务，年受理业务超3万笔，兑现资金超28亿元，年均举办领军秀项目路演、领军产业沙龙、领军人才沙龙、企业发展服务沙龙、政策面对面等各类品牌沙龙活动超200场，参加企业超5000家。

八是集聚一批龙头企业。深度开展产业研究，结合产业发展图谱，寻找产业发展薄弱环节和关键环节，为产业招商提供支持和建议，针对性补强产业发展短板。重点集聚全球行业龙头企业，引进具有世界影响力的企业区域性研发中心等功能性总部，支持企业落户园区开展全产业链布局，做强产业链、价值链关键环节。壮大本地优势企业，对三大新兴产业领域中研发投入大、技术领先、产品前景广阔、具有爆发式增长潜质的创新型企业，建立跟踪服务和专项帮扶机制，推动各类优惠政策量身定制。以生物医药产业为例，园区集聚卫材、礼来、葛兰素史克、强生、西门子、碧迪等外资医药医疗企业200余家，信达生物、康宁杰瑞、基石药业等自主品牌生物医药企业1400多家。旗舰型外资企业纷纷瞄准园区的创新生态，在园区建立生产基地和研发中心。例如，罗氏诊断亚太生产基地是罗氏诊断的全球第八大生产基地；赛诺菲在园区的首个全球研究院将成为赛诺菲在中国研发创新的又一强大引擎。目前，全球药企50强、全球器械企业50强共有18家在园区设立公司。园区自主品牌生物医药企业正在进行从研发到产业化的转变，涌现了一批具有"从高原发展到高峰"潜力的企业，目前已先后培育了生物医药"独角兽企业"4家、准独角兽企业15家。

九是搭建一批合作平台。密切对接纳米技术应用、生物医药、人工智能三大新兴产业不断变化的共性服务需求，着力引进和建设各类专业化的配套服务机构，搭建特色产业发展的综合服务平台，不断厚植创新发展的"沃土"。目前园区50个运行平台中直接面向三大新兴产业的平台共40个，基本覆盖了创新研发、技术服务、中试工程化和产业支撑等关键环节需求，其中，针对纳米技术应用产业，园区打造了从基础性平台到国家大科学装置的"塔形"平台架构，涵盖了纳米加工与测试分析、MEMS中试、信息情报、技术转移、专利运营、质量检测、生物学安全评价、技术标准化、器件可靠性和失效分析等方向；针对生物医药产业，园区建设了涵盖化学药、生物药、医疗器械、生物技术各细分领域，涉及小试、中试、生产全过程的生物医药公共技术平台；针对人工智能产业，主要构建了以集成电路设计、IDC基础服务、软件测试服务为主的平台服务体系。

　　十是打造一个品牌盛会。瞄准国际高端会议在产业发展、创新引领方面强大的助推能力，鼓励专业机构在园区举办高端论坛、学术研讨会和产业博览会，更大力度集聚国际资本和资源，全力支持推动产业与资本对接、创新成果与资源对接，打造具有国际影响力的高端品牌盛会，助力园区建设世界一流的高科技园区。2020年，园区针对生物医药、纳米技术应用、人工智能三大新兴产业，分别召开了2020中国生物技术创新大会、第十一届中国国际纳米技术产业博览会和2020全球人工智能产品应用博览会等品牌盛会。以2020中国生物技术创新大会为例，大会以"科技助力健康，创新引领未来"为主题，围绕新冠肺炎疫情科研攻关、创新药物研发与临床研究、医疗器械与体外诊断、前沿生物技术等内容，全方位展现了生物技术领域最新发展态势，旨在践行国家创新驱动发展战略、加强生物技术领域交流与合作、推动生物技术创新发展，吸引了包括30多位生物技术领域的院士在内的2000余位专家学者参会。

作者简介：

　　苏州工业园区于1994年2月由国务院批准设立，是中国和新加坡两国政府间的合作项目。开发建设27年以来，累计上缴税收8000多亿元人民币，实现进出口总额近1.2万亿美元，在国家级经济技术开发区综合考评中连续保持第一，在国家级高新区评比中多年位居前列，跻身建设世界一流高科技园区行列，被誉为我国改革开放的重要窗口、国际合作的成功典范。

建设生物医药产业集群的思路和举措

天津经济技术开发区

随着全球经济发展水平的普遍提高、人们对健康生活的需求持续增长,为生物医药产业发展提供了巨大的市场空间;同时,生命科学、生物工程等领域加速涌现的重大技术突破及其广阔的应用前景,使生物医药产业成为世界各国关注的焦点和竞争的热点。天津经济技术开发区从1990年起,就把生物医药产业作为重点发展的主导产业,并于2019年成功入选国家发改委公布的国家生物医药战略性新兴产业集群。在新时期里,天津经济技术开发区将进一步聚焦生物医药产业发展,优化产业政策、强化资源投入,加快提升生物医药产业前沿技术研发能力和高端产品制造能力。

一、生物医药产业发展的趋势和特点

生物医药产业是典型的高技术、高附加值产业,是全球市场规模扩张最快、创新活动最活跃的产业之一,总体上形成了欧美发达国家引领、新兴市场国家快速跟进的发展态势。具体而言,当前全球生物医药产业发展呈现以下四个主要特征。

(一)产业布局的集中度较高

在生产端,全球药品制造主要分布在亚洲、欧洲和北美,合计占比95%左右,其中亚洲占比超过1/3,且增长势头强劲,但行业核心技术和最前沿、最高端的产品,仍主要集中于发达国家。在市场端,美、中、日、德4个国家的药品销售额占全球的60%以上,排名前15的国家总占比高达约85%,其中美国一家独大,占比约40%,年销售额超过5000亿美元。2010年以来,我国生物医药产业呈加速发展的态势,年均增速达到10%以上,技术水平和生产能力得到了显著的提升,是全球第一大原料药生产国和出口国,也是全球药品销售增速最快的国家,初步形成了珠三角、长三角、环渤海"三极"引领，东中西部多点协同的总体发展格局。

（二）价值链结构不均衡

在综合成本方面，生物医药产业的研发投入占比很高，全行业研发费用占销售收入的比重约为15%，其中原研药占比近20%，研发周期约为10年；仿制药占比10%以上，研发周期大多在3年以上。在药品销售方面，全球市场原研药与仿制药销量比例约为1∶9，但销售额比例约为4∶1，平均价格相差数十倍，增加值和利润高度集中在原研药市场。在区域结构方面，亚洲的医药制造业从业人口占全球人口的66.7%，劳动生产率为全球平均水平的一半；北美的医药制造业从业人口占比只有5%，但产出占比高达25%。亚洲和北美之间价值创造和盈利能力差距巨大。

（三）产业发展动力机制独特

与汽车、电子等行业相比，生物医药行业的产业链较短，对上下游配套的要求不高，产业发展的最主要动力来源是新产品和新工艺的研发能力，对人才资源、临床实验环境、产品审评制度、资金支持等因素的敏感度更高，所以科研机构集聚度、城市公共服务品质、行政审批效能、金融市场活跃度等成为构建专业化生物医药产业发展环境不可或缺的重要因素。因此，拥有哈佛大学、麻省理工学院的大波士顿地区，全球TOP20制药企业中有16家集中在该地区，成为排名全球第一的生物制药聚落；科创资源、市场机制、政府效能和城市服务在国内均居于领先地位的上海市，也建造了我国生物医药产业园区的"头牌"——张江高科技园区。

（四）新技术新业态快速涌现

新药研发和医疗技术迭代迎来加速期，针对肿瘤、心脑血管病、糖尿病等的药物研发出现重大突破，基因诊疗、靶向治疗、免疫治疗等新技术日益成熟，市场发展潜力巨大；医用诊察设备、家用医疗设备、植（介）入技术和器械、体外诊断试剂等领域新产品层出不穷，安全性、方便性大幅提升，市场规模快速扩大；医疗技术与互联网技术、人工智能技术相融合，催生了远程医疗设备、移动可穿戴设备、生命体征动态监测设备等新产品，形成了远程诊疗、人工智能辅助诊疗等新模式，应用前景广阔。这些新事物的快速涌现，不仅把生物医药产业发展推上了新高度，而且将带来生物医药产业发展格局的深刻变革。

二、天津经济技术开发区生物医药产业发展的基础和优势

经过多年来在核心项目引育、研发能力提升、产业环境优化等方面的持续发力，天津经济技术开发区逐步形成了覆盖生物制药、化学药、医疗器械和体外诊断、医药研发外包服务、数字医疗、中药和天然药物等门类的完整产业体系，在创新孵化、产业化、流通等价值链的主要环节都有所布局。天津经济技术开发区现有生物医药类企业共有 400 余家，2019 年获评全国生物医药产业园区综合竞争力 50 强，2020 年全区生物医药产值完成 274 亿元人民币，占天津市生物医药总产值的一半以上。

天津经济技术开发区生物医药产业发展有以下四个特点。

（一）部分细分领域形成了明显的先发优势

诺和诺德和诺维信两家外资企业分别是国内规模最大的胰岛素生产基地和工业酶制剂生产基地，在同类产品市场中的占有率在 50%以上；康希诺公司是国内顶尖的疫苗研发企业，2020 年该公司与军事医学研究院联合研发的腺病毒载体新冠疫苗获批在欧洲和亚洲多国开展 III 期临床试验，该公司还是世界卫生组织指定埃博拉病毒疫苗的亚洲唯一供应商，并在香港交易所发行了首支疫苗股票；天津经济技术开发区引进了国内医药研发外包排名前三的药明康德、康龙化成和凯莱英，CRO、CDMO 业务发展居于国内领先水平；此外，葛兰素史克、施维雅等跨国药企，中新药业、金耀药业、石药集团等国内知名药企均在天津经济技术开发区建立了生产基地。

（二）自主创新企业培育取得显著成效

天津经济技术开发区不仅成功孵化和培育了康希诺、凯莱英等生物医药领军企业，而且储备了一批具有巨大发展潜力、未来可能成为行业"独角兽"的优质项目。比较有代表性的有冠状动脉支架研发企业赛诺医疗、国内首家微创外科整体解决方案供应商瑞奇外科、POCT 全自动生化分析仪的自主开发商微纳芯、体外快速诊断平台研发企业中新科矩等，这些企业的研发成果和产品都具有行业领先水平，并能够填补国内市场空白；昂赛细胞、未名生物、博雅干细胞等企业在国内基因诊断、细胞药物研发等领域也具有较强的竞争力和影响力。

（三）新业态发展具备较好的基础

天津经济技术开发区先后引进了以零氪科技为代表的数字辅助诊疗，以高济医疗、科瑞泰为代表的互联网医疗服务，以橙意家人为代表的数字化社区医疗服务等智慧医疗领域的一系列优质项目，同时依托超算中心的算力，能够为医药研发、生产流程优化和"互联网+医疗服务"提供便利条件，为生物医药产业的数字化发展打下坚实的基础。

（四）研发创新载体和平台功能较为完善

天津经济技术开发区生物医药领域的高水平研究机构共有 30 余家，其中国家工程研究中心 3 家、市级工程中心 12 家。初创企业孵化载体包括天津国际生物医药联合研究院、天津大学国家科技园、亚历山大（天津）科学孵化器、生物医药研发大厦等，总面积超过 10 万平方米。天津国际生物医药联合研究院是拥有六大核心平台、具备一流研发条件的多功能国家级重点医药研发平台，在技术转化和产业化方面，建设了 GMP 中试车间、公共检测平台、融资服务平台、专利申请和技术交易服务平台等专业化服务设施，形成了从产品研发到上市各阶段全流程的服务支撑体系。

但对比苏州工业园、北京经济技术开发区等国内先进地区，天津经济技术开发区生物医药产业仍存在一定差距：一是行业结构不够均衡，在行业营收总额中，生产环节占比超过 75%，制造重、研发和服务轻的情况十分突出；二是生物医药研发、销售、医疗服务等领域的高端项目较少，高端产业链的竞争力还不够强；三是人才、研发机构、公共技术服务平台等创新资源集聚不够充分，技术研发和转化能力有待进一步提升。

三、天津经济技术开发区生物医药产业发展的定位、方向和目标

在"十四五"时期和未来较长时期内，天津经济技术开发区将全面贯彻我国推进高质量发展的总体战略，充分依托京津冀区域的产业、市场和创新资源优势，以及自身发展基础，前瞻把握生物科技与新医药领域的技术动向，着力引进一批行业领军企业，催生一批标志性原创成果，培育一批"有代表性、有灵魂"的创新型企业，建成"研产并行、内外兼修、量质齐升"、具有国际影响力的生物医药产业集聚区和中国北方生物医药技术创新的重要策源地。

天津经济技术开发区生物医药行业发展的重点方向包括以下四点。

（一）着力构建全产业链发展生态

优化生物医药产业发展促进政策体系，进一步强化行业骨干项目的引进和培育，深耕完整产业链建设，横向上实现生物药、化学药、中药、中间体等细分领域的全覆盖，纵向上做到研发和产业化、外包、生产、销售、医疗服务等相关环节全具备且高度融合、联动发展，进而为做大行业产出规模、提高市场竞争力打下坚实基础。

（二）着力丰富优势产品支撑

聚焦生物医药行业高附加值、高成长环节，瞄准生物药的新型抗体、免疫治疗、基因治疗，化学药的高端新药仿制，中药的纯化和标准化，医疗器械的植入、临床和体外诊断等重点方向，积极开展定向招商，培育"单项冠军"，力争在疫苗、器械、医美、仿制药等细分领域形成若干产值规模达到十亿元甚至百亿元的拳头产品，实现生物医药产业发展"多点支撑"的良好格局。

（三）着力建设优势创新平台

加大生物医药创新载体和公共服务平台的建设投入力度，重点建设一批细分领域的创新基础平台、转化应用平台、中试平台、行业交流平台和公共服务平台，全面提升生物医药的研发能力和服务功能，努力创建"生物医药中国创新中心"。强化与知名高校和研究院所的合作，促进人才、技术、产业资源的对接、融合，打造中国生物医药园区产、学、研一体化发展的典范。

（四）着力抢占行业发展制高点

在行业发展上，紧跟"数字化"潮流，全力支持人工智能、大数据技术与生物医药产业融合发展，培育智慧医疗和精准医疗领域企业做大做强；在技术创新上，超前部署新型合成生物、细胞与再生医学、微生物基因组、脑科学与类脑科学等领域的前沿研究，强化细胞治疗创新链建设；在产品创新上，重点发展医用机器人、可穿戴设备、远程医疗、智能医疗器械、智能医疗软件、健康检测产品，支持大分子合成生物药研发。

到2025年，天津经济技术开发区生物医药产业发展的预期目标是：生物医药企业总数超过500家，培育年收入超十亿元的企业5~10家、超亿元的企业20~30家，上市企业总数突破30家；建立生物医药产业基金3支左右，设立市级以上生物医药类创新平台超50个，引进生物医药类领军人才100名，生物医药企业申请专利数量较 2019 年增加 30%，一类新药获得批准 1~3 个，研发上市Ⅱ类、Ⅲ类医疗器械产品新增 200 个，进入临床产品 100 个。

四、天津经济技术开发区促进生物医药产业发展的重点举措

围绕前述发展思路，天津经济技术开发区将抓住入选首批国家级生物医药战略性新兴产业集群的契机，围绕强化资源聚集、优化产业政策、完善配套服务、提升人才保障等环节，加大资源投入和政策支持力度，全力促进生物医药产业的快速发展。

（一）塑造区域品牌，强化项目资源聚集能力

借鉴 BioBAY（苏州生物医药产业园）、Biolake（武汉光谷生物城）和 Bio-Island（广州国际生物岛）等园区品牌塑造成功案例，精心设计、大力推广 Bio-TEDA（天津经济技术开发区泰达生物医药产业）品牌形象，提升对生物医药研发和生产项目的吸引力。与行业协会及国别商会建立紧密合作关系，着力拓宽项目渠道，加大内外资优质项目的引进力度。主动对接京津地区的科研院所，大力引进研发中心和成熟技术中试、转化项目，完善全生命周期服务体系，放大创新型企业群体，提高技术成果本地转化率，营造更加活跃的产业发展氛围。

（二）加大投入力度，完善产业发展政策体系

梳理和调整产业发展政策，针对新药、仿制药、医疗器械、医疗服务等细分行业，从研发、生产、销售等不同环节，明确更有针对性的财政扶持办法，丰富政策工具，精准施策，助力生物医药产业加速发展。依托自贸试验区制度创新功能，加快推进药品上市许可持有人制度和医疗器械注册人制度，探索建立适用于不同类型企业的创新产品研发失败风险补偿制度；打通政策"堵点"，积极开展国外已批准上市新药、临床急需医疗器械进口试点，构建全球协同研发试验用样品、试剂快速通关机制；优化生物医药产品上市审评机制，着力提高审评效率，构建利于生物医药产业发展的政务服务环境；建立生物医药产业发展专项基金，完善中小企业创投和融资担保工作机制，促进国有资金和社会资本形成合力，为医药产业发展注入金融活水。

（三）构建服务平台，提升产业发展环境品质

聚焦企业在研发、孵化、产业化、流通、企业交流等方面的专业技术需求，构建

平台化产业配套体系，助力开发区生物医药大健康产业制造和研发实力提升。建设共享研发实验平台，与国内外领先高校、科研院所和重点实验室等机构深入合作，推动研发平台协作共建，探索共享新模式，降低企业研发成本；建设临床试验协同平台，引进社会力量投资临床试验机构或搭建临床试验协同平台，打通生物医药企业开展临床试验的便利通道；建设新型孵化加速平台，鼓励政府和科研院所共建、企业共建等多种所有制的企业孵化器和加速器运营发展；建设中试放大平台，依托 CRO、CDMO 龙头企业，大力开展集前沿探索、研发孵化、中试放大环节为一体的链式服务；建设药械物流中心、冷链中心等生产物流平台，延伸生物医药产业价值链；建设企业交流平台，组织细分产业领域研讨会、创新沙龙等行业交流活动，加强企业和高端人才的沟通互动，营造良好的科研和创业氛围，推动产业链上下游企业合作发展。

（四）加强人才引育，夯实产业发展"智力"底盘

积极引进高端人才，研究制定高层次人才和紧缺人才的引进计划，强化与高水平研究机构和高校的对接，建立人才培养合作长效机制，拓宽人才引进渠道，为企业对接引进相关领域高端紧缺人才提供支持；以专项政策吸引人才，出台生物医药产业人才专项政策，并设立专项资金用于高端人才的引进，建立完善的生物医药产业高端人才信息库；以事业导向激励人才，创新人才激励、评价、流动、服务等机制，通过股权、期权、分红权、奖励，以及兼职兼薪、离岗创业等多种方式，充分调动各类人才的创新创业积极性；以便利服务留住人才，健全高层次人才落户、子女入学、配偶就业、医疗保险和住房保障等配套服务机制，解决海外人才居留、出入境、创业和执业准入等难点问题，创造宽松的工作环境和生活环境，提升各类人才对区域的认同感和向心力。

作者简介：

天津经济技术开发区于 1984 年 12 月 6 日经国务院批准设立，为滨海新区的核心功能区。开发区的经济发展实力居国家级开发区前列，拥有汽车、电子、石化 3 个千亿元级和装备、大健康两个五百亿元级产业集群，是中国北方重要的先进制造和研发转化基地。

执笔人张瑞华先生，天津经济技术开发区自贸局（深改办、政研室）局长。

发展新经济"多点"发力
培育新动力"四新"赋能

江宁经济技术开发区

进入新发展阶段后，国家级经济技术开发区既承担着形成新的集聚效应和增长动力的重大责任，又面临着经济结构优化调整和发展方式转变的迫切需求。近年来，江宁经济技术开发区（以下简称"江宁开发区"）坚持以习近平新时代中国特色社会主义思想为指导，深入贯彻新发展理念和高质量发展的根本要求，培育壮大新经济，加快新旧动能接续转换，促进经济结构转型和实体经济升级。"十三五"期间，高端智能装备、智能电网、新一代信息技术等新经济相关产业较"十二五"时期末分别增长了131%、123%、56%，2020年同比均保持两位数增长速度，成为园区对冲新冠肺炎疫情影响和传统制造业下行压力的经济增长点。创新动能更加强劲，"十三五"末高新技术企业、科技型中小企业、有效发明专利总量分别是"十二五"时期末的3.8倍、3.2倍、3.7倍。培育独角兽、瞪羚相关企业，上市企业数量、园区企业研发机构建有率均大幅提升。

一、基础与现状

江宁开发区坚持以产业立区，抢抓新一轮科技革命和产业变革的历史性机遇，培育增长点、打造支撑点、找准关键点，推动智能制造、"互联网+"、未来网络等新科技、新经济、新业态取得了阶段性成效。

一是明确产业发展方向，在产业集聚中培育新经济"增长点"。立足"3+3+3+1"现代产业体系，巩固制造业竞争优势，瞄准产业和技术的发展方向来培育新经济，大力打造战略性新兴产业集群。智能电网产业发展质效实现双优，产业规模突破1000亿元，园区企业在全国智能电网二次系统领域的市场占有率达60%，掌握了全国智能电网自动化继电保护领域 90%以上的技术标准，为我国电力自动化领域基本实现国产替代和自主可控做出了贡献。在软件产业，园区涉软企业共 1900 余家，南瑞集团、国电南自、金智集团、浩鲸科技进入中国软件业务收入百强企业，2020 年产业收入为 1254 亿元，同比增长 16.2%。在新能源汽车产业，依托国家政策引导，产业持续发力，产值同比增长 20%，落户中汽创智、福特新能源汽车总部、一汽人工智能研发院等一批百亿级、50 亿级项目，强链补链势头强劲。智慧环保产业拥有规模以上企业 42 家，环保类企业总数突破 200 家，产值规模突破 500 亿元，获批为国家级环保服务业发展试点。在智能制造装备产业，形成航空制造、智能制造等重要发展方向，建成 18 家省级智能车间，14 家市级智能工厂，成功申报了 2 家国家级绿色工厂，产值同比增长 27.3%。在临空产业，重点发展航空制造业、航空运输服务业、临空现代物流业等三大核心板块产业，已初步形成集聚效应。在电子竞技产业，围绕建链、育链、强链，打造电竞产业集聚区，集聚了一批业界知名电竞企业。

二是优化产业承载空间，在平台建设中打造新经济"支撑点"。以开发区本级为核心，精心打造了多个功能平台，围绕科技金融、科技服务、科创载体运营，着力培育开发区战略性新兴产业，提供多元化产业发展环境。以中国无线谷（未来网络谷）为平台，推动未来网络产业发展。集聚了一批信息领域一流的科研机构，正在对标国家实验室，大力推进网络通信与安全紫金山实验室建设，打造紫金山科技城。获批承建我国信息领域唯一的国家重大科技基础设施——未来网络试验设施 CENI 项目，成功举办三届全球未来网络峰会，在未来网络领域技术研发方面全国领先。以江苏软件园为平台，大力发展软件信息服务业，打造千亿级软件产业的主阵地，以 5G 为核心，围绕云计算、大数据、物联网、人工智能、信息服务业等重点产业，积极培育新兴产业链。南京空港枢纽经济区（江宁），随着国家级临空经济示范区的批复，为园区实现产业转型升级提供了重要抓手，目前，正加快临空产业重大项目建设，加快完成国家级物流示范园区申报。江宁开发区高新技术产业园，通过实施国际化要素集聚、重大科技专项升级、新型研发机构建设、企业创新主体培育、创新生态优化五大工程，主攻孵化培育类初创企业；九龙湖国际企业总部园主攻总部类企业培育和发展，发挥总部集聚效应；南京综合保税区（江宁）主攻加工制造中心、研发设计中心、物流分拨中心、检测维修中心等，推动产业创新升级；百家湖硅巷积极探索以存量空间更新为主的创新科技产业集聚新模式。

三是提升产业创新动能，在成果转化中找准新经济"关键点"。新经济的本质要求是科技经济贯通，其中，人才是最活跃要素、企业是关键主体、科技服务是重要支撑。江宁开发区以建设"国际性科技创新先行区"为引领，深入落实南京创新"121"战略，科技创新实力位居全国国家级经济开发区第 4 位，具备发展新经济的肥沃土壤。人才要素加速集聚，积极链接全球创新要素，建立英国、法国、瑞典海外招才引智工作站，园区累计拥有副高以上及硕士以上人才 2 万余名，集聚诺奖得主、院士等顶尖人才 64 名，通信与网络、节能环保、新材料，以及智能电网与智能制造等新兴产业领域集聚了园区近 95%的高层次人才，构建了"以才兴产，以产聚才"的良性循环。创新主体加速培育，高新技术企业、新型研发机构进一步集聚，高新技术产业产值占规模工业比重达 70%，市级以上孵化器与众创空间达 50 家，其中国家级 9 家，累计孵化项目超过 1500 个，自主培育瞪羚企业 16 家，江宁开发区上市企业近 80%由本土培育壮大。科创服务加速提升，推出科技企业腾飞专项扶持政策"腾飞 8 条"，以企业为主体，分层次推进科技企业梯度培育、精准施策，建立全生命周期科技企业扶持体系。创新生态持续优化，拥有 8 个国家级特色产业基地，获批中国侨联创新创业基地和国家知识产权示范园区等国家级创新品牌。

二、短板与不足

　　园区新经济相关产业面临发展不足、规模不大、层次不高等问题，"有高原、无高峰"现象明显，总体体量较小，短期内还未形成新的优势，新经济发展还存在诸多不足，主要表现在以下方面。

　　一是爆发式成长的产业集群发展不够强劲。园区经济发展对汽车制造、电子信息等传统支柱产业依赖较大，关联产业占经济贡献度整体达 40%以上，园区经济受宏观外部经济发展影响较大，基于现有产业基础的动能转换和产业转型升级仍在阵痛期，新产业、新业态前瞻谋划，重拳发力不够，汽车产业近两年引入一批绿色智能网联汽车项目，总体处于建设期，规模效益尚未完全释放，未来网络、人工智能、电子竞技等新产业方向前期投入较大，尚处于起步期和培育期，对园区经济贡献度、带动力偏小。

　　二是高能级发展的科创森林培育不够完善。缺乏自由灵活的市场机制和创新文化氛围，对有影响力的创新型企业家及领军型人才团队的培育和吸引不足，缺乏旗舰型的重大产业项目、高层次引领型和创新型的企业，存量企业创新活跃度不强，科创企业森林尚未成型，现有科技企业扶持政策在推进科技企业梯度培育上略显粗放，梯次型的高新技术企业包括瞪羚企业、独角兽企业及上市企业等培育艰难，在实现核心领域的技术创新、抢占新经济价值高地上缺乏强劲动能。

三是多元化支撑的创新文化氛围不够浓厚。5G 基建、特高压、新能源汽车充电桩、大数据中心、人工智能、工业互联网等新经济所需基础设施供给不足，导致新技术、新模式创新创业的门槛较高，技术难度较大。相比于上海推出的"'100+'应用场景"行动、成都构建的"七大应用场景"，江宁开发区在构建多元化新经济、新业态的示范应用场景，推动新技术推广应用、新业态衍生发展和新模式融合创新方面力度不足，应用场景落地后的创投风投跟进乏力，缺乏复合型科技服务体系和技术创新风险防范机制，科技金融有待突破。

三、重点举措

江宁开发区瞄准新兴产业，加速园区产业转型升级，把打造新经济、发展新产业的思想融入"十四五"规划，下一步将以"四新"——新产业、新模式、新科创、新服务为抓手，推动新经济发展。

一是以"新产业"支撑新经济，推动优势产业实现集群式发展。首先，"增量+存量"并重，推动产业结构升级。由传统制造业转向聚焦园区支柱产业和特色产业链，着力推动产业结构调整。一方面，做大"增量"，统筹优质资源，开展链式招商，集中精力招引科技含量高、带动能力强的链主式企业和产业链关键项目，实现"引进一个、牵出一串"的"葡萄串"效应；另一方面，做优"存量"，以智能制造、数字化赋能传统制造业，充分发挥华为沃土工厂等平台在加速制造业企业数字化转型与创新应用方面的作用，加快培育劳动生产率、供应链效率等方面的新竞争优势。其次，"平台+空间"并重，提升空间配置效益。在强化功能平台产业培育能力的同时，围绕新经济重点产业，打造特色产业园区，为重点产业发展提供空间载体，通过规模集聚，实现集约化发展，避免重复建设导致的资源浪费，主动引领产业发展格局。启动运营机器人产业园、智能电网企业集聚区等特色平台，推进智能制造装备产业园、智能网联汽车产业集聚区等特色产业园区规划建设，推动产业链孵化中心建设，大力促进科技成果转化和产业化。最后，"技术+服务"并重，提供共性技术支撑。提高关键核心技术产品自主率，发挥标准引领作用，搭建公共技术中心、人才实训基地、技术交易中心、市场拓展服务平台、投融资服务平台等综合性服务平台，提升国家智能电网应用产品质检中心、新材料知识产权中心等国家公共技术服务平台运营质效，打造智能制造华东检测中心等一批国家级公共服务平台，针对行业、领域发展中的重大关键性、基础性和共性技术问题，为重点布局产业的技术创新、科技成果转化及产业化，提供有力支撑。

二是以"新模式"催生新经济，推动经济结构实现内涵式发展。新经济对城市的发展模式提出了更高要求,依赖数量增长、规模扩大、空间拓展的外延式发展无法适应新经济的发展,需要走结构优化、质量提高、实力增强的内涵式发展道路,与新经济发展形成良性互动。首先,推动经济形态由"块状"转向"柱状"。打造楼宇经济,突出"平方产出论英雄",制定《江宁开发区楼宇经济高质量发展的若干扶持政策》,发挥楼宇经济办公室统筹管理作用,推动成立江宁开发区楼宇发展联盟,努力推动以土地招商向以楼招商转变,重点支持新经济相关产业集聚,向空中求发展、向楼宇要效益,打造"立起来的开发区",形成一批"千万元楼"和"亿元楼"。然后,推动发展模式由"外延"转向"内生"。坚定不移地走集约化、内涵式发展道路,改变传统依托土地空间的外延发展。大力推进低效用地再开发,以整治、改善、重建、活化、提升等多元方式,加快存量片区盘活调整,并与"腾笼换鸟"、淘汰落后产能等工作紧密结合,实施以"亩产效益综合评价"为基础的差别化要素配置政策,建立低效用地退出机制,倒逼企业进行技术改造和产业转型。突破土地资源日趋紧张、空间开发成本加大的瓶颈,5年建成500万平方米以上的科创载体、轻型工业标房、人才公寓,为新经济发展提供新型承载空间。最后,推动国资管理模式由"输血"转向"造血"。发挥国资引领、市场主导作用,通过向功能平台注入优质资产和放权赋能,提升国资平台实体化运作和自主参与市场竞争的能力。对开发区金融、类金融等业务进行有效整合,推动经开科技公司、新都市公司、金融投资控股公司积极参与市场化经营,充分发挥产业基金、创投基金作用,支持新经济企业发展,实现培育产业、留住人才、完善配套、国资增值的多元目标。

三是以"新科创"引领新经济,推动创新动能实现持续性释放。新经济以高技术产业为支柱,以智力资源为主要依托,是人类经济发展史中前所未有的科技型、创新型经济,创新是打破要素成本制约、培育新的经济增长点、保持经济长期可持续发展的有效路径。首先,要高层次集聚创新资源,持续深化国际合作,进一步扩大国际合作"朋友圈",融入全球创新网络,加快推进孵化器、加速器等"生根空间"和国际创新平台建设;高标准举办创新周、未来网络发展大会、中法创新发展大会等创新活动;建立涵盖引才、育才、用才、留才全阶段人才政策体系,形成顶尖人才引领、领军人才聚集、企业家带动、创业团队汇聚的人才链,建立产业链与人才链融合的科创企业生长机制;打造"海智湾"国际人才街区,建立一站式国际人才服务机构。然后,高质量培育创新主体,完善科技型中小企业、高新技术企业、创新型领军企业培育体系,力争新增培育高新技术企业、独角兽企业、瞪羚企业实现新突破,推动重点产业、重点企业立足自身优势特色布局应用场景,提高创新链整体效能,持续加强企业研发机构建设,推进企业高校技术转移,建设科技创新共同体,构建"基础研究+技术转移+产业发展"创新孵化圈层。最后,高水平建设创新平台，加快推进紫金山科技城规划建设，加快建设国家未来网络重大科技基础设施、网络通信与安全紫金山实验室等重大创新项目，突破智能网联汽车、未来网络、新型通信、内生安全等关键核心技术，推动华为沃土工场、清湛人工智能研究院、智能网联示范区等重点创新平台全面发挥效应，完成核心技术成果在工业互联网、车联网等领域的示范应用、就地转化和产业化。

四是以"新服务"保障新经济，推动营商环境实现综合性提升。好的营商环境才能不断增强新经济的吸引力、创造力、竞争力，推动经济发展质量变革、效率变革、动力变革。首先，做好政策服务"贴心人"。紧跟新技术、新产业、新业态的发展步伐，在审批服务、创新创业、投资贸易、企业经营、市场公平、法治保障、社会服务等领域，统筹推进制度创新、资源整合、流程再造。充分发挥好知识产权审判法庭在促进企业知识产权申请、维权、解纷方面的一体化服务；建成并投入运营开发区公共法律服务中心，为园区企业提供律师、公证、法律援助等"一站式"服务窗口，构建创新企业成长所需要的公平竞争的市场环境、完善的法治环境、开放的政策环境等营商环境。然后，做好企业服务"陪伴员"。实施"企业发展陪伴计划"，覆盖企业成长全生命周期，实行"一对一"政策管家服务，搭建企业服务信息化管理平台，扩大企业服务覆盖范围；常态化举办企业座谈会、联谊会、博览会、新产品发布会等交流活动，面对国内外形势对企业带来的挑战，针对性出台支持企业发展的激励政策，加强产业基金、科创基金在支持新经济发展方面的配套服务功能。最后，做好审批服务"店掌柜"。建设"小前台、大后台"精干型政务服务中心，持续完善"线上E站式、线下一站式"集约审批，重点围绕项目快速落地、重大项目顺利建设投产等要求，推行重大项目"123"审批服务新模式；落实江苏省经济开发区深化"放管服"改革举措，持续优化商事登记，建立"市场主体一站式服务内外循环系统""一业一证""简易注销"服务模式，为企业提供高效、便捷的审批服务。

作者简介：

江宁经济技术开发区位于南京，创办于1992年，2010年被批准为国家级经济技术开发区，综合实力位列全国217家国家级经济技术开发区第6位，居江苏省118个经济技术开发区第3位，科技创新位列全国第4，营商环境位列江苏省开发区首位。

大力发展新经济　加快培育新动能

成都新经济发展研究院

成都市深入学习贯彻习近平总书记对四川工作系列重要指示精神，认真落实中共四川省委十一届五次、六次、七次全会和成都市委十三届五次、六次、七次全会精神，统筹推进常态化疫情防控工作和经济社会发展，抢抓成渝地区双城经济圈建设战略机遇和新冠肺炎疫情催生新经济、新场景的市场机遇，围绕"创新提能年"主题，强化新经济企业培育、场景供给、要素集聚、生态营造，加快形成以新经济为主动能的城市竞争新优势，并为全面体现新发展理念的城市注入强有力新动能。截至2020年年底，新经济企业逾45万家，7家企业达到独角兽标准，培育159家准独角兽企业，新增上市企业44家。成都新经济活力指数居全国第三，新职业人群规模居全国第三，"最适宜新经济发展的城市"品牌效应凸显。

一、2020年新经济发展情况

（一）推进场景营城、产品赋能

一是持续开展"城市机会清单"发布机制。印发《关于建立城市机会清单工作机制的实施方案（试行）》，从释放政府资源、政府需求和链接企业能力、企业需求的角度，发布8批次2800余条供需信息，成功对接了其中1400余条，实现融资超140亿元。"城市机会清单"入选国务院办公厅深化"放管服"改革优化营商环境第一批拟推广十大典型经验做法，并得到了中央电视台焦点访谈专题报道。二是加快推进场景孵化。出台《供场景给机会加快新经济发展若干政策措施》，评选"创新应用实验室""城市未来场景实验室"，推动新技术、新模式融合创新的应用规范、接口标准、场景实测和模式验证。三是持续举办"场景营城、产品赋能"双千发布会。搭建线下双千发布会、线上"场景汇"城市级营销平台，围绕天府绿道、国际消费中心等 10 个主题，持续发布 1000 个新场景和 1000 个新产品，释放城市场景建设项目投资约 6300 亿元，共 1700 余家企业参与，场景营城正在成为城市品牌。

（二）完善新经济产业体系

一是加快推进新经济重点产业发展。推动人工智能产业发展，打造龙头企业和本土企业组建的企业集群；推动大数据产业发展，构建产业规划、实施方案、产业政策、人才政策、引导基金、统计监测"六个一"产业支撑体系；推动 5G、清洁能源、现代供应链产业发展。二是聚焦新经济优势行业赛道。大力发展"互联网+大健康"、工业无人机、数字文娱、网络与信息安全等 16 个新经济优势行业赛道，围绕产业链、创新链、供应链打造新经济发展产业生态，坚持强链补链，推动新经济"六大形态+五大重点产业+16 个优势行业赛道"梯次纵深发展。三是开展新经济项目招引。开展新经济项目招引攻坚行动，签约在线教育、数字文创、大数据等项目 114 个，计划投资总额达 1891 亿元。

（三）强化新经济企业培育

一是深入实施新经济"双百工程"。遴选 2020 年度百家重点培育企业和百名优秀人才，对入选企业和入选人才给予重点关注、重点服务、重点支持。二是持续开展新经济企业梯度培育。建立市、区（市）县两级新经济企业梯度培育库，设立新经济发展专项资金，建立"领导专班+新经济委服务专班+新经济企业俱乐部服务专班+区（市）县新经济部门服务专班"四级矩阵，聘任科技服务专员、金融服务专员和融资服务专员开展专项服务。2020 年全市新入库梯度企业共 367 家，累积入库企业已达 1318 家。三是实施新经济企业成长伙伴计划。开展"独角兽（准独角兽）企业高管能力提升培训"，联合中欧国际工商学院、普华永道会计师事务所开展"种子企业创业训练营""创新加速营三期"等系列培训，为 200 余家新经济企业提供全周期成长指导和服务；联合中国人民银行成都分行举办新经济企业线上贷款融资对接会，共有 167 家新经济企业、38 家银行金融机构和融资服务专员参加，达成融资意向 134.9 亿元。

（四）营造新经济生态环境

一是构建要素生态。持续推进精准引才、科技成果转化、创投环境提升、公共数据资源运营"四大行动";组建新经济专业化银行、新经济产业投资基金,用好用活 2 亿元新经济天使投资基金,累计投资初创新经济企业 16 个;组织 200 余家新经济企业与多家银行进行精准对接,推动 150 余家企业获得银行授信 20 亿元。二是持续打造城市新经济品牌。举办具有显示度的成都新经济品牌活动,以"链接生态,赋新未来"为主题举办 2020 成都全球创新创业交易会暨首届国际区块链产业博览会,以"融入双循环,铸强第四极"为主题举办第三届"兴隆湖畔•新经济发展高端论坛",与联合国人居署在阿联酋阿布扎比共同举办第十届世界城市论坛"未来城市与新经济"分论坛。联合国副秘书长、人居署执行主任麦穆娜女士和北京大学新结构经济学研究院院长林毅夫等国际国内专家学者对成都新经济前沿理论、实践创新给予了高度评价。三是实行包容审慎监管。放宽新经济市场准入条件,实行"容缺登记",建立新经济企业标识制度。出台对新经济实行包容审慎监管的指导意见,探索"三张清单"制度,推行柔性执法,推动政府管理向政府治理转变。

(五)进一步健全新经济工作机制

一是健全新经济统计机制。针对新经济新业态跨界融合、难以统计的问题,抢抓"三新"统计试点机遇,创新建立新经济统计指标体系,开展统计普查,摸清新经济"家底"。二是深化新经济监测机制。建设完善新经济大数据监测平台功能,实时监测新经济发展情况,每季度生成新经济发展监测报告,为全市新经济发展提供全方位、全时段、"实时监测+预期分析"的决策参谋助手。三是健全新经济考核体系。推动新经济从"单兵作战"到"多方联动",运用目标考核"指挥棒",引导市级部门主动供给城市机会,引导区(市)县加快培育新经济企业、支持企业获得风险投资,推动新经济发展增量。

二、2021 年发展新经济的展望

2021 年是全面建设社会主义现代化国家新征程的开启之年,是"十四五"规划的开局之年,也是新时代成都"三步走"战略第二步目标的起步之年。成都市将以建设践行新发展理念的公园城市示范区为统领,推动成渝地区双城经济圈建设,聚焦高质量发展攻坚年,围绕"四件大事"和"幸福美好生活十大工程"谋划新经济工作,确保"十四五"开好局、起好步。

（一）培育新主体：提升"引育服"获得感

加强新经济头部企业招引，深入开展新经济项目招引攻坚，用好双千发布会平台、基金对接平台和专业机构平台，提升招引工作专业化水平；开展新经济500强企业特别是头部企业招商。深化新经济企业梯度培育，支持种子企业创新产品研发投用、准独角兽企业快速拓展市场、独角兽或行业领军企业赋能传统企业。优化企业全生命周期服务，为"双百工程"重点企业提供政策、金融、投资宣传等方面的精准服务。发挥新经济企业俱乐部作用，为新经济中小企业对口定制政策申报、企业管理、人才招引培养、行业交流等服务。

（二）发展新赛道：培育三大赛道体系

围绕提升完善城市功能和产业结构性调整，打造关键软件、区块链和现代供应链等基础赛道，加快数字层、应用层企业集聚，重点开发智能传感终端、芯片、云平台等软硬件，推动各类新技术向垂直领域渗透、新模式新业态向平台集成。加大投入，以先发优势形成持续引领，打造工业无人机、生物制药和新文创等优势赛道，完善丰富专项政策措施，支持新经济头部企业、行业领军企业牵头组建创新联合体，加大关键核心技术联合攻关。开放行业机会，赋能中小微创新型企业加速成长。聚力提升城市在全球创新网络中的生态位，打造量子通信、卫星互联网等未来赛道，研究制订专项行动计划，依托四川大学、电子科技大学、中国科学院等在蓉研究院所和科研机构，布局大科学装置和前沿交叉研究平台，推出数个世界级原始创新。

（三）建设新载体：强化新经济空间赋能

围绕"2+6+N"新经济产业功能区，构建城市新经济战略高地，实现新经济载体全市全覆盖。建强2个新经济发展支撑功能区，加快推动成都新经济活力区、成都科学城聚能成势，重点推进瞪羚谷产业社区、新川创新科技园、独角兽岛、天府海创园等高能级载体建设，加快打造具有全球影响力的新经济技术策源地和具有全球竞争力、区域带动力的新经济产业高地。建好6个新经济发展承载体，推动"两图一表"与城市功能布局深度链接，推进白鹭湾新经济总部功能区、锦江新兴传媒功能区、武侯电商产业功能区、成都龙潭新经济产业功能区、西部电商物流产业功能区、成都智能应用产业功能区等新经济载体招项目、聚产业、强功能、增实力。打造N个新经济特色承载空间，鼓励各区（市）县在相关产业功能区，结合自身优势培育具有辨识度的新经济载体，打造新经济新地标，形成新经济聚合发展新空间。

（四）供给新场景：构建场景营城四大体系

建立场景"设计、验证、推广"操作范式，推动场景城市构建，着力美好生活场景、智能生产场景、宜居生态场景、智慧治理场景顶层设计优化和操作范式落地，加快构建城市场景体系，逐步形成由"城市场景"向"场景城市"迭代演化的城市发展格局。促进场景孵化验证，强化"创新应用实验室+城市未来场景实验室"场景孵化机制。加强场景示范推广，评选应用场景示范区、示范应用场景、示范产品（服务），打造新技术、新产品、新业态应用场景集合。定期举办"场景营城产品赋能"双千发布会，全年面向社会发布1000个新场景、1000个新产品；推动"城市机会清单"走深走实，强化供需对接，优选成功案例、示范项目给予重点支持，提升清单的匹配度和含金量。

（五）营造新生态：强化创新生态涵养

以"招才引智"推动要素聚集，在全球范围内精准招引一批创新人才和团队。建立前沿技术、颠覆性技术的发现、引进、培育、转化机制。加快组建新经济专业化银行，发挥重产基金、产业基金、新经济天使基金等金融产品的引导作用。推进数据流通平台建设和标准规范体系完善，提升成都市公共数据开放平台能级。筑牢新基建基础，围绕5G基建、特高压、城际高速铁路和城际轨道交通、新能源汽车充电桩、大数据中心、人工智能、工业互联网七大领域夯实新型基础设施建设。塑造新经济品牌，挖掘成都新经济"实践案例"，形成可复制、可推广的"成都经验"，将"成都全球创新创业交易会"打造为新经济全球化话语传播平台。

作者简介：

  成都新经济发展研究院是成都市新经济发展委员会所属事业单位，主要负有新经济发展的理论政策研究、决策咨询、市场服务等职责。近年来紧密围绕市委市政府中心工作，构建全国各类大数据研究系统，为成都市新经济发展提供趋势预测、政策设计、决策咨询等方面的服务支撑，逐步形成新经济智库和新经济发展服务平台等工作方向。

工业互联网赋能数字经济产业发展的实践

福州高新区管理委员会

从"数字福建"到"数字中国",国家高度重视数字经济发展,以数字经济培育经济新动能、实现爆发式增长是未来最大的发展机会与增量来源。工业互联网作为产业数字化的重要基础设施,是促进数字经济和实体经济深度融合,推动区域经济高质量发展的重要方式。近年来,福州高新区立足创新创业创造前沿,在发展数字经济尤其是工业互联网方面形成亮点。本文在福州数字经济发展实况、福州高新区工作实践的基础上,提出福州高新区构建工业互联网创新中心的重点措施。

一、工业互联网推动"数字福州"发展的作用明显

随着"数字福州"的逐步发展,工业互联网的重要性和现实作用日渐显现。

(一)工业互联网是推动传统产业组织创新变革的重要抓手

新冠肺炎疫情之"危"凸显数字经济之"机",在新冠肺炎疫情防控常态化的新形势下,工业互联网、5G、数据中心等新型基础设施建设适逢其时,有力推动了数字经济纵深发展。工业互联网集成物联网、5G、AI、大数据、区块链、信息安全等前沿信息技术,是重塑工业生产制造与服务体系的重要基础设施。目前,我国工业互联网已覆盖了从应用到原材料、装备制造等数十个国民经济重点行业,应用场景正在由销售、物流等外围环节向研发、生产控制、检测等内部环节延伸。工业互联网通过将网络、计算、人工智能等与原有工业体系深度融合,带动传统工业装备、自动化、软件等产业短板实现突破,打通设备资产、生产系统、管理系统和供应链,构建数据驱动的生产制造和服务体系。在构建贯通供应链、覆盖多领域平台化配置体系的同时,工业互联网还进一步催生了网络化协同、服务化延伸、个性化定制等

新模式、新业态。

（二）福州正在形成数字经济发展高地

自启动实施"数字福州"战略以来，福州市营造良好环境、培育数字经济、加快数字赋能，数字经济规模达到4500亿元，软件服务、大数据、云计算、物联网等数字产业加速集聚。作为数字中国建设峰会的主办城市，福州用好峰会机遇，与华为、阿里巴巴、字节跳动、比特大陆等一批行业领先的数字经济企业深化合作，落地支付宝数字城市科技、皮皮虾跳动科技等一批重点项目。其中，软件服务业规模突破1500亿元，本土数字经济企业福大自动化、网龙、新大陆等迅速崛起，入选中国软件业务收入百强、中国互联网企业百强等。2019年，福州市全面启动全国首个自主开放城市大脑建设，建成了中国首个城市级人脸识别公共服务平台，实现了地铁刷脸乘车；拓展可信数字身份认证到18个应用示范场景，打造了中国城市级网络可信身份应用示范标杆城市；上线互联网医院服务平台，实现了多家医院统一支付。福州市正以数字应用为特色，向"全国数字应用第一城"迈进。

（三）福州市工业互联网发展初显成效

近年来，福州市积极推广应用工业互联网，以"互联网+制造"为核心引导企业"上云上平台"，搭建"互联网+纺织业"等专业云服务平台，引导企业在"云"上晒产品、发信息、下订单，促进产业链、创新链双向融合。目前，全市已培育海创云工业互联网平台、摩尔工业互联网平台、中国移动5G工业互联网开放平台等8个省级工业互联网平台，"上云上平台"工业企业超过2000家，实施了188个省级"互联网+"制造业项目。福州市重点推进国家工业互联网标识解析二级节点建设，已完成二级节点标识解析平台建设，以及二级节点标识系统监控平台的设计和数据的对接分析，累计完成注册企业60家，累计完成场景案例70个，累计注册标识70万个。全市注册企业数在全国区域型二级节点中排名第三，标识总量排名全国第四，初步建设完成基于标识解析的产品追溯、供应链管理、全生命周期管理等标识解析应用服务系统。

当前，福州市经济发展处于工业化中后期阶段，打造工业互联网平台拓展"智能+"，强化工业基础和技术创新能力，推动工业数字化、网络化、智能化转型是迫切诉求。客观来说，全市数字经济规模优势尚可但综合实力欠优，工业互联网、人工智能、5G 通信等数字产业与传统产业融合并不充分，赋能制造业转型升级的爆发力不足。尤其工业互联网基础配套设施还不完善，各类平台林立，硬件互联缺乏通用标准，底层资源数据难以集成共享，产业协同仍然薄弱。进入数字经济下半场后，产业数字化将成为数字经济发展的主导力量。福州市要抓住信息化先机，积极拥抱数字浪潮，加快工业互联网平台创新升级、行业深度赋能、新兴技术融合应用与生态体系构建，纵深推动大数据、人工智能与实体经济结合。

二、高新区已成为福州市工业互联网的创新发展中心

一直以来，福州高新区紧紧围绕"高""新"内核聚焦创新创业创造，全力打造"数字福州"建设应用示范区，形成了以数字经济为主导的产业发展格局，在数字产业化与产业数字化方面形成创新亮点，业已成为福州市工业互联网的创新发展中心。

（一）辐射全省的创新发展引领区

福州高新区作为福厦泉国家自主创新示范区的核心区，抢抓"三区叠加"机遇，融入"三个福州"建设，全力打造全省创新创业创造发展高地。2019 年全区总收入突破 1300 亿元，高新技术产业产值突破 500 亿元，集聚一批专精特新高技术企业，在物联网、光学元器件等领域全球领先。新大陆科技是全球 5 家之一、中国唯一掌握二维码识读引擎核心技术的企业；福大自动化研发的 IAP 工业自动化通用技术平台属全国首创；星网锐捷全面入围"央采"名录，并多次承接和入选国家火炬计划、国家 863 计划、国家核高基重大专项。园区依托福州大学城，以中科院海西研究院、国家知识产权专利审查协作分中心为核心，全面推进校企合作，建设福建光电实验室、柔性电子实验室产业研究院、数字媒体联合实验室等高能级创新平台，搭建福建技术转移公共服务平台，"学研产"创新共同体初步形成，全要素创新示范中心加速形成，年度技术合同交易额达 3400 万元。

（二）"数字福州"的应用示范区

福州高新区把握"数字福州"建设机遇，大力发展数字经济产业，全力建设"数字福州"应用示范区，初步形成主体集聚、业态融合、场景创新、空间优化的发展格局。园区依托上市企业博思软件、榕基软件、摩尔软件、北卡科技等企业集聚优

势，拓展数字技术开发、网络媒体制作及网络技术服务等信息服务业，在财政电子票据、安全通信、空间信息等领域新业态频现。围绕三网融合与智慧园区建设，开放经贸、科技、舆情、金融、健康、智能家居等领域信息化建设，形成了智慧政务、智慧校园、智慧水务、智能驾驶等一批数字应用场景。建设"智慧大脑"综合指挥系统，提供全方位数字化基础设施保障。同时，融合5G等技术高水平建设软件园、数字经济产业园、第三代半导体产业园、光电产业园等数字产业基地，打造全市数字经济发展新空间与新场景。

（三）工业互联网产业的发展标杆区

工业互联网是福州高新区重点发展的领域，现已集聚摩尔元数、中海创、北卡科技等一批工业互联网企业，在工业互联网基础设施建设、平台搭建、技术应用、与企业互联互通等方面形成协同基础，形成了建设工业互联网创新中心的平台基础。依托现有平台，高新区正加快研发基于5G、边缘计算、人工智能等技术，适用于区域工业企业的工业互联网产品及应用，建设全市工业互联网创新示范区。其中，中海创是福州市国家标识解析二级节点的重要入口，其"海创云"平台和IAP核心技术为全区生产制造企业提供云基础设施、大数据应用等服务，已实现对全国313种工业设备协议的打通，为市面上90%以上主流厂家提供工业控制设备，仅福州市长乐区就已达成双向签约服务合作单位147家、基础设施117家、设备上云102家、上云设备1428台。摩尔元数以开源工业App开发平台、数字孪生平台、云制造系统等产品支撑工业企业"上云用数赋智"。北卡科技针对"5G+工业互联网"的数据传输安全需求，基于国密技术对工业互联网数据进行加密，解决工业互联网系统中身份认证、传输安全、访问控制等多种安全问题。

（四）创新发展的科技、人才要素集聚区

福州高新区毗邻福州大学城，云集福州大学、福建师范大学、福建医科大学等12所高等院校，在校师生总数超过20万人，拥有能源与环境光催化国家重点实验室、平板显示技术国家地方联合工程实验室、数字中国研究院等20多个国家级重大创新平台，是全省创新创业创造资源最密集的区域之一。福州高新区联合福州大学城正举力建设中国东南（福建）科学城，加快建设福建光电实验室等省创新实验室，并成功引入省内首个、全国首批基因检测技术应用示范中心，建设了全国首个

物联网开放实验室，以及国家健康医疗大数据平台（福州）、北大—旋极伏羲智能空间创新实验室、中国信通院数字经济创新发展研究中心、福州大学数字中国研究院等一批面向产业的高水平应用创新平台。以数字经济为特色的系列创新平台成为高新区发展工业互联网及数字经济的重要源头支撑。

现阶段，福州高新区紧抓数字经济发展机遇，开展多方位探索尝试，在工业互联网等方面形成了一些创新亮点。但从全市、全省乃至全国的影响力与显示度来看，福州高新区的综合竞争水平、创新创业能级，以及对区域发展牵引作用还不够突出。国家高新区作为推动我国经济高质量发展的重要载体，对示范引领更大力度改革创新具有重要作用，对福州高新区而言，未来要找准长板，聚焦重点发挥创新创业创造领域先发优势，加快建设数字技术应用最前沿，全力以赴、奋进赶超，引领全市、全省数字经济实现新突破。

三、福州高新区建设工业互联网创新中心的措施

加快福州高新区的工业互联网创新中心建设，拟采取七个方面的措施。

（一）建设工业互联网应用示范基地

按照"抓龙头、建平台、做示范"的思路，加快形成覆盖"区域级—行业级—企业级"的平台体系。对于抓龙头，福州高新区要重点培育引进工业互联网龙头企业，面向全市域、全省域重点领域、重点产业，建设具有跨领域跨行业综合型工业互联网平台，打造福州市工业互联网区域发展高地。对于抓平台，鼓励工业龙头企业与互联网企业合作，建设面向行业或产业集群的工业互联网平台，与全市产业集群做对接，有效帮助工业企业运用工业互联网新技术、新模式实施数字化、网络化、智能化升级。对于做示范，聚焦重点领域培育一批垂直行业工业互联网平台，选出5~10个工业互联网典型应用企业案例。

（二）开展"5G+工业互联网"融合应用

全面启动福州高新区5G园区建设工程，加快推动5G与工业互联网的融合，打造全国"5G+工业互联网"融合应用先导区。对接5G终端商、应用商、三大运营商等设立5G创新中心、应用创新中心等功能性平台，加快面向工业互联网特定需

求的 5G 关键技术的应用与落地。探索挖掘更多领域的"5G+工业互联网"应用场景，通过公共服务平台建设帮助企业尤其是中小企业上云，并打造全市版 5G 与工业互联网融合成果展示平台，对柔性制造、机器视觉、智能工厂等技术及应用成果进行展示。联合基础电信企业、信息通信服务企业，开展"5G+工业互联网"内网建设改造标杆网络、样板工程，支持工业企业开展内外网改造，进一步完善工业互联网网络基础设施。

（三）筹建福州市工业互联网创新中心

以工业互联网数据中心、技术创新中心、应用创新中心三大中心为核心，建设面向全市的工业互联网创新中心。建设工业互联网数据中心，提升数据汇聚、分析、应用能力与综合服务能力，面向政府提供工业经济和产业运行监测指挥、应急事件预警协调等服务，面向行业为企业提供设备与业务系统上云、产融合作、供需对接等服务。支持科学城高校、科研机构、骨干企业联合建设工业互联网技术创新中心，面向本地传统制造业企业共性需求，开展互联网技术研发应用。打造工业互联网应用创新中心，推出数字驾驶舱、智慧停车等一批数字应用示范场景，争取新一批数字福州项目落地，引进和培育一批工业互联网重点领域行业供应商。

（四）开展中小企业数字化赋能专项行动

把"上云用数赋智"作为福州高新区发展工业互联网的重要抓手，持续推动园区有基础、有条件的中小企业加快传统制造装备联网、关键工序数控化等数字化改造。发挥好中海创等现有平台作用，面向行业提供数据管理能力提升、工业资源共享、解决方案推广等公共服务，为企业提供设备与业务系统上云、产融合作、供需对接等公共服务。搭建工业互联网推广服务平台，加快中小企业数字化改造进程，提高生产设备联网率，搭建设备连接、数据管理、智能应用等应用实施平台，逐步引导中小企业业务系统向工业互联网平台迁移。

（五）提升网络数据安全综合保障水平

编制工业互联网安全解决方案和供应商目录，以北卡科技为核心，带动工业互联网安全产业链供应链提升。支持云服务企业、网络安全企业联合本地龙头企业，面向垂直行业建设一批具有较强安全保障能力的安全公共服务平台，推动中小企业

"安全上云"。鼓励园区信息安全企业向工业应用领域拓展，开展工业互联网安全产品研发和应用，大力发展工业互联网安全解决方案。开展工业互联网安全产品在制造业、交通、能源等领域的应用示范，提升工业安全防护水平。

（六）加快培育工业互联网专业人才

将工业互联网相关领域的高端人才、技能型人才纳入本地人才政策扶持范围，对于符合条件的人才，加强在住房、医疗、教育方面的配套政策支持。联合本地高校加强工业互联网相关学科建设，鼓励本地企业与高校、科研院所共建实验室、专业研究院或交叉研究中心，大力培养高素质创新型、复合型工业互联网专业人才。引进工业互联网领域高端人才，建立人才数据库和专家库，搭建专家与企业之间的交流平台，为企业提供适合当前发展形势的高层培训及技术扩展服务。

（七）探索审慎容错监管机制

发挥福厦泉国家自主创新示范区政策先行优势，参与国家数字经济创新发展试验区建设，落实《工业数据分类分级指南（试行）》，建立工业数据确权、数据流通、数据安全等规则规范，率先构建以工业数据安全为核心的数字经济治理规则体系。探索更具弹性和包容性的新型监管模式，放宽融合性产品和服务准入限制，对新业态、新模式推行市场"非禁即入"，推动相关行业在技术、标准、政策等方面充分对接，打造有利于技术创新、网络部署与产品应用的外部环境。

作者简介：

福州高新区于1991年由国务院批复，先后获得福厦泉国家自主创新示范区、国家半导体国际创新产业基地、国家级绿色产业示范基地等称号。福州高新区管理委员会是福州市政府派出机构，负责对海西高新技术产业园、生物医药产业园和机电产业园，以及洪山、仓山、马尾和福州软件园等产业发展进行管理指导。

多措并举推进工业互联网发展

宁波市经济和信息化局

工业互联网是新一代信息技术与工业经济深度融合的新技术应用模式和全新产业生态，是全面连接工业经济全要素、全产业链、全价值链的新型基础设施，也是我国实施创新驱动战略、塑造国际竞争新优势、实现"制造强国""网络强国"的重要载体和着力点。习近平总书记连续4年对推动工业互联网发展做出了重要指示。作为全国的制造大市和长三角的区域中心城市，宁波市深入贯彻中央、国务院，以及浙江省关于发展工业互联网的系列精神，充分发挥制造业基础优势，积极布局，探索形成"互联网+先进制造业"的"宁波模式"与"宁波路径"，有效推动了工业互联网发展。

一、注重政策加持，明确推进路径

宁波市将发展工业互联网作为推进制造业高质量发展的主要内容之一，立足宁波实际，在工业互联网网络、平台、安全等方面采取"引进和培育相结合，企业和行业相结合，本地和区域相结合"的模式，认真谋划、逐步推进。一是明确顶层规划。宁波市委十三届九次全会明确提出打造工业互联领军城市，并将工业互联网列为计划建设的三大科创高地之一。出台《关于抢抓机遇加快重点领域新兴产业发展的指导意见》，将工业互联网产业作为五大重点发展方向之一，加快培育形成新的经济增长引擎，为宁波高质量发展注入新动能。二是细化具体行动。研究谋划数字化改革方案，出台《宁波市制造业企业智能化技术大改造行动计划（2020—2022）》《宁波市工业互联发展行动方案（2020—2022）》《宁波市推进工业软件自主创新发展三年行动计划（2020—2022年）》三大计划和机器人、光学电子、集成电路等产业链培育方案，从不同的角度和侧重，引导工业互联网发展。三是落实政策举措。制定出台《宁波市人民政府办公厅关于加快推进制造业高质量发展的实施意见》，宁波市每年统筹安排 25 亿元专项资金，在工业互联网领域提出了推动企业数字化转型、培育智能制造服务平台，以及加快工业互联网推广应用、企业上云、数据管理能力成熟度评估、工业 App 培育、新一代信息技术与制造业融合发展、工控安全等系列支持政策。

二、注重平台建设，打造核心载体

工业互联网平台是推动工业互联网发展的核心，宁波市以工业互联网重点平台建设作为推进工业互联网发展的重要突破口，陆续培育建设了行业云制造、创新设计协同、工业大数据等 41 个制造业重点服务平台，初步构建形成了工业互联网平台体系。

一是突破基础性工业互联网平台。积极推动宁波工业互联网研究院、华为、中国科学院计算所、宁波阿里中心等创新载体开展深度合作，打造面向操作系统、标识解析、安全集成等领域的基础平台。蓝卓发布国内首个自主知识产权的 supOS 工业操作系统，打造了工业安卓系统；宁波的中国科学院信息技术应用研究院联合中国信息通信研究院，发布上线了浙江首个综合应用型工业互联网标识解析二级节点，为特定领域的标识注册、分配、查询和公共解析等提供了基础性服务。

二是培育行业级工业互联网平台。聚焦宁波重点行业、块状经济，深耕垂直领域，形成了一批为行业内企业提供基础平台服务、系统解决方案和集成技术支撑的工业互联网示范项目。目前，在模具、成型制造、汽车零部件、家用电器等重点细分领域打造了 10 余个行业级工业互联网平台，有力提升了中小企业的快速响应能力和高效协同能力。其中，宁波物联网家电云平台已服务于欧琳、永发、奇帅等 300 余家宁波家电企业，接入大小家电 40 余品类，日活跃设备连接数突破 500 万，入选华为严选商城，成为国内知名的第三方小家电工业互联网平台；智能成型工业互联网平台以智云端系统为基础，建立了低成本工业设备联网与生产管理上云平台，解决了中小型制造企业设备运维和生产管理难题，帮助企业快速实现了"大数据、透明化、可视化、扁平化"的数字化管理。

三是培育企业级工业互联网平台。鼓励龙头企业依靠技术积累和供应链整合优势推进工业互联网平台建设，逐步搭建各具特色的企业级工业互联网平台。例如，慈星互联科技有限公司建立了针织品智能柔性定制平台，依托慈星电脑横机的智能联网，整合集聚了服装原材料、个性化面料、智能纺织装备、品牌服装等众多资源，分工协作，实现了"个性化定制、柔性化生产"；宁波柯力传感科技股份有限公司基于称重传感器产品在国内、国际市场占有率第一的优势，建立了设备级联网的柯力云平台，从产品提供商向整体解决方案服务商转变；此外，雅戈尔、海天等行业龙头企业也基于企业在国内的市场地位，搭建了各具特色的企业级工业互联网平台。

三、注重智能制造，突破关键环节

企业生产的数字化、信息化和智能化水平是推进工业互联网发展的基础条件，我市始终将智能制造作为推进制造业高质量发展的主攻方向。

一是聚焦三层级分类实施。自2017年以来，面向传统优势行业、特色块状经济和重点离散型、流程型制造行业，实施"点、线、面"全方位、多层次的智能制造工程。"点"上鼓励企业针对关键生产工序和关键工艺环节开展"机器换人"；"线"上鼓励企业联合本地智能装备制造、软件和信息技术服务企业，以及科研院所，开展智能成套装备首台（套）研制和系统集成，并进行复制推广；"面"上引导鼓励自动化程度较好的企业按规范标准建设数字化。2019年获国务院办公厅激励通报，宁波模式成为工业和信息化部向全国推广的智能制造八大模式之一。在此基础上，2020年宁波市再次提出要按照"巩固、提升、拓面、育强、生态、安全"新要求，实施分层级推进智造提升扩面、分行业实施智造推广应用、系统性推进智造生态培育三大行动任务，全力打造智能制造升级版。

二是强化创新载体建设。以与华为深度战略合作为抓手，加快建设鲲鹏生态产业园，集聚一批鲲鹏生态、5G相关的软硬件企业、创新机构、人才培训认证机构、开发测试平台等生态企业，加强鲲鹏产业的计算能力和5G产业的连接能力建设，推动共性技术、关键核心技术国产化。扎实推进国家级工业互联网平台应用创新推广中心项目建设，打造集成展示体验、人才培训、测试验证、应用推广、成果转化、生态聚集等功能的创新载体，该项目被列入工业和信息化部"2020年工业互联网创新发展工程"。

三是构建专业服务体系。大力开始智能化诊断工作，对有诊断需求的规模以上企业实施智能化改造诊断服务"全覆盖"，着力破解广大制造企业在实施智能化改造中存在的技术、人才、管理等难点。同时，先后成功引进了谭建荣院士团队、和利时集团、华中数控、航天云网等一批国内知名公司（团队）落户宁波成立智能制造工程服务公司，市、县两级累计引进共建智能制造工程服务公司215家，其中市级66家，服务领域涉及汽车、电子、家电、石化等特色优势块状经济，形成市县分级管理、高效联动的智能化改造诊断服务技术支撑体系。

四、注重技术提升，夯实基础支撑

技术是推进工业互联网发展的重要保障，宁波市以工业发展需求为导向，加快建设网络、安全和支撑体系。

一是完善信息基础设施。宁波市抢抓"新基建"政策机遇，推进新型网络基础设施建设，累计建设5G基站10852个，5G网络已实现中心城区等重点区域的连续覆盖，获批全国5G外场测试试验网城市，网络基础设施建设走在全国前列。积极布局物联网基础设施，加大窄带物联网（NB-IoT）覆盖范围，初步实现全市覆盖，已具备宁波区域快速接入NB-IoT网络的能力；宁波市城市公共设施物联网平台上线运行，已接入市政单位及企业69家，接入设备数超39万个，物联网应用涵盖9个政府类应用和60个工业企业类应用，涉及智能抄表、智能停车、智能家居等多个领域。

二是提升信息产业支撑能力。加快发展电子信息产业，围绕射频模拟特色工艺，以集成电路"一园四基地"为载体，推动集成电路产业跨越提升。2020年，集成电路产业实现产值312.3亿元，同比增长12.3%，南大光刻胶、全芯微电子等企业实现重大突破。抢抓软件产业未来的热点领域，以工业软件为主攻方向，以特色型中国软件名城创建为重要抓手，引进西北工业大学等21家大院大所，落地培育了华为、东华等龙头企业和均胜、吉利研究院等本土优秀企业。2020年，全市实现软件业务收入1025.2亿元，同比增长25.2%。其中，工业软件业务收入为436.1亿元，占全市软件业务收入的42.5%。更是涌现出吉利汽车研究院、宁波均胜电子等一批服务型制造业企业，并快速成为典范。

三是强化工控安全防护体系。相继引进沈昌祥院士团队、褚健教授团队、和利时、国利网安等工控系统网络安全的重点企业和领军人物团队,推进本地信息安全产业发展,信息安全产品和服务收入持续保持20%以上的增长。依托和利时、国利网安等技术优势企业,聚焦关键基础设施网络安全防护、行业安全测试床等主要领域,谋求技术创新突破,目前和利时信息安全研究院已在工业关键基础设施网络安全防护领域完成自主可控、安全可信PLC的系统总体设计与嵌入式可信计算组件设计;国利网安在工控系统网络安全测试床领域正依托"工控靶场"开展研发。

五、注重融合创新,培育应用场景

融合应用是推进工业互联网发展的重要探索,我市以"5G+工业互联网"、企业上云、大数据应用为主要抓手,组织实施各项示范,不断拓展培育应用场景,赋能制造实现高质量发展。

一是推进"5G+工业互联网"试点。引进中国商飞5G试点的主要参与方中国联通的5G创新团队资源,在全省率先启动"5G+工业互联网"试点工程,在纺织服装、汽车及零部件、智能家电、高端装备等领域,先行先试,重点突破一批具有示范效应的应用场景。目前,全市"5G+工业互联网"试点项目已开工63个,预计总投资近13亿元。雅戈尔、爱柯迪、吉利等"5G+"项目和余姚家电行业平台相继发布,其中雅戈尔和爱柯迪项目入选2020年中国"5G+工业互联网"典型应用案例。同时,已形成"5G+数据采集"远程运维、"5G+机器视觉"智能检测、"5G+AR"生产辅助、"5G+AGV"物流仓储和"5G+无人机"设备巡检等一批具有典型示范效应的"5G+工业互联网"应用场景。

二是推进企业上云用云。从政策、人力、技术等多方位进行统筹谋划,引导企业转变上云观念,由一般上云向深度用云转变,实现生产、营销、采购等环节的多方协同及智能化管理。2020年,新增上云企业1.2万家,累计上云企业数量将突破8万家。新增省级上云标杆企业22家,累计获评省级上云标杆企业达到100家,居全省首位。

三是加快大数据试点示范和治理应用工作。组织开展工业大数据试点示范工作,积极推动数据管理能力成熟度评估标准宣贯,宁波作为唯一的副省级城市列入首批

9 个全国数据管理能力成熟度评估试点地区之一，共遴选 10 家行业龙头企业完成了试点贯标评估工作，推动了企业数据管理水平的提升。着力培育大数据产业发展，支持"百度（宁波）云智基地"打造成为大数据产业园区，园区全年业务收入超 25 亿元。

通过近年来的探索实践，宁波工业互联网取得了较好发展，但总体上仍处于起步阶段，工业互联网高质量发展的难点、断点、堵点、痛点还很突出，不足和短板比较明显，如认识有待进一步深化，内生动力尚须加强；工业数据采集瓶颈明显，数字化普及程度还不高；平台体系尚未成熟稳定，专业人才缺乏；应用效果有待放大，工控安全亟须加强。

下一步，宁波将贯彻落实中央关于推动工业互联网加快发展的决策部署，深入实施数字经济"一号工程"，以推进新一代信息技术与制造业深度融合为主线，以数字化改革为抓手，坚持"产业为基、应用导向、示范带动"，积极构建网络、平台和安全的体系和产业链，打造工业互联网领军城市，支撑制造业高质量发展试验区建设。重点发挥宁波工业互联网研究院等平台作用，打造以 supOS 为基础的多元化、多层级的工业互联网平台矩阵，衍生发展重点行业级、龙头企业级、特色区域级工业互联网平台，加快开发各类工业 App，完善公共服务平台体系。加快建设工业互联网标识解析二级节点和企业节点，推动与国家节点互联互通。建设全国工业互联网产业创新中心，深入开展"5G+工业互联网"示范应用，构建"传感器及硬件设备+平台+应用场景"全产业链，健全工业控制系统信息安全防护体系。

作者简介：

宁波市经济和信息化局是宁波市人民政府工作部门，负责推进制造业高质量发展、数字经济发展、产业创新体系建设、企业培育、绿色制造、服务型制造等。宁波市是我国首批沿海对外开放城市、东南沿海重要港口城市、长江三角洲南翼经济中心。

五、政策法规篇

《中华人民共和国国民经济和社会发展第十四个五年规划和2035年远景目标纲要》是未来5年经济产业发展的主要依据，也是未来15年长远筹划的基本指南。本篇节选了2020—2021年第一季度以来党中央、国务院，以及国家有关部委颁布的推动新经济发展的政策文件汇编，为各界读者的研究和工作提供索引和参考。

一、2020 年文件节选汇编

（一）中共中央、国务院

中共中央政治局常务委员会会议，2020 年 3 月 4 日

要把复工复产与扩大内需结合起来，把被抑制、被冻结的消费释放出来，把在疫情防控中催生的新型消费、升级消费培育壮大起来，使实物消费和服务消费得到回补。要选好投资项目，加强用地、用能、资金等政策配套，加快推进国家规划已明确的重大工程和基础设施建设。要加大公共卫生服务、应急物资保障领域投入，加快 5G 网络、数据中心等新型基础设施建设进度。要注重调动民间投资积极性。

中共中央、国务院，《中共中央 国务院关于构建更加完善的要素市场化配置体制机制的意见》，2020 年 3 月 30 日

提升社会数据资源价值。培育数字经济新产业、新业态和新模式，支持构建农业、工业、交通、教育、安防、城市管理、公共资源交易等领域规范化数据开发利用的场景。发挥行业协会商会作用，推动人工智能、可穿戴设备、车联网、物联网等领域数据采集标准化。

中共中央、国务院，《中共中央 国务院关于新时代推进西部大开发形成新格局的指导意见》，2020 年 5 月 17 日

推动发展现代制造业和战略性新兴产业。积极发展大数据、人工智能和"智能+"产业，大力发展工业互联网。推动"互联网+教育"、"互联网+医疗"、"互联网+旅游"等新业态发展，推进网络提速降费，加快发展跨境电子商务。

中共中央、国务院，《中共中央 国务院关于新时代加快完善社会主义市场经济体制的意见》，2020 年 5 月 11 日

完善经济领域法律法规体系。完善物权、债权、股权等各类产权相关法律制度，从立法上赋予私有财产和公有财产平等地位并平等保护。健全破产制度，改革完善企业破产法律制度，推动个人破产立法，建立健全金融机构市场化退出法规，实现市场主体有序退出。修订反垄断法，推动社会信用法律建设，维护公平竞争市场环境。制定和完善发展规划、国土空间规划、自然资源资产、生态环境、农业、财政税收、金融、涉外经贸等方面法律法规。按照包容审慎原则推进新经济领域立法。健全重大改革特别授权机制，对涉及调整现行法律法规的重大改革，按法定程序经全国人大或国务院统一授权后，由有条件的地方先行开展改革试验和实践创新。

中共中央、国务院,《中共中央 国务院印发<海南自由贸易港建设总体方案>》，2020年6月1日

高新技术产业。聚焦平台载体，提升产业能级，以物联网、人工智能、区块链、数字贸易等为重点发展信息产业。依托文昌国际航天城、三亚深海科技城，布局建设重大科技基础设施和平台，培育深海深空产业。围绕生态环保、生物医药、新能源汽车、智能汽车等壮大先进制造业。发挥国家南繁科研育种基地优势，建设全球热带农业中心和全球动植物种质资源引进中转基地。建设智慧海南。

中共中央,《中共中央关于制定国民经济和社会发展第十四个五年规划和二〇三五年远景目标的建议》，2020年10月29日

发展战略性新兴产业。加快壮大新一代信息技术、生物技术、新能源、新材料、高端装备、新能源汽车、绿色环保以及航空航天、海洋装备等产业。推动互联网、大数据、人工智能等同各产业深度融合，推动先进制造业集群发展，构建一批各具特色、优势互补、结构合理的战略性新兴产业增长引擎，培育新技术、新产品、新业态、新模式。促进平台经济、共享经济健康发展。鼓励企业兼并重组，防止低水平重复建设。

国务院,《国务院关于促进国家高新技术产业开发区高质量发展的若干意见》，国发〔2020〕7号，2020年7月13日

大力培育发展新兴产业。加强战略前沿领域部署，实施一批引领型重大项目和新技术应用示范工程，构建多元化应用场景，发展新技术、新产品、新业态、新模式。推动数字经济、平台经济、智能经济和分享经济持续壮大发展，引领新旧动能转换。引导企业广泛应用新技术、新工艺、新材料、新设备，推进互联网、大数据、人工智能同实体经济深度融合，促进产业向智能化、高端化、绿色化发展。探索实行包容审慎的新兴产业市场准入和行业监管模式。

国务院,《国务院关于印发新时期促进集成电路产业和软件产业高质量发展若干政策的通知》，国发〔2020〕8号，2020年7月27日

国家鼓励的集成电路线宽小于28纳米（含），且经营期在15年以上的集成电路生产企业或项目，第一年至第十年免征企业所得税。国家鼓励的集成电路线宽小于 65 纳米（含），且经营期在 15 年以上的集成电路生产企业或项目，第一年至第五年免征企业所得税，第六年至第十年按照 25%的法定税率减半征收企业所得税。国家鼓励的集成电路线宽小于 130 纳米（含），且经营期在 10 年以上的集成电路生产企业或项目，第一年至第二年免征企业所得税，第三年至第五年按照 25%的法定税率减半征收企业所得税。国家鼓励的线宽小于 130 纳米（含）的集成电路生产企业纳税年度发生的亏损，准予向以后年度结转，总结转年限最长不得超过 10 年。

国务院，《国务院关于印发北京、湖南、安徽自由贸易试验区总体方案及浙江自由贸易试验区扩展区域方案的通知》，国发〔2020〕10 号，2020 年 8 月 30 日

科技创新片区重点发展新一代信息技术、生物与健康、科技服务等产业，打造数字经济试验区、全球创业投资中心、科技体制改革先行示范区；国际商务服务片区重点发展数字贸易、文化贸易、商务会展、医疗健康、国际寄递物流、跨境金融等产业，打造临空经济创新引领示范区；高端产业片区重点发展商务服务、国际金融、文化创意、生物技术和大健康等产业，建设科技成果转换承载地、战略性新兴产业集聚区和国际高端功能机构集聚区。

长沙片区重点对接"一带一路"建设，突出临空经济，重点发展高端装备制造、新一代信息技术、生物医药、电子商务、农业科技等产业，打造全球高端装备制造业基地、内陆地区高端现代服务业中心、中非经贸深度合作先行区和中部地区崛起增长极。岳阳片区重点对接长江经济带发展战略，突出临港经济，重点发展航运物流、电子商务、新一代信息技术等产业，打造长江中游综合性航运物流中心、内陆临港经济示范区。郴州片区重点对接粤港澳大湾区建设，突出湘港澳直通，重点发展有色金属加工、现代物流等产业，打造内陆地区承接产业转移和加工贸易转型升级重要平台以及湘粤港澳合作示范区。

合肥片区重点发展高端制造、集成电路、人工智能、新型显示、量子信息、科技金融、跨境电商等产业，打造具有全球影响力的综合性国家科学中心和产业创新中心引领区。芜湖片区重点发展智能网联汽车、智慧家电、航空、机器人、航运服务、跨境电商等产业，打造战略性新兴产业先导区、江海联运国际物流枢纽区。蚌埠片区重点发展硅基新材料、生物基新材料、新能源等产业，打造世界级硅基和生物基制造业中心、皖北地区科技创新和开放发展引领区。

宁波片区建设链接内外、多式联运、辐射力强、成链集群的国际航运枢纽，打造具有国际影响力的油气资源配置中心、国际供应链创新中心、全球新材料科创中心、智能制造高质量发展示范区。杭州片区打造全国领先的新一代人工智能创新发展试验区、国家金融科技创新发展试验区和全球一流的跨境电商示范中心，建设数字经济高质量发展示范区。金义片区打造世界"小商品之都",建设国际小商品自由贸易中心、数字贸易创新中心、内陆国际物流枢纽港、制造创新示范地和"一带一路"开放合作重要平台。

国务院,《国务院关于进一步提高上市公司质量的意见》,国发〔2020〕14号,2020年10月5日

支持优质企业上市。全面推行、分步实施证券发行注册制。优化发行上市标准,增强包容性。加强对拟上市企业的培育和辅导,提升拟上市企业规范化水平。鼓励和支持混合所有制改革试点企业上市。发挥股权投资机构在促进公司优化治理、创新创业、产业升级等方面的积极作用。大力发展创业投资,培育科技型、创新型企业,支持制造业单项冠军、专精特新"小巨人"等企业发展壮大。发挥全国中小企业股份转让系统、区域性股权市场和产权交易市场在培育企业上市中的积极作用。

国务院办公厅,《国务院办公厅关于以新业态新模式引领新型消费加快发展的意见》,国办发〔2020〕32号,2020年9月16日

进一步培育壮大各类消费新业态新模式。建立健全"互联网+服务"、电子商务公共服务平台,加快社会服务在线对接、线上线下深度融合。有序发展在线教育,推广大规模在线开放课程等网络学习模式,推动各类数字教育资源共建共享。积极发展互联网健康医疗服务,大力推进分时段预约诊疗、互联网诊疗、电子处方流转、药品网络销售等服务。深入发展在线文娱,鼓励传统线下文化娱乐业态线上化,支持互联网企业打造数字精品内容创作和新兴数字资源传播平台。鼓励发展智慧旅游,提升旅游消费智能化、便利化水平。大力发展智能体育,培育在线健身等体育消费新业态。进一步支持依托互联网的外卖配送、网约车、即时递送、住宿共享等新业态发展。加快智慧广电生态体系建设,培育打造5G条件下更高技术格式、更新应用场景、更美视听体验的高新视频新业态,形成多元化的商业模式。创新无接触式消费模式,探索发展智慧超市、智慧商店、智慧餐厅等新零售业态。推广电子合同、电子文件等无纸化在线应用。

国务院办公厅,《国务院办公厅关于印发新能源汽车产业发展规划(2021—2035年)的通知》,国办发〔2020〕39号,2020年10月20日

鼓励新能源汽车、能源、交通、信息通信等领域企业跨界协同,围绕多元化生产与多样化应用需求,通过开放合作和利益共享,打造涵盖解决方案、研发生产、使用保障、运营服务等产业链关键环节的生态主导型企业。在产业基础好、创新要素集聚的地区,发挥龙头企业带动作用,培育若干上下游协同创新、大中小企业融通发展、具有国际影响力和竞争力的新能源汽车产业集群,提升产业链现代化水平。

国务院办公厅,《国务院办公厅关于推进对外贸易创新发展的实施意见》,国办发〔2020〕40号,2020年10月25日

促进跨境电商等新业态发展。积极推进跨境电商综合试验区建设,不断探索好经验好做法,研究建立综合试验区评估考核机制。支持建设一批海外仓。扩大跨境电商零售进口试点。推广跨境电商应用,促进企业对企业(B2B)业务发展。研究筹建跨境电商行业联盟。推进市场采购贸易方式试点建设,总结经验并完善配套服务。促进外贸综合服务企业发展,研究完善配套监管政策。

(二)国务院各部委、各直属机构及最高人民法院

国家发展改革委、中央网信办、科技部、工业和信息化部、公安部、财政部、自然资源部、住房城乡建设部、交通运输部、商务部、市场监管总局,《关于印发<智能汽车创新发展战略>的通知》,发改产业〔2020〕202号,2020年2月10日

创新产业发展形态。积极培育道路智能设施、高精度时空基准服务和智能汽车基础地图、车联网、网络安全、智能出行等新业态。加强智能汽车复杂使用场景的大数据应用,重点在数据增值、出行服务、金融保险等领域,培育新商业模式。优先在封闭区域探索开展智能汽车出行服务。

国家发展改革委、中央宣传部、教育部、工业和信息化部、公安部、民政部、财政部、人力资源社会保障部、自然资源部、生态环境部、住房城乡建设部、交通运输部、农业农村部、商务部、文化和旅游部、卫生健康委、人民银行、海关总署、税务总局、市场监管总局、广电总局、体育总局、证监会,《关于促进消费扩容提质加快形成强大国内市场的实施意见》,发改就业〔2020〕293号,2020年2月28日

鼓励线上线下融合等新消费模式发展。完善"互联网+"消费生态体系,鼓励建设"智慧商店""智慧街区""智慧商圈",促进线上线下互动、商旅文体协同。鼓励有条件的城市和企业建设一批线上线下融合的新消费体验馆,促进消费新业态、新模式、新场景的普及应用。

发展改革委、中央网信办,《国家发展改革委 中央网信办印发<关于推进"上云用数赋智"行动 培育新经济发展实施方案>的通知》,发改高技〔2020〕552号,2020年4月7日

在已有工作基础上,大力培育数字经济新业态,深入推进企业数字化转型,打造数据供应链,以数据流引领物资流、人才流、技术流、资金流,形成产业链上下

游和跨行业融合的数字化生态体系,构建设备数字化—生产线数字化—车间数字化—工厂数字化—企业数字化—产业链数字化—数字化生态的典型范式。

打造数字化企业。在企业"上云"等工作基础上,促进企业研发设计、生产加工、经营管理、销售服务等业务数字化转型。支持平台企业帮助中小微企业渡过难关,提供多层次、多样化服务,减成本、降门槛、缩周期,提高转型成功率,提升企业发展活力。

构建数字化产业链。打通产业链上下游企业数据通道,促进全渠道、全链路供需调配和精准对接,以数据供应链引领物资链,促进产业链高效协同,有力支撑产业基础高级化和产业链现代化。

培育数字化生态。打破传统商业模式,通过产业与金融、物流、交易市场、社交网络等生产性服务业的跨界融合,着力推进农业、工业服务型创新,培育新业态。以数字化平台为依托,构建"生产服务+商业模式+金融服务"数字化生态,形成数字经济新实体,充分发掘新内需。

国家发展改革委、中央网信办、工业和信息化部、教育部、人力资源社会保障部、交通运输部、农业农村部、商务部、文化和旅游部、国家卫生健康委、国资委、市场监管总局、国家医疗保障局,《关于支持新业态新模式健康发展激活消费市场带动扩大就业的意见》,发改高技〔2020〕1157号,2020年7月14日

培育产业平台化发展生态。着力发挥互联网平台对传统产业的赋能和效益倍增作用,打造形成数字经济新实体。开展重大工程布局,支持传统龙头企业、互联网企业打造平台生态,提供信息撮合、交易服务和物流配送等综合服务。鼓励金融机构在有效防范风险的前提下,依法依规为平台提供金融服务。建设跨产业的信息融通平台,促进农业全流程、全产业链线上一体化发展。支持工业互联网平台建设推广,发挥已建平台作用,为企业提供数字化转型支撑、产品全生命周期管理等服务。发展服务衍生制造,鼓励电子商务、转型服务等行业企业向制造环节拓展业务。大力发展众包、云外包、平台分包等新模式。

国家发展改革委、工业和信息化部、公安部、财政部、自然资源部、交通运输部、农业农村部、商务部、市场监管总局、银保监会、国家铁路局、民航局、国家邮政局、中国国家铁路集团有限公司,《关于印发<推动物流业制造业深度融合创新发展实施方案>的通知》,发改经贸〔2020〕1315号,2020年8月22日

促进信息资源融合共享。促进工业互联网在物流领域融合应用,发挥制造、物流龙头企业示范引领作用,推广应用工业互联网标识解析技术和基于物联网、云计算等智慧物流技术装备，建设物流工业互联网平台，实现采购、生产、流通等上下游环节信息实时采集、互联共享，推动提高生产制造和物流一体化运作水平。推动将物流业制造业深度融合信息基础设施纳入数字物流基础设施建设，夯实信息资源共享基础。支持大型工业园区、产业集聚区、物流枢纽等依托专业化的第三方物流信息平台实现互联互通，面向制造企业特别是中小型制造企业提供及时、准确的物流信息服务，促进制造企业与物流企业高效协同。积极探索和推进区块链、第五代移动通信技术（5G）等新兴技术在物流信息共享和物流信用体系建设中的应用。

国家发展改革委、科技部、工业和信息化部、财政部，《关于扩大战略性新兴产业投资培育壮大新增长点增长极的指导意见》，发改高技〔2020〕1409号，2020年9月8日

提升金融服务水平。鼓励金融机构创新开发适应战略性新兴产业特点的金融产品和服务，加大对产业链核心企业的支持力度，优化产业链上下游企业金融服务，完善内部考核和风险控制机制。鼓励银行探索建立新兴产业金融服务中心或事业部。推动政银企合作。构建保险等中长期资金投资战略性新兴产业的有效机制。制订战略性新兴产业上市公司分类指引，优化发行上市制度，加大科创板等对战略性新兴产业的支持力度。加大战略性新兴产业企业（公司）债券发行力度。支持创业投资、私募基金等投资战略性新兴产业。

国家发展改革委、科技部、工业和信息化部、财政部、人力资源社会保障部、人民银行，《关于支持民营企业加快改革发展与转型升级的实施意见》，发改体改〔2020〕1566号，2020年10月14日

促进民营企业数字化转型。实施企业"上云用数赋智"行动和中小企业数字化赋能专项行动，布局一批数字化转型促进中心，集聚一批面向中小企业数字化服务商，开发符合中小企业需求的数字化平台、系统解决方案等，结合行业特点对企业建云、上云、用云提供相应融资支持。实施工业互联网创新发展工程，支持优势企业提高工业互联网应用水平，带动发展网络协同制造、大规模个性化定制等新业态新模式。

科技部，《科技部印发<关于科技创新支撑复工复产和经济平稳运行的若干措施>的通知》，国科发区〔2020〕67号，2020年3月21日

大力推动关键核心技术攻关，加大5G、人工智能、量子通信、脑科学、工业互联网、重大传染病防治、重大新药、高端医疗器械、新能源、新材料等重大科技项目的实施和支持力度，突破关键核心技术，促进科技成果的转化应用和产业化，培育一批创新型企业和高科技产业，增强经济发展新动能。

科技部，《科技部印发<关于推进国家技术创新中心建设的总体方案（暂行）>的通知》，国科发区〔2020〕70号，2020年3月23日

到2025年，布局建设若干国家技术创新中心，突破制约我国产业安全的关键技术瓶颈，培育壮大一批具有核心创新能力的一流企业，催生若干以技术创新为引领、经济附加值高、带动作用强的重要产业，形成若干具有广泛辐射带动作用的区域创新高地，为构建现代化产业体系、实现高质量发展、加快建设创新型国家与世界科技强国提供强有力支撑。

科技部、深圳市人民政府，《科技部 深圳市人民政府关于印发<中国特色社会主义先行示范区科技创新行动方案>的通知》，国科发区〔2020〕187号，2020年7月4日

支持深圳强化关键核心技术攻关，优化和创新支持方式，采用"揭榜挂帅""立军令状""滚动立项"等组织方式，集中突破5G及下一代移动通信技术、人工智能、集成电路、生物医药、高端装备、新材料、区块链等领域关键核心技术攻关，突破产业发展技术瓶颈，培育智能经济、健康产业、海洋经济等新产业新业态。

科技部，《科技部关于印发<国家新一代人工智能创新发展试验区建设工作指引（修订版）>的通知》，国科发规〔2020〕254号，2020年9月29日

开展人工智能技术研发和应用示范，探索促进人工智能与经济社会发展深度融合的新路径。把握人工智能技术前沿趋势和提升产业竞争力需求，加大人工智能基础理论、前沿技术和关键核心技术研发力度。聚焦地方经济发展和民生改善的迫切需求，在制造、农业农村、物流、金融、商务、家居、医疗、教育、政务、交通、环保、安防、城市管理、助残养老、家政服务等领域开展人工智能技术研发和应用示范，促进人工智能与5G、工业互联网、区块链等的融合应用，拓展应用场景，加快推进人工智能与实体经济深度融合，促进人工智能在社会民生领域的广泛应用。

科技部、国家发展改革委、工业和信息化部、人民银行、银保监会、证监会，《科技部 国家发展改革委 工业和信息化部 人民银行 银保监会 证监会关于印发<长三角G60科创走廊建设方案>的通知》，国科发规〔2020〕287号，2020年10月27日

打造先进制造业集群。坚持市场机制主导和产业政策引导相结合，联合编制先进制造业发展规划，围绕人工智能、集成电路、生物医药、高端装备、新能源、新材料、新能源汽车等领域，强化区域优势产业协同、错位发展，推动产业结构升级，建设若干具有全球竞争力的国家级战略性新兴产业基地，在重点领域培育一批具有国际竞争力的龙头企业，加快培育布局量子信息、类脑芯片、第三代半导体、基因编辑等一批未来产业。

科技部，《科技部印发<关于加强科技创新促进新时代西部大开发形成新格局的实施意见>的通知》，国科发区〔2020〕336号，2020年12月4日

加大科技型企业培育力度。聚焦西部地区壮大科技型企业规模和提升企业创新能力的需求，支持实施高新技术企业培育计划，研究进一步加大高新技术企业税收优惠力度，引导加大对高新技术企业发展的支持。支持企业与高校、科研院所联合建立新型研发机构，加强西安、成都、兰州等地区公共技术服务平台建设，为中小企业创新活动提供技术供给和研发服务支撑。实施"科技型中小企业成长路线图计划2.0"，促进企业与投资机构、金融机构对接，支持西部优质企业通过"新三板"、科创板上市融资。

科技部，《科技部关于印发<长三角科技创新共同体建设发展规划>的通知》，国科发规〔2020〕352号，2020年12月20日

强化区域优势产业创新协作。在电子信息、生物医药、航空航天、高端装备、新材料、节能环保、海洋工程装备及高技术船舶等重点领域，建立跨区域、多模式的产业技术创新联盟，支持以企业为主体建立一批长三角产学研协同创新中心。聚焦量子信息、类脑芯片、物联网、第三代半导体、新一代人工智能、细胞与免疫治疗等领域，努力实现技术群体性突破，支撑相关新兴产业集群发展，培育一批具有国际竞争力的龙头企业，建设一批国家级战略性新兴产业创新示范基地，打造若干具有国际竞争力的先进制造业集群。建设长三角国际标准化协作平台，增强企业为主体的国际标准竞争力。

工业和信息化部，《工业和信息化部印发<关于有序推动工业通信业企业复工复产的指导意见>》，工信部政法〔2020〕29号，2020年2月24日

支持新业态新模式，丰富5G+、超高清视频、增强现实/虚拟现实等应用场景，推动发展远程医疗、在线教育、数字科普、在线办公、协同作业、服务机器人等，带动智能终端消费。积极稳定汽车等传统大宗消费，鼓励汽车限购地区适当增加汽车号牌配额，带动汽车及相关产品消费。加大生物医药、智能健康管理设备、高端医疗器械、医疗机器人、公共卫生智能监测检测系统等大健康产业投入力度，满足人民群众的健康需求。

工业和信息化部，《工业和信息化部关于推动5G加快发展的通知》，工信部通信〔2020〕49号，2020年3月24日

培育新型消费模式。鼓励基础电信企业通过套餐升级优惠、信用购机等举措，促进5G终端消费，加快用户向5G迁移。推广5G+VR/AR、赛事直播、游戏娱乐、虚拟购物等应用，促进新型信息消费。鼓励基础电信企业、广电传媒企业和内容提供商等加强协作，丰富教育、传媒、娱乐等领域的4K/8K、VR/AR等新型多媒体内容源。

工业和信息化部，《工业和信息化部关于工业大数据发展的指导意见》，工信部信发〔2020〕67号，2020年4月28日

推动工业数据深度应用。加快数据全过程应用，发展数据驱动的制造新模式新业态，引导企业用好各业务环节的数据。

工业和信息化部、国家发展和改革委员会、教育部、科学技术部、财政部、人力资源和社会保障部、自然资源部、生态环境部、商务部、中国人民银行、国家市场监督管理总局、国家统计局、中国银行保险监督管理委员会、中国证券监督管理委员会、国家知识产权局，《关于进一步促进服务型制造发展的指导意见》，工信部联政法〔2020〕101号，2020年6月30日

开展示范推广。持续开展服务型制造示范遴选活动，培育和发现一批示范带动作用强、可复制可推广的典型经验，及时跟踪、总结、评估示范过程中的新情况、新问题和新经验，发挥先进典型引领带动作用。统筹行业协会、研究机构、产业联盟和制造业企业等多方资源，开展"服务型制造万里行"主题系列活动，促进模式创新和应用推广。支持各地结合发展实际开展示范遴选工作，建设服务型制造产业集聚区，鼓励有条件的地方先行先试，培育探索新业态、新模式、新经验。指导专业机构编制发布服务型制造发展指数，编写出版服务型制造发展报告，加强典型经验和模式总结、推广与应用。

工业和信息化部、国家发展和改革委员会、科学技术部、财政部、人力资源和社会保障部、生态环境部、农业农村部、商务部、文化和旅游部、中国人民银行、海关总署、国家税务总局、国家市场监督管理总局、国家统计局、中国银行保险监

督管理委员会、中国证券监督管理委员会、国家知识产权局,《工业和信息化部 国家发展和改革委员会 科学技术部 财政部 人力资源和社会保障部 生态环境部 农业农村部 商务部 文化和旅游部 中国人民银行 海关总署 国家税务总局 国家市场监督管理总局 国家统计局 中国银行保险监督管理委员会 中国证券监督管理委员会 国家知识产权局关于健全支持中小企业发展制度的若干意见》,工信部联企业〔2020〕108号,2020年7月3日

构建以信息技术为主的新技术应用机制。支持中小企业发展应用5G、工业互联网、大数据、云计算、人工智能、区块链等新一代信息技术以及新材料技术、智能绿色服务制造技术、先进高效生物技术等,完善支持中小企业应用新技术的工作机制,提升中小企业数字化、网络化、智能化、绿色化水平。支持产业园区、产业集群提高基础设施支撑能力,建立中小企业新技术公共服务平台,完善新技术推广机制,提高新技术在园区和产业链上的整体应用水平。

工业和信息化部,《关于印发<工业互联网创新发展行动计划(2021—2023年)>的通知》,工信部信管〔2020〕197号,2020年12月22日

到2023年,工业互联网新型基础设施建设量质并进,新模式、新业态大范围推广,产业综合实力显著提升。

融合应用成效进一步彰显。智能化制造、网络化协同、个性化定制、服务化延伸、数字化管理等新模式新业态广泛普及。重点企业生产效率提高20%以上,新模式应用普及率达到30%,制造业数字化、网络化、智能化发展基础更加坚实,提质、增效、降本、绿色、安全发展成效不断提升。

财政部、工业和信息化部、科技部、发展改革委、国家能源局,《关于开展燃料电池汽车示范应用的通知》,财建〔2020〕394号,2020年9月16日

示范城市群应聚焦技术创新,找准应用场景,构建完整的产业链。一是构建燃料电池汽车产业链条,促进链条各环节技术研发和产业化。要依托龙头企业,以客户需求为导向,组织相关企业打造产业链,加强技术研发,实现相关基础材料、关键零部件和整车产品研发突破及初步产业化应用,在示范中不断完善产业链条、提升技术水平。二是开展燃料电池汽车新技术、新车型的示范应用,推动建立并完善相关技术指标体系和测试评价标准。要明确合适的应用场景,重点推动燃料电池汽车在中远途、中重型商用车领域的产业化应用。要运用信息化平台,实现燃料电池汽车示范全过程、全链条监管,积累车辆运行数据,完善燃料电池汽车和氢能相关

技术指标、测试标准。三是探索有效的商业运营模式，不断提高经济性。要集中聚焦优势企业产品推广，逐步形成规模效应，降低燃料电池汽车成本。要为燃料电池汽车示范应用提供经济、安全稳定的氢源保障，探索发展绿氢，有效降低车用氢能成本。四是完善政策制度环境。要建立氢能及燃料电池核心技术研发、加氢站建设运营、燃料电池汽车示范应用等方面较完善的支持政策体系。要明确氢的能源定位，建立健全安全标准及监管模式，确保生产、运输、加注、使用安全，明确牵头部门，出台加氢站建设审批管理办法。

财政部、工业和信息化部、科技部、发展改革委，《关于进一步完善新能源汽车推广应用财政补贴政策的通知》，财建〔2020〕593号，2020年12月31日

为创造稳定政策环境，2021年保持现行购置补贴技术指标体系框架及门槛要求不变。根据《财政部 工业和信息化部 科技部 发展改革委关于完善新能源汽车推广应用财政补贴政策的通知》（财建〔2020〕86号）要求，2021年，新能源汽车补贴标准在2020年基础上退坡20%；为推动公共交通等领域车辆电动化，城市公交、道路客运、出租（含网约车）、环卫、城市物流配送、邮政快递、民航机场以及党政机关公务领域符合要求的车辆，补贴标准在2020年基础上退坡10%。为加快推动公共交通行业转型升级，地方可继续对新能源公交车给予购置补贴。

商务部、发展改革委、教育部、工业和信息化部、财政部、人力资源社会保障部、海关总署、税务总局，《商务部等8部门关于推动服务外包加快转型升级的指导意见》，商服贸发〔2020〕12号，2020年1月6日

培育新模式新业态。依托5G技术，大力发展众包、云外包、平台分包等新模式。积极推动工业互联网创新与融合应用，培育一批数字化制造外包平台，发展服务型制造等新业态。

商务部，《商务部关于应对新冠肺炎疫情做好稳外贸稳外资促消费工作的通知》，商综发〔2020〕30号，2020年2月18日

支持外贸新业态新模式发展。指导跨境电商综试区提供海外仓信息服务，帮助企业利用海外仓扩大出口。支持市场采购贸易与跨境电商融合发展，探索试点市场闭市期间成交新渠道。积极推进二手车出口，为受疫情影响的企业提供便利服务。积极与周边国家沟通协调，疫情解除后尽快恢复开展边民互市贸易，支持边境贸易发展。

商务部、工业和信息化部、生态环境部、农业农村部、人民银行、市场监管总局、银保监会、中国物流与采购联合会,《商务部等 8 部门关于进一步做好供应链创新与应用试点工作的通知》,商建函〔2020〕111 号,2020 年 4 月 10 日

加快推进供应链数字化和智能化发展。试点城市要加大以信息技术为核心的新型基础设施投入,积极应用区块链、大数据等现代供应链管理技术和模式,加快数字化供应链公共服务平台建设,推动政府治理能力和治理体系现代化。加快推动智慧物流园区、智能仓储、智能货柜和供应链技术创新平台的科学规划与布局,补齐供应链硬件设施短板。

商务部,《商务部关于统筹推进商务系统消费促进重点工作的指导意见》,2020 年 4 月 22 日

加快零售创新转型。鼓励零售企业数字化发展,打造沉浸式、体验式消费,引导中小百货大楼向邻里型社区购物中心转型,促进消费新业态、新模式、新场景普及应用。加快线上线下深度融合,支持线上经济、平台经济合规有序发展,保持线上新型消费热度不减。

商务部,《商务部关于印发全面深化服务贸易创新发展试点总体方案的通知》,商服贸发〔2020〕165 号,2020 年 8 月 12 日

拓展新业态新模式。大力发展数字贸易,完善数字贸易政策,优化数字贸易包容审慎监管,探索数字贸易管理和促进制度。探索构建数字贸易国内国际双循环相互促进的新发展格局,积极组建国家数字贸易专家工作组机制,为试点地区创新发展提供咨询指导。推进数字技术对产业链价值链的协同与整合,推动产业数字化转型,促进制造业服务业深度融合,推动生产性服务业通过服务外包等方式融入全球价值链,大力发展寄递物流、仓储、研发、设计、检验检测测试、维修维护保养、影视制作、国际结算、分销、展览展示、跨境租赁等新兴服务贸易。对"两头在外"服务贸易的中间投入,在政策等方面探索系统化安排与支持。积极促进中外技术研发合作。

文化和旅游部,《文化和旅游部关于推动数字文化产业高质量发展的意见》,文旅产业发〔2020〕78 号,2020 年 11 月 18 日

培育市场主体。培育一批具有较强核心竞争力的大型数字文化企业,引导互联网及其他领域龙头企业布局数字文化产业。支持"新技术、新业态、新模式"企业发展，扶持中小微数字文化企业成长，培育一批细分领域的"瞪羚企业"和"隐形冠军"企业。发挥产业孵化平台和龙头企业在模式创新和融合发展中的带动作用，通过生产协作、开放平台、共享资源等方式，带动上下游中小微企业发展。引导支持文化企业加大对数字技术应用的研发投入，支持自主或联合建立技术中心、设计中心等机构，推动产品服务和业务流程改造升级。

中国证监会，《关于创新试点红筹企业在境内上市相关安排的公告》，中国证券监督管理委员会公告〔2020〕26号，2020年4月30日

红筹企业申请境内发行股票或存托凭证，适用《国务院办公厅转发证监会关于开展创新企业境内发行股票或存托凭证试点若干意见的通知》（国办发〔2018〕21号）《试点创新企业境内发行股票或存托凭证并上市监管工作实施办法》（证监会公告〔2018〕13号）等规定。其中，已境外上市红筹企业的市值要求调整为符合下列标准之一：

（一）市值不低于2000亿元人民币；

（二）市值200亿元人民币以上，且拥有自主研发、国际领先技术，科技创新能力较强，同行业竞争中处于相对优势地位。

二、2021年文件节选汇编

（一）中共中央、国务院

中共中央、国务院，《中共中央 国务院关于全面推进乡村振兴加快农业农村现代化的意见》，2021年1月4日

实施数字乡村建设发展工程。推动农村千兆光网、第五代移动通信（5G）、移动物联网与城市同步规划建设。完善电信普遍服务补偿机制，支持农村及偏远地区信息通信基础设施建设。加快建设农业农村遥感卫星等天基设施。发展智慧农业，建立农业农村大数据体系，推动新一代信息技术与农业生产经营深度融合。完善农业气象综合监测网络，提升农业气象灾害防范能力。加强乡村公共服务、社会治理等数字化智能化建设。

国务院，《国务院关于新时代支持革命老区振兴发展的意见》，国发〔2021〕3号，2021年1月24日

支持有条件的地区建设新材料、能源化工、生物医药、电子信息、新能源汽车等特色优势产业集群，支持符合条件的地区建设承接产业转移示范区。

国务院，《国务院关于加快建立健全绿色低碳循环发展经济体系的指导意见》，国发〔2021〕4号，2021年2月2日

　　壮大绿色环保产业。建设一批国家绿色产业示范基地，推动形成开放、协同、高效的创新生态系统。加快培育市场主体，鼓励设立混合所有制公司，打造一批大型绿色产业集团；引导中小企业聚焦主业增强核心竞争力，培育"专精特新"中小企业。推行合同能源管理、合同节水管理、环境污染第三方治理等模式和以环境治理效果为导向的环境托管服务。进一步放开石油、化工、电力、天然气等领域节能环保竞争性业务，鼓励公共机构推行能源托管服务。适时修订绿色产业指导目录，引导产业发展方向。

国务院，《中华人民共和国国民经济和社会发展第十四个五年规划和2035年远景目标纲要》，十三届全国人大四次会议表决通过，2021年3月11日

　　构筑产业体系新支柱。聚焦新一代信息技术、生物技术、新能源、新材料、高端装备、新能源汽车、绿色环保以及航空航天、海洋装备等战略性新兴产业，加快关键核心技术创新应用，增强要素保障能力，培育壮大产业发展新动能。推动生物技术和信息技术融合创新，加快发展生物医药、生物育种、生物材料、生物能源等产业，做大做强生物经济。深化北斗系统推广应用，推动北斗产业高质量发展。深入推进国家战略性新兴产业集群发展工程，健全产业集群组织管理和专业化推进机制，建设创新和公共服务综合体，构建一批各具特色、优势互补、结构合理的战略性新兴产业增长引擎。鼓励技术创新和企业兼并重组，防止低水平重复建设。发挥产业投资基金引导作用，加大融资担保和风险补偿力度。

　　前瞻谋划未来产业。在类脑智能、量子信息、基因技术、未来网络、深海空天开发、氢能与储能等前沿科技和产业变革领域，组织实施未来产业孵化与加速计划，谋划布局一批未来产业。在科教资源优势突出、产业基础雄厚的地区，布局一批国家未来产业技术研究院，加强前沿技术多路径探索、交叉融合和颠覆性技术供给。实施产业跨界融合示范工程，打造未来技术应用场景，加速形成若干未来产业。

中共中央办公厅、国务院办公厅，《中共中央办公厅 国务院办公厅印发<建设高标准市场体系行动方案>》，2021年1月31日

　　加强平台经济、共享经济等新业态领域反垄断和反不正当竞争规制。

国务院办公厅，《国务院办公厅印发关于加快中医药特色发展若干政策措施的通知》，国办发〔2021〕3号，2021年1月22日

优化中药审评审批管理。加快推进中药审评审批机制改革，加强技术支撑能力建设，提升中药注册申请技术指导水平和注册服务能力，强化部门横向联动，建立科技、医疗、中医药等部门推荐符合条件的中药新药进入快速审评审批通道的有效机制。以中医临床需求为导向，加快推进国家重大科技项目成果转化。统筹内外部技术评估力量，探索授予第三方中医药研究平台专业资质、承担国家级中医药技术评估工作。增加第三方中药新药注册检验机构数量。

（二）国务院各部委、各直属机构及最高人民法院

国家发展改革委、教育部、科技部、工业和信息化部、司法部、人力资源社会保障部、自然资源部、生态环境部、交通运输部、商务部、人民银行、市场监管总局、银保监会，《关于加快推动制造服务业高质量发展的意见》，发改产业〔2021〕372号，2021年3月16日

提高制造业生产效率。利用5G、大数据、云计算、人工智能、区块链等新一代信息技术，大力发展智能制造，实现供需精准高效匹配，促进制造业发展模式和企业形态根本性变革。加快发展工业软件、工业互联网，培育共享制造、共享设计和共享数据平台，推动制造业实现资源高效利用和价值共享。发展现代物流服务体系，促进信息资源融合共享，推动实现采购、生产、流通等上下游环节信息实时采集、互联互通，提高生产制造和物流一体化运作水平。

国家发展改革委、中央网信办、教育部、工业和信息化部、财政部、人力资源社会保障部、自然资源部、住房城乡建设部、交通运输部、农业农村部、商务部、文化和旅游部、国家卫生健康委、人民银行、海关总署、税务总局、市场监管总局、广电总局、体育总局、国家统计局、国家医保局、国家版权局、银保监会、证监会、国家邮政局、国家中医药局、国家药监局、国家知识产权局，《关于印发<加快培育新型消费实施方案>的通知》，发改就业〔2021〕396号，2021年3月22日

培育壮大零售新业态。拓展无接触式消费体验，鼓励办公楼宇、住宅小区、商业街区、旅游景区布局建设智慧超市、智慧商店、智慧餐厅、智慧驿站、智慧书店。开展便利店品牌化连锁化三年行动，鼓励便利店企业应用现代信息技术建立智慧供应链，推动数字化改造。发展直播经济，鼓励政企合作建设直播基地，加强直播人

才培养培训。开展"双品网购节"等活动，组织指导各地开展线上线下深度融合的促销活动。推进电子商务公共服务平台建设应用，提升中小电商企业数字化创新运营能力。

科技部，《科技部关于印发<国家高新区绿色发展专项行动实施方案>的通知》，国科发火〔2021〕28号，2021年1月29日

进一步优化产业结构、完善产业布局。鼓励国家高新区更多采用清洁生产技术，采用环境友好的新工艺、新技术，实现投入少、产出高、污染低，尽可能把污染物排放消除在生产过程。选择若干国家高新区开展"绿色产业补链强链行动"，找准产业链创新链短板与关键风险点、着力点开展科技攻关。推进智能化、信息化、绿色化等有关产业类项目的融通发展，着力培育绿色产业集群，持续引导有条件的国家高新区重点布局国家急需的战略性新兴产业、未来产业和重大前沿性领域，积极稳妥推进落后产能、过剩产能的腾退与升级改造。国家高新区要积极融入所在区域的产业发展重点领域、产业定位及产业链的上下游配套，制定出台产业转移、整合、协作的推进机制和考核机制，推动形成优势互补、协调统筹、高质量发展的绿色发展整体布局。

工业和信息化部，《工业和信息化部关于印发<基础电子元器件产业发展行动计划（2021—2023年）>的通知》，工信部电子〔2021〕5号，2021年1月15日

加速创新型产品应用推广。面向人工智能、先进计算、物联网、新能源、新基建等新兴需求，开发重点应用领域急需的小型化、高性能、高效率、高可靠电子元器件，推动整机企业积极应用创新型产品，加速元器件产品迭代升级。

工业和信息化部，《工业和信息化部关于印发<"双千兆"网络协同发展行动计划（2021—2023年）>的通知》，工信部通信〔2021〕34号，2021年3月24日

大力推进"双千兆"网络应用创新。鼓励基础电信企业、互联网企业和行业单位合作创新，聚焦信息消费新需求、新期待，加快"双千兆"网络在超高清视频、AR/VR等消费领域的业务应用。聚焦制造业数字化转型，开展面向不同应用场景和生产流程的"双千兆"协同创新，加快形成"双千兆"优势互补的应用模式。面向民生领域人民群众关切，推动"双千兆"网络与教育、医疗等行业深度融合，着力通过互联网手段助力提升农村教育和医疗水平，促进基本公共服务均等化。

财政部、工业和信息化部，《关于支持"专精特新"中小企业高质量发展的通知》，财建〔2021〕2号，2021年1月23日

支持重点"小巨人"企业推进以下工作：一是加大创新投入，加快技术成果产业化应用，推进工业"四基"领域或制造强国战略明确的十大重点产业领域"补短板"和"锻长板"；二是与行业龙头企业协同创新、产业链上下游协作配套，支撑产业链补链延链固链、提升产业链供应链稳定性和竞争力；三是促进数字化网络化智能化改造，业务系统向云端迁移，并通过工业设计促进提品质和创品牌。另外，支持企业加快上市步伐，加强国际合作等，进一步增强发展潜力和国际竞争能力。

文化和旅游部、国家发展改革委、国家体育总局，《文化和旅游部 国家发展改革委 国家体育总局关于印发<冰雪旅游发展行动计划（2021—2023年）>的通知》，文旅资源发〔2021〕12号，2021年2月8日

促进冰雪旅游与科技融合。大力发展"互联网+冰雪旅游"，推动冰雪旅游与大数据、物联网、云计算、5G等新技术结合，支持电子商务平台建设，优化信息咨询、线路设计、交通集散、赛事订票，创新商业模式，提升管理水平，提高服务质量。

编者简介：

何勇博士，上海证券交易所投资者服务部高级经理，副研究员，上海财经大学、上海大学校外兼职硕士生导师，原上海证券交易所科创板筹备工作组和综合保障工作组成员，主要研究领域为科创板与新经济。

后 记

《中国新经济发展报告2020》出版后，得到了国家有关部委和地方政府经济管理部门、市场机构、大专院校和科研机构的热烈反响和普遍好评，许多部门和机构将该书作为推动新经济发展的教科书。

呈现在读者面前的《中国新经济发展报告2021—2022》付梓得到了工业和信息化部、科技部、商务部、中国科学院等国家有关部委，北京市、上海市、成都市、福州市、苏州市、宁波市等政府有关机构的悉心指导和大力支持。国家部委有关负责同志、国内著名专家学者、两院院士、著名企业家和有关机构负责人在繁忙的工作之余为本书撰文，充分体现了他们对发展我国新经济产业的赤诚之心和家国情怀。中国工信出版传媒集团电子工业出版社承担了本书的设计、编辑和出版发行，编审人员较高的专业素养和认真负责的工作态度保证了本书的质量。王桂芸、何勇、张远舟、李清亮等同志为本书出版付出了辛勤劳动，还有一些同志和朋友也做出了贡献，在此一并表示最诚挚的感谢！

《中国新经济发展报告2021—2022》编委会

2021年5月19日